Marsha L. Rozenblit
DIE JUDEN WIENS 1867–1914

Forschungen zur Geschichte des Donauraumes
Band 11

Gedruckt mit Unterstützung durch
das Bundesministerium für Wissenschaft und Forschung

Aus dem Amerikanischen übertragen von Karl Erwin Lichtenecker.
Titel der bei The State University of New York Press erschienenen
amerikanischen Originalausgabe: The Jews of Vienna, 1867–1914.
Assimilation and Identity.

Umschlagbild aus: Franz Hubmann, Das jüdische Familienalbum.
Wien 1974.

CIP-Titelaufnahme der Deutschen Bibliothek

Rozenblit, Marsha L.:
Die Juden Wiens : 1867–1914 ; Assimilation u. Identität /
Marsha L. Rozenblit. – Wien ; Köln ; Graz : Böhlau, 1988
(Forschungen zur Geschichte des Donauraumes ; Bd. 11)
ISBN 3-205-01202-X
NE: GT

ISBN 3-205-01202-X

Satz: Werner L. Laudenbach (Laserdruck)
Druck: Sprint-Druck, 7000 Stuttgart 30

Marsha L. Rozenblit

DIE JUDEN WIENS 1867 – 1914

Assimilation und Identität

BÖHLAU VERLAG WIEN · KÖLN · GRAZ

Marsha L. Rozenblit

DIE JUDEN WIENS 1867 – 1914

Assimilation und Identität

BÖHLAU VERLAG WIEN · KÖLN · GRAZ

Gedruckt mit Unterstützung durch
das Bundesministerium für Wissenschaft und Forschung

Aus dem Amerikanischen übertragen von Karl Erwin Lichtenecker.
Titel der bei The State University of New York Press erschienenen
amerikanischen Originalausgabe: The Jews of Vienna, 1867–1914.
Assimilation and Identity.

Umschlagbild aus: Franz Hubmann, Das jüdische Familienalbum.
Wien 1974.

CIP-Titelaufnahme der Deutschen Bibliothek

Rozenblit, Marsha L.:
Die Juden Wiens : 1867–1914 ; Assimilation u. Identität /
Marsha L. Rozenblit. – Wien ; Köln ; Graz : Böhlau, 1988
(Forschungen zur Geschichte des Donauraumes ; Bd. 11)
ISBN 3-205-01202-X
NE: GT

ISBN 3-205-01202-X

Satz: Werner L. Laudenbach (Laserdruck)
Druck: Sprint-Druck, 7000 Stuttgart 30

Inhaltsverzeichnis

Danksagung

Es war im Sommer 1975, als ich mich ernsthaft für die Juden Wiens zu interessieren begann. Damals war ich auf der Suche nach einem Dissertationsthema, und Deborah Dash Moore schlug vor, ich möge doch meine Doktorarbeit über das Problem der jüdischen Assimilation in Wien schreiben. Seither bildeten für mich die Juden Wiens in all den Jahren der Arbeit an meiner Dissertation und anschließend der Arbeit an diesem Buch eine Quelle ständiger geistiger Anregung, der stolzen Freude und Faszination. Meine Professoren an der Columbia University – Zwi Ankori, Ismar Schorsch und Naomi Cohen – lehrten mich, die Maßstäbe kritischer Wissenschaftlichkeit auf die jüdische Vergangenheit anzuwenden, und ich hoffe, das vorliegende Buch entspricht ihren Erwartungen. Trotz seiner anfänglichen Skepsis gegenüber quantitativer Methoden hat mich mein „Dissertationsvater" Istvan Deak doch stets bei meiner Arbeit unterstützt und ermutigt. Sein einfühlsames Verständnis für die Problematik der jüdischen Assimilation, seine grundlegende Kenntnis des Wien der Habsburgerzeit und seine geistvolle und charmante Art haben mich oft vor peinlichen Irrtümern bewahrt und mir dabei geholfen, aus einer kaum überblickbaren Menge von Daten etwas wie ein organisches Ganzes zu schaffen. Vor allem aber war mir Paula Hyman, immer wenn es um wesentliche Aspekte meiner Arbeit ging, ein verläßlicher Mentor und Freund. Ihr möchte ich für unsere angeregten Gespräche über die gesellschaftliche Beweglichkeit und Anpassungsfähigkeit der Juden und über jüdische Sozialgeschichte, für ihre vorbildliche Wissenschaftlichkeit, für ständigen Rat und Unterstützung, vor allem aber für ihre freundschaftlich-menschliche Wärme danken.

Zahlreiche Archive und Archivare haben mir Gastlichkeit und Unterstützung gewährt. Daniel Cohen, Aryeh Segall und Hadassah Assouline vom Zentralarchiv für die Geschichte des jüdischen Volkes in Jerusalem haben mir die vorbildlich katalogisierte Sammlung über die Judengemeinde Wiens zugänglich gemacht und darüber hinaus auch noch meinen Aufenthalt in Jerusalem besonders angenehm gestaltet. Yaakov Zabach hat für mich fröhlich und humorvoll ganze Wagenladungen voll Material aus dem Lagerhaus zum Archiv befördert. In Wien gestatteten mir Herr Jabloner und Frau Elisabeth Weiss liebenswürdigerweise, die Geburts-, Heirats- und Glaubensübertrittsmatrikeln der Israelitischen Kultusgemeinde einzusehen. An dieser Stelle möchte ich auch den Herren Dr. Oskar Schneider und Dr. Gehrholdt vom Stadtschulrat der Stadt Wien dafür danken, daß sie mir die Benützung der Hauptkataloge der Wiener Gymnasien und Mädchen-Lyzeen des ausgehenden neunzehnten Jahrhunderts ermöglichten, und Herrn Dr. Fenzl von der Katholischen Erzdiözese Wien danke ich ganz besonders für die gerne gewährte Einsicht in die Taufmatrikeln von neun Wiener Stadtpfarren. Forschungsstipendien der Whiting Foundation 1976/77 und solche der Memorial Foundation for Jewish Culture für 1976/77 und 1977/78, aber auch die materielle Unterstützung durch das General Research Board der University of Maryland im Sommer 1981 haben mir zwei Studien- und Forschungsreisen „ nach Jerusalem und Wien " ermöglicht.

Meine Kollegen im Institut für Geschichte der University of Maryland in College Park schufen ein für meine wissenschaftliche Arbeit außerordentlich förderliches geistiges Klima. Dem Institutsvorstand Emory Evans danke ich für das in mich gesetzte Vertrauen und für die großzügige Unterstützung meiner Arbeit, und meinen Kollegen Ira Berlin und Gabrielle Spiegel bin ich für die Durchsicht des Manuskripts und für ihre Anregungen zur Verbesserung der Struktur und des Stiles meines Buches zu Dank verpflichtet. Schon seit 1978 hatte ich das Vergnügen, die wissenschaftlichen Einrichtungen der Library of Congress benützen zu dürfen. Meine Freunde dort im „D-Deck" haben mir während der schwierigen Aufgabe, aus einer Dissertation ein Buch zu machen, immer wieder Mut zugesprochen. Aileen Arnold hat dann das Manuskript mit Akribie und Frohsinn getippt. Susan Suarez und Peggy Gifford von der SUNY Press erwiesen sich als besonders liebenswürdig und hilfsbereit. Die Landkarten für das Buch wurden vom Carthographic Services Laboratory der University of Maryland hergestellt.

Abschließend aber möchte ich vor allem meiner Familie ganz besonders danken. Kenneth Holum, meine Mann, war gleichzeitig auch mein strengster und wichtigster Kritiker. Selbst ein auf die Spätantike spezialisierter Historiker, fand er dennoch trotz aller Arbeitslast Zeit, mein Manuskript zu lesen, zwang mich zur Präzisierung meiner Gedankengänge, half mir, logische Ungereimtheiten zu vermeiden und gab vor allem meinem Stil den letzten, wesentlichen Schliff. Sein in meine Arbeit gesetzter Stolz war es auch, der mir über all die Schwierigkeiten des Schreibens und immer wieder Überarbeitens des Textes hinweghalf. Mit Worten läßt sich mein Dank für alles, was er für mich getan hat, gar nicht ausdrücken. Auch seine Tochter Katy Holum war immer mit Ermutigung und Unterstützung zur Hand. Meine Eltern letztlich sind es, die mir meine Liebe für das jüdische Volk, aber auch meinen leidenschaftlichen Wunsch, die jüdische Vergangenheit besser zu verstehen, mit auf den Lebensweg gegeben haben. Mein Vater, der Auschwitz überlebt hatte und starb, als ich zehn Jahre alt war, verlieh mir die Fähigkeit, Leid und Tragik des Holocausts zu fühlen, aber auch den unbezwingbaren Lebenswillen des jüdischen Volkes. Meine Mutter, eine Jüdin aus Brooklyn, New York, lehrte mich, was es bedeutet, zu diesem Volk zu gehören. Ihr ungeheurer Stolz auf alles, was ich erreichte, spornte mich immer wieder an, noch ein Stückchen weiter zu gehen. Sie war mir – mit ihrem unbeugsamen Naturell, ihrem Lebensmut und all ihrer Liebe, selbst angesichts eines schweren Schicksals – all mein Leben lang das bestimmende Leitbild. Weil sie all das überhaupt erst ermöglicht hat, widme ich ihr dieses Buch.

Marsha L. Rozenblit Silver Spring, Maryland

Verzeichnis der Abkürzungen

CAHJP	Zentralarchiv für die Geschichte des Jüdischen Volkes, Jerusalem
CZA	Zionistisches Zentralarchiv, Jerusalem
JV	*Jüdisches Volksblatt*
JZ	*Jüdische Zeitung*
LBIYB	*Jahrbuch des Leo Baeck Instituts*
MITOIU	*Mittheilungen der Österreichisch-Israelitischen Union*
MONOIU	*Monatsschrift der Österreichisch-Israelitischen Union*
NZ	*National-Zeitung*
NNZ	*Neue National-Zeitung*
Öst. Stat.	*Österreichische Statistik*
ÖW	*Österreichische Wochenschrift*
SE	*Selbstemancipation*
SJSW	*Statistisches Jahrbuch der Stadt Wien*
SJ	*Zeitschrift für Demographie und Statistik der Juden*

1. Einführung

Spricht man vom Wien der letzten Jahrzehnte der Habsburgermonarchie, so erweckt dies meist die Vorstellung hedonistischer Fröhlichkeit, der Unterhöhlung traditioneller Werte abendländischer Kultur und der Geburt der Moderne. Der alternde Kaiser Franz Joseph I. schien, sozusagen als lebendes Symbol der hergebrachten Wertordnung, für immer und ewig weiterzuregieren. In der gleichen Reichshaupt- und Residenzstadt aber begann bereits ein Sigmund Freud die düstere Nachtseite der menschlichen Psyche, das Unbewußte, zu erforschen, und die Bühnenstücke eines Arthur Schnitzler legten bereits das unverhüllte Skelett der Sexualität zwischenmenschlicher Beziehungen bloß. Karl Kraus enthüllte in ätzender Satire die Banalität und Frivolität des bürgerlichen Lebens dieser Ära, und Arnold Schönberg revolutionierte durch sein Zwölf-Ton-System die traditionelle Musik.[1] In dieser „fröhlichen Apokalypse" des Wien im Fin de siècle schwelgte das Bürgertum noch in Walzer und Schlagobers, während die Mitglieder der literarischen Gruppe Jung-Wien sich mit Literaturästhetik und Symbolismus befaßten und, um mit dem Historiker Carl Schorske zu sprechen, „das gesellschaftliche Gerüst bildeten, innerhalb dessen so viel des Subjektivismus des zwanzigsten Jahrhunderts Gestalt annahm".[2] Freilich brachte das Wien des ausgehenden neunzehnten Jahrhunderts rüde, irrational motivierte Massenbewegungen hervor, die Europa einen Vorgeschmack dessen gaben, was das zwanzigste Jahrhundert bringen sollte. Als Szene des militanten Antisemitismus, der mühsam unterdrückten Klassengegensätze und eines hysterischen, chauvinistischen Nationalismus war Wien aber auch die Stadt, in der ein Adolf Hitler einige wesentliche politische Einsichten gewann.[3]

Zugleich aber wurde Wien zum Symbol der Fähigkeit des jüdischen Volkes, am deutschen kulturellen Leben nicht nur teilzunehmen, sondern sogar in dessen Avantgarde eine führende Rolle zu spielen.[4] Mehr noch vielleicht als in der fiebrigen Atmosphäre des Berlin der Weimarer Republik, waren Juden im deutschsprachigen Kulturleben Wiens – vor allem an dessen modernistischer Front – weit stärker vertreten, als ihrem Anteil an der Gesamtbevölkerung entsprochen hätte. In Wien traten Juden nicht nur als Hervorbringer, sondern auch als „Konsumenten" kultureller Güter besonders hervor. Der deutsch schreibende jüdische Romanautor Jakob Wassermann bemerkte, als er Wien im Jahre 1898 zum erstenmal besuchte, „daß hier fast alle Menschen, mit denen ich in geistige oder herzliche Berührung kam, Juden waren".[5] Das Judentum bildete vorwiegend das Publikum der höheren Bildungsstände für alle neuen Bestrebungen in Literatur und Musik.[6] Darüber hinaus war auch die Mehrheit des literarischen Kreises Jung-Wien, darunter auch Arthur Schnitzler, Stefan Zweig, Karl Kraus, Peter Altenberg, Hermann Bahr und Richard Beer-Hofmann, Juden. Gustav Mahler und Arnold Schönberg, beide zum Christentum übergetretene Juden, komponierten für die spätere Entwicklung der modernen Musik entscheidende Werke. Freilich waren auch die nichtjüdischen Schriftsteller, Künstler und Musiker in dieser Ära zahlreich, doch die Vorrangstellung, die Juden im Wiener Kulturleben einnahmen, hat zahlreiche Historiker veranlaßt, die besondere Kreativität dieser Zeit ihrer Anwesenheit zuzuschreiben. So etwa meinte Hans Kohn: „Das Wien um die Jahrhundertwende erhielt sein geistiges Gepräge zum großen Teil von Menschen jüdischer Abstammung.“[7]

Es ist sicher nicht einfach, die reiche Vielfalt jüdischen literarischen und musikalischen Talents in den letzten Jahrzehnten der Donaumonarchie zu erklären,[8] doch eines steht fest: Sie hing damit zusammen, daß all diese Literatur und Musik samt ihrer jüdischen Leser- und Zuhörerschaft sich mit der Wiener Kultur und Gesellschaft in hohem Grad assimiliert hatte. Die Leistungen von Freud, Schnitzler, Mahler und anderen Leitbildern der Kultur- und Wissenschaftswelt haben geschulte und ungeschulte Beobachter gleichermaßen zu dem Schluß gedrängt, so gut wie die gesamte Judenschaft Wiens habe sich erfolgreich und beinahe völlig assimiliert.[9] Sonach repräsentieren die kulturell Großen des Judentum den Triumph der Assimilation, jenes Wandlungsprozessen, in dem Juden ihre traditionellen Werte ablegen und sich ihrer partikularistischen Verhaltensweisen entledigen, um in einer modernen, aufgeklärten, liberalen Welt aufzugehen. So wurden die Erfahrung einiger berühmter Männer paradigmatisch für die gesamte Judenheit.

Nun ist es aber einseitig und unzulässig, Weg und Erfahrung einiger Berühmter als repräsentativ für den Assimilationsgrad und die Integrationsweise aller Juden Wiens zu setzen. Eine solche Vorgangsweise verleiht der gesellschaftlichen Anpassung einer einzigen, nämlich der oberen, Bildungsschicht allzugroßes Gewicht und vernachlässigt eine zureichende Untersuchung der Art und Weise, in der sich im neunzehnten Jahrhundert alle Juden – die unteren Klassen, die Nicht-Wortgewandten, kurz: die einfachen Frauen und Männer – an das gesellschaftliche und kulturelle Leben Europas anpaßten. Zweifellos hatten zahlreiche Menschen jüdischer Herkunft am deutschen Kulturleben Anteil, aber es wäre verfehlt, die jüdische Assimilation an die europäische Gesellschaft nur nach diesen Intellektuellen zu beurteilen. Vielmehr erscheint es angebracht, jene sozialen und wirtschaftlichen Faktoren näher zu untersuchen, die wohl zu einer Integration, nicht aber notwendigerweise zu einer völligen Assimilation einer großen Zahl nach ursprünglichem religiösen, bildungsmäßigen, regionalen und sozialen Milieu höchst unterschiedlicher Juden in die europäische Gesellschaftsordnung des ausgehenden neunzehnten Jahrhunderts geführt haben.

Eine nach diesen Gesichtspunkten durchgeführte Analyse der Juden Wiens führt zu einer Reihe bedeutungsvoller Ergebnisse. Das vorliegende Werk stellt eine quantitative Untersuchung nach keinen besonderen Kriterien hervorstechender Juden dar, über die wir lediglich wissen, was aus Geburts- und Heiratsmatrikeln und Steuerveranlagungslisten hervorgeht. Die Auswertung all dieser Daten führt uns aber zu einem Bild der unterschiedlichen Zusammensetzung der Wiener Judenheit, aber auch der Grenzen, die diese Menschen selbst ihrem Assimilationsstreben setzten, um doch im wesentlichen Juden zu bleiben. Die Juden Wiens waren Zuwanderer oder doch die Nachkommenschaft von Zugewanderten, die in der zweiten Hälfte des neunzehnten Jahrhunderts in die Hauptstadt der Doppelmonarchie geströmt waren. Das großstädtische Ambiente erleichterte die raschen Veränderungen, die sie zu einem Großteil zu typischen Wiener Bürgern machten. Keineswegs aber führte das Großstadtmilieu zu völliger Assimilation und zu einem Erlöschen jüdischer Gruppenidentität. Ganz im Gegenteil: in Wien brachten Juden ökonomische und gesellschaftliche Verhaltensmuster hervor, die sie auch weiterhin – vor sich selbst wie auch vor der Außenwelt – als Juden kenntlich machten. Die Juden erlebten hier die Assimilation in Gesellschaft anderer Juden. So etwa vermieden die Juden Wiens eine bis zur Auflösung der Gruppenidentität gehende Assimilation dadurch, daß sie sich in vorwiegend jüdischen Wohngegenden ansiedelten und vorwiegend untereinander gesellschaftlichen Verkehr pflogen. Freilich assimilierten sich die Juden bis zu einem gewissen Grad, entwickelten aber parallel dazu neue Wege der Beibehaltung oder sogar Betonung jüdischer Eigenart, so etwa den Zionismus und den jüdischen Nationalismus der Diaspora, die beide dazu angetan waren, die Besonderheiten des Judentums zu erhalten und zu rechtfertigen.

Sicherlich ist der Ausdruck „Assimilation", wie er bei unserer Themenstellung zu verstehen ist, problematisch. Die Zionisten wurden von Wort und Begriff mit Geringschätzung erfüllt. Für sie war ein Assimilant etwas wie ein Verräter am jüdischen Volk, der sich unterwürfig an die kulturellen und gesellschaftlichen Werte der Nichtjuden anbiederte. In diesem Buch dagegen soll das Wort „Assimilation" wertneutral gebraucht werden, wie dies bei amerikanischen Soziologen durchaus üblich ist. In diesem Sinn erscheint mir die von Milton Gordon angebotene Definition am meisten adäquat, der in seinem Werk *Assimilation in American Life* (1964) die Auffassung vertritt, bei der Assimilation handle es sich in Wahrheit um ein Kontinuum. Der erste Schritt bei diesem Prozeß sei die Akkulturation oder kulturelle Assimilation, also die Annahme kultureller und zivilisatorischer Sitten der einbettenden Gesellschaft durch eine Minorität. Demnach akkulturiere sich eine ethnische Gruppe durch Annahme der Kleidung, der Gepflogenheiten der Freizeitgestaltung, ökonomischer Verhaltensmuster, Sprache, des kulturellen Überbaus und der politischen Ansichten der umgebenden Gesellschaft, ohne deshalb unbedingt ihr Gefühl der Gruppenidentität zu verlieren. Akkulturation führe nicht, wie Gordon betont, ipso facto zu völliger Assimilation und zum Verschwinden der Gruppe. Es sei durchaus möglich, sich den wirtschaftlichen, politischen und kulturellen Gepflogenheiten einer Gesellschaft anzupassen, ja diese sogar völlig zu übernehmen und dennoch alle sozialen Primärkontakte „Freundschaft, Geselligkeit, Ehe- und Familienbande" vorwiegend in der eigenen Gruppe zu pflegen, wodurch der Fortbestand der letzteren gesichert ist.[10]

Nach Ansicht Gordons tritt soziale Assimilation erst dann ein, wenn die Minorität mit der Majorität verschmilzt. Eine solche Verschmelzung tritt nur dann ein, wenn die umgebende Gesellschaft die betreffende Volksgruppe akzeptiert und relativ frei von Vorurteilen gegen diese Minderheit ist, vor allem aber, wenn es häufig zu Mischehen zwischen den beiden Volksgruppen kommt. Dergestalt ist dann also die „Heirats-Assimilation“ die Endstufe des Assimilations-Kontinuums. Gordon hält die von ihm so genannte „strukturelle Assimilation“ für die wichtigste Zwischenstufe zwischen Akkulturation und „Assimilation durch Eheschließung“. Damit bezeichnet er die Herausbildung einer weitreichenden Vernetzung von Primärbeziehungen, Freundschaften und anderen gesellschaftlichen Kontakten zwischen der Mehrheits- und der Minderheitsgruppe. Durch strukturelle Assimilation, „den Schlußstein des Bogens der Assimilation“, und durch Mischehen verliert eine Minderheitsgruppe schließlich ihren ethnischen Zusammenhalt und neigt dazu, von der sie umgebenden Gesellschaft nicht mehr unterscheidbar zu sein. So führt die strukturelle Assimilation zum Verschwinden der Volksgruppe und ihrer spezifischen Kultur.[11]

Die hier skizzierte Terminologie Milton Gordons erscheint einerseits flexibel, andererseits hinlänglich präzise und wird daher in diesem Buch durchgehend angewandt. Mit „Assimilation“ wird umgreifend das gesamte Kontinuum von der Akkulturation über das Stadium der häufigen Mischehen bis zum Verschwinden der Volksgruppe bezeichnet, und auch die spezifischeren Bezeichnungen „Akkulturation“ und „strukturelle Assimilation“ werden im Sinne Gordons verwendet.

Der Verlauf der jüdischen Assimilation im Europa des neunzehnten Jahrhunderts, von der Akkulturation bis zum Verlöschen der Volksgruppe, wurde gemeiniglich mit der Verstädterung in Zusammenhang gebracht, mit dem Siedlungstrend der Juden aus den Klein- und Kreisstädten Ost- und Mitteleuropas in die Groß- und Hauptstädte. Da sie nun endlich von den meisten Beschränkungen der Berufswahl, Erwerbstätigkeit und Ansiedlung befreit waren, suchten sich die Juden des ausgehenden neunzehnten Jahrhunderts die vorteilhafteren gesellschaftlichen, wirtschaftlichen und Bildungsmöglichkeiten zunutze zu machen, die ihnen das Leben in einer Großstadt bot. Dort aber waren sie dann hinsichtlich ihres Lebensstils und Umgangs nicht mehr in dem Maß beengt wie im vertrauten Milieu des „Schtädtls“, und sie entledigten sich daher vielfach der überkommenen wirtschaftlichen, sozialen und religiösen Verhaltensweisen. Rasch assimilierten sie sich an das großstädtische Bürgertum. Hier wählten nun die Juden für sie neue Berufszweige, ließen ihren Kindern eine weltliche Schulbildung angedeihen und standen gesellschaftlich mit Nichtjuden in weit größerem Maß in Verbindung als je zuvor. Die Chancenbreite des großstädtischen Lebens setzte – wenigstens theoretisch – dem Assimilationsstreben der Juden keine Schranken.

Der bekannte jüdische Soziologe des frühen zwanzigsten Jahrhunderts, Arthur Ruppin, vertrat die Auffassung, daß die großen Städte wichtige Faktoren der Assimilation – richtige Treibhäuser dieses Vorgangs – waren, die dort virulenter und rascher vor sich ging als irgendwo sonst im Lande.[12] Ruppin befürchtete, daß die im städtischen Raum viel häufigeren Mischehen und Religionsübertritte letztlich zu einem Verschwinden des jüdischen Volkes führen würden. Große Städte seien, so meinte er, in dieser Hinsicht besonders gefährlich, weil dort das städtische Wirtschaftsleben und die allgemein zugänglichen Schulen zu häufigeren und intensiveren Kontakten zwischen Juden und Nichtjuden führten und weil in den Großstädten der Einfluß der Glaubensgemeinschaft geringer sei als in der Kleinstadt und auf dem flachen Land. Schließlich sah er auch noch eine Gefährdung jüdischer Identität in der großstädtischen Toleranz völkischer und gesellschaftlicher Vielfalt gegenüber. In den Städten, so argumentiert Ruppin, lockerten sich die Bande der Judengemeinde, und die Juden seien dadurch in steigendem Maß äußeren Einflüssen ausgesetzt, was eben Assimilation und Auflösung der jüdischen Gemeinden zur Folge habe. Ruppin war sich durchaus darüber im klaren, daß der Antisemitismus Grenzen setzte, fürchtete aber doch, zahlreiche Juden würden zum Christentum übertreten, nur um der Vorteile gewiß zu sein, die nur die dominante Religions- und Kulturschicht zu bieten hatte.[13] So gelangte er zu der Aussage: „Zwischen den beiden Mühlsteinen Antisemitismus und Assimilation droht der Judaismus zerstört zu werden“[14]

Ruppins pessimistische Einschätzung der Wirkung, die die Verstädterung auf die Identität der Juden haben würde, läßt eine Untersuchung jüdischer Assimilation in Wien besonders relevant und bedeutungsvoll erscheinen. Gerade Wien bietet dem Historiker eine vorzügliche Gelegenheit, Ruppins Theorien auf die Probe zu stellen und darüber hinaus die kollektiven Aspekte der jüdischen Assimilation zu untersuchen. Wiens Größe und seine damals bedeutende Judengemeinde, die höchst unterschiedlichen Ausgangsbedingungen ihrer Mitglieder und die Intensität antisemitischer Rhetorik in dieser Stadt machen das Wien der Jahrhundertwende zur idealen Szene einer Gruppen-Fallstudie jüdischer Assimilation. Überdies kann man in Wien die Auswirkungen des großstädtischen Milieus auf Juden aller Schichten – und nicht nur einer prominenten Elite – studieren. Die relativ leichte Zugänglichkeit für eine statistische Auswertung geeigneter Quellen versetzt den Historiker in die Lage, die Änderungen und Umformungen zu analysieren, denen hier jüdisches Sozial- und Wirtschaftsverhalten unterworfen war, zugleich aber auch die Mechanismen und Strategien, mit deren Hilfe der Durchschnittsjude seinen Beitrag zur Sicherung des Überlebens der Judenheit als Volksgruppe leistete. Die Einblicke und Erkenntnisse, die eine derartige Studie für Wien bringt, ließen sich ohne weiteres auch auf Berlin, Budapest, Prag und andere mitteleuropäische Großstädte anwenden.

Zweifellos ist Wien für die Form einer Großstadt typisch, die Ruppin vor Augen hatte, als er von den Gefahren der städtischen Lebensweise für die Juden sprach. In der zweiten Hälfte den neunzehnten Jahrhunderts war Wien nicht nur eine der kosmopolitischesten Städte Europas, sondern auch eine der größten. Die Einwohnerzahl lag damals nahe an zwei Millionen. Als tatsächliche Hauptstadt des weit ausgedehnten, vielsprachigen Vielvölkerstaates Österreich-Ungarn (obwohl Budapest de jure den Rang einer zweiten Hauptstadt hatte), stellte Wien das Zentrum der politischen Macht, aber auch des Reichtums der Doppelmonarchie dar. Seine intellektuelle Vorrangstellung und seine wirtschaftlichen Möglichkeiten machten Wien sowohl für seine angestammten Einwohner als auch für die Zuwanderer – Juden und Nichtjuden gleichermaßen –, die aus vielen Teilen der Monarchie herbeiströmten, zu einem außerordentlich zukunftsträchtigen Boden.[15] Vor allem aber bot die Reichshaupt- und Residenzstadt der jüdischen Assimilation mehr als zureichende Chancen.

Im Gegensatz zu der Lage in anderen mitteleuropäischen Großstädten bestand die ansehnliche jüdischen Gemeinde in Wien vorwiegend aus Zuwanderern oder deren Kindern aus einem weitgespannten Spektrum sprachlicher, kultureller und religiöser Herkunft, die dementsprechend auch mit den Lockungen Wiens auf höchst unterschiedliche Art fertig wurden. Bei Ausbruch des Ersten Weltkrieges zählte diese Volksgruppe beinahe 200.000 Mitglieder und war damit zur größten in West- und Mitteleuropa angewachsen. Schon als die Reichsregierung nach der Revolution des Jahres 1848 die Wohn- und Ansiedlungsbeschränkungen für Juden aufgehoben hatte, begannen diese vor allem aus den österreichischen Provinzen Böhmen, Mähren und Galizien, aber auch aus Ungarn nach Wien zu strömen.[16] Diese Zuwanderer waren bunt gemischt: reich und arm, groß- und kleinstädtischer oder ländlicher Herkunft, traditionsgebunden und schon teilweise assimiliert, deutsch- oder jiddisch-sprachig. Viele von ihnen suchten die völlige Assimilation, während sich andere wieder der Erhaltung jüdischer Werte in religiöser oder nationaler Gewandung verpflichtet fühlten. Aus der Gesamtheit ihrer höchst unterschiedlichen Erwartungen entstand auch eine entsprechende Vielfalt der Anpassung an und Reaktion auf das neue Leben in der Großstadt.

Schließlich aber verstärkten die militant antisemitischen politischen Strömungen im Wien der Jahrhundertwende[17] wohl einerseits die Widerstände, die sich dem Versuch der Assimilation entgegenstellten, andererseits aber ließen sie, wie Ruppin befürchtet hatte, die Vorteile geglückter Assimilation um so erstrebenswerter erscheinen. Die Christlichsoziale Partei, die nach 1895 im Wiener Gemeinderat den Ton angab, forderte die Ausschließung der Juden aus dem öffentlichen Leben, und es gelang ihr durch antisemitische Parolen und Wahlreden, die mit der Modernisierung des Handels und allgemeinen Wirtschaftslebens oder mit dem politischen Liberalismus unzufriedenen Mittelstandswähler in ihr Lager zu ziehen. Der christlichsoziale Bürgermeister der Stadt, Dr. Karl Lueger (1897–1910), machte zwar seine antisemitischen Drohungen niemals wahr, doch der offenkundige Elan der antisemitischen Strömung veranlaßte dennoch eine Anzahl von Juden dazu, zum Christentum überzutreten, machte aber andererseits eine vollständige Assimilation so gut wie unmöglich selbst für jene, die sie sich aus ganzem Herzen wünschten. Die Antisemiten erinnerten die Juden, auch die schon getauften, immer wieder an ihr Judentum.

Sicherlich waren die aus traditionellen, aber auch aus schon etwas progressiveren Familien und Gemeinden in Böhmen, Mähren, Galizien und Ungarn Stammenden eifrig bestrebt, sich zu akkulturieren. Die meisten von ihnen legten rasch Kleidung, Sprache und Verhaltensweisen des „Schtädtl" ab und wurden zu mitteleuropäischen Städtern. Sie sprachen nicht mehr Jiddisch, sondern Deutsch, änderten ihre jüdischen Namen in deutsche und vertauschten typisch jüdische Kleidung mit der Mode Europas im neunzehnten Jahrhundert. Traditionelle jüdische Kommerzberufe wandelten sich zu üblichen Funktionen im großstädtischen Wirtschafts- und Handelsleben, und die Träger dieser neuen Funktionen wurden manchmal außerordentlich erfolgreiche Kaufleute, Fabrikanten oder Angehörige freier Berufe. Sie identifizierten sich mit dem Österreich der Habsburger, mit der Deutsch-Liberalen

Partei, die ihnen die Emanzipation gebracht hatte (wenngleich sie diese auch dann in den antisemitischen Bestrebungen des Fin de siècle teilweise im Stich ließ), vor allem aber mit dem deutschen Kulturgut. Sie besuchten in großer Zahl das Gymnasium und die Universität, nahmen dort die Werte abendländischer Kultur in sich auf und wurden weit häufiger, als dies dem Anteil der Juden an der Wiener Bevölkerung entsprochen hätte, zu Kulturschaffenden und Kulturkonsumenten.

Einige Wiener Juden gingen noch um einiges über geglückte Akkulturation hinaus. Für manche von ihnen, vor allem höheren Gesellschaftsklassen angehörende, schwächte sich ihre Identität als Juden ab und – abgesehen davon, daß Antisemiten sie immer wieder an diese erinnerten – bestand ihre einzige noch verbleibende Verbindung zum Judentum, um mit Vicki Baum zu sprechen, in einem Großvater, der ein „kleiner, alter Jude" war.[18] Die meisten Memoirenschreiber unter den Wiener Juden kamen aus assimilierten Familien. So stellte der Journalist Arnold Höllriegel fest: „Ich hielt mich für einen Deutschen; mein Judentum bedeutete mir wenig."[19]

Hervorstechend war, daß viele dieser wohlhabenden, gebildeten Juden nicht mehr am jüdischen religiösen Leben teilnahmen. So etwa schreibt Gertrude Berliner in ihren Memoiren, sie sei in einem völlig assimilierten Milieu, komplett mit Weihnachtsbaum, Ostereiern und gelegentlichen Kirchenbesuchen mit den katholischen Dienstmädchen, aufgewachsen.[20] In ihren Wiener Kindheitserinnerungen schreibt Toni Cassirer, die Frau des Philosophen Ernst Cassirer: „Wir sind ohne Religion erzogen worden. Vaters Familie war schon in der dritten Generation nicht mehr rituell . . ."[21] Und Arthur Schnitzler erinnert sich, trotz seines oft wiederholten Bekenntnisses zum Judentum, des beinahe völligen Fehlens jüdischen religiösen Brauchtums in seiner Familie, die gerade eben noch Yom Kippur, den Bußtag, das höchste Fest des jüdischen Ritualjahres, hielt. Obwohl seine Großmutter tatsächlich fastete und betete, feierte die übrige Familie „den Bußtag hauptsächlich ihr zuliebe und nach ihrem Tod nur aus Pietät weiter". Ihre Generation fastete noch am Yom Kippur und aß zum Passah-Fest Matzes, doch „in der folgenden Generation trat . . . gegenüber dem Geist jüdischer Religion eher Gleichgültigkeit, ihren äußeren Formen gegenüber Widerstand, wenn nicht gar spöttisches Verhalten zutage". An Arthur Schnitzlers dreizehntem Geburtstag ließ seine Familie mit Absicht jegliches jüdische Ritual beiseite, machte ihm aber wert- und bedeutungsvolle Geschenke: vollständige Werksausgaben der deutschen Klassiker, eine goldene Uhr und ein paar Golddukaten.[23] Trotz seines Bekenntnisses zum Judentum war die Haltung Sigmund Freuds allen jüdischen Ritualen gegenüber negativ, und in seinem Haus wurden weder die Feste gefeiert noch jüdisches Brauchtum gepflogen.[24]

Einige der am weitestgehend assimilierten Juden Wiens taten schließlich auch den letzten Schritt zur völligen Assimilation. Wien hatte den höchsten Prozentsatz von Konvertiten zum Christentum in ganz Europa. Gustav Mahler, Arnold Schönberg, Otto Weininger und Karl Kraus sind nur einige hervorstechende Beispiele für dieses Streben, durch Übertritt zum Mehrheitsglauben alle Bande jüdischer Überlieferung und Vergangenheit zu brechen. Zahlreiche einfache Juden ließen sich taufen, einfach um ihr berufliches Fortkommen zu fördern, Nichtjuden zu heiraten und letztlich in der bodenständigen Gesellschaft Wiens aufzugehen. Das allerletzte

Quentchen totaler Assimilation freilich – nämlich vorurteilsfreie Akzeptanz durch die Nichtjuden – wurde nur sehr wenigen Wiener Juden zuteil.

Gleichzeitig aber mit dem scheinbaren Erfolg, mit dem sich die Wiener Juden äußerlich akkulturierten und einige von ihnen sogar beinahe völlig assimilierten, bestand die Wiener Judenheit doch als deutlich abgrenzbare, sich ihrer Identität bewußten Volksgruppe innerhalb des gesellschaftlichen Lebens der Großstadt fort. Die von Arthur Ruppin vertretenen Befürchtungen erwiesen sich als allzu pessimistisch. Auf den nun folgenden Seiten wird dargelegt, daß, wenngleich auch das Leben in der Großstadt die kulturelle Assimilation begünstigte, dieses Leben ebenso auch die für die Aufrechterhaltung jüdischer Identität erforderliche Grundlage bildete und den Juden sogar dabei half, Stolz auf ihre Besonderheiten und Gruppenzugehörigkeit zu entwickeln. Mögen auch viele Juden in der großen Stadt etliche der für das Leben in den jüdischen Gemeinden Mittel- und Osteuropas charakteristische Formen und traditionelle Gepflogenheiten aufgegeben haben, assimilierten sie sich dennoch nicht notwendigerweise völlig an das großstädtische Milieu, in das sie gezogen waren. Im Gegenteil: in Wien – und vermutlich auch anderswo – schufen die Juden neue Formen jüdischen Verhaltens, die sich wohl von den traditionellen wesentlich unterschieden, aber dennoch immer noch eindeutig jüdisch waren.

Ein hervorstechendes Beispiel solchen neuen, aber erkennbar jüdischen Verhaltens findet sich im Bereich der Berufswahl. Herkömmlicherweise waren Juden Händler oder jedenfalls selbständige Kaufleute. Berufe, die als typisch jüdisch galten. Die Juden aber, die nun die vielfältigeren wirtschaftlichen Möglichkeiten Wiens genossen, gaben vielfach die traditionell jüdischen Berufe auf. Anstatt sich aber an den beruflich-wirtschaftlichen Durchschnitt der Wiener anzugleichen, wählten sie die neue Rolle von Angestellten in Handel und Industrie. Da wenige nichtjüdische Wiener in einem privaten Angestelltenverhältnis – also nicht im Staatsdienst bzw. in der Verwaltung – als Privatbeamte, Verkäufer oder Manager tätig waren, andererseits sich aber viele Juden in solchen Positionen befanden, entstand so etwas wie eine erkennbar jüdische Berufsform.

Überdies gaben selbstverständlich durchaus nicht alle Juden in der Großstadt ihre traditionellen Formen der Religionsausübung auf. Unglücklicherweise steht quantifizierbares Datenmaterial darüber nicht zur Verfügung. Eine Auswertung der Memoirenliteratur aber läßt darauf schließen, daß, wenngleich viele Juden auch die Art ihrer Religionsausübung änderten, sie dennoch an gewissen wichtigen mosaischen Riten festhielten. So etwa erinnert sich Ernst Waldinger, dessen Großeltern noch äußerst orthodoxe galizische Juden gewesen waren, daß in seiner Knabenzeit sein Vater am Samstag gearbeitet habe. Dennoch aber feierte die Familie die jüdischen Feiertage, ging am Freitagabend, nachdem die Mutter die Sabbathkerzen entzündet hatte, in die Synagoge, und sorgte dafür, daß der Knabe eine gut jüdische Erziehung erhielt. Als Waldinger dann das Jünglingsalter erreicht hatte, wurde sein Vater wieder Mitglied einer traditionelle Synagoge, der Junge aber fühlte sich dort nicht wohl.[25] Auch der Nobelpreisträger Elias Canetti erinnert sich daran, in eine religiöse Schule geschickt worden zu sein, um dort die Gebete zu lernen, „so daß die Väter und Großväter mit uns im Tempel Ehre einlegen konnten".[26] Die Canettis waren nicht sonderlich religiöse Sepharden aus Bulgarien, die von 1913 bis 1916 in Wien lebten, aber sie waren, wenigstens bis zu einem gewissen Grad, bemüht, den jungen Elias mit jüdischer Tradition vertraut zu machen.

Am wichtigsten aber erscheint, daß zahlreiche Juden der strukturellen Assimilation und dem durch sie bedingten Identitätsverlust gegenüber dadurch Schranken errichteten, daß sie gesellschaftlich und geschäftlich vorzugsweise mit anderen Juden verkehrten. Selbst die assimilierten Intellektuellen, von denen weiter oben die Rede war, bewegten sich fast ausschließlich in jüdischen Kreisen. So etwa stellte Stefan Zweig fest, daß neun Zehntel seiner Freunde jüdische Bürgerliche waren.[27] Arthur Schnitzler bewegte sich „in guten jüdischen Mittelstandskreisen, wo ich hauptsächlich verkehrte",[28] und auch Sigmund Freud verkehrte vorwiegend mit Juden. Nur wenige seiner Schüler waren Nichtjuden. Freuds Sohn Martin erinnert sich daran, daß seine ganze Familie jüdische Freunde, Bekannte und Geschäftsfreunde hatte und sich mit ihren entsprechenden Anliegen an jüdische Ärzte und Anwälte wandte.[29] In Gesellschaft anderer Juden fühlte sich Freud am wohlsten. Mit ihnen teilte er das „klare Bewußtsein innerer Identität, die Vertrautheit gleicher psychologischer Struktur".[30] Und auch Theodor Herzl, der Begründer des politischen Zionismus, schrieb in seinem Buch *Der Judenstaat* (1896), wobei er offenbar seine eigenen Erfahrung als assimilierter Wiener Jude verallgemeinerte:

Wir wissen ja, daß, von den Reichsten abgesehen, die Juden fast keinen Verkehr mit Christen haben. In manchen Ländern ist es so, daß der Jude, der sich nicht ein paar Tafelschmarotzer, Borgbrüder und Judenknechte aushält, überhaupt keine Christen kennt. Das Ghetto besteht innerlich fort.[31]

Obwohl Herzl die Situation wahrscheinlich etwas übertrieben und dramatisch dargestellt hat, verkehrten eben assimilierte Juden tatsächlich vorwiegend mit anderen assimilierten Juden. Dies führte auch dazu, daß das gesellschaftliche Leben aller Wiener Juden ohne Rücksicht auf deren jeweiligen Akkulturations- oder Assimilationsgrad ein im wesentlichen jüdisches war. Die Juden Wiens lebten vorzugsweise in „Judenvierteln". Besuchten sie das Gymnasium oder die Universität, in welchen beiden sie unter den Studierenden überproportional repräsentiert waren, so waren dort ihre Studienfreunde ebenfalls wieder Juden. Überdies war, gleichgültig, was warnende Stimmen auch behaupten mochten, die Zahl der Mischehen und Glaubensübertritte nicht besonders groß. Schließlich aber brachte die Wiener Judengemeinde bald schon ein sehr ausgedehntes Netz jüdischer Organisationen hervor, die es dem einzelnen gestatteten, philanthropisch oder politisch tätig zu werden, sich innerhalb eines breiten Spektrum zu irgendeiner jüdischen Identität – von Assimilantentum bis zu Zionismus und jüdischem Nationalismus – zu bekennen, und in erster Linie mit anderen Juden ähnlicher oder gleicher gesellschaftlicher Herkunft zu verkehren. Solchermaßen insititutionalisierten die Juden ihre teilweise Isolation und schufen die Foren, in denen sie in dem Wien ihrer Zeit jüdische Identität demonstrierten.

Man könnte selbstverständlich die Auffassung vertreten, lediglich der damals judenfeindliche Boden Wiens hätte die Juden daran gehindert, sich völlig zu assimilieren, und tatsächlich verhinderte auch der Antisemitismus das gänzliche Verschwinden einer besonderen jüdischen Identität. Antisemitismus konnte sehr leicht die Bildung jüdisch-nichtjüdischer Freundschaften und damit auch die daraus folgende strukturelle Assimilation behindern. Sicherlich waren sich auch viele Juden der Bedeutung des Antisemitismus für ihr erwachendes Bewußtsein eigenständischer jüdischer Identität bewußt. Schnitzler begann seine Memoiren damit, folgende Behauptung aufzustellen:

Es war nicht möglich, am allerwenigsten für einen Juden im öffentlichen Leben, die Tatsache, Jude zu sein, nicht zur Kenntnis zu nehmen. Niemand sonst tat dies, – weder die Nichtjuden, aber noch weniger die Juden selbst. Man hatte die Wahl, als taktlos, aufdringlich und unverschämt, oder aber als überempfindlich, schüchtern und sich ständig verfolgt fühlend zu gelten. Und selbst wenn es einem gelang, sich so zu verhalten, daß nichts von alledem erkennbar war, so war es dennoch unmöglich, von diesen Vorurteilen unberührt zu bleiben.[32]

Über sein Jahr als Einjährig-Freiwilliger beim Militär schrieb er:

Auch unter den militärärztlichen Eleven, wie beinahe in allen Freiwilligenabteilungen – und wo nicht sonst! – fand eine – sagen wir hier reinliche Scheidung zwischen christlichen und jüdischen oder, da das nationale Element immer stärker betont wurde, zwischen arischen und semitischen Elementen statt, und der außerdienstliche Verkehr hielt sich im allgemeinen in den engsten Grenzen.[33]

Obwohl Schnitzler meinte, daß man in den achtziger Jahren des vergangenen Jahrhunderts übrigens darunter nicht irgendwie zu leiden gehabt hätte, bestätigte er doch, seine Familie habe bei allem auf einem, „oft trotzigen Betonen der [jüdischen] Stammeszugehörigkeit" bestanden.[34] Stefan Zweig, dem Poesie näher lag als Politik, gab vor, den Antisemitismus in Wien nicht wahrzunehmen,[35] doch andere fühlten sich verpflichtet, ihre jüdische Herkunft gegen alle antisemitischen Angriffe zu verteidigen. Freuds Biograph Ernest Jones vertrat die Auffassung, Freuds jüdische Identität hätte in „der ererbten Fähigkeit der Juden" bestanden, „angesichts von Gegnerschaft und Anfeindung nicht zurückzuweichen und ihre Position im Leben zu behaupten".[36] Freud selbst behauptete etwas unaufrichtig anläßlich einer ihm zuteil gewordenen Ehrung durch die B'nai B'rith: „Meine Verdienste um die Sache der Juden beschränken sich auf einen einzigen Punkt, – nämlich den, daß ich mein Judentum niemals verleugnet habe."[7]

Der Antisemitismus mag wohl das jüdische Bewußtsein vieler gestärkt haben, etwas wie eine „jüdische Identität" aber hat er für sich allein nicht geschaffen. Auch ein höchst positiver jüdischer Lebenswille manifestierte sich im Wien der Jahrhundertwende. Mehr als irgendein anderer berühmter Jude seiner Zeit war Sigmund Freud für sein stolzes Bekenntnis zum Judentum beispielgebend. Freud lehnte zwar das Judentum als Religion ab, fühlte sich aber dem jüdischen Volk gefühlsmäßig tief verbunden und empfand Stolz auf seine jüdische Identität und sein jüdisches Erbe.[38] Schon seit 1897 war er Mitglied der B'nai B'rith, später Ehrenpräsident der Wiener Sektion des Jiddischen Forschungsinstitutes YIVO, ein eifriger Sammler jüdischer Witze und Anekdoten und ein aufrechter Verfechter der jüdischen Ehre.[39] Im Jahre 1939 erklärte er vor der Londoner Sektion des YIVO: „Zweifellos wissen Sie, wie gerne und stolz ich mein Judentum bekenne, obwohl meine Einstellung allen Religionen, einschließlich der unseren, gegenüber kritisch negativ ist."[40]

So kam es, allen düsteren Warnungen Ruppins zum Trotz, daß die Verstädterung wohl eine weitgehendere Integration der Juden in die europäische Gesellschaft erleichterte, gleichzeitig aber auch eine Situation schuf, die es ihnen ermöglichte, sich als eigenständige Gruppe innerhalb der Gesellschaft Europas völlig neu zu definieren. Der Prozeß der Urbanisation selbst lieferte Antrieb und Motivation für die Herausbildung neuer Formen jüdischer Gruppenidentität und veranlaßte die Juden, sich dem an sich seit Beginn des neunzehnten Jahrhunderts anwachsenden Drang zur Assimilation wieder teilweise zu entziehen.

Die Darstellung der folgenden Seiten konzentriert sich sowohl auf die Schlüsselelemente des Assimilationsprozesses als auch auf die bewußten und unbewußten Mechanismen und Strategien, mit deren Hilfe das Judentum seine Gruppenidentität erhielt und sein kollektives Fortbestehen sicherte. Den erforderlichen demographischen Rahmen und die Struktur dieser Untersuchung liefert vor allem die Analyse der jüdischen Zuwanderung in das Wien der Zeit zwischen 1867 und dem Ausbruch des Ersten Weltkrieges. Die Unterschiedlichkeit der Herkunftsmilieus, aber auch der Erwartungen jüdischer und nichtjüdischer Zuwanderer nach Wien gestattet – wenigstens zum Teil – eine Erklärung der spezifisch jüdischen Formen der Anpassung an das Leben in der Großstadt. Zum besseren Verständnis der Art, in der sich Juden die Chancen und Möglichkeiten städtischen Lebens zunutze zu machen wußten, wird in der vorliegenden Untersuchung den Veränderungen beruflicher und wirtschaftlicher Präferenzen, der Rolle des Gymnasiums zur Gewährleistung von Sozialmobilität und Akkulturation und den Versuchen totaler Assimilation – dem Eingehen von Mischehen und dem Übertritt zum Christentum – besonderes Augenmerk gewidmet. Letztlich aber werden in dieser Arbeit jene Bremsmechanismen untersucht, mit deren Hilfe die Juden selbst ihrem Assimilationsstreben Grenzen setzten – so etwa die Herausbildung vorwiegend jüdischer Ansiedlungsgebiete und die Schaffung eines umfassenden Netzes politischer, sozialer, religiöser und kultureller Organisationen, innerhalb derer Juden immer wieder mit ihresgleichen zusammentrafen und so neue Formen jüdischer Identität hervorbringen konnten.

Diese Studie über die Wiener Judenheit beginnt mit dem Jahr 1867 und endet 1914. 1867, im selben Jahr, in dem durch den sogenannten „Ausgleich" Österreich-Ungarn geschaffen wurde, kam es auch zur Emanzipation der Juden, d. h., es wurden ihnen die gleichen Bürger-, politischen und religiösen Rechte wie allen übrigen Bürgern der Doppelmonarchie zugestanden. Mit einem Schlag beseitigte die damalige liberale Regierung alle noch aus der Zeit des Spätmittelalters verbliebenen Relikte, die die beruflichen Möglichkeiten, die Siedlungsfreiheit sowie die politischen und bürgerlichen Grundrechte der Juden einengten und beschnitten.[41] Nun erst bestand für sie die Möglichkeit der Assimilation, und die Regierung ermutigte sie sogar noch dazu, diesen Weg zu gehen. Dieser Ermutigung hätte es weiß Gott nicht bedurft, denn die österreichischen und die gleichermaßen emanzipierten ungarischen Juden drängten sich geradezu, die sich nun bietenden Möglichkeiten zu nützen.

Der Ausbruch des Ersten Weltkrieges bietet sich als naturgemäßer und logischer Endpunkt des von dieser Untersuchung umspannenden Zeitraumes dar. Der Krieg selbst führte zur Auflösung der Doppelmonarchie und zur Schaffung eines österreichischen Rumpfstaates auf dem Territorium der traditionell deutschsprachigen Teile des versunkenen Habsburgerreiches. Überdies waren auch während des Krieges galizische Juden in großer Zahl nach Österreich geflüchtet, um sich dem Ansturm der russischen Armee zu entziehen, in deren Gefolge – und wohl auch mit deren Duldung oder gar Initiative – es in Galizien zu einer ganzen Reihe von Pogromen kam.[42] Der Zustrom dieser galizischen Juden schuf, im Verein mit den Kinderkrankheiten der jungen Republik Österreich, eine Wiener Judengemeinde, die sich deutlich von der vor dem Ersten Weltkrieg unterschied.

Die Analyse jüdischer Assimilation zwischen 1867 und 1914 gründet sich in erster Linie auf eine Anzahl quantifizierbarer Quellen: Daten und Dokumente über Geburt, Eheschließung und Religionsübertritte der Wiener Juden, Hauptkataloge mehrerer Wiener Gymnasien und die Kultussteuerverzeichnisse der Israelitischen Kultusgemeinde, meist nur „die Gemeinde" oder „IKG" genannt, die die offizielle Vertretung und den Sammelpunkt der Wiener Judenheit bildete.[43] Von diesem Material erwiesen sich vor allem Geburts- und Heiratsmatrikeln als besonders wertvoll, da sie, trotz ihrer Ausrichtung auf den jüngeren Teil der Juden Wiens, Aufschluß über die geographische Herkunft, die Berufe und die von Juden bevorzugten Wohnbezirke eines mehr oder minder repräsentativen Querschnitts der damals in Wien ansässigen Juden geben. Die Steuerverzeichnisse andererseits eröffnen den Zugang zu ähnlichem Datenmaterial, jedoch mit Ausrichtung auf die älteren und wohlhabenderen Mitglieder der Gemeinde. Nach damaligem österreichischen Recht mußten wohl alle Juden Mitglieder der Israelitischen Kultusgemeinde sein, doch scheinen in deren Steuerlisten nur jene auf, die wohlhabend genug waren, zwanzig Kronen jährlich an Kultussteuer zu bezahlen, was nur auf etwa ein Drittel der Wiener Judengemeinde zutraf. Statistische Proben aus den Geburts-, Heirats- und Steuermatrikeln – wobei die beiden ersten einen repräsentativen Querschnitt der jüngeren, die letztere dagegen eher das Bild der älteren Mittel- und Oberschicht aufzeigen – gewähren Einblick in Ursprünge und gesellschaftliche Zusammensetzung der Juden Wiens in den signifikanten Jahren des raschen Wachstums der Wiener Gemeinde. Die Schülerlisten der Gymnasien und die Aufzeichnungen über Religionsübertritte bzw. Konvertiten liefern uns genauere Informationen über den Bildungsweg als Mittel zu größerer gesellschaftlicher Beweglichkeit und leichterer Assimilation, aber auch über das Ausmaß, in dem völlige Assimilation an die Wiener Gesellschaft glückte.

Selbstverständlich zeigen uns Aufzeichnungen und Dokumente wie die hier untersuchten nur nackte, lapidare Tatsachen über die Wiener Judenheit. Dennoch läßt eine genaue Analyse dieser Fakten viel davon erkennen, welche Auswirkungen die Assimilation auf *alle* Juden Wiens hatte – nicht nur auf eine Elite von Wortgewandten und Gebildeten, die ihre eigenen Erfahrung auf diesem Gebiet in ihren Memoiren festhielten. Memoiren, Romane und Zeitungsartikel gestatten nämlich – so persönlich und lebendig sie auch gehalten sein mögen – doch nur Einblick in eine dünne Schicht der Wiener Juden, während uns quantifizierbare Daten instand setzen, aus der Sicht des Sozialhistorikers jene gesellschaftlichen Kräfte zu verstehen, die ihre Auswirkungen auf die gesamte Judenheit Wiens hatten.

Andererseits ist es selbstverständlich schwierig, sich aus Computerausdrucken ein Bild der Mentalität, Gemütslage, Absichten, Wünsche, Zielsetzungen und der persönlichen Aspekte zu machen, kurz: all der Dinge, die sich so nuanciert und überreich in Lebensüberblicken, Romanen und Feuilletons finden. Weder das eingehende Studium derartigen Materials noch die Auswertung einer quantitativen Untersuchung können uns ein ausgewogenes, gerundetes Bild der gesellschaftlichen Veränderungen im Wiener Judentum geben; gemeinsam aber ermöglichen sie sicherlich ein eingehenderes Verständnis jüdischer Anpassung an das Leben der Welt von heute.

2. Die Entstehung des Wiener Judentums: Die jüdische Einwanderung nach Wien zwischen 1867 und 1914

Mehr noch als in den meisten anderen europäischen Städten war gerade in Wien der Prozeß jüdischer Assimilation aufs engste mit dem umfassenderen Phänomen jüdischer Wanderungen und Verstädterung im neunzehnten Jahrhundert verknüpft. So gut wie alle jüdischen Einwohner der österreichischen Hauptstadt waren Einwanderer oder doch Kinder von Einwanderern, die es in diese Stadt gezogen hatte, nachdem die österreichische Regierung während der Revolution des Jahres 1848 die althergebrachten Ansiedlungsbeschränkungen für Juden aufgehoben hatte beziehungsweise nachdem im Jahre 1867 diese Ansiedlungsfreiheit bestätigt worden war. Aus zahllosen Dörfern, Städtchen und Städten Österreich-Ungarns eilten in diesen Jahren Juden in die Reichshaupt- und Residenzstadt, um in den Genuß der dort gegebenen wirtschaftlichen und kulturellen Aufstiegsmöglichkeiten zu gelangen. Mit sich brachten sie eine reiche Vielfalt von Kenntnissen und Erfahrungen und höchst unterschiedliche Erwartungen dessen, was ihnen das Leben in der großen Stadt bescheren würde. Sie alle unterschieden sich sehr wesentlich von den nichtjüdischen Zuwanderern dieser Ära. Überdies unterschieden sich auch Juden aus den verschiedenen Teilen der Doppelmonarchie voneinander hinsichtlich ihres Wohlstandes, Gewöhnung an das städtische Leben, den Grad der bereits vollzogenen Assimilation und ihrer Haltung in bezug auf eine noch weitergehende Integration in eine nichtjüdische Gesellschaft. Ihr „Background" war also sowohl für ihre weitere Assimilation als auch für die Erhaltung irgendeiner Form jüdischer Identität in der Habsburgermetropole maßgebend.

Selbstverständlich war die Zuwanderung der Juden nach Wien nur ein Teil zweier größerer Bevölkerungsverschiebungen des neunzehnten Jahrhunderts, nämlich der Wanderung mittel- und osteuropäischer Juden aus dem kleinstädtischen Raum in die Großstadt und nach Übersee – vor allem in die Vereinigten Staaten von Amerika. Im neunzehnten Jahrhundert wiesen die Städte Europas ein außerordentlich starkes Wachstum auf.[1] Männer und Frauen verließen ihre Heimatgemeinden und zogen aus den Dörfern in die Städte, aus den Provinzhauptstädten in die wesentlichen Verwaltungs- und Handelszentren. Arme Bauern verließen die Scholle, um in den neugegründeten Fabriken zu arbeiten. Der Mittelstand strebte nach den vielfältigeren wirtschaftlichen Möglichkeiten, die nur die größeren Städte zu bieten hatten. Ihre Zuwanderung war ein Beitrag zur Entwicklung Europas von einer größtenteils bäuerlichen zu einer mehr wirtschaftlich und industriell orientierten städtischen Gesellschaft.

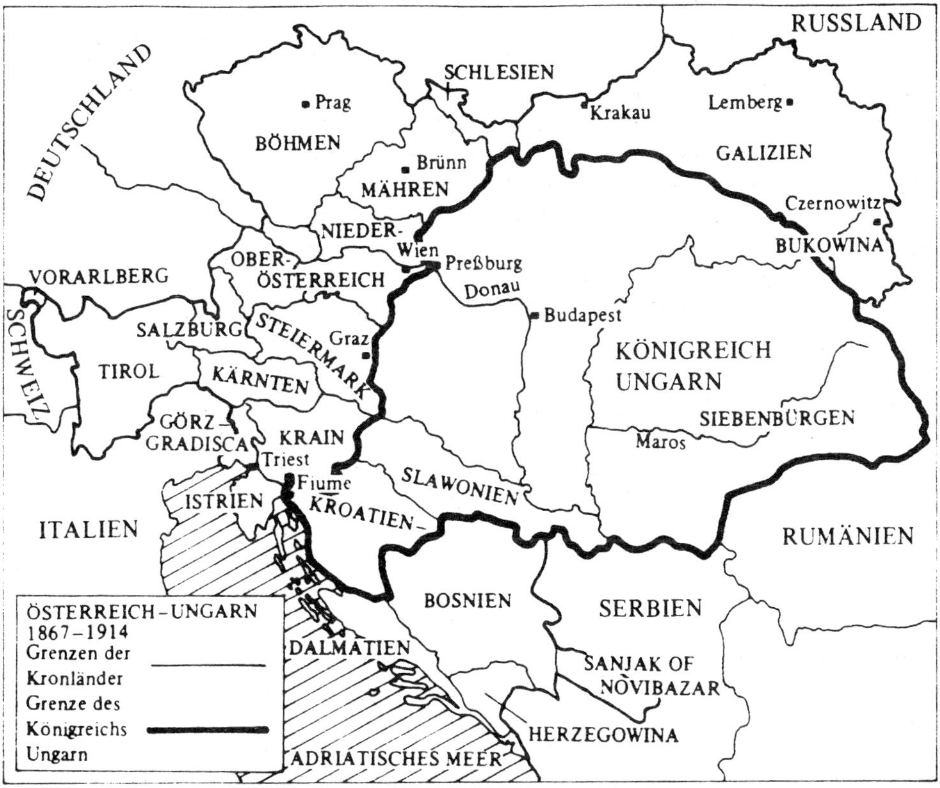

Karte 2:1

Besonders in Österreich verließen Menschen in wachsenden Zahlen die Gemeinden, in denen sie Heimatrecht besaßen oder „zuständig" waren,[2] in denen sie also Anspruch auf Sozialhilfe, Unterstützung hatten und bei Kommunalwahlen ihre Stimme abgeben durften, um ihr Glück anderswo, vor allem aber in den größeren Marktflecken und Städten zu suchen. Zum besseren Verständnis sei hier erklärt, was in diesem Zusammenhang mit „Österreich" gemeint ist (siehe Karte 2:1). Nach dem „Ausgleich" des Jahres 1867 wurde aus der Habsburgermonarchie „Österreich-Ungarn", wobei sowohl „Österreich" als auch „Ungarn" für seine eigenen inneren Angelegenheiten verantwortlich war. Gemeinsam dagegen hatten die beiden in Personalunion einen Herrscher, Franz Joseph I., als Kaiser von Österreich und König von Ungarn. Gemeinsam wurde die Außenpolitik durch einen Minister des Äußeren vertreten, und gemeinsam war die kaiserlich und königliche Armee. „Österreich" bezieht sich also auf alle im damaligen Reichsrat vertretenen

Königreiche und Länder. Wie ein großer Halbkreis umgab dieses „Österreich" die Länder der Stefanskrone und schloß die vorwiegend deutschsprachigen Alpenprovinzen Tirol, Vorarlberg, Salzburg sowie Ober- und Niederösterreich und die teils deutsch-, teils slowenischsprachigen Provinzen Steiermark und Kärnten ein. Dazu gehörten aber auch Krain, in dem slowenisch gesprochen wurde, und eine Reihe weiterer Provinzen entlang der Adriaküste: Görz-Gradisca, Istrien, Triest und Dalmatien, auch die tschechisch- und deutschsprachigen Länder Böhmen und Mähren, das tschechische und polnische Schlesien, das polnisch- und ruthenischsprachige Galizien und die mehrsprachige Bukowina. Ungarn, ein weit größeres Gebiet als die heutige Volksrepublik, umschloß die historischen Länder der Stefanskrone einschließlich Siebenbürgen, die südslawischen Gebiete Kroatien und Slawonien und die Hafenstadt Fiume. Aufgrund des österreichisch-ungarischen Ausgleichs hatte Ungarn im Rahmen der gemeinsamen Doppelmonarchie die seit langem heiß ersehnte Unabhängigkeit von Österreich zwar nicht vollkommen, aber in einem hohen Maße erreicht.

Im Gegensatz zur Mitte des neunzehnten Jahrhunderts, als die meisten Österreicher noch in ihren Heimatgemeinden wohnten, besaßen im Jahre 1890 nur mehr 64% aller Österreicher in ihren Wohngemeinden ein Heimatrecht.[3] In Niederösterreich, jener Provinz, in der die Reichshaupt- und Residenzstadt Wien lag, waren es im Jahre 1890 gar nur 41,5%.[4] In der zweiten Hälfte des 19. Jahrhunderts entschloß sich ein noch größerer Prozentsatz aller Österreicher, in der Stadt zu leben.[5] Im Jahre 1843 wohnten nur 4% aller Österreicher in Städten mit mehr als 20.000 Einwohnern; im Jahre 1890 waren es schon über 12%. Im gleichen Zeitraum verfünffachte sich die Zahl der Städte mit über 20.000 Einwohnern beinahe – nämlich von sieben auf zweiunddreißig.[6]

In den Städten mit mehr als 100.000 Einwohnern war damals das Bevölkerungswachstum am ausgeprägtesten. Im Zeitraum zwischen 1869, als zum erstenmal bei einer Volkszählung die Zahl der anwesenden Einwohner und nicht nur jener mit Heimatrecht erhoben wurde,[7] und 1910 wuchs die Bevölkerung der sieben größten Städte Österreichs – Wien, Prag, Triest, Lemberg, Graz, Brünn und Krakau von 7 auf 11% der österreichischen Gesamtbevölkerung an.[8]

Überdies wuchsen diese Städte auch besonders rasch. Ein Teil dieses Wachstums wurde sozusagen „künstlich" erzeugt – teils durch immer genauer werdende Zählmethoden, teils durch die Eingemeindung von Vororten. Immerhin konnten aber die meisten der größeren österreichischen und ungarischen Städte in diesem Zeitraum ihre Einwohnerzahl mehr als verdoppeln. Die Bevölkerung Lembergs etwa wuchs von 87.109 im Jahre 1869 bis 1910 auf 206.113 an.[9] Die beiden galizischen Städte Lemberg und Krakau wuchsen damals von allen österreichischen Städten am schnellsten. In den 41 Jahren zwischen 1869 und 1910 stieg die Einwohnerzahl Lembergs um 137% und die Krakaus um 205%, also im Durchschnitt um etwa 3 bzw. 6% pro Jahr.[10] Die Bevölkerung Wiens wuchs in diesem Zeitraum um 234%, nämlich von 607.514 im Jahr 1869 auf 2,031.498 im Jahr 1910 an.[11] Freilich war ein Großteil des Wachstums auf die Eingemeindung der Vororte im Jahre 1890 zurückzuführen. In Ungarn wieder verdoppelte sich die Bevölkerung von Budapest zwischen 1889 und 1900 beinahe, indem sie bei einer jährlichen Zuwachsrate von fast 5% von 360.551 auf 716.376 anschwoll.[12]

In ganz Europa – vor allem aber in Österreich – waren die Juden des neunzehnten Jahrhunderts in Bewegung. In ihrem Drang, Armut und Verfolgung zu entrinnen, wanderten sie in Massen aus Rußland, Rumänien und der österreichischen Provinz Galizien in die Vereinigten Staaten von Amerika aus.[13] Im gleichen Zeitraum zogen auch die Juden Mittel- und Osteuropas mehr und mehr in die Städte.[14] Da sie schon von alters her keine landwirtschaftlichen Berufe ausüben durften, waren die Juden Europas schon immer keine agrarische, sondern eine zum Stadtleben tendierende Gruppe. Dennoch waren die in großen Dörfern und Kleinstädten lebenden Juden, welche als Mittler zwischen ländlichen und städtischen Märkten fungierten, ein integrierender Teil der landwirtschaftlichen Struktur gewesen. Im Laufe des neunzehnten Jahrhundert hatten sie dann in steigender Zahl ihre ländlichen Siedlungsräume verlassen und waren in die mittleren und größeren Städte gezogen. In Rußland war dies zum Teil die Folge eines Regierungsprogramms, das darauf abzielte, die Juden aus dem landwirtschaftlichen Gefüge zu eliminieren und so ihren angeblich schädlichen Einfluß auf die Bauern zu brechen.[15] In Österreich-Ungarn oder Deutschland wurde die zunehmende Verstädterung der Juden nicht durch antijüdischen Druck seitens der Regierung beschleunigt, sondern stellte eine spontane Reaktion auf all jene geänderten Bedingungen dar, die die gesetzliche und gesellschaftliche Emanzipation der Juden mit sich brachte. Endlich von den historischen Zwängen und Beschränkungen befreit, folgten die Juden dem Zug sich anderswo bietender, ungleich größerer wirtschaftlicher, gesellschaftlicher und kultureller Möglichkeiten und Anreize. So bauten sie für sich erfolgreich ein völlig neues Leben auf – ob nun in Amerika oder in den Städten Deutschlands, Österreich-Ungarns oder Rußlands.

Die Verstädterung bildet den springenden Punkt der demographischen Veränderung der jüdischen Bevölkerung der Doppelmonarchie im ausgehenden neunzehnten Jahrhundert. Folglich konzentrierten sich in diesen Jahren proportional mehr Juden in den Städten als Angehörige irgendeiner anderen österreichischen oder ungarischen Volks- oder Religionsgruppe. Nur 10,6% aller Österreicher, Juden eingeschlossen, lebten im Jahr 1900 in den zehn größten Städten Österreichs, dafür aber 23,3% aller Juden.[16] Vor allem aber in Galizien waren die Juden weit stärker als alle Nichtjuden in den Städten konzentriert. 1900 wohnten dort 7,3% aller Einwohner (einschließlich der Juden) in den vierzig Städten mit mehr als 10.000 Einwohnern, von den Juden aber traf dies auf mehr als ein Drittel zu.[17] Überdies bildeten sie in der Mehrzahl aller österreichischer und ungarischer Städte eine signifikante Minderheit. In den westösterreichischen Städten, wie Wien, Prag und Brünn, stellten Juden nur 8 bis 9% der Einwohner. Im Osten Österreichs aber, in Städten wie Lemberg, Krakau und Czernowitz, gab es ein Viertel bis ein Drittel jüdischer Einwohner, und in vielen Bezirkshauptstädten Galiziens und der Bukowina bildeten Juden sogar die Mehrheit.[18] Das traf damals auch auf Ungarn zu, wo es in den Bezirkshauptstädten hohe jüdische Einwohnerzahlen gab, und Budapest mit seiner zu einem Viertel jüdischen Bevölkerung wurde damals oft von Spöttern „Judapest" genannt.[19]

In Wien selbst war das Anwachsen der jüdischen Einwohnerschaft am bemerkenswertesten. Im Jahr 1857 lebten knapp 1% aller Juden Österreichs in der Hauptstadt. Bis 1900 aber waren bereits 13% aller österreichischen Juden Wiener. Um 1850 wohnten in der Reichshaupt- und Residenzstadt nur ganz wenige Juden; schließlich aber wuchs die Gemeinde so rasch an, daß es zu Ausbruch des Ersten Weltkrieges in Wien bereits fast 200.000 Juden gab (Tabelle 2:1).[20]

Tabelle 2:1
Die jüdische Bevölkerung Wiens, 1787 – 1910

Jahr	Anzahl der Juden	Bevölkerung Wiens	Prozentanteil der Juden an der Gesamtbevölkerung
1787	532 oder 230 (1784)	207.405	
1800	903 oder 310	231.049	
1830	975 oder 1.270	317.768	
1847	1.588 oder 4.000*	402.501	
1857	6.217**	284.999**	2,2%
		476.222***	
1869	40.230[1]	607.514[1]	6,6%[1]
1880	73.222	726.105	10,1%
1890	118.495	1,364.548[2]	8,7%
1900	146.926	1,674.957	8,8%
1910	175.318	2,031.498	8,6%

* Siehe Erklärungen im folgenden Text.

** Bei der Volkszählung des Jahres 1857 wurden nur die *einheimischen* Bürger gezählt, also nur jene, die in Wien Heimatrecht besaßen. Folglich bezieht sich die in der Tabelle angeführte Zahl auf diese.

*** Die aus der Volkszählung von 1857 vorgenommene Schätzung der tatsächlichen Einwohnerzahl Wiens.

1 Ab 1869 wurde bei allen österreichischen Volkszählungen die anwesende Bevölkerungsziffer ermittelt.

2 Die Zunahme in Wien ist gegenüber 1880 so groß, weil im Jahr 1890 eine Reihe von Vororten der Stadt als die Bezirke XI bis XIX eingemeindet wurden.

Quellen: Bevölkerung und Viehstand, 1857; „Nieder-Österreich", S. 2–3; *Bevölkerung und Viehstand,* 1869, Bd. 11 (Nieder-Österreich), S. 2–13; *Öst. Stat.,* 1:2, S. 2–3; 32:1, S. 46–47; 63:1, S. 48–49; N. F. 2:1, S. 33*; *SJSW* (1885), S. 14; *SJSW* (1910), S. 25; Jeiteles, S. 40–42; Löw, S. 161–163.

Vor der Revolution 1848 gestattete die Regierung nur wenigen Juden, in Wien zu leben. Freilich wurden gewisse sehr reiche Juden, wie etwa der Hoffaktor Samuel Oppenheimer, „toleriert", d. h., sie erhielten das besondere kaiserliche „Patent", um in der Hauptstadt zu wohnen. Dieses Privileg erstreckte sich auch auf ihre Familie, ihr Personal und ihre Angestellten.[21] Es gibt keine übereinstimmenden Schätzungen der tatsächlichen Anzahl der Juden, die während dieser Toleranzperiode in Wien ansässig waren, und selbst die beiden bekannten Schätzungen sind vermutlich in der Zahl zu niedrig gegriffen. Israel Jeiteles errechnete die Gesamtbevölkerung aus der Anzahl der in Wien tolerierten jüdischen Familien und gelangt dabei zu dem Schluß, es habe in Wien im Jahr 1847 etwa 1.600 Juden gegeben.[22] Akos Löw dagegen gelangt auf etwa die doppelte Zahl. Er verglich die Prozentsätze jüdischer Geburten, Todesfälle und Eheschließungen in den Archiven und Matrikeln mit jenen der Wiener Gesamtbevölkerung und zog daraus seine Schlüsse auf die Zahl der Juden in Wien. Dabei gelangt er zu folgenden Resultaten: etwa 230 im Jahre 1784; 310 im Jahre 1800; 270 im Jahre 1830 und ungefähr 4.000 Juden im Jahre 1848.[23] Da aber die Geburts-, Todes- und Heiratsverhältniszahlen der Juden von jenen der Wiener Gesamtbevölkerung in den Dezennien gegen Ende des 19. Jahrhunderts abwichen, scheint es wahrscheinlich, daß es die gleiche Abweichung auch in den Anfangsjahren des Jahrhunderts gab – vor allem, da die jüdische Gemeinde vor 1848 sich vorwiegend aus wohlhabenden Juden zusammensetzte. Es gibt jedoch keine bessere Möglichkeit, zu einer genaueren Schätzung der jüdischen Einwohnerzahl Wiens zu gelangen.

In den Jahrzehnten, die auf die Aufhebung der Beschränkungen von Ansiedlung und Wohnsitz in Wien im Jahre 1848, vor allem aber auf die Emanzipation der Juden im Jahre 1867 folgten, wuchs die Zahl der Juden in der Hauptstadt außerordentlich rasch (Tabelle 2:2).[24]

In den sechziger Jahren des 18. Jahrhunderts wuchs die Gemeinde um 46% pro Jahr. Die für die Jahre 1857–1869 berechnete Wachstumsrate ist jedoch übertrieben hoch, da für das Jahr 1857 nur die Zahl der in Wien gebürtigen Juden – ein Bruchteil der tatsächlichen Bevölkerungsanteile der Juden in Wien – berechnet wurde. In den achtziger Jahren des 18. Jahrhunderts erlebte die Jüdische Gemeinde ihre höchsten Zuwachsraten. Während die Gemeinde größer wurde, ging – trotz einem ununterbrochenen Zustrom von Einwanderern – ihr relatives Wachstum zurück. Trotzdem, bis in die neunziger Jahre hinein wuchs die jüdische Bevölkerung schneller als die Gesamtbevölkerung Wiens.

Das Wachstum der jüdischen Gemeinde war selbstverständlich nicht bloß jüdischer Fortpflanzungsfreudigkeit zuzuschreiben, sondern der stark anwachsenden Zuwanderung von Juden aus anderen Teilen der Doppelmonarchie.[25] Freilich wanderten in dieser Zeit auch Nichtjuden nach Wien zu, trugen aber prozentuell zum Wachstum der Gesamtbevölkerung weit weniger bei als die Zuwanderung von Juden zum Wachstum der jüdischen Gemeinde. Um die Jahrhundertwende waren etwa 45% aller Wiener in ihrer Heimatstadt geboren, dagegen aber nur 20% der Wiener Juden.[26]

Die jüdischen Zuwanderer in der Hauptstadt stellten sicherlich nur einen Teil einer Umschichtung der gesamten österreichischen Bevölkerung dar, doch bildeten sie schon bei ihrem Eintreffen in der Hauptstadt – aber auch nachdem sie schon Jahrzehnte in dieser gelebt hatten – eine ganz besondere Gruppe, die sich sehr wesentlich von allen nichtjüdischen Zuwanderern unterschied. Die Juden kamen aus spezifisch „jüdischen" Gründen und überdies auch noch aus anderen Bereichen Österreich-Ungarns als die nichtjüdischen Zuwanderer. Meist kamen sie in Form ganzer Familien, wie dies bei Juden, aber durchaus nicht in gleichem Maße bei

Nichtjuden, üblich ist. Und letztlich unterschieden sie sich von der Mehrzahl der anderen Zuwanderer darin, daß sie nicht mit dem Stadtleben völlig unvertraute Bauern waren.

Tabelle 2:2
Das Wachstum der jüdischen und allgemeinen Bevölkerung Wiens, 1857–1910

Jahr	Jüd. Bevölkerungswachstum			Allg. Bev.-Wachstum	
	in Zahlen	in Prozent	% pro Jahr	%	% pro Jahr
1857–69	34.013	547%	45,6%	27,6%*	2,3%*
1869–80	32.992	82%	7,5%	19,5%	1,8%
1880–90	45.273	61,8%	6,2%	87,9%**	8,8%**
				12,6%***	1,2%***
1890–1900	28.431	24,0%	2,4%	22,7%	2,3%
1900–1910	24.392	19,3%	1,9%	21,3%	2,1%

* Berechnet aus der Schätzung der tatsächlichen Bevölkerung für 1859 und aus der tatsächlichen Bevölkerungsziffer für 1869.

** Bevölkerungszuwachsrate einschließlich der neu eingemeindeten Vororte.

*** Bevölkerungszuwachsraten der Bezirke I bis X, die bei der vorhergehenden Volkszählung des Jahres 1880 die ganze Stadt gebildet hatten.

Ganz im Gegenteil: Fast alle Juden hatten schon zu Hause in Klein- und Mittelstädten gelebt, und es fiel ihnen deshalb durchaus nicht schwer, sich dem Leben in der Großstadt anzupassen; leichter jedenfalls als den meisten Nichtjuden. Diese Besonderheit der jüdischen Zuwanderer blieb auch ein für ihr fortdauerndes Anders-Sein im damaligen Wien wesentlicher Faktor.

Anders als die meisten Großstädte, die in dieser Zeit Zuwanderer aus den ihnen zugehörigen ländlichen Provinzen anlockten, übte Wien diese Anziehungskraft auf eine in jeder Hinsicht sehr heterogene Mischung von Zuzüglern aus.[27] Allerdings kamen aber jüdische und nichtjüdische Zuwanderer aus voneinander verschiedenen Gebieten der Doppelmonarchie. Leider machte die damalige Statistik noch keine Unterscheidung nach ethnischen oder religiösen Gruppen, und es ist deshalb unmöglich, die ursprüngliche Heimat der Nichtjuden als Sonderfall aus den Herkunftsgebieten der gesamten Wiener Zuwanderer herauszulösen. Der typische Zuwanderer kam entweder aus Niederösterreich, in dem ja die Reichshauptstadt- und Residenzstadt lag, oder aber aus Böhmen oder Mähren im Norden und Nordwesten der Stadt (Tabelle 2:3). So etwa waren im Jahr 1890 45% aller Wiener – einschließlich der Juden – bereits in der Großstadt zur Welt gekommen, und 11% kamen aus Niederösterreich. Volle 30% aller Wiener und 50% aller Zuwanderer stammten aus Böhmen und Mähren. Aus den alpenländischen Provinzen, den adriatischen Küstengebieten, Galizien oder der Bukowina zog es nur sehr wenige Männer und Frauen nach Wien. Ungarn übersiedelten manchmal in die österreichische Hauptstadt der Doppelmonarchie, und zwischen 7% und 9% aller Wiener besaßen in Ungarn Heimatrecht.[28]

Tabelle 2:3
Geburtsort und Heimatland der Wiener Bevölkerung, 1880–1910

	1880 N = 726.105		1890 N = 1,364.548	
	Geburtsort	Heimat	Geburtsort	Heimat
Wien	37,4%	35,2%	44,7%	34,9%
Übriges NÖ	14,6	13,1	11,4	12,1
Alpen- und Küstenprovinzen[1]	7,2	4,3	4,3	4,5
Böhmen	15,4	18,7	15,7	20,9
Mähren und Schlesien	12,4	14,0	12,0	14,4
Galizien und Bukowina	1,8	2,1	1,8	2,1
Ungarn		9,2		
	11,2*		10,1*	11,0**
Übriges Ausland		3,8		
	100,0%***	100,0%	100,0%	100,0%

	1900 N = 1,674.957		1910 N = 2,031.498	
	Geburtsort	Heimat	Geburtsort	Heimat
Wien	46,4%	38,0%	48,8%	55,2%
Übriges NÖ	11,4	11,4	11,1	8,2
Alpen- und Küstenprovinzen[1]	4,3	4,6	4,2	3,2
Böhmen	14,1	18,4	12,6	11,1
Mähren und Schlesien	12,1	14,5	12,0	10,3
Galizien und Bukowina	2,2	2,7	2,3	2,4
Ungarn		8,4		7,7
	9,7*		9,0*	
Übriges Ausland		2,2		2,0
	100,0%***	100,0%	100,0%	100,0%

* Ungarn und andere Ausländer sind hinsichtlich ihres Geburtsortes in der Statistik zusammengefaßt.
** Bei dieser Volkszählung wurden Ungarn und andere Ausländer zusammengefaßt.
*** Die Zahlen in dieser und allen anderen Tabellen summieren sich wegen des Abrundungsfehlers nicht auf genau 100.
1 Alpen- und Küstenprovinzen: Oberösterreich, Salzburg, Steiermark, Kärnten, Krain, Triest, Görz und Gradiska, Istrien, Tirol, Vorarlberg und Dalmatien.

Quellen: *Öst. Stat.,* 1:1, S. 2–3; 32:2, XXXVI–XXXVII, LX–LXIII, 64:1, S. 2–25; N. F. 2:1, S. 33*, 2–27; *SJSW* (1901), S. 34–41; (1910) Endblatt; (1912), S. 891–898; Sedlaczek, Wien, 1880, 2. Teil, S. 104–107; Rauchberg, „Der Zug nach der Stadt", S. 162.

Um nun die geographischen Ursprünge der gesamten Wiener Judengemeinde festzustellen und dadurch die statistische Bevorzugung der jüngeren Bevölkerungsgruppe in den beiden hier untersuchten Querschnitten (männliche Heiratende und Väter)[29] zu korrigieren, war es nötig, die Daten aller fünf Jahre zusammenzufassen und statistische Durchschnitte zu errechnen. Gemäß dieser Zusammenfassung für die Jahre 1870 bis 1910 (Tabelle 2:4) waren die Juden, im Gegensatz zur typischen Wiener Bevölkerung, einigermaßen gleich auf Gruppen von aus Wien, Böhmen, Mähren, Galizien und Ungarn Stammenden verteilt. Im allgemeinen lag der Hauptunterschied zwischen der allgemeinen und der jüdischen Zuwanderung nach Wien in der Bedeutung von Galizien und Ungarn als Ausgangsgebiete. Ungarn, das als Geburtsland aller Wiener Männer und Frauen von sekundärer Bedeutung war, war die ursprüngliche Heimat beinahe eines Viertels der Juden in der Hauptstadt. So waren auch nur rund 2% aller Wiener – einschließlich der Juden – aus Galizien, dagegen war ein Fünftel der Wiener Juden in dieser polnisch-ruthenischen Provinz zur Welt gekommen. Da ein Viertel der Wiener Judenheit in Böhmen und Mähren geboren war, hat es zunächst den Anschein, als käme diesen beiden Provinzen die gleiche Bedeutung als Herkunftsgebiet jüdischer und nichtjüdischer Zuwanderer zu. Tatsächlich aber kam etwa die Hälfte aller zugewanderten Wiener von dort, dagegen aber nur ein Drittel der nicht schon in Wien geborenen jüdischen Zuwanderer. Anders als die typischen Wiener waren Wiener Juden so gut wie nie in Niederösterreich geboren. Übrigens hatten zu keiner Zeit viele Juden ihren Wohnsitz in dieser Provinz. Durch den weitgehend externen Ursprung der Wiener Judengemeinde waren von dieser im Durchschnitt nur halb so viele schon in Wien geboren wie bei der Wiener Gesamtbevölkerung. Im hier beschriebenen Verteilungsmuster der jüdischen Zuwanderung nach Wien spiegelt sich die wohngebietsmäßige Konzentration der österreichisch-ungarischen Judenheit überhaupt wider. Im Jahre 1857, zu Beginn der großen Wanderungsbewegung, lebten 40% aller Juden der

Tabelle 2:4
Geburtsort männlicher jüdischer Heiratender (kombiniert), 1870–1910

	Zahl der männlichen jüdischen Heiratenden	Prozent
Wien	178	20,3
Übriges NÖ	21	2,4
Böhmen	104	11,9
Mähren	129	14,7
Schlesien	14	1,6
Galizien	167	19,0
Bukowina	14	1,6
Übriges Österreich	3	0,3
Ungarn	204	23,3
Übriges Ausland*	43	4,9
	N = 877**	100,0%

* „Übrige Ausländer" schließt 13 männliche Heiratende aus Deutschland, 13 aus Rußland, 5 aus Rumänien, 8 vom Balkan und 4 aus anderen Gebieten ein.

** Unterschiede in den Zahlen für N und der Gesamtzahl für die Statistische Probe ergeben sich in dieser wie auch in allen folgenden Tabellen aus fehlenden Informationen.

Habsburgermonarchie in Ungarn, 46% in Galizien und in der Bukowina und 13% in Böhmen, Mähren und Schlesien.[30]

Eine Betrachtung des hier gegebenen Allgemeinbildes ist geeignet, die Tatsache zu verdecken, daß die Wiener Judengemeinde ihr Entstehen eigentlich drei einander überlappenden Wanderungswellen zu danken hat, die in verschiedenen Gebieten der Doppelmonarchie ihren Ursprung hatten. Die Jugend-Betonung unserer Querschnittsmuster gestattet besonders guten Einblick in die wechselnde Emphase (hinsichtlich der Herkunft) der jüdischen Zuwanderung nach Wien (Tabelle 2:5). Die ersten in der Stadt ansässigen Juden, Inhaber kaiserlicher Toleranzpatente, waren ursprünglich aus Böhmen und Mähren in die Kaiserstadt gekommen. Als in den fünfziger- und sechziger Jahren des neunzehnten Jahrhunderts die Ansiedlungs- und Wohnbeschränkungen aufgehoben wurden, kamen tschechische Juden in großer Zahl nach Wien. Sie wurden aber schon bald von der zweiten großen Zuwanderungswelle überrollt, nämlich der aus Ungarn. Dieser Zustrom aus Ungarn hielt auch noch bis in die achtziger Jahre an und schwächte sich erst während der Madjarisierung der neunziger Jahre in Ungarn und in den auf diese folgenden Jahre ab. Die dritte große Zuwanderungswelle kam aus Galizien und ergoß sich vorwiegend erst in den letzten beiden Dezennien vor dem Ersten Weltkrieg in die Reichshaupt- und Residenzstadt.[31]

Angaben über den geographischen Ursprung der Wiener Judengemeinde vor 1848 sind höchst ungenau und lückenhaft. In den Jahren zwischen 1784, als Kaiser Joseph II. den Juden befahl, über Geburten, Eheschließungen und Todesfälle Ma-

Tabelle 2:5
Geburtsort jüdischer Väter, 1869–1910

	Gesamtzahl* N = 1.060	1869 N = 324	1880 N = 146	1890** N = 179	1900 N = 241	1910 N = 170
Wien	17,6%	21,3%	11,6%	16,8%	16,2%	18,2%
Übriges NÖ	1,2	0,6	–	3,4	0,4	2,9
Böhmen	8,2	8,6	11,0	8,4	7,1	6,5
Mähren	12,5	13,0	15,1	14,0	12,9	7,6
Schlesien	0,8	0,3	0,7	1,1	1,7	–
Galizien	18,0	10,5	13,7	15,6	20,7	34,7
Bukowina	1,0	–	1,4	1,1	0,8	2,9
Übriges Österreich	0,4	0,3	–	1,1	–	0,6
Ungarn	35,8	42,3	44,5	35,8	33,6	19,4
Übriges Ausland*	4,3	3,1	2,1	2,8	6,6	7,1
	100,0%	100,0%	100,0%	100,0%	100,0%	100,0%

* Die Gesamtstatistik beruht für die Jahre 1869, 1880, 1900 und 1910 auf dem Geburtsland, für das Jahr 1890 aber, in dem das Geburtsland in den Geburtsurkunden nicht festgehalten wurde, auf dem Heimatland.

** Die Zahlen beziehen sich auf das Heimatland.

trikeln zu führen,[32] und dem Revolutionsjahr 1848 ging der Prozentsatz tschechischer Juden in der Wiener Gemeinde im gleichen Maße zurück, in dem der der ungarischen Juden anwuchs. In seiner Untersuchung über die Sozialstruktur der Juden Wiens in diesem Zeitabschnitt weist Akos Löw nach, daß zwischen 1784 und 1806 20% der Wiener Juden aus Böhmen und Mähren, 21,3% aus Ungarn stammten, 17,8% Einheimische waren und sich für 24,7% der Ursprung nicht feststellen ließ. In den zwanzig Jahren, die der Revolution von 1848 vorangingen, veränderte sich das Bild so, daß nur mehr 19,7% herkunftsmäßig Tschechen, dafür aber 33,5% Ungarn, 22,9% Einheimische und 11,7% unbekannten Ursprungs waren. In dieser Zeit gab es in Wien so gut wie keine galizischen Juden.[33]

Zu Ende der fünfziger Jahre des neunzehnten Jahrhunderts stammte bereits die Mehrheit der Juden Wiens aus Ungarn. Nach einer erst vor kurzem vorgenommenen Analyse der handschriftlichen Volkszählungsunterlagen des Jahre 1857 stammten in diesem Jahr nur etwa 15% der Juden aus Mähren und 4% aus Böhmen. Zwanzig Prozent der Wiener Juden waren Einheimische, und die Galizier machten etwa 10% der (jüdischen) Bevölkerung aus.[34]

Nach der Emanzipation der Juden im Jahr 1867 begannen Juden aus Böhmen, Mähren, Ungarn und Galizien nach Wien zu strömen, wobei die aus Ungarn eindeutig in Führung waren. Im Jahr 1880 (Tabelle 2:5) stammten 26% der jüdischen Väter aus Böhmen und Mähren, 14% aus Galizien, dagegen aber 45%, also beinahe die Hälfte, aus Ungarn. In den achtziger Jahren beschleunigte sich die Zuwanderung aus Ungarn rasch, um dann in den neunziger Jahren wieder abzunehmen. Bis 1910 wies sie dann einen erheblichen Rückgang auf. Im Jahr 1869 waren noch 42% aller jüdischen Väter in Wien ungarischer Herkunft, 1910 dagegen waren es nur noch 19%.[35] Auch der Zuzug aus den tschechischen Gebieten schwächte sich zunehmend ab, und im Jahre 1910 wurden nur mehr etwa halb so viele jüdische Väter aus Böhmen, Mähren und Schlesien registriert wie 1880. Erst ganz am Ende des neunzehnten Jahrhunderts begannen galizische Juden in größerer Zahl nach Wien zu kommen. Dadurch wandelte sich allmählich die vorwiegend ungarische und tschechische Gemeinde in eine galizische. Nur 11% der jüdischen Väter waren im Jahr 1869 aus Galizien, aber im Jahr 1910 waren es schon ganze 35%. Gleichzeitig stieg auch der Prozentsatz der bereits in Wien geborenen Juden, der wegen des großen Zustroms nach der Emanzipation in den Jahren 1869 und 1880 ständig abgenommen hatte, langsam, aber sicher wieder an, und zwar von 12% im Jahre 1880 auf 18% im Jahre 1910.

Diese jüdischen Zuwanderer waren mit dem Wunsch nach Wien gekommen, sich hier dauernd anzusiedeln. Anders als nichtjüdische Einwanderer, kamen sie in der Hoffnung, wenigstens dauernden Wohnsitz in der Großstadt zu finden. Die Mehrzahl der Zuwanderer des neunzehnten Jahrhunderts zog zunächst in die Klein- und Mittelstädte, um von dort dann häufig weiterzuziehen und ihr Glück anderswo zu suchen.

Das städtische Leben zeichnete sich damals weit mehr durch raschen Wechsel als durch Beständigkeit aus.[36] Die Juden aber, die sich nur selten den Luxus leisten konnten, in ihre früheren Heimatgemeinden zurückzukehren, blieben an dem von ihnen gewählten Ort und gaben sich größte Mühe, sich an die für sie neuen Lebensformen anzupassen.[37]

Ohne handschriftliche Volkszählungsaufzeichnungen ist es unmöglich, genaue Prozentzahlen zur Belegung der Ansiedlungsbeweglichkeit bzw. -beständigkeit der Juden zu erheben. Die Geburts- und Heiratsmatrikeln gestatten bedauerlicherweise diese Form der Auswertung nicht. Wohl erlauben die Steuerverzeichnisse der Israelitischen Kultusgemeinde eine Untersuchung der Stabilität, doch nur für den Mittelstand und gehobenere Gesellschaftsschichten, also für all jene, bei denen eine dauernde Ansiedlung in der Großstadt am wahrscheinlichsten war.[38] Ärmere Juden waren sicherlich eher bereit, die Stadt wieder zu verlassen, als ihre wohlhabenderen Mitbürger, so daß sich Beweglichkeit bzw. Seßhaftigkeit der Wiener Juden aufgrund der Kultussteuerlisten nicht repräsentativ durchführen läßt. Bedauerlicherweise geben die zur Verfügung stehenden statistischen Quellen keine Möglichkeit, diese Einseitigkeit zu berichtigen.

Die Kultussteuerzahler unter den Juden neigten dazu, sehr lange in Wien zu bleiben. Ganze 53,8% der Gemeinde hielten ihre Mitgliedschaft mehr als zehn Jahre lang aufrecht, und die meisten von ihnen, nämlich 30,6%, waren mehr als zwanzig Jahre lang in den Steuerlisten verzeichnet.[39] Nur 29,5% der Gemeindeangehörigen waren nur fünf Jahre lang oder kürzer Kultussteuerzahler. Sicherlich wären die Zahlen der Langzeit-Gemeindemitglieder noch höher, würde man auch die Statistik für die Jahre nach 1914, dem Ende unseres Beobachtungszeitraumes, mit einbeziehen. Die reichsten Gemeindemitglieder waren natürlich auch die, die am wenigsten die Stadt verlassen würden. Von den Gemeindemitgliedern, die nach der ursprünglichen Steuerveranlagung neu eingeschätzt wurden und alljährlich zwischen 100 und 499 Kronen an die Israelitische Kultusgemeinde zahlten (N = 114), blieben 78,9% mehr als zehn Jahre lang Mitglieder der IKG, und nur sehr wenige (7%) gehörten ihr weniger als fünf Jahre lang an. Von den Juden, deren steuerliche Erstveranlagung in diesem Bereich lag, gehörten 63,7% der Gemeinde mehr als zehn Jahre lang an und 21% sogar mehr als 31 Jahre. Meist war es der Tod und nicht eine Ortsveränderung, die der Mitgliedschaft in der IKG ein Ende setzte.

Anders als viele nichtjüdische Zuwanderer kamen die meisten Juden in Begleitung ihrer Familien nach Wien.[40] So erklärt es sich, daß die jüdischen Frauen in Wien aus den gleichen Teilen der Doppelmonarchie kamen wie die männliche jüdische Einwohnerschaft. Jüdinnen hielten sich nicht an die sonst für Wanderungsbewegungen von Frauen geltenden „Regeln" und übersiedelten gleich den Männern aus den Provinzen über oft sehr weite Strecken nach Wien. Nichtjüdische Frauen und Mädchen, die Ortsveränderungen meist nur vornahmen, um zu heiraten oder als Köchin oder Dienstmädchen in einem Haushalt zu arbeiten, folgten diesen ungeschriebenen „Regeln" und zogen weit seltener über Provinzgrenzen hinweg in entlegenere Orte als Männer.[41] Jüdische Frauen aber verließen ihre Heimatgemeinden und zogen aus Böhmen, Mähren, Ungarn und dem noch viel weiter entfernten Galizien etwa gleich häufig nach Wien wie männliche Juden (Tabelle 2:6a). Bei Annahme der üblichen weiblichen Wanderungs- und Umsiedlungsgewohnheiten hätte man in Wien einen weitaus größeren Anteil an aus dem nahen Ungarn Zugewanderten erwartet. Tatsächlich aber waren sogar etwas weniger Jüdinnen als Juden aus Ungarn nach Wien gekommen. Dagegen kamen Jüdinnen aus Galizien etwa gleich häufig wie Männer in die Hauptstadt der Doppelmonarchie, obwohl es sich dabei um eine wesentlich weitere und beschwerlichere Übersiedlung handelte als aus der Westslowakei oder dem transdanubischen Ungarn.

Selbstverständlich kamen nicht alle Einwanderer mit ihren ganzen Familien nach Wien. Jüdische Frauen waren nicht gleichermaßen wie die Männer bereit, ihr Heim aufzugeben, um in die Reichshaupt- und Residenzstadt zu ziehen. So etwa

Tabelle 2:6a
Vergleich des geographischen Ursprungs von (nicht in Wien geborenen) Müttern und Vätern, 1900 und 1910*

	1900		1910	
	Väter N = 202	Mütter N = 75	Väter N = 139	Mütter N = 117
Übriges NÖ	0,5%	5,3%	3,6%	4,3%
Böhmen	8,4	9,3	7,9	10,3
Mähren und Schlesien	17,3	20,0	9,4	9,4
Galizien und Bukowina	25,7	21,3	46,0	47,9
Übriges Österreich	–	2,7	0,7	1,7
Ungarn	40,1	38,7	23,7	17,1
Übriges Ausland	7,9	2,7	8,6	9,4
	100,0%	100,0%	100,0%	100,0%

* Die einzigen Jahre, in denen der Geburtsort der Mutter registriert wurde.

Tabelle 2:6b
Geburtsort weiblicher jüdischer Heiratender (kombiniert), 1870–1910

	Anzahl	Prozent
Wien	339	39,3
Übriges NÖ	24	2,8
Böhmen	65	7,5
Mähren	110	12,8
Schlesien	7	0,8
Galizien	123	14,3
Bukowina	13	1,5
Übriges Österreich	2	0,2
Ungarn	147	17,1
Übriges Ausland*	32	3,7
	862	100,0%

* „Übrige Ausländer" schließt in diesem Fall 12 Deutsche, 15 Russen, 4 Rumänen und eine Französin ein.

kamen um 1900 in Wien auf je 1.000 Juden nur 996 Jüdinnen, wobei aber in diesem Jahr in der Gesamtbevölkerung auf 1.000 Männer 1.059 Frauen kamen.[42] Überdies war auch die Häufigkeit der in Wien Geborenen, wohl wegen der größeren Beweglichkeit jüdischer Männer, bei ehefähigen jüdischen Frauen und Müttern doppelt so groß wie bei den Männern (Tabelle 2:6b). Alles in allem gesehen aber war – in Anbetracht der großen bei den Umsiedlungen überwundenen Entfernungen – die Zahl der Jüdinnen, die nach Wien zuwanderten, ein klares Zeichen dafür, daß sie der gleichen starken Wanderungsmotivation unterlagen wie ihre männlichen Glaubensgenossen.

Da Juden und Nichtjuden meist aus voneinander verschiedenen Motiven nach Wien übersiedelten, finden wir für Juden und Jüdinnen auch andere Herkunftsgebiete innerhalb der einzelnen Provinzen als für Nichtjuden, die aus den gleichen Provinzen nach der Hauptstadt gekommen waren.[43] Diese Unterschiede finden sich am hervorstechendsten zwischen den jüdischen und nichtjüdischen Zuwanderern aus Böhmen. So gut wie keine der Tschechen Wiens stammten aus dem Herzen Böhmens, einschließlich Prags,[44] aber zwischen einem Fünftel und einem Drittel der Wiener Juden aus Böhmen kamen von dort bzw. direkt aus Prag (Tabelle 2:7). Weiters: Während 70% der Böhmen in Wien, einschließlich der Juden, aus Südböhmen stammten,[45] kam nur ein Drittel bis die Hälfte der böhmischen Juden in Wien (Durchschnitt der heiratenden männlichen und weiblichen Juden und der IKG-Steuerzahler) zwischen 1870 und 1910 aus Südost- oder Südwestböhmen. Da Juden aus allen fünf Regionen Böhmens nach Wien zuwanderten, waren offenbar die Faktoren, welche sie zur Auswanderung in die Hauptstadt der Doppelmonarchie motivierten, in ganz Böhmen etwa die gleichen. Nichtjüdische Tschechen verließen Südböhmen wegen der niedrigen Löhne,[46] wogegen dieser wirtschaftliche Aspekt Juden, die ja keine Taglöhner waren, nicht beeinflußte. Andererseits aber wanderten nach Wien siedelnde mährische Juden ganz wie auch die nichtjüdischen typischen mährischen Zuwanderer vorwiegend aus der südlichen Hälfte Mährens in die Hauptstadt.[47]

Die für Juden und Nichtjuden verschiedenartige Motivierung der Wanderungsbewegung aus Galizien führte dazu, daß die von dort kommenden Juden aus anderen Regionen der Provinz stammten als die Gesamtheit der galizischen Zuwanderer, einschließlich der Juden, in Wien. Zwei Fünftel aller Galizier in Wien waren aus Westgalizien zugewandert und weitere zwei Fünftel aus dem Nordosten.[48] Bei den jüdischen Zuwanderern dagegen war ein Fünftel bis ein Viertel in Westgalizien geboren, 12% im mittleren Teil der Provinz und zwei Drittel in Ostgalizien, wobei die meisten von diesen – fast die Hälfte aller galizischen Juden – aus Nordostgalizien stammten. Zwischen 1870 und 1910 stieg die Zahl der nordostgalizischen Juden in Wien ständig an. Während im Jahr 1880 45% aus dem volkreichen Nordosten der Provinz kamen, stammten 1910 bereits 60% aus den Gebieten nahe der russischen Grenze. Bedauerlicherweise gibt es über den genaueren Ortsursprung der nichtjüdischen ungarischen Zuwanderer nach Wien keine Daten, so daß ein Vergleich zwischen diesen und den jüdischen Zuwanderer nicht angestellt werden kann.

Tabelle 2:7
Ursprungsgebiet männlicher und weiblicher jüdischer Heiratender und IKG-Kultussteuerzahler (kombiniert), 1870–1910

	Männl. Heiratende*		Weibl. Heiratende*		IKG-Steuerzahler (1855–1914)**	
	#	%	#	%	#	%
N.Ö.						
Wien	178	89,4	339	93,4	809	99,1
Wien-Umgebung	9	4,5	11	3,0	2	0,2
Von Wien entfernt	8	4,0	12	3,3	5	0,6
Ohne Angabe	4	2,0	1	0,3	0	0,0
Gesamt	199		363		816	
Böhmen						
Zentral	23	22,1	12	18,5	66	29,7
Nordwest	14	13,5	6	9,2	34	15,3
Nordost	22	21,2	11	16,9	28	12,6
Südost	20	19,2	23	35,4	58	26,1
Südwest	18	17,3	10	15,4	27	12,2
Ohne Angabe	7	6,7	3	4,6	9	4,1
Gesamt	104		65		222	
Mähren						
Süd	103	79,8	80	72,7	138	65,4
Nord	24	18,6	26	23,6	71	33,6
Ohne Angabe	2	1,6	4	3,6	2	0,9
Gesamt	129		110		211	
Galizien						
West	35	21,0	34	27,6	38	24,1
Zentral	24	14,4	14	11,4	15	9,5
Nordost	79	47,3	57	46,3	85	53,8
Südost	28	16,8	15	12,2	13	8,2
Ohne Angabe	1	0,6	3	2,4	7	4,4
Gesamt	167		123		158	
Ungarn						
Links der Donau	89	43,6	62	42,2	203	40,5
Rechts der Donau	52	25,5	42	28,6	98	19,6
Zw. Donau u. Theiß	30	14,7	19	12,9	99	19,8
Rechts der Theiß	4	2,0	–	–	18	3,6
Links der Theiß	5	2,5	3	2,0	9	1,8
Zw. Theiß u. Marosch	6	2,9	6	4,1	14	2,8
Siebenbürgen	0	–	2	1,4	1	0,2
Fiume	0	–	–	–	4	0,8
Kroatien/Slawonien	4	2,0	5	3,4	17	3,4
Ohne Angabe	14	6,9	8	5,4	38	7,6
Gesamt	204		147		501	

* Nach dem Geburtsort
** Nach dem Heimatland

Da es vermutlich bei den Gründen der Zuwanderung nach Wien nur geringe regionale Unterschiede gab, repräsentieren die jüdischen Zuwanderer nach Wien aus Böhmen und Mähren annähernd ihre regionale Verteilung in den Ursprungsprovinzen. Die meisten Juden in dieser Provinz lebten in Südmähren,[49] und dementsprechend waren auch drei Viertel der mährischen Juden in Wien in Südmähren geboren. Kleinere regionale Verschiedenheiten in der Motivation führten bei den galizischen Juden dazu, daß ihre Herkunftsverteilung in Wien nicht ihrer Siedlungshäufigkeit in Galizien entsprach. So etwa stammten, obwohl 25% der Juden Galiziens nahe der ungarischen Grenze in Südostgalizien lebten,[50] nur 12% der galizischen Juden in Wien (Durchschnitt der heiratenden männlichen und weiblichen Juden und Kultussteuerzahler) aus diesem Teil Galiziens. Dagegen zogen Juden aus dem westlichen, mittleren und nordöstlichen Galizien in relativ großer Zahl nach Wien (Tabelle 2:7).

Für Ungarn andererseits gab es erhebliche regionale Unterschiede in der Motivation für die Abwanderung. Daher zogen auch Juden aus Ungarn nicht proportional zu ihrer Dichteverteilung im Ursprungsland nach Wien. Etwa 70% der ungarischen Juden in Wien, Männer und Frauen gleichermaßen, waren aus der Westslowakei und aus Westungarn gekommen – aus den Gebieten beiderseits der Donau relativ nahe von Wien (Tabelle 2:7). Bei weitem die Mehrzahl der übrigen ungarischen Juden Wiens kam aus dem Gebiet zwischen Donau und Theiß, also aus der Region, die auch die ungarische Hauptstadt Budapest umschloß. Nur vereinzelte wenige waren im mittleren oder östlichen Gebiet Ungarns geboren, in dem an sich die Juden ihre größte Bevölkerungsdichte hatten. Im Jahr 1900 lebten 36% aller ungarischen Juden in den beiden nordöstlichen Regionen beiderseits der Theiß,[51] aber nur 4% der ungarischen Juden in Wien waren in diesem Karpatenvorland geboren. Freilich wohnten 22% der ungarischen Juden in den beiden Westprovinzen, doch ist dieser Prozentsatz weitaus geringer als jener der ungarischen Juden in der Reichshaupt- und Residenzstadt, die aus diesen Gebieten stammten. Innerhalb Ungarns lebten 30% aller Juden zwischen Donau und Theiß, die meisten von ihnen in Budapest selbst, aber nur 16% aller ungarischen Juden von Wien stammten aus dieser Region.

Wie auch alle übrigen Zuwanderer kamen Juden aus einer Vielzahl positiver und negativer wirtschaftlicher, politischer und psychologischer Gründe nach Wien. Die Juden aber, die sich in Wien ansiedeln wollten, faßten diesen Plan meist aus Gründen, die für das österreichisch-ungarische Judentum spezifisch und somit einzigartig waren. Sicherlich bot Wien ihnen größere wirtschaftliche, kulturelle und bildungsmäßige Chancen und darüber hinaus auch noch größeres Prestige und Status. Auch bildete es einen Zufluchtsort vor provinziellem Antisemitismus, der sich oft in wirtschaftlichem Druck auf jüdische Kaufleute und Händler äußerte und deren Verarmung zur Folge hatte. Doch war auch Wien selbst die Bühne antisemitischer Demagogie, aber die tschechischen, polnischen und ungarischen Juden fühlten sich dieser Stadt auf so vielfältige Weise sprachlich, kulturell und ideologisch verbunden, daß für sie neben dieser mächtigen Anziehungskraft die Drohung des Antisemitismus völlig verblaßte.

Die üblichen Gründe der Bevölkerungsverschiebungen des neunzehnten Jahrhunderts – Notstand der Landwirtschaft, ländliche Übervölkerung, wachsende Zerstückelung der Landwirtschaften durch Erbteilung, das Ende der Zunftbeschränkungen, eine degenerierende Feudalmentalität und die Lockung relativ gut bezahlter Arbeit in der aufstrebenden großstädtischen Industrie[52] – wirkten sich auf die Juden ländlicher Gebiete, die ja weder Bauern noch potentielles Industrieproletariat waren, nicht aus. Die allgemeine Bevölkerungsdichte, die sich durch ihren Druck auf die wirtschaftliche Basis einer Region als vorrangige Motivation der Abwanderung erweist,[53] reicht nicht dafür aus, zu erklären, warum gegen Ende des neunzehnten Jahrhunderts so viele Juden in die Großstadt zogen.

Darüber hinaus reicht auch die spezifische jüdische Bevölkerungsdichte[54] zur Erklärung der Abwanderung der Juden nach Wien nicht aus. So zogen Juden aus Gebieten hoher jüdischer Bevölkerungsdichte, wie etwa aus Nordostgalizien, in die Hauptstadt, wo sie dann 13% der jüdischen Einwohnerschaft bildeten und durch ihre Konzentration in Handelsberufen miteinander in wachsenden wirtschaftlichen Konkurrenzkampf traten, als die jüdische Bevölkerung weiter anwuchs. Aber auch aus Gebieten mit sehr niedriger jüdischer Bevölkerungsdichte, wie etwa aus Böhmen (nur 1% der Gesamtbevölkerung) oder aus Westgalizien (8% der Bevölkerung), zogen Juden nach Wien. Auch kamen die Juden durchaus nicht aus allen Regionen der Monarchie, die hohe jüdische Bevölkerungsdichte aufwiesen. Sowohl in Nordost- als auch in Südostgalizien waren in dieser Hinsicht die Prozentzahlen annähernd gleich, und doch zogen, obwohl zahlreiche Juden aus Nordostgalizien nach Wien wanderten, nur sehr wenige aus dem Südosten in die Hauptstadt. Auch das nordöstliche Ungarn nahe der galizischen Grenze hatte relativ große jüdische Bevölkerungsteile;[55] dennoch kamen zwischen 1870 und 1910 nur außerordentlich wenige Wiener Juden aus dieser Region. Die Verwaltungsbezirke mit der größten jüdischen Bevölkerungsdichte in Ungarn, nämlich die nordöstlichen von Máramaros (18%), Ung (11%) und Bereg (14%),[56] brachten Wien nur wenige jüdische Zuwanderer. Bei weitem die Mehrzahl der ungarischen Juden in Wien kam aus der Westslowakei und aus Westungarn, also aus Gebieten, die wohl der Hauptstadt näher lagen, dafür aber eine weit geringere Dichte der jüdischen Bevölkerung aufwiesen als die sub-karpatischen Landstriche Nordostungarns. Die nach Wien gekommenen westungarischen Juden stammten allerdings tatsächlich aus drei Verwaltungsbezirken mit – für diesen Teil des Landes – überdurchschnittlich hoher jüdischer Bevölkerungsdichte, nämlich aus Pozsony/Preßburg (5%), Nyitra/Neutra (6%) und aus Sopron/Ödenburg (7%).[57] Freilich mögen Juden aus dem volkreichen Nordosten nach Budapest gezogen sein, während die westungarischen und westslowakischen Juden in den siebziger und achtziger Jahren des neunzehnten Jahrhunderts vor allem nach Wien und dann erst nach 1890 auch nach Budapest strebten. Dennoch steht fest, daß neben der relativen Bevölkerungsdichte auch andere Faktoren am Werk waren, wenn es darum ging, Juden zum Verlassen bestimmter Regionen zu bewegen und zum Verbleib in anderen zu veranlassen.

Da die Juden vorwiegend in den Städten lebten, ist es denkbar, daß ein zu starkes Anwachsen des jüdischen Bevölkerungsanteils in diesen viele Juden dazu

Tabelle 2:8a
Dichte der Geburtsorte männlicher jüdischer Heiratender, 1870–1910

	Weniger als 1%	1–9%	10–19%	20–49%	Mehr als 50%	
			aus Böhmen			
1870 (13)	23,1%	69,2%	7,7%	–	–	100,0%
1880 (15)	26,7%	73,3%	–	–	–	100,0%
1890 (17)	23,5%	70,6%	5,9%	–	–	100,0%
1900 (23)	21,7%	78,3%	–	–	–	100,0%
1910 (27)	11,1%	85,2%	3,7%	–	–	100,0%
			aus Mähren und Schlesien			
1870 (16)	–	50,0%	43,8%	6,3%	–	100,0%
1880 (17)	11,8%	52,9%	17,6%	17,6%	–	100,0%
1890 (26)	3,8%	61,5%	23,1%	11,5%	–	100,0%
1900 (40)	12,5%	60,0%	20,0%	7,5%	–	100,0%
1910 (39)	12,8%	59,0%	28,2%	–	–	100,0%
			aus Galizien			
1870 (5)	–	–	–	80,0%	20,0%	100,0%
1880 (14)	–	7,1%	–	71,4%	21,4%	100,0%
1890 (34)	2,9%	–	–	79,4%	17,6%	100,0%
1900 (61)	1,6%	13,1%	–	62,3%	23,0%	100,0%
1910 (66)	1,5%	9,1%	3,0%	66,7%	19,7%	100,0%
			aus Ungarn			
1870 (37)	–	24,3%	51,4%	24,3%	–	100,0%
1880 (43)	2,3%	30,2%	48,8%	18,6%	–	100,0%
1890 (42)	4,8%	31,0%	38,1%	26,2%	–	100,0%
1900 (29)	–	27,6%	44,8%	27,6%	–	100,0%
1910 (34)	5,9%	23,5%	50,0%	20,6%	–	100,0%

trieb, nach Wien abzuwandern. Sicherlich aber war die jüdische Bevölkerungsdichte in den Klein- und Mittelstädten nicht der wesentliche Motivationsimpuls für deren Abwanderung. Schließlich verließen ja Juden Städtchen Böhmens und Mährens mit relativ kleiner jüdischer Bevölkerung, Städte in Ungarn, von denen manche hohe, andere wieder niedrige jüdische Einwohneranteile hatten, und galizische Städte mit außerordentlich hoher jüdischer Bevölkerungsdichte (Tabelle 2:8a und 2:8b). Im allgemeinen kamen jüdische Einwanderer aus Klein- und Mittelstädten nach Wien, deren jüdische Bevölkerungsdichte für jene in der entsprechenden Provinz repräsentativ war. So etwa waren, im Durchschnitt für die Jahre 1870 bis 1910, 66% all der galizischen Juden Wiens in Gemeinden geboren, in denen die jüdische Einwohnerschaft 20 bis 49% der Gesamteinwohnerzahl ausmachte, und weitere 23% in Stadtgemeinden, deren Einwohner mehr als zur Hälfte Juden waren. Die meisten Juden in Galizien aber lebten in Städten mit vorwiegend jüdischer Bevölkerung.[58] In

Tabelle 2:8b
Dichte der Geburtsorte weiblicher jüdischer Heiratender, 1870–1910

	Weniger als 1%	1–9%	10–19%	20–49%	Mehr als 50%	
			aus Böhmen			
1870 (3)	–	100,0%	–	–	–	100,0%
1880 (10)	10,0%	90,0%	–	–	–	100,0%
1890 (15)	26,7%	73,3%	–	–	–	100,0%
1900 (14)	64,3%	35,7%	–	–	–	100,0%
1910 (20)	10,0%	85,0%	–	5,0%	–	100,0%
			aus Mähren und Schlesien			
1870 (22)	–	31,8%	63,6%	4,5%	–	100,0%
1880 (16)	12,5%	50,0%	31,3%	6,3%	–	100,0%
1890 (16)	6,3%	5,0,0%	18,8%	25,0%	–	100,0%
1900 (25)	24,0%	56,0%	16,0%	4,0%	–	100,0%
1910 (32)	9,4%	56,3%	25,0%	9,4%	–	100,0%
			aus Galizien			
1870 (4)	–	–	–	50,0%	50,0%	100,0%
1880 (14)	7,1%	–	–	78,6%	14,3%	100,0%
1890 (32)	–	6,3%	–	68,8%	25,0%	100,0%
1900 (36)	2,8%	8,3%	2,8%	58,3%	27,8%	100,0%
1910 (47)	6,4%	6,4%	6,4%	46,8%	34,0%	100,0%
			aus Ungarn			
1870 (32)	–	28,1%	53,1%	18,8%	–	100,0%
1880 (32)	3,1%	25,0%	40,6%	31,3%	–	100,0%
1890 (20)	5,0%	25,0%	25,0%	45,0%	–	100,0%
1900 (25)	8,0%	40,0%	32,0%	20,0%	–	100,0%
1910 (25)	4,0%	40,0%	24,0%	32,0%	–	100,0%

ähnlicher Weise stammten jüdische Männer und Frauen aus Böhmen meist aus Städtchen mit einem unter 10% liegenden jüdischen Bevölkerungsanteil, doch wiesen nur wenige Städte Böhmens überhaupt einen höheren Prozentsatz von Juden auf.[59]

Nein, so wichtig auch der Bevölkerungsdruck in diesen Jahren gewesen sein mag – die Hauptmotivation für die Wanderung der Juden nach Wien war er sicherlich nicht. Den ersten Anstoß für diese „Völkerwanderung" hatte zweifellos die Aufhebung der Wohn- und Ansiedlungsbeschränkungen für Juden in den Städten – und vor allem in Wien – gegeben. Vorwiegend die Juden Böhmens und Mährens waren von diesen Verboten und Beschränkungen des achtzehnten Jahrhunderts stark betroffen und machten sich nun die frisch gewonnene Bewegungsfreiheit eifrig zunutze. Die 1848 proklamierte und in den Jahren 1859, 1860 und schließlich durch die Emanzipation des Jahres 1867 bestätigte Freizügigkeit der Bewegung,

Ansiedlung und Berufswahl wirkte auf sie wie ein Signal. Auch waren die Juden Mährens, wie auch sonst in zahlreichen Gebieten des deutschsprachigen Mitteleuropas, durch Heiratsedikte schwer beeinträchtigt, die oft nur dem ältesten Sohn die Eheschließung gestatteten, und dies erst nach dem Tod seines Vaters.

Im Jahre 1798 hatte Kaiser Franz II. die mährischen Juden nicht nur auf 52 Judengemeinden beschränkt und ihre Ansiedlung in allen freien Reichsstädten verboten, sondern für sie auch eine Obergrenze von 5.400 Familien festgelegt.[60] Als diese drückenden kaiserlichen Dekrete endlich annulliert wurden, strömten die Juden Mährens in die ihnen bis dahin verbotenen Reichsstädte und auch in andere Städte mit neuer industrieller und Handelsstruktur. Die Juden verließen die ländlichen Gemeinden, um in den neu entstehenden Zentren städtischen Lebens ihr Glück zu machen. Viele von ihnen verließen auch Mähren überhaupt, vor allem Richtung Wien, und so erklärt es sich, das Mähren in der zweiten Hälfte des neunzehnten Jahrhunderts sowohl in absoluten als in relativen Zahlen einen Rückgang der jüdischen Bevölkerung aufweist.[61] Auch die Juden Böhmens zog es in diesen Jahren in die Großstadt, und zwar vor allem nach Prag und Wien.[62]

Bedeutungsvoller aber noch als Bevölkerungsdruck oder das Verschwinden traditioneller Verbote und Beschränkungen waren für die Entscheidung der Juden, aus einem Gebiet ab- und in ein anderes zuzuwandern, wirtschaftliche Faktoren, von denen ausschließlich die Judenheit betroffen war. Juden und Nichtjuden verließen gleichermaßen gewisse Gebiete Österreich-Ungarns aus Gründen wirtschaftlichen Niederganges oder wegen lang anhaltender regionaler Armut. Im Fall der Juden allerdings führten oft antijüdische Boykottmaßnahmen und die örtlichen Bestrebungen, eine polnische, slowakische oder tschechische Mittelstandsschicht des Handels zu schaffen, dazu, daß Juden sich geschäftlich in solchen Gemeinden nicht mehr behaupten konnten und gezwungen waren, sich ihren Lebensunterhalt anderswo zu verdienen.

Armut in Verbindung mit antijüdischen wirtschaftlichen Druckmaßnahmen herrschte zum Beispiel eindeutig in der Westslowakei vor, jenem Gebiet, in dem die meisten ungarischen Juden in Wien ursprünglich zur Welt gekommen waren. In dieser bergigen Region war das Land nicht fruchtbar genug, um Bauern und Händlern eine zureichende Existenzgrundlage zu geben.[63] Überdies aber machten auch die slowakischen Nationalisten den jüdischen Geschäftstreibenden und Kleinhändlern das Leben sauer und waren bemüht, sie ihres Lebensunterhaltes zu berauben. Die katholische klerikale Partei *Néppårt,* die völkische Partei *Lúdovå Strana,* bediente sich der Judenbeschimpfung als eines ihrer Mittel zur Einigung des slowakischen Bauernstandes. Im Jahr 1906 rief ihr Sprecher Svetozår Hurban-Vajansky die slowakischen Bauern auf, jüdische Kaufleute zu boykottieren und in den Städten und Dörfern ihre eigenen Geschäfte zu errichten.[64] Da sie relativ nahe von Wien wohnten und die Hauptstadt mit der Bahn oder dem Donaudampfer leicht erreichen konnten, entschlossen sich viele Juden in der Westslowakei und in Westungarn, die ohnehin schon sprachliche und kulturelle Affinitäten zu Wien hatten,[65] in die Reichshaupt- und Residenzstadt der Habsburgermonarchie zu übersiedeln. Erst mit zunehmender Madjarisierung zu Ende des neunzehnten Jahrhunderts hörte der Zustrom allmählich auf und wandte sich mehr der Hauptstadt des ungarischen Teiles der Doppelmonarchie zu. Andererseits vermochten die Juden in den landwirtschaftlich begünstigteren Teilen Ostungarns ihr gewohntes Leben weiterzuleben, ohne wirtschaftlichen und politischen Pressionen ausgesetzt zu sein, und zogen daher verhältnismäßig selten nach Wien.[66]

Aber auch in Mähren und in Böhmen führte der erstarkende tschechische Nationalismus zur Schaffung eines tschechischen Mittelstandes, der sich anschickte, die Juden in ihrer Rolle für das ländliche Wirtschaftsleben zu ersetzen. Das tschechische Bürgertum stellte eine ernstzunehmende Konkurrenz für den jüdischen Handelsstand dar, der vordem eine Art Monopolstellung genossen hatte. Sowohl in Böhmen als auch in Mähren verband sich der erwachende Nationalismus sowohl mit antideutschen als auch mit antisemitischen Gefühlsäußerungen. In ihrem Streben nach tschechischer Autonomie versuchten die tschechischen Nationalen, alle Deutschen aus dem wirtschaftlichen und politischen Leben Böhmens und Mährens zu verbannen. Dabei betrachteten sie die Juden als prodeutsch und prohabsburgisch, da diese deutsch sprachen und für die deutschen Parteien stimmten, lange noch, ehe sich diese deutschnationalen Parteien zu Antisemiten herausmauserten. So hatten denn antideutsche Maßnahmen im allgemeinen auch für die Juden negative Folgen.[67] Überdies aber verfielen die tschechischen Nationalen in Böhmen auch auf ganz spezifisch antijüdische Wirtschaftsmaßnahmen. Sie bildeten Konsumgenossenschaften und erklärten einen antijüdischen Boykott – den *Svůj k svému* („Jeder für sich selbst"). In ihrem Zusammenwirken erwiesen sich diese beiden Entwicklungen als für die jüdische Kleinhandelsgeschäfte in den Dörfern als katastrophal.[68] Sich häufig wiederholende antideutsche und antisemitische Krawalle in Prag trugen zweifellos dazu bei, daß sich die Juden in Böhmen nicht eben sicher und geborgen fühlten.[69]

In Galizien wurden Armut und antisemitischer Druck erst gegen Ende des neunzehnten Jahrhunderts besonders gravierend. Auch unter den Juden in Galizien herrschte weitgehend Armut.[70] Zu einem Großteil entstand die wirtschaftliche Not durch das rasche Bevölkerungswachstum, das im neunzehnten Jahrhundert die gesamte Judenheit Osteuropas auszeichnete. So etwa wuchs zwischen 1869 und 1900 die jüdische Einwohnerzahl Galiziens von 575.433 auf 811.371, also um 41%, an, während im gleichen Zeitraum die Zahl der katholischen Einwohner nur um etwa 10% zunahm.[71] Da die meisten Juden dem Handelsstand angehörten, machte ein starker zahlenmäßiger Zuwachs es ihnen unmöglich, in diesem Erwerbszweig ihr Auskommen zu finden, um so mehr, als Galizien an sich schon nicht eben reich war.[72] Diese sozusagen „natürliche" Armut wurde durch politischen Druck der Polen und durch deren Bemühungen um die Schaffung eines polnischen Mittelstandes noch verschärft. Um die Verschuldung des Bauernstandes tragbarer zu machen, schufen die Polen Kreditverbände *(Kota rolnicze* und *kasy szefczyka)* und Genossenschaften, mit deren Hilfe sie ganz bewußt versuchten, die Juden aus ihrer traditionellen Rolle als Geldgeber und Mittelsmänner des ländlichen Wirtschaftslebens zu verdrängen. Schon während der sechziger und siebziger Jahre, der Zeit des Kampfes um die Autonomie Galiziens, waren die Juden das Angriffsziel einer

Aktion des galizischen Adels, dessen Hoffnung es war, das Wirtschaftsleben Polens wieder unter seinen Einfluß zu bringen. Gegen Ende des neunzehnten Jahrhunderts verstärkten sich die gegen die Juden gerichteten Bestrebungen dann noch, als die Nationale Industriebewegung in ihren Bemühungen um das Erstehen eines polnischen Mittelstandes versuchte, dem Einfluß der Juden auf gewisse Teile des Wirtschaftslebens ein Ende zu setzen. Im Jahre 1893 wurde auf einer katholischen Tagung in Krakau ein Wirtschaftsboykott der galizischen Juden proklamiert. Dieser Boykott, dem erst durch den Ausbruch des Ersten Weltkrieges ein Ende gesetzt wurde, hatte für die wirtschaftliche Existenz der Juden in Galizien katastrophale Folgen. Schließlich untersagten dann noch im Jahr 1910 die galizischen Behörden den Juden den Ausschank alkoholischer Getränke, der bis dahin zu ihren Haupterwerbsquellen gezählt hatte.[73]

Die Folge all dieser wirtschaftlichen Pressionen, gekoppelt mit der Furcht vor weiteren Pogromen nach den fürchterlichen Ereignissen des Jahres 1898, war die Abwanderung galizischer Juden in die größeren Städte der Provinz, nach Wien, in andere Großstädte Europas oder in die Vereinigten Staaten.[74] Ebenso wie sich die „österreichische", d. h. galizische Einwanderung in die USA als Folge wachsenden wirtschaftlichen und politischen Druckes um 1900 verstärkte,[75] so wanderten in diesen Jahren auch immer mehr Juden von Galizien nach Wien.

Die Verstädterung der Juden Österreich-Ungarns wurde also durch die allgemeine Bewegungs- und Ansiedlungsfreiheit sowie durch den Wunsch nach Nutzung neuer wirtschaftlicher Möglichkeiten ausgelöst und beschleunigt. Eine weitere Ursache war der Bevölkerungsdruck auf die Basis jüdischen Lebens sowie der antisemitisch gefärbte Nationalismus verschiedener Spielarten, der darauf abzielte, Juden aus bestimmten Sektoren des Wirtschaftslebens zu verdrängen oder auszuschließen. Es gab aber auch gewisse Faktoren, die sich der Abwanderung der Juden aus manchen Gebieten entgegenstellten. Neben menschlich ganz allgemeiner Seßhaftigkeit und Abneigung gegen Veränderungen war religiöse Orthodoxie der Hauptgrund dafür, daß sich viele Juden von ihrer angestammten Heimat nicht trennen konnten. Die mystisch-pietistische Bewegung der Chassidim mit ihrer engen Bindung der Anhänger an große, charismatische Lehrer stellte zweifellos ein bedeutendes Hindernis für die Abwanderung der Juden aus gewissen Regionen Ungarns und Galiziens dar, in denen der Chassidismus größeren Einfluß hatte.[76] So zum Beispiel waren die Juden Nordostungarns zum überwiegenden Teil Chassidim und zogen daher nur selten nach Wien. Auch im Südosten Galiziens waren viele Juden Chassidim und wanderten deshalb nur selten in die Hauptstadt Österreich-Ungarns ab. Andererseits waren die Westslowakei und der Westen Ungarns, also Gebiete, in denen 70% der ungarischen Juden Wiens ihren Geburtsort hatten, die Heimat wohl orthodoxer, aber nichtchassidischer Juden. Vor allem die Region um das heutige Bratislava (Preßburg, bzw. Pozsony) war die Unterstützungsbasis für einen der militantesten antichassidischen Führer der jüdischen Orthodoxie, des weithin bekannten Rabbi Moses Sofer.[77] Allerdings gelang es wirtschaftlichen oder politischen Anreizen oft, die religiösen Hemmnisse zu überwinden. Ein großer Prozentsatz der galizischen

Juden in Wien stammte aus Nordostgalizien, obwohl der Chassidismus dort zahlreiche Anhänger hatte.

Die Anziehungskraft, die Wien schlechthin ausübte, mag wohl einer der wichtigsten Gründe für Juden gewesen sein, in die Hauptstadt zu übersiedeln. Wien war das Ziel dieser unternehmenden Juden, weil es als Hauptstadt der Doppelmonarchie wirtschaftliche und psychologische Möglichkeiten und Vorteile ohnegleichen bot. Den Juden, die wirtschaftliche Notlage nach Wien getrieben hatte, gab die Stadt Hoffnung auf eine Besserung ihrer Situation.[78] Jenen, die auf der Leiter gesellschaftlichen Aufstiegs einige Sprossen höher klimmen wollten, versprach Wien finanziellen Vorteil und größeres persönliches Sozialprestige. Der Schriftsteller und Musikkritiker Joseph Wechsberg, ein in Mähren geborener Jude, erinnerte sich der magnetischen Anziehungskraft, die das Wien vor dem Ersten Weltkrieg auf seinesgleichen ausübte:

> Wenn jemand meinte, er sei nun auf dem Wege prominent zu werden, dann zog er manchmal nach Wien, wo die Chancen und Möglichkeiten eines Menschen weniger begrenzt waren und wo Leistungen einem mehr einbrachten. Für Deutsche und deutschsprachige Juden in Mährisch Ostrau war die Anziehungskraft Wiens unwiderstehlich. . . . Die alljährlichen Besuche meiner Mutter dort . . . wurden bei uns daheim fast als Statussymbol angesehen. Man sagte so halb im Ernst, daß manche Leute bis spät nachts aufblieben und versuchten, irgendeinen Verwandten in Wien zu entdecken, den sie vielleicht einmal besuchen könnten, damit einmal ein Anfang gemacht sei.[79]

Neben alledem aber hatten die Juden Österreich-Ungarns wesentliche kulturelle und sprachliche Beziehungen zu Wien, und es war daher ganz folgerichtig, diese Stadt zum Ziel einer bleibenden Ortsveränderung zu machen. Traditionsgebundene Juden, die Jiddisch sprachen, also eine im wesentlichen aus dem Mittelhochdeutschen hervorgegangene Sprache, fühlten sich weit eher in Wien wohl als in einer polnischen, tschechischen oder ungarischen Stadt, in der es oft erforderlich war, sich die Kenntnis einer neuen Sprache anzueignen. Bis zur Mitte des neunzehnten Jahrhunderts hatten zahlreiche Juden in Böhmen, Mähren und Westungarn bereits deutsch gelernt und waren auch kulturell auf den deutschen Kulturkreis ausgerichtet. Juden, die sich bis zu einem gewissen Grad zu assimilieren wünschten, sahen im Deutschen die Sprache der Kultur und Aufklärung, im Gegensatz einerseits zum Jiddischen oder „Jargon" und andererseits zu polnisch, tschechisch oder sogar ungarisch. Mehrere Generationen hindurch war mitteleuropäischen Juden Modernisierung und Fortschrittlichkeit gleichbedeutend mit dem Erwerb deutschen Kulturgutes. George Clare erinnert sich daran, daß österreichische Juden „den unstillbaren Durst" hatten, „in vollen Zügen aus dem Brunnen deutscher Kultur und Sprache zu trinken",[80] und der Wiener Zionist Isidor Schalit schrieb:

> Die Juden waren durch das ganze 19. Jahrhundert hindurch in ihrer Gesamtheit deutsch, sie waren deutsch durch ihre Erziehung, da die deutsche Kultur in dem vielsprachigen Reich dominiert. . . . Die Juden waren deutsch, weil ihnen das deutsche Volk in Österreich das Symbol für Freiheit und Fortschritt war.[81]

Schließlich aber zogen die Juden gerne nach Wien, weil sie die liberalen, fortschrittlichen Strömungen identifizierten, die ihnen Emanzipation gebracht hatten, und auch mit der Deutsch-Liberal unbedingte Treue hielten, selbst noch, als die Liberalen sie bereits i hatten und viele Deutschösterreicher sich dem Antisemitismus zugewendet hatten.[82] Besonders galizische Juden empfanden für Wien als der Wiege des Liberalismus, der die Juden von jahrhundertealter Beschränkung und Behinderung befreit hatte, fast etwas wie Verehrung.[83] Selbst noch zur Zeit des in Wien immer mächtiger werdenden Antisemitismus war Kaiser Franz Josephs Reichshaupt- und Residenzstadt für die Juden Österreichs immer noch etwas wie eine politische Oase.

In ihrem Bestreben, die Sicherung ihrer Rechte zu erhalten, waren die österreichischen Juden in ihrer Unterstützung des multinationalen Habsburgerreiches völlig loyal. Für eine Volksgruppe, die manchmal als „die einzigen wahren Österreicher in Österreich"[84] bezeichnet wurde, war es selbstverständlich, vorzugsweise in jener Stadt zu leben, die Ort aller gesamtösterreichischen Institutionen war: des Kaisers, des Staatsdienstes und der Armee. Da sie nun einmal durch Antisemitismus und ihre habsburgfreundliche Einstellung von den nationalen Bewegungen der Tschechen oder Polen ausgeschlossen waren, war es für sie völlig selbstverständlich, in die österreichische Hauptstadt zu streben.

Besonderheiten der jüdischen Zuwanderer

Die Juden, die – der Anziehung von Chancen, Vorteilen und Möglichkeiten folgend – mit der tschechischen, ungarischen oder galizischen Zuwanderungswelle in Wien anlangten, rekrutierten sich aus den unterschiedlichsten wirtschaftlichen, kulturellen und religiösen Milieus. Natürlich brachten sie auch verschiedene Erwartungen an das städtische Leben mit und verschiedene Einstellungen gegenüber dem Einfluß Wiens entweder auf ihre Assimilation oder auf ihre jüdische Identität.

Bedauerlicherweise läßt sich nicht feststellen, wie religiös diese Einwanderer waren – sowohl bei ihrem Eintreffen in Wien als auch, nachdem sie schon mehrere Jahre in der Hauptstadt gelebt hatten. Ebensowenig geht aus computerlesbaren Daten das Ausmaß hervor, zu dem sie schon vor ihrem Zug in die Großstadt akkulturiert bzw. assimiliert waren. Es ist jedoch ohne weiteres möglich, sowohl ihren materiellen Wohlstand als auch die Zahl jener festzustellen, die schon früher im städtischen Milieu gelebt hatten. Ihr ursprünglicher Wohlstand und der Grad der Vertrautheit mit dem Leben in der Stadt waren bei den Juden der drei Wanderungswellen wesentliche Faktoren für die Herausbildung der unterschiedlichen Einstellung der böhmischen, mährischen, ungarischen und galizischen Juden zur Frage der Assimilation.

Die Juden, die mit den frühen Zuwanderungswellen aus Böhmen, Mähren und Ungarn gekommen waren, waren relativ wohlhabend. Für sie war die Ortsveränderung vor allem durch den Wunsch motiviert, die sich nun bietenden Chancen wahrzunehmen. Sie gelangten auch in ihrer Mehrzahl, nachdem sie sich in Wien niedergelassen hatten, zu einem gewissen Wohlstand und Ansehen. Böhmische, mährische und ungarische[85] Juden waren unter den wohlhabenden, kultussteuerzahlenden Mitgliedern der Wiener Gemeinde entsprechend ihrem Anteil an der jüdischen Bevölkerung vertreten (Tabelle 2:9). Ganz wie bei den heiratenden männlichen Juden stammte ein Viertel der IKG-Steuerzahler aus Ungarn und 21% aus Böhmen und Mähren. Die Juden aus diesen Landstrichen gehörten entweder bereits bei ihrer Ankunft in Wien zum Mittelstand oder aber stiegen, sobald sie einmal in der Hauptstadt waren, rasch in diesen auf.

Tabelle 2:9
Heimatland* der Kultussteuerzahler (kombiniert), 1855 – 1914

Land bzw. Provinz	Zahl	Prozent
Wien	809	39,1
Übriges NÖ	7	0,3
Böhmen	222	10,7
Mähren	211	10,2
Schlesien	32	1,5
Galizien	158	7,6
Bukowina	18	0,9
Übriges Österreich	15	0,7
Ungarn	501	24,2
Übriges Ausland**	95	4,6
	2.068	100,0%

* In den Aufzeichnungen der Israelitischen Kultusgemeinde (IKG) wurde nicht der Geburtsort, sondern nur die Heimatgemeinde angegeben.

** „Übriges Ausland" schließt 41 Deutsche, 13 Russen, 13 Rumänen, 10 Personen aus anderen Balkanländern und 18 aus anderen Gebieten ein.

Aus Böhmen kamen die reichsten jüdischen Zuwanderer nach Wien. Um die Mitte des neunzehnten Jahrhunderts waren sie in den Steuerverzeichnissen der Kultusgemeinde überproportional stark vertreten. Im Jahr 1869 stammten nur 8,6% der jüdischen Väter aus Böhmen, aber nahezu 14% aller zwischen 1868 und 1879 in die Steuerlisten der Israelitischen Kultusgemeinde neu aufgenommenen Juden hatten ihren gesetzlichen Wohnsitz bzw. ihr Heimatrecht in Böhmen (Tabelle 2:10). Überdies war für Juden aus Böhmen, mit einziger Ausnahme der Juden, die bereits in Wien Heimatrecht besaßen, die Häufigkeit einer Besteuerung mit mehr als dem 20-Kronen-Minimum der IKG am größten.

Die aus Ungarn stammenden Juden andererseits waren von all den frühen Zuwanderern die am wenigsten mit materiellen Gütern gesegneten. Es ist sehr wahrscheinlich, daß sich unter ihnen neben Vertretern des angeseheneren Mittelstandes auch zahlreiche Arme befanden. Obschon die ungarischen Juden in den IKG-Steuerverzeichnissen ihrem Anteil an der gesamten Wiener Judenheit entsprechend repräsentiert waren, war doch in jedem folgenden Jahrzehnt ihre Zahl unter den neu in die Steuerlisten Aufgenommenen etwas niedriger als dem Prozentsatz der ungarischen Juden in Wien entsprochen hätte. So etwa waren im Jahr 1880 wohl 44,5% der jüdischen Väter in Ungarn geboren, doch hatten im Jahrzehnt von 1880 bis 1889 nur 37,4% der Kultussteuerzahler in Ungarn ihre Heimatrecht (man vergleiche die Tabellen 2:10 und 2:5).

Tabelle 2:10
Heimatland neuer Mitglieder der Israelitischen Kultusgemeinde, in jedem Jahrzehnt Neueintretende

	1855-67 N = 225	1868-79 N = 394	1880-89 N = 356	1890-99 N = 491	1900-1914 N = 582
Wien und NÖ	53,3%	21,6%	18,0%	26,1%	69,1%
Böhmen	7,6	13,7	11,8	14,7	6,5
Mähren u. Schlesien	10,7	12,4	16,3	16,3	5,2
Galizien u. Bukowina	2,2	13,2	9,3	11,8	4,5
Übriges Österreich	0,4	1,0	0,3	1,2	0,5
Ungarn	22,2	31,7	37,4	25,7	11,2
Übriges Ausland	3,6	6,3	6,5	4,3	2,9
	100,0%	100,0%	100,0%	100,0%	100,0%

In den Jahrzehnten unmittelbar vor dem Ersten Weltkrieg nahm der Prozentsatz der neu aufgenommenen Kultussteuerzahler unter den böhmischen, mährischen und vor allem unter den ungarischen Juden beträchtlich ab (Tabelle 2:10). Obwohl zum Beispiel zwischen 1868 und 1879 noch 31,7% aller neueingetragenen Steuerzahler aus Ungarn kamen, waren es in den letzten Jahren vor dem Ersten Weltkrieg nur noch 11,2%. Diese Abnahme zeigt sowohl den Rückgang der Zuwanderung aus diesen Gebieten als auch die Auswirkungen der Liberalisierung der Heimatrechtbestimmungen im Jahr 1910, durch die es zahlreichen zugewanderten Juden ermöglicht wurde, in Wien Heimatrecht zu erwerben.

Die „Galizier", die die dritte Welle jüdischer Zuwanderer nach Wien stellten und erst in den letzten Jahren des neunzehnten Jahrhunderts in größerer Zahl in die Hauptstadt kamen, waren bei weitem die ärmsten Juden Wiens. Im Durchschnitt stellten sie zwischen 1870 und 1910 etwa 20% der jüdischen Gemeinde Wiens, doch stammten im gleichen Beobachtungszeitraum nur 8% aller Kultussteuerzahler aus Galizien. In Wien gab es damals zwei voneinander deutlich unterscheidbare Gruppen galizischer Juden. Die kleinere der beiden setzte sich aus galizischen Zuwanderern zusammen, die schon in den sechziger und siebziger Jahren nach Wien gekommen waren, vermutlich um die reicheren Entfaltungsmöglichkeiten in der Großstadt zu nutzen. Die Mitglieder dieser Gruppe waren meist wohlhabend oder sogar reich, und sie waren in den Steuerlisten der IKG proportional zu ihrem Anteil an der Wiener Judenheit vertreten. Im Jahr 1869 waren waren nur 10,5% aller jüdischen Väter in Wien in Galizien geboren, aber zwischen 1868 und 1879 hatten

13,2% der neu angemeldeten Kultussteuerzahler ihren gesetzlichen Wohnsitz in Galizien (Tabelle 2:10). Überdies erwarben vor 1880 aus Galizien stammende Mitglieder der Israelitischen Kultusgemeinde relativ leicht und häufig das Wiener Heimatrecht, obwohl dieser Vorgang einen beträchtlichen Kapitalsaufwand erforderte. Jedenfalls gelang damals den „Galiziern" dieser wichtige Schritt prozentuell häufiger als irgendeiner anderen Gruppe unter den Juden Wiens. Die Massen galizischer Juden, die dann gegen Ende des Jahrhunderts in Wien einlangten, waren dagegen mehrheitlich arm. Sie waren zumeist nach der Hauptstadt abgewandert, um sich drückenden wirtschaftlichen Bedingungen und wachsendem Antisemitismus zu entziehen. Unter ihnen war fast keiner wohlhabend genug, um zur Zahlung der Kultussteuer veranlagt zu werden. Im Jahr 1910, in dem besonders viele Juden aus Galizien nach Wien kamen, stammten 35% aller jüdischen Väter in Wien aus dieser Provinz, aber nur 4% der neueingetretenen IKG-Steuerzahler zwischen 1900 und 1914 waren in Galizien geboren. Die Tatsache, daß es sich um Neuankömmlinge handelte, kann das Fehlen der Galizier in den Steuerverzeichnissen nur zum Teil erklären. Im allgemeinen fehlte ihnen vielmehr einfach jener minimale Wohlstand, der sie zu anteilsmäßig repräsentierten Kultussteuerzahlern gemacht hätte. Wie später noch gezeigt werden soll, waren die „Galizier" der zweiten, weit größeren Zuwanderungswelle weit weniger an das Stadtleben gewöhnt und besaßen die vermutlich tiefste Bindung zum traditionellen, ländlichen jüdischen Leben von allen Ankömmlingen in der Hauptstadt, ob nun aus Galizien oder anderen Teilen der Monarchie.

Die reichsten Wiener Juden waren jene, die bereits hier geboren waren. Juden mit Wiener Heimatrecht finden sich in den Steuerlisten der Kultusgemeinde doppelt so stark repräsentiert, als ihrem prozentuellen Anteil an der Wiener jüdischen Gesamtbevölkerung entsprochen hätte. Im Durchschnitt waren zwischen 1870 und 1910 nur 18% der jüdischen Väter und 20% der heiratenden männlichen Juden in Wien geboren, aber beinahe 40% der Kultussteuerzahler in den Jahren zwischen 1855 und 1914 besaßen in Wien Heimatrecht (Tabelle 2:9). Darüber hinaus belegte die Israelitische Kultusgemeinde die Juden mit Heimatrecht in Wien mit den höchsten Steuersätzen. Vor der Emanzipation der Juden hatte mehr als die Hälfte der neuen Kultussteuerzahler ihr Heimatrecht in Wien. Sobald aber Juden in großer Zahl nach Wien zuzuwandern begannen, fiel der Prozentsatz der in Wien geborenen Kultussteuerpflichtigen stark ab (Tabelle 2:10). Zum Jahrhundertende wuchs die Zahl der in Wien heimatberechtigten Juden wieder stark an – so sehr, daß nach 1900 70% der neu zur Kultussteuer veranlagten ihr Heimatrecht in Wien besaßen. Ein Teil dieser bemerkenswerten Zunahme ist auf die 1910 eingeführte Liberalisierung und Erleichterung des Wechsels der Heimatgemeinde zurückzuführen. Gleichzeitig aber legt diese Zunahme auch Zeugnis für das Heranwachsen einer wohlhabenden zweiten Judengeneration in der Hauptstadt ab.

Ob arm oder reich, waren doch die nach Wien kommenden Juden so gut wie alle mit dem Leben in der Stadt vertraut. Anders als die christlichen Zuwanderer, die vorwiegend in Bauerndörfern oder Kleinstädten geboren waren,[86] stammten die nach Wien ziehenden Juden, wie überhaupt die Mehrzahl der österreichischen und ungarischen Juden, aus Mittel- und Großstädten, und ein beträchtlicher Teil von ihnen hatte sogar in den wirklich großen Verwaltungszentren der Doppelmonarchie gelebt. Nur etwa 5% der männlichen jüdischen Zuwanderer und 3% der weiblichen waren in Dörfern mit einer Einwohnerzahl von weniger als 500 geboren, und 16% der Einwanderer beider Geschlechter stammte aus Gemeinden mit zwischen 500 und 1.999 Einwohnern. Mehr als ein Drittel aber kam aus größeren Städten mit zwischen 2.000 und 9.999 Einwohnern. Am wichtigsten ist es jedoch, hervorzuheben, daß mehr als die Hälfte der jüdischen Männer und Frauen, die in die Reichshaupt- und Residenzstadt zogen, aus Städten mit Einwohnerzahlen von mehr als 10.000 stammten, zwischen 11 und 12% von ihnen sogar aus Städten mit über 100.000 Einwohnern (Tabelle 2:10).[87] Vor ihrer Wanderungsbewegung nach Wien hatten relativ mehr dieser Juden in größeren Städten gelebt als die Mehrzahl der Juden Österreich-Ungarns. Ihre Erfahrung mit dem Leben in der Stadt erleichterte die Übersiedlung in die Großstadt und beschleunigte ihre Anpassung an den dortigen Lebensstil. So vermochten sich die Juden leichter und in größerem Maße die Vorteile zunutze zu machen, die Wien zu bieten hatte, als die Zuwanderer anderer Volksgruppen.

Freilich waren durchaus nicht alle Juden dem Stadtleben gleichermaßen angepaßt (Tabelle 2:11). Ungarische Juden, die für die jüdischen Zuwanderer Wiens typisch waren, stammten so gut wie nie aus Dörfern. Ein Drittel von ihnen kam aus Mittelstädten (2.000 bis 9.999 Einwohner), ein weiteres Drittel aus noch größeren Städten (10.000 bis 99.999 Einwohner) und 10% aus Großstädten. Mährische Juden dagegen waren nur selten in Großstädten geboren, sondern kamen häufiger als die anderen jüdischen Zuwanderer aus kleineren oder mittelgroßen Städten. Obwohl im Durchschnitt der Jahre von 1870 bis 1910 etwas über die Hälfte der heiratenden männlichen und weiblichen Juden in Städten von zwischen 500 und 9.999 Einwohnern geboren waren, stammten nahezu drei Viertel der mährischen jüdischen Heiratenden aus Gemeinden dieser Größenordnung. Mährische Juden kamen auch in geringerer Zahl als die übrigen Juden Wiens aus Kleinstädten. Die böhmisch-jüdischen Zuwanderer nach Wien unterschieden sich von ihren mährischen und ungarischen Schicksalsgefährten darin, daß sie mit relativ größerer Häufigkeit entweder aus Dörfern oder aber aus großen Städten mit mehr als 100.000 Einwohnern stammten. Vergleichsweise weniger böhmische männliche und weibliche jüdische Heiratende in Wien kamen aus kleineren und mittelgroßen Städten, als dem Durchschnitt der Juden Wiens entsprochen hätte, dafür aber faßten viele Prager Juden den Entschluß, in die Hauptstadt zu übersiedeln.

In den Größen der Ursprungsgemeinden der böhmischen und mährischen Zuwanderer nach Wien spiegeln sich genau die relative Siedlungsdichte und das Siedlungsmuster der Juden in Böhmen und Mähren wider.[88] Demnach lebte die Mehrzahl der mährischen Juden in kleineren oder größeren Städten, die böhmischen Juden dagegen in Dörfern, Kleinstädten oder in der Hauptstadt Prag. Da die Juden Böhmens und Mährens in der zweiten Hälfte des neunzehnten Jahrhunderts zunehmend verstädterten, nahm der Prozentsatz der böhmischen und mährischen jüdischen Zuwanderer nach Wien aus Dörfern und Kleinstädten ab, und zwischen 1870 und 1910 erhöhte sich die Zahl der in mittelgroßen und größeren Städten Gebore-

Tabelle 2:11
Bevölkerungszahlen der Geburtsorte* männlicher und weiblicher jüdischer Heiratender (kombiniert), 1870–1910

Einwohnerzahl der Geburtsorte	Gesamtanzahl Männl. Heiratende N = 618	Gesamtanzahl Weibl. Heiratende N = 473
Unter 500	4,5%	2,7%
500–1.999	15,9	16,1
2.000–9.999	36,9	35,1
10.000–99.999	31,4	33,8
Über 100.000	11,3	12,3
	100,0%	100,0%

	Böhmen		Mähren/Schlesien	
	Männl. H. N = 95	Weibl. H. N = 62	Männl. H. N = 138	Weibl. H. N = 111
Unter 500	15,8%	14,5%	2,9%	–
500–1.999	20,0	27,4	21,7	17,1%
2.000–9.999	29,5	22,6	50,0	53,2
10.000–99.999	14,7	21,0	20,3	22,5
Über 100.000	20,0	14,5	5,1	7,2
	100,0%	100,0%	100,0%	100,0%

	Galizien/Bukowina		Ungarn	
	Männl. H. N = 180	Weibl. H. N = 133	Männl. H. N = 185	Weibl. H. N = 134
Unter 500	1,1%	–	2,7%	0,7%
500–1.999	6,1	6,0%	20,0	19,4
2.000–9.999	32,8	30,8	34,6	30,6
10.000–99.999	47,2	48,1	32,4	36,6
Über 100.000	12,8	15,0	10,3	12,7
	100,0%	100,0%	100,0%	100,0%

* In Wien geborene Juden scheinen in dieser Tabelle nicht auf, da es hier nur um in die Stadt zugewanderte Personen geht.

nen. Der Prozentsatz der aus Prag nach Wien zuwandernden Juden blieb dagegen gleich.

Die Verstädterung in Ungarn dagegen führte nicht zu einem größeren Anteil der aus Städten Stammenden unter den ungarischen Juden Wiens. Im Gegenteil: im ausgehenden neunzehnten Jahrhundert waren es völlig andere jüdische Zuwanderer, die der österreichischen Hauptstadt zustrebten, als in früheren Jahren. Im Laufe der Zeit stellten die Juden in den Kleinstädten nahe der österreichischen Grenze ein immer größeres Kontingent der Zuwanderer nach Wien. Um 1910 waren zweieinhalb so viele jüdische Väter in Wien in Kleinstädten mit zwischen 500 und 1.999 Einwohnern geboren als noch 1869 (Tabelle 2:12). Umgekehrt waren um 1869 31% der jüdischen Väter aus größeren Städten mit Einwohnerzahlen zwischen 10.000 und 99.999 in Ungarn gekommen, während es im Jahr 1910 nur noch 18% der ungarisch-jüdischen Väter waren. Nach 1870 nahm die Zahl der aus den größeren Städten Abwandernden deutlich ab und blieb dann von 1880 bis 1910 etwa gleich. Vermutlich wählten Juden in den größeren ungarischen Städten immer häufiger Budapest als Wien, wenn sie ihre Lage verbessern wollten. Die kleinstädtischen Juden aus der Westslowakei und aus Westungarn zogen vermutlich auch weiterhin vor allem nach Wien, wohl weil ihnen die Stadt so nahe lag.

Auch die Juden, die aus Galizien nach Wien zuwanderten, waren keineswegs für die Gesamtheit der galizischen Juden typisch. Tatsächlich waren sie viel städtischer als galizische Juden im allgemeinen. Ob nun infolge größerer Armut, größerer Beweglichkeit oder leichterem Zugang zu den Verkehrsmitteln: Juden aus den galizischen Städten zogen eher nach Wien als Juden aus der Provinz. In Galizien lebten 28% aller Juden in Städten mit mehr als 10.000 Einwohnern, davon 5,4% in der Hauptstadt Lemberg,[89] aber 60% der galizischen weiblichen und männlichen Heiratenden in Wien kamen aus Städten, deren Einwohnerzahl über 10.000 lag, 14% allein aus Lemberg. Trotz einer raschen Verstädterung im Galizien des ausgehenden neunzehnten Jahrhunderts ging der prozentuelle Anteil in großen Städten geborener jüdischer Einwanderer aus Galizien zwischen 1870 und 1900 deutlich zurück (Tabelle 2:13).

Dieser Rückgang zeigt erneut, daß es tatsächlich zwei Wellen jüdischer Auswanderer von Galizien nach Wien gab. Die erste, sehr kleine Wanderungswelle in den sechziger und siebziger Jahren des neunzehnten Jahrhunderts bestand vorwiegend aus Männern und Frauen aus den Städten Galiziens. Im Jahr 1869 stammten ganze 82% aller galizischen jüdischen Väter in Wien (Tabelle 2:13) aus Städten mit mehr als 10.000 Einwohnern, darunter 24% aus den größten Städten der Provinz. Wie wir bereits früher feststellen konnten, waren diese Juden wohlhabende Männer und Frauen mit ambitionierter Zielsetzung, die sich die Chancen und Vorteile Wiens zunutze machen wollten. Die Juden dagegen, aus denen sich die zweite Welle der Massenzuwanderung gegen Ende des neunzehnten Jahrhunderts zusammensetzte, stammten zu einem prozentuell weit geringeren Teil aus den größeren Städten Galiziens, sondern kamen oftmals aus den Kleinstädten. So waren im Jahr 1910, sehr zum Unterschied von der Situation im Jahr 1869, nur 46% der aus Galizien stammenden jüdischen Väter in Wien in Stadtgemeinden mit mehr als 10.000 Einwohnern geboren. In diesem Zeitraum von 41 Jahren verdoppelte sich bei den Zuwanderern aus Galizien dagegen die Zahl der in Städten mit von 2.000 bis 9.999 Einwohnern geborenen Väter von 18% auf 37%, und auch die aus noch kleineren Orten stammender stieg an. Am bemerkenswertesten war in diesem Zeitraum der Rückgang der Zuwanderer aus Lemberg. Noch um 1880 kamen in Wien 30% der männlichen jüdischen Heiratenden aus Galizien von Lemberg, 1910 dagegen stammten nur noch 6% der Vergleichsgruppe aus der galizischen Hauptstadt. Überdies war, obwohl das Leben in der Kleinstadt durchaus nicht notwendigerwei-

Tabelle 2:12
Größe der Geburtsorte ungarischer (jüdischer) Väter, 1869–1910

	1869 N = 121	1880 N = 60	1890* N = 63	1900 N = 75	1910 N = 28
Unter 500	0,8%	3,3%	–	5,3%	3,6%
500–1.999	11,6	6,7	7,9%	21,3	25,0
2.000–9.999	42,1	48,3	52,4	40,0	46,4
10.000–99.999	31,4	36,7	33,3	24,0	17,9
Über 100.000	14,0	5,0	6,3	9,3	7,1
	100,0%	100,0%	100,0%	100,0%	100,0%

* Die Zahlen für 1890 beruhen nicht auf dem Geburtsort, sondern auf der Heimatgemeinde.

Tabelle 2:13
Größe der Geburtsorte galizischer jüdischer Väter, 1869–1910

	1869 N = 33	1880 N = 18	1890* N = 28	1900 N = 49	1910 N = 57
Unter 500	–	–	–	2,0%	3,5%
500–1.999	–	5,6%	–	6,1	14,0
2.000–9.999	18,2%	11,1	28,6%	30,6	36,8
10.000–99.999	57,6	44,4	39,3	34,7	29,8
Über 100.000	24,2	38,9	32,1	26,5	15,8
	100,0%	100,0%	100,0%	100,0%	100,0%

* Die Zahlen für 1890 beruhen nicht auf dem Geburtsort, sondern auf der Heimatgemeinde.

se mit Armut gleichbedeutend ist, wie wir gesehen haben, die überwiegende Mehrzahl der Angehörigen der zweiten galizischen Zuwanderungswelle ausgesprochen arm.

Ohne Rücksicht auf die Größe der Heimatgemeinde stammte die Mehrzahl der jüdischen Zuwanderer nach Wien, vor allem aber jene aus Galizien und Ungarn, aus Siedlungen mit relativ hohem jüdischen Bevölkerungsanteil (Tabelle 2:14). Etwa zwei Fünftel der jüdischen Zuwanderer kamen aus kleinen Judengemeinden, aber auch ein großer Prozentsatz hatte seinen Geburtsort in größeren jüdischen Bevölkerungszentren. Mit Ausnahme der Juden aus Prag stammten die Zuwanderer aus Böhmen und Mähren wie auch die Mehrheit der dort ansässigen Juden[90] aus kleinen Judengemeinden. Volle 80% der männlichen jüdischen Heiratenden aus Böhmen und sogar 90% der Parallelgruppe aus Mähren kamen aus Gemeinden mit weniger als 2.000 jüdischen Einwohnern. Die ungarischen Juden in Wien dagegen stammten wesentlich häufiger als jene aus Böhmen und Mähren aus mittleren bis großen Judengemeinden, einschließlich der von Budapest selbst.

Tabelle 2:14
Jüdische Bevölkerungszahlen der Geburtsorte* männlicher und weiblicher jüdischer Heiratender (kombiniert), 1870 – 1910

# Juden	Gesamtanzahl Männl. Heiratende N = 617	Gesamtanzahl Weibl. Heiratende N = 472
Unter 500	39,7%	36,7%
500 - 1.999	21,9	22,7
2.000 - 4.999	10,5	12,1
5.000 - 9.999	8,1	8,9
10.000 - 99.999	16,9	16,1
Über 100.000	2,9	3,6
	100,0%	100,0%

	Böhmen		Mähren/Schlesien	
	Männl. H. N = 95	Weibl. H. N = 62	Männl. H. N = 138	Weibl. H. N = 111
Unter 500	69,6%	71,0%	53,6%	40,4%
500 - 1.999	9,5	11,3	38,4	51,9
2.000 - 4.999	1,1	3,2	2,9	–
5.000 - 9.999	–	–	5,1	7,7
10.000 - 99.999	20,0	14,5	–	–
Über 100.000	–	–	–	–
	100,0%	100,0%	100,0%	100,0%

	Galizien/Bukowina		Ungarn	
	Männl. H. N = 180	Weibl. H. N = 133	Männl. H. N = 185	Weibl. H. N = 134
Unter 500	11,1%	10,5%	38,9%	32,8%
500 - 1.999	12,,8	9,0	23,8	20,1
2.000 - 4.999	20,6	21,1	12,4	18,7
5.000 - 9.999	9,4	10,5	14,1	14,9
10.000 - 99.999	46,1	48,9	1,2	0,7
Über 100.000	–	–	9,7	12,7
	100,0%	100,0%	100,0%	100,0%

* In diesen Zahlen sind in Wien geborene Juden nicht enthalten.

Die „Galizier" in Wien waren, wie überhaupt die Mehrzahl der galizischen Juden, in sehr großen Judengemeinden geboren.[91] Im Gegensatz zur überwältigenden Mehrheit der böhmischen, mährischen und sogar der ungarischen Juden aus Gemeinden von weniger als 2.000 Juden waren nur 24% der männlichen jüdischen Heiratenden aus Galizien in so kleinen jüdischen Gemeinden zur Welt gekommen. Umgekehrt kam nahezu die Hälfte aller galizischer männlicher und weiblicher jüdischer Heiratender in Wien aus sehr großen jüdischen Gemeinden, in denen zwischen 10.000 und 100.000 Juden wohnten. Wie bereits weiter oben angedeutet, stellten die Juden in solchen Städten entweder eine sehr starke Minorität, gelegentlich aber sogar die Mehrzahl der Einwohnerschaft dar.

All diese Unterschiede zwischen den tschechischen, ungarischen und galizischen Juden in Wien mögen zum Teil erklären, wieso es in der Stadt tatsächlich zwei Judengemeinden gab: eine, die sich vorwiegend aus bereits in Wien geborenen, aus böhmischen, mährischen und ungarischen Juden, und eine andere, die sich ausschließlich aus „Galiziern" zusammensetzte. Nicht nur ihr Status als eben erst Zugewanderte unterschied die galizischen Juden in Wien von den anderen Juden der Stadt. Die „Galizier" empfanden sich auch selbst als eine ganz besondere Volksgruppe, sozusagen als Vorposten des osteuropäischen Judentums innerhalb der mitteleuropäischen Judenheit, und sie waren bemüht, ihre Eigenart auch in der Kaiserstadt weiterhin zu bewahren.

Das führte auch dazu, daß – ähnlich wie in Deutschland – die „germanisierten" (also an vorwiegend deutschem Kulturgut orientierten) Juden Böhmens, Mährens und Ungarns auf die „Galizier" etwas verächtlich herabblickten und sich nach Möglichkeit von diesen „polnischen Juden" getrennt hielten.[92] So erinnert sich George Clare der Ressentiments, die er für seine aus Lemberg stammende Großmutter mütterlicherseits empfand:

Ich war bereits ein Wiener der zweiten Generation, und die bereits in Wien geborenen Juden hegten etwas wie Groll gegen die weniger assimilierten Ostjuden. Wir waren, oder hielten uns zumindest für sehr anders als dieses bärtige, kaftangekleidete Pack. Wir waren nicht nur Österreicher sondern sogar Deutsch-Österreicher. Kein Wunder, wenn ich daher Adele den singenden jiddischen Tonfall übelnahm, mit dem sie deutsch sprach und beinahe jeden ihrer Sätze mit einem Seufzer begann und beschloß, der wie joich klang.

In Wahrheit stammten alle Großeltern Clares aus Galizien oder der Bukowina, doch hatten sie sich deutsch akkulturiert und teilten daher die allgemein verbreitete Abneigung und Verachtung gegenüber den Ostjuden. Clare bekennt auch, daß er sich lange nicht damit abfinden konnte, daß seine eigene Mutter in Galizien geboren war.[94]

Die galizischen Juden ihrerseits bewahrten sich ein starkes Gefühl ihrer besonderen Identität und der Werte der polnisch-jüdischen Kultur. In ihrer Reaktion gegen die „deutsch-jüdische" Abneigung und auf die Ablehnung, der sie in Wien begegneten, schufen die polnischen Juden ihre eigene Kultur.[95] So erklärte „L" in seinem Aufruf zur Bildung einer Organisation der polnischen Juden Wiens:

Und doch hält sich das Gros der Wiener Juden, deren Väter aus Böhmen, Mähren oder Ungarn eingewandert sind, für etwas mehr als die östlichen Juden, die „Polnischen" oder „Russischen" . . .

„L" forderte die galizischen Juden auf, sich zusammenzuschließen, damit sie „jene wichtigen, sozialen Pflichten erfüllen werden, die sie gegenüber ihren Brüdern im Osten haben".[96] Die galizischen Zuwanderer suchten auch ihre galizisch-jüdischen religiösen Traditionen im „deutschen" Wien dadurch zu bewahren, daß sie eigene Synagogen gründeten, in denen der Gottesdienst nach hergebrachtem polnischem Brauch und Ritus gehalten wurde.[97]

Dieses Gefühl der Getrenntheit übertrug sich auch auf die bevorzugte Wahl der Ehepartner. Bereits in Wien geborene oder aber aus Böhmen, Mähren und Ungarn zugewanderte Juden heirateten einander, wie es ihrem Anteil entsprach, und mieden die „Galizier". Umgekehrt wählten galizische Juden ihre Ehepartner fast ausschließlich aus der eigenen Gemeinde. Die Mehrzahl der in Wien zwischen Juden geschlossenen Ehen (60,6%) wurde zwischen Männern und Frauen eingegangen, die aus verschiedenen Provinzen der Monarchie stammten, aber nur 5,8% der böhmischen, 2,1% der mährischen und 5,5% der ungarischen jüdischen Männer in Wien nahmen sich eine „Galizierin" zur Braut. Böhmische Juden mieden auch bis zu einem gewissen Grad jene aus Ungarn. Obwohl 12,5% der bereits in Wien geborenen jüdischen Frauen und Mädchen Ehegatten aus Galizien heirateten, mieden beinahe alle heiratsfähigen Jüdinnen aus Mähren, Böhmen und Ungarn potentielle Partner aus Galizien.

Galizische Juden und Jüdinnen dagegen wählten in überwältigender Mehrheit Ehepartner ihrer eigenen Volksgruppe. Auch die bereits in Wien geborenen Juden heirateten sehr häufig innerhalb des gleichartigen Personenkreises, aber doch war bei den „Galiziern" endogames Verhalten doppelt so häufig wie bei irgendeiner anderen Gruppe der Wiener Judenheit. (Tabelle 2:15; die Unterschiede zwischen männlichen und weiblichen jüdischen Heiratenden erklären sich aus den Unterschieden der Zahlenverhältnisse zwischen Männern und Frauen innerhalb der verschiedenen Herkunftsgruppen.) Ein Viertel jeder Nationalitätengruppe heiratete im Durchschnitt Partner gleichen Ursprungsgebietes. Bei den „Galiziern" dagegen nahmen die Hälfte der männlichen Heiratenden und drei Viertel der weiblichen jüdischen Heiratenden Ehepartner gleicher Herkunft. Vermutlich begünstigt durch die steigenden Zuwanderungszahlen, nahm auch das endogame Verhalten der aus Galizien stammenden Juden zwischen 1870 und 1910 stark zu. Im Jahr 1880 etwa heirateten 51,7% der galizischen Jüdinnen in Wien Männer aus ihrer Heimat; 1910 aber waren es bereits 79,6%.

Wie weiter unten noch gezeigt wird, waren die galizischen Juden in Wien auch weit mehr als die anderen Herkunftsgruppen in den spezifisch jüdischen Siedlungsbezirken der Stadt konzentriert. Überdies nahmen auch Juden aus Galizien weitaus aktiver als andere jüdische Volksgruppen in der Stadt an nationalpolitischen Bewegungen wie dem Zionismus oder dem Nationalismus der Juden in der Diaspora teil, deren Bestreben es war, das jüdische Nationalgefühl in den letzten Dezennien der Habsburgermonarchie wieder zu beleben. Aus ihnen rekrutierte sich nicht nur die Mehrzahl der aktiven Mitglieder dieser Bewegung, sondern sie stellten auch mehrheitlich die Führungskader. Die galizischen Juden, die aus Gebieten größerer Siedlungsdichte und Intensität jüdischen Lebens kamen als die übrigen Juden Wiens, dürften sich der Behauptung ihrer jüdischen Identität und der Führung eines jüdischen Kultur- und Religionslebens tiefer verpflichtet gefühlt haben als die böhmischen, mährischen, ungarischen und bereits dort geborenen Juden Wiens. Vermutlich waren sie auch tiefer religiös.

Tabelle 2:15
Prozentsatz männlicher und weiblicher jüdischer Heiratender aus jedem Ursprungsland, die Partner aus dem gleichen Land ehelichen

	Männl. Heiratende in %	Weibl. Heiratende in %
Wien	62,4	33,6
Böhmen	15,4	25,8
Mähren/Schlesien	27,7	34,2
Galizien/Bukowina	49,7	72,1
Ungarn	34,2	47,9

Verstädterung und Assimilation waren Phänomene, die zueinander in naher Korrelation standen, doch bedeutete die Tatsache, daß jüdische Zuwanderer aus größeren Städten und Bevölkerungszentren nach Wien kamen, durchaus nicht, daß sie assimiliert waren oder sich um Integration in den nichtjüdischen Kulturkreis bemühten. Die Juden Böhmens und Mährens waren in geringerem Maße verstädtert als die übrigen Juden Österreichs, und doch assimilierten sie sich rascher an das europäische Kulturmilieu als die osteuropäischen Juden.[99] Bald schon bildeten sie die Mehrheit der assimilierten Juden Wiens. Die galizischen Juden dagegen, die daheim weit stärker in den Städten konzentriert gewesen waren als die Juden irgendeiner anderen Provinz, bildeten in Wien dann die religiöseste und am wenigsten assimilierte Gruppe und stellten so die demographische Grundlage für einen Großteil des national- und kulturbewußten jüdischen Separatismus in Wien dar.

Andererseits bereitete die Vertrautheit der nach Wien zuwandernden Juden mit dem Leben in der Stadt die Neuankömmlinge auf die erforderlichen Anpassungen an die Bedingungen ihrer neuen Existenz in der Reichshaupt- und Residenzstadt entsprechend vor. Da sie in Wien bereits mit Stadterfahrung und dem städtischen Gemeinwesen entsprechenden Berufen ankamen, waren die Juden besser als die meisten anderen Zuwanderer in der Lage, die sich ihnen nun bietenden Chancen und Möglichkeiten zu nutzen. Viele der jüdischen Einwanderer waren wohl sehr arm, doch half ihnen ihre früher erworbene Erfahrung mit dem Leben in der Stadt dabei, rasch Kommerz- und Handwerksberufe zu ergreifen. Da sie nicht, wie viele andere Neuzuwanderer, um sehr geringen Lohn Schwerarbeit zu verrichten hatten (wie dies die Mehrzahl der Zuwanderer aus bäuerlichem Milieu tun mußte), fiel es ihnen auch leichter, ihre wirtschaftliche Lage relativ rasch zu verbessern. Auch gab es unter ihnen kaum Analphabeten, und so fügten sie sich bald in das Netzwerk neuer, spezifisch städtischer Berufe ein.

3. Vom Händler zum Angestellten: Der Berufswandel der Wiener Juden

1850 bestand der junge Sigmund Mayer, der später ein reicher Geschäftsmann und zu einem führenden Mitglied der Wiener jüdischen Gemeinde wurde, seine Matura und qualifizierte sich damit für den Besuch der Universität. Daraufhin riet ihm seine Mutter, nicht weiter zu studieren, sondern lieber in das familieneigene Textilgeschäft einzutreten. Sie begründete diesen Rat aus ihrer Erfahrung heraus damit, daß jede andere Berufskarriere für einen Juden einfach unmöglich sei.[1] Mayer hörte nicht auf seine Mutter, sondern ging an die Universität und promovierte schließlich zum Doktor der Rechte. Bald schon mußte er erkennen, daß seine jüdische Herkunft einer Karriere als Beamter, Hochschullehrer oder Anwalt im Wege stand. Nun schützte er Sehschwäche vor, besann sich auf den Rat seiner Mutter und wurde Textilkaufmann.[2]

Obwohl es im Wien der vierziger und fünfziger Jahre des vergangenen Jahrhunderts eine Handvoll jüdischer Freiberufler und Industrieller gab, war doch zu dieser Zeit für Juden, die sich nicht taufen lassen wollten, der Kaufmannsberuf so gut wie der einzig mögliche. Um die Zeit des Ersten Weltkrieges dagegen bestand für die Juden Wiens das Dilemma, dem sich noch Mayer und seine Generation gegenübergesehen hatten, nicht mehr im gleichen Ausmaß. Die nach Wien zuwandernden Juden samt ihren Kindern nutzten die wirtschaftlichen Möglichkeiten, die ihnen die Großstadt bot, nachdem die Gesetze, die Juden jahrhundertelang auf ein Dasein als Kleinhändler beschränkt hatten, endlich aufgehoben worden waren. Obwohl viele Juden auch weiterhin in Kommerzberufen tätig waren, bot ihnen das Wien der Jahrhundertwende die Möglichkeit, auch als Industrielle, Freiberufler und – in noch größerem Maße – als Angestellte, Privatbeamte und Geschäftsreisende sowie Manager erfolgreich zu sein. Die Welt der Großstadt wurde zum Katalysator für die Neugestaltung der wirtschaftlichen Wunsch- und Wertskala der Juden in der zweiten Hälfte des neunzehnten Jahrhunderts.

Das Muster dieser wirtschaftlichen Neustrukturierung ist umstritten. Mayer, der nicht nur ein reicher Kaufmann, sondern auch schriftstellerisch ungemein fruchtbar war, wünscht seine Leser davon zu überzeugen, die Juden hätten sich vom Handel angewandt, um Großindustrielle zu werden. Damit verallgemeinert er seinen eigenen Lebensweg vom Textilkaufmann zum Textilerzeuger und schreibt in einem im Jahr 1903 veröffentlichten Artikel:

Man kann richtig sagen, eine Ära jüdischer Industrie, eine Zeit jüdischer Fabrikanten tritt mehr und mehr in Erscheinung, bestimmt, eine neue Epoche in der ökonomischen Geschichte der österreichischen Juden zu statuieren.[3]

Andererseits erscheint anderen Beobachtern wieder die Karriere der Wiener jüdischen Intellektuellen typisch. Sie gelangen zu der Auffassung, die Hauptstoßrichtung wirtschaftlicher bzw. beruflicher Veränderungen bei den Juden Wiens sei von traditionellen Handelsberufen hin zu den Künsten und freien Berufen verlaufen. So schreibt der jüdische Wiener Journalist Arnold Höllriegel in seinen Memoiren über die Berufserwartung seiner Mitschüler im Gymnasium:

Meine Mitschüler waren die Söhne von Kaufleuten, Ärzten und Advokaten, also war unser Traum, einmal etwas anderes zu werden, am liebsten Dichter oder Bildhauer. Mindestens fünf Mitglieder meiner Klasse, die dreißig Schüler umfaßte, haben später tatsächlich Literatur produziert und sind gedruckt worden.[5]

In seiner Untersuchung über den Begründer des Zionismus Theodor Herzl nimmt der Historiker Carl Schorske eine ähnliche Haltung ein, wenn er meint, Herzl, als Intellektueller, dessen Vater noch Kaufmann gewesen sei, wäre typisch für die gesellschaftliche und berufliche Mobilität der Wiener Juden.[5]

Das von uns hier zusammengetragene und ausgewertete Material zeigt, daß keine dieser beiden Theorien eine ausreichende Erklärung für die wirtschaftlichen und berufsstrukturmäßigen Veränderungen bei den Juden Wiens in der zweiten Hälfte des neunzehnten Jahrhunderts bietet. Die Juden, die aus anderen Teilen der Doppelmonarchie nach Wien gekommen waren sowie ihre bereits hier geborenen Kinder wandten sich tatsächlich von den Kommerzberufen ab, auf die man die Judenheit Europas lange Zeit beschränkt hatte. Zahlreiche Juden wendeten sich den freien Berufen, und hier wieder vor allem der Medizin und der Rechtspflege, zu, während andere wieder Industrielle wurden, doch waren diese beiden Richtungen beruflicher Mobilität durchaus nicht repräsentativ für die allgemeinen Veränderungen in der Berufsstruktur der Juden Wiens. Weit häufiger nämlich wählten diese einen Angestelltenberuf, etwa als Sachbearbeiter, Verkäufer oder Manager in Handels- und Industrieunternehmen. Die wirklich wesentliche Veränderung, die die Übersiedlung in die Großstadt und die sich hieraus ergebenden umfangreicheren Möglichkeiten für wirtschaftliche und allgemeine Assimilation mit sich gebracht hatten, war der Wandel einer lange Zeit für ihr kommerzielles Geschick bekannten Volksgruppe in einen Berufsstand der Manager und Angestellten.

Durch die Wahl neuer Berufe als Handels- und Industrieangestellte, Geschäftsreisende und Manager verbesserten die Wiener Juden ihr Sozialprestige und dokumentierten gleichzeitig ihre erfolgreiche Akkulturation. Fraglos gelangten Menschen, deren Väter noch Klein- und Kleinsthändler, ja oft nur bessere Hausierer gewesen waren, welche sich mit kärglichem Verdienst begnügen mußten, zu einem weit höheren und vor allem gesichterteren Einkommen, wenn sie Angestellte oder sogar Manager von Versicherungsgesellschaften, Banken oder anderen großen Kommerzbetrieben in Wien wurden. Darüber hinaus mußten Juden, um zu solchen Stellen zu gelangen, gut deutsch sprechen und diese Sprache auch in Wort und

Schrift fließend beherrschen, und sie mußten sich auch wie Angehörige des geachteten Wiener Bürgertums kleiden und benehmen. Da alle Firmen dieser Art auch am Samstag geöffnet waren, mußten dort angestellte Juden wohl oder übel auch am Samstag arbeiten. Dies bedeutete, daß sie sich von den strengen Regeln des Judaismus bis zu einem gewissen Grade emanzipieren und die völlige Heiligung des Sabbaths fallen lassen mußten, an dem nach mosaischem Gesetz jegliche Arbeit untersagt ist. Sicherlich waren einige von ihnen auch bei jüdischen Firmen beschäftigt, die am Samstag geschlossen hatten; für die Mehrzahl aber galt dies offenbar nicht.

Dennoch bedeutete, trotz Akkulturation und schwindender Beachtung orthodox jüdischer Ge- und Verbote, die drastische Änderung der Berufsstruktur keineswegs ein Aufgehen der Juden im Wiener Bürgertum oder der österreichischen Beamtenschaft. So weit ging diese Assimilation für die meisten nicht. Die Neustrukturierung des jüdischen Berufsprofils führte durchaus nicht zu wachsender Annäherung und Ähnlichkeit jüdischer und nichtjüdischer Berufsverteilung. Im Gegenteil: Die Statistik zeigt, daß die Juden Wiens auch weiterhin Berufe ausübten, die sie vom Gros der Gesellschaft, in der sie lebten, unterschieden. Sie vertauschten vorwiegend traditionelle jüdische Handelsberufe mit neuen Berufen, die gleichermaßen mit dem Judentum identifizierbar waren. Trotz der Entwicklung der kapitalistischen Wirtschaftsordnung im Wien dieser Zeit finden wie doch keine proportionale Zunahme der Angestellten, Verkäufer oder Manager in der Gesamtheit der Beschäftigten. Unter dem Einfluß des großstädtischen Lebens schufen sich also die Juden neue bevorzugte Domänen der Berufsausübung.

Da sie sozusagen Pioniere einer neuen, spezifisch jüdischen Berufsstruktur waren, hatten die jüdischen Angestellten, Verkäufer und Manager auch nur wenig Gelegenheit zur strukturellen Assimilation. Vielmehr drangen Juden in neue Berufsgebiete beinahe als geschlossene Gruppe ein und arbeiteten dort meist Seite an Seite mit anderen Juden. Oft boten ihnen die neu gefundenen Positionen sogar Gelegenheit, ihre Kontakte mit anderen Juden zu intensivieren. Diese „neue Klasse" wurde sich ihrer gemeinsamen Bedürfnisse bewußt, und ihre Mitglieder hatten selbstverständlich den Wunsch, mit anderen Juden unter gleichen Umständen zu verkehren. So kam es gegen Ende des neunzehnten Jahrhunderts auch zur Gründung jüdischer Berufsverbände. Welchen Veränderungen also die nach Wien zugewanderten Juden auch durch Chancen und Möglichkeiten der Großstadt unterworfen waren, welche neuen Berufstrends und Lebensgewohnheiten sie auch entwickelten – all das zeichnete auch weiterhin die Juden als separate Volksgruppe und Kulturgemeinschaft aus und bot ihnen oft neue und zusätzliche Gelegenheit für den vorzugsweisen Umgang mit anderen Juden.

Um die Berufsverteilung aller Juden – und nicht nur der vergleichsweise jungen Gruppe der männlichen Heiratenden und Väter – zu untersuchen, war es auch hier, wie in der vorangegangenen Untersuchung, erforderlich, die Daten aller fünf Probenjahre miteinander zu vereinigen und so eine Mischstatistik zu erstellen (Tabelle 3:1). Im Durchschnitt waren also in den Jahren 1870 und 1910 zwei Fünftel aller Wiener Juden Kaufleute, ein Viertel waren Handelsangestellte, also Verkäufer,

Tabelle 3:1
Berufe männlicher jüdischer Heiratender (kombiniert),
im Durchschnitt der Jahre 1870–1910

	Anzahl	Prozent
Staatsbeamte	21	2,6
Freiberufler	92	11,3
Fabrikanten	28	3,5
Kaufleute	331	40,8
Handelsangestellte	207	25,5
Handwerker	97	12,0
Arbeiter	35	4,3
	811	100,0

Sachbearbeiter oder Manager in Handels- oder Industriefirmen, 11% waren Freiberufler, d. h. Mediziner, Juristen (Anwälte), Ingenieure, Architekten, Journalisten und Künstler, und 3% befanden sich im Staatsdienst. Nur 4% bezeichneten sich als Industrielle oder Fabriksbesitzer. Weitere 4% waren als „Arbeiter" beschäftigt.[6] Der weitverbreiteten Ansicht zum Trotz, die geachtetsten Karrieren in der Zeit der Monarchie – nämlich die im Staatsdienst oder in der Gemeindebeamtenschaft – seien Juden verschlossen gewesen, weil sich ihnen Antisemitismus und antisemitisches Elitedenken entgegengestellt hätte,[7] hatten doch einige Wiener Juden Positionen im Staatsdienst. Es ist freilich richtig, daß nur sehr wenige von ihnen in prestigereichen Ministerien oder Dienstzweigen tätig waren. Einige arbeiteten im Finanzministerium, die Mehrzahl aber hatte Stellen in nicht sonderlich angesehenen Ministerien für Bahn und Post inne. Welche Ränge sie in diesen Ministerien bekleideten, ließ sich nicht eruieren. Generell aber läßt sich jedenfalls sagen, daß mehr Juden im österreichisch-ungarischen Staatsdienst tätig waren, als allgemein angenommen wird.

Die aufgezeigte jüdische Berufsverteilung erklärt sich aus der Tatsache, daß sich die Juden der ihnen in Wien bietenden wirtschaftlichen Aufstiegschancen zu bedienen wußten. Das Leben in der großen Stadt brachte für sie einen grundlegenden Wandel der Berufswahl und karrieremäßigen Zielvorstellungen. Wirklich neu an den großstädtischen Berufschancen war im Grunde nur der Ort hoher bzw. steigender jüdischer Siedlungsdichte. Junge Juden und Wiener Juden der zweiten Generation, denen nicht mehr – wie noch ihren Vätern – hinsichtlich der Berufswahl die Hände gebunden waren, kehrten sich vom Händler- und Kaufmannsberuf ab und wählten statt dessen Anstellungen als Angestellte, Reisende und Manager. Trotz allen Wechsels bevorzugten aber nach wie vor Juden andere Berufssparten als die übrige Bevölkerung.

Mit ihrem eiligen und ehrgeizigen Streben nach Angestellten- und Managerpositionen erfüllten die Juden Wiens durchaus nicht die Wünsche oder Erwartungen jener liberaler Kreise, die ihnen die Emanzipation gewährt hatten. Während der ersten Hälfte den neunzehnten Jahrhunderts hatten die Liberalen dahingehend argumentiert, daß die Juden, böte man ihnen nur dazu Gelegenheit, die „unproduktiven“ Handelsberufe, auf die man sie so lange beschränkt hatte, aufgeben und sich statt dessen „produktiveren“ Tätigkeiten in Handwerk und Industrie zuwenden würden.[8] Tatsächlich aber fanden die Juden, wenn sie den Handel sein ließen, ihre Anstellung nicht in der aufstrebenden Industrie eines sich rasch modernisierenden volkswirtschaftlichen Gefüges, sondern in den Banken, Versicherungsgesellschaften und Großhandelsfirmen der kapitalistischen Expansionswelle, die kurz vor der Jahrhundertwende in Österreich Platz griff.[9] In dieser Ära trat Wien immer deutlicher als Zentrum des Bankwesens, aber auch als Sitz der Stammhäuser vieler Industriekartelle hervor, deren Produktionsstätten weitab in anderen Teilen der Monarchie lagen. Wien, mit seiner rasch anwachsenden Bevölkerung, war auch ein wichtiger Markt und ein großes Warenumschlags- und Verteilungszentrum; es war zum wichtigsten Knotenpunkt aller Bahnen innerhalb der österreich-ungarischen Monarchie geworden. Die Juden verstanden es, die Chancen wahrzunehmen, die sich aus dieser Welle der wirtschaftlichen Expansion ergaben. Es fiel ihnen nicht schwer, die angestrebten Positionen als Kommerzangestellte oder Manager zu finden und auszufüllen. Da sie schon zu Hause in der Provinz Händler und Kaufleute gewesen waren, langten sie in der Stadt bereits mit einschlägigen Kenntnissen und Fähigkeiten versehen an. Auch ihr Weltbild und ihre Weltanschauung waren mit der Tätigkeit und gesellschaftlichen Stellung eines Angestellten durchaus vereinbar. So gesehen, war es vom Kleinhandel kein allzugroßer Schritt zu den Angestellten- oder auch zu leitenden Positionen in den zu dieser Zeit in wachsender Zahl neu gegründeten Versicherungsgesellschaften, Banken und Großunternehmen.

Tabelle 3:2
Berufe männlicher jüdischer Heiratender in den Jahren 1870–1910

	1870 N = 72	1880 N = 107	1890 N = 155	1900 N = 206	1910 N = 261
Staatsbeamte	2,8%	–	1,9%	2,9%	3,8%
Freiberufler	11,1	7,5%	11,6	13,1	11,1
Fabrikanten	5,6	1,9	3,9	3,4	3,4
Kaufleute	55,6	57,0	45,8	33,0	33,3
Handelsangestellte	2,8	15,0	22,6	29,6	35,2
Handwerker	19,4	15,9	10,3	13,1	8,0
Arbeiter	2,8	2,8	3,9	4,9	5,0
	100,0%	100,0%	100,0%	100,0%	100,0%

Am ausgeprägtesten freilich war die Änderung der bevorzugten Berufe der Wiener Juden bei der jungen Generation. Die Jugendorientiertheit des statistischen Schnittes der männlichen jüdischen Heiratenden in Wien gibt dem Historiker ein klares Bild der präferenziellen Berufswahl junger Juden zu Ende des neunzehnten Jahrhunderts (Tabelle 3:2). Zwischen 1870 und 1910 nahm die Zahl der männlichen jüdischen Heiratenden, die den Kaufmannsberuf ergriffen, ab: Sie sank von 55,6% im Jahr 1870 auf nur 33,3% im Jahr 1910. Im gleichen Zeitraum stieg die Beliebtheit von Laufbahnen als kaufmännische Angestellte bei den Heiratenden von nur 2,8% bald nach dem Emanzipationspatent auf 35,2% kurz vor dem Ersten Weltkrieg. Diese Veränderung ist weit bedeutsamer als selbst die angeführten Zahlen erkennen lassen. In diesem Zeitraum nahm nämlich die jüdische Zuwanderung – vor allem aus jenen Gebieten Galiziens, in denen hergebrachte jüdische Handels- und Wirtschaftsstrukturen noch die Regel waren – von Jahrzehnt zu Jahrzehnt zu. Die zahlreichen Neuankömmlinge drückten zweifellos den Prozentsatz der Handelsangestellten, während sie die Zahl der selbständigen Händler und Kaufleute vergrößerten. Da selbst trotz dieses Zustroms die Strukturveränderung so klar erkennbar ist, ist ein Beweis ihrer Kraft und Tiefe.

Tabelle 3:3
Berufe der Väter männlicher und weiblicher (jüdischer) Heiratender (kombiniert), 1870–1910

	Väter männlicher jüdischer Heiratender		Väter weiblicher jüdischer Heiratender	
	Anzahl	Prozent	Anzahl	Prozent
Staatsbeamte	3	1,3	7	2,9
Freiberufler	15	6,5	18	7,3
Fabrikanten	7	3,0	10	4,1
Kaufleute	144	62,3	142	57,3
Handelsangestellte	5	2,2	9	3,6
Handwerker	20	8,7	32	12,9
Arbeiter	–	–	1	0,4
Nicht zugeordnet*	37	16,0	29	11,7
	231	100,0%	248	100,0%

* Hauptsächlich Personen, die von Pensionen oder anderen in der obenstehenden Klassifikation nicht angegebenen Einkommensquellen lebten.

Junge Juden verfolgten nun Karrieren, die der vorangegangenen Generation verschlossen gewesen waren. Etwa ein Viertel aller männlichen jüdischen Heiratenden waren Handelsangestellte, aber nur 3% ihrer Väter und Schwiegerväter hatten Berufe dieser Art (Tabelle 3:3). Die Information über Väter und Schwiegerväter stammt im wesentlichen aus den Jahren 1870, 1880, 1890. Hier ist klar zu erkennen, daß diese Männer ihre Berufswahl zu einer Zeit trafen, da ihre Möglichkeiten noch sehr beschränkt waren. Ihre Söhne und Schwiegersöhne hingegen konnten bereits von den Chancen des Lebens in der Großstadt Gebrauch machen und ergriffen folglich neue Berufe.

Die Wiener Juden lehnten jedoch viele der Berufsmöglichkeiten ab, die ihnen die Großstadt bot. Juden gaben ihre Rolle als Kaufleute nicht auf, um etwa Handwerker zu werden, wie ihre liberalen Freunde und Förderer dies erhofft hatten. Wohl versuchten einige von ihnen unmittelbar nach der Emanzipation diesen Weg einzuschlagen, und tatsächlich ist der Prozentsatz jüdischer Handwerker in den Jahren 1870 und 1880 bei den männlichen jüdischen Heiratenden weit größer als noch bei ihren Vätern und Schwiegervätern (Tabellen 3:2 und 3:3). Nach 1880 jedoch nahm die Zuwendung zum Handwerk beträchtlich ab, sodaß bis zum Jahre 1910 nur mehr ebensoviele männliche jüdische Heiratende Handwerker wurden wie im Jahre 1880. Diese Abnahme machte sich am deutlichsten in der Bekleidungsindustrie bemerkbar. Nur die Zahl der jüdischen Zimmerleute, Maler und Anstreicher und Tapezierer nahm zwischen 1870 und 1910 zu. Dieser Zuwachs, wie auch die geringe Zunahme in der Zahl der jüdischen Fabriksarbeiter zu Ende des neunzehnten Jahrhunderts erklärt sich aus der galizischen Zuwanderungswelle, mit der auch einige Bauhandwerker und eine Anzahl von Arbeitern in die Hauptstadt kamen.

Im Gegensatz zu den Eindrücken und Beobachtungen von Beteiligten, wie etwa Höllriegel, oder Geschichtsschreibern, wie Schorske, drangen die Wiener Juden in den Jahren zwischen 1870 und 1910 noch nicht in größerer Zahl in die freien Berufe ein (Tabelle 3:2). Freilich übten mehr männliche jüdische Heiratende Berufe wie Arzt, Jurist, Journalist oder Ingenieursberufe aus als noch ihre Väter und Schwiegerväter (Tabelle 3:3), doch waren in diesen Berufen im Jahre 1910 ebensoviele männliche jüdische Heiratende vertreten – nämlich 11% – wie im Jahr 1870. Wohl waren in Wien zahlreiche Ärzte oder Rechtsanwälte Juden,[6] aber die Juden drängten sich jedenfalls in diesem Zeitraum nicht zu solchen Berufen. Dazu mag wohl bis zu einem gewissen Grad die fühlbare antisemitische Diskriminierung jüdischer Ärzte beigetragen haben. Fest steht jedenfalls, daß die Karrieren einiger jüdischer Ärzte in Öffentlichkeit und akademischem Leben durch Antisemitismus gehemmt wurden, und daß jüdische Zeitungen einen inoffiziellen Boykott jüdischer Ärzte durch Nichtjuden beklagten.[11] In seinem Stück „Professor Bernhardi" (1912) hat Arthur Schnitzler, der ja selbst Arzt war, dem Problem des Antisemitismus, dem sich die jüdischen Mediziner in Wien gegenübersahen, in aller Deutlichkeit künstlerischen Ausdruck verliehen.[12] Der gleiche Antisemitismus vermochte jedoch nicht, den zwar bescheidenen, aber dennoch bedeutsamen Anstieg der Zahl der Juden im öffentlichen Dienst zwischen 1870 und 1910 zu verhindern. In der Statistik der männlichen jüdischen Heiratenden für das Jahr 1880 findet sich kein einziger Staatsbeamter. Im Jahre 1910 dagegen waren bereits 4% der jungen Männer dieser Gruppe bei Staat oder Gemeinde angestellt. Die prestigereichen Ministerien mögen den Juden verschlossen gewesen sein, aber die relativ neuen, expandierenden staatlichen Dienstleistungsbetriebe, wie Bahn oder Post, mit ihrem Bedarf an technisch geschultem Personal waren durchaus bereit, Juden mit der erforderlichen Ausbildung anzustellen.

Der Zug zu den Büro-, Verkaufs- und Managerberufen war durchaus nicht nur für die jungen Juden dieses Zeitraums typisch, manifestierte sich also nicht nur bei den eben die Ehe schließenden, und er manifestierte sich auch nicht vorwiegend bei den Angehörigen ärmerer Schichten. Auch wohlhabende Juden drangen in diese Berufssparten vor. Selbst bei den älteren und wohlhabenderen steuerzahlenden Mitgliedern der IKG fand in den Jahren von 1855 bis 1914 eine merkliche Verschiebung von Handelsberufen hin zu Angestellten- und Beamtenkarrieren statt. Allerdings war dieser Trend bei dieser älteren und begüterteren Gruppe weniger ausgeprägt als im Gesamtdurchschnitt des Wiener Judentums. Demographisch gesehen, bildete nicht etwa die reiche Kaufmannsschicht, aus der die Mitgliedschaft der IKG zum Großteil bestand, die Basis dieses Trends zu Angestelltenberufen, sondern diese Berufswahl wurde vorwiegen von den Söhnen armer Kleinhändler und Hausierer getroffen, die sich die Möglichkeit der zentralen Großstadt für ihren wirtschaftlichen Aufstieg zunutze machen wollten.

Innerhalb der reicheren Schichten der Wiener jüdischen Gesellschaft entschieden sich wahrscheinlich die Jüngsten für eine Berufskarriere als Handelsangestellte. Unter den Neuzutritten auf der IKG-Steuerliste (Tabelle 3:4) wuchs der prozentuelle Anteil der Handelsangestellten von 2,8% in den Jahren vor der Emanzipation auf 28,3% in den vierzehn Jahren vor dem Ersten Weltkrieg. Während derselben Zeit ging die Anzahl der Kaufleute von 65% auf 38,5% zurück, und die Anzahl der freiberuflich tätigen, besonders der Staatsbeamten, wuchs in bescheidenem Ausmaß.

Tabelle 3:4
Berufe neuer Kultussteuerzahler, die den Steuerlisten der IKG zwischen 1855 – 1914 hinzugefügt wurden

	1855 – 67 N = 177	1868 – 79 N = 350	1880er N = 319	1890er N = 433	1900 – 1914 N = 501
Staatsbeamte	0,6%	2,9%	1,6%	2,5%	5,6%
Freiberufler	11,3	10,6	9,1	12,5	13,8
Fabrikanten	8,5	4,6	10,3	6,5	2,8
Kaufleute	65,0	61,7	47,6	42,5	38,5
Handelsangestellte	2,8	7,1	15,4	21,9	28,3
Handwerker	11,9	13,1	16,0	14,1	1,0
Arbeiter	–	–	–	–	–
	100,0%	100,0%	100,0%	100,0%	100,0%

Für viele Juden war die Beschäftigung als Angestellte oder Manager vielleicht nur eine vorübergehende, die ihnen Lehre für eine kaufmännische Karriere bot. Im besonderen bildeten erfolgreiche Kaufleute häufig Verkäufer oder kaufmännische Angestellte zu Unternehmern aus. Eine Überprüfung des Quellenmaterials jedoch zeigt, daß eine Anstellung bei Banken, Versicherungsgesellschaften oder großen Handelshäusern keineswegs nur Ausbildung zum Kaufmann bedeutete. Die meisten Handelsangestellten, auch die älteren und wohlhabenderen, konnten sich stets ihren beruflichen Werdegang aussuchen.

Da die IGK-Steuerlisten jeden Beschäftigungswechsel vermerkten, konnte man die beruflichen Wege der reicheren Mitglieder der jüdischen Gemeinde aufzeichnen.[13] Nur 24,6% aller Steuerzahler der Gemeinde wechselten überhaupt jemals ihre Tätigkeit, und viele setzten sich zur Ruhe, um von ihrer Pension zu leben. Kaufleute wechselten ihre Tätigkeit häufig, doch dieser „Wechsel" bedeutete nur den Austausch einer Handelsware gegen die andere. Julius Nemet zum Beispiel, aus Szerdahely, Ungarn, war 1899 bei seinem Eintreffen in Wien Lebensmittelhändler, wurde jedoch später Seidenhändler. Moritz Neufeld aus Temesvar, Ungarn, Gemeindesteuerzahler von 1891 bis 1925, begann ebenfalls als Lebensmittelhändler, verkaufte aber später Damenbekleidung, und Filipp Neumann aus Nagysurany, Ungarn, führte zunächst ein Gasthaus, während er zwischen 1892 und 1900 Hühner verkaufte.[14] Diese besondere Art des Berufswandels reflektiert keinesfalls eine Umstrukturierung, sondern war typisch für eine bestimmte Art von Händlern, die mit allem handelten, was zu gegebener Zeit zufällig vorhanden war.

Andere Gemeindesteuerzahler, die den Beruf wechselten, überschritten leicht die Grenze, die Industrie und Handel voneinander trennte. Josef Paschka zum Beispiel, ein in Wien gebürtiger Huthändler, wurde Hutfabrikant. David Neumann, ebenfalls in Wien geboren, war zwischen 1873 und 1910 erst Modewarenhändler, später Besitzer einer großen Fabrik. Jakob Mandler aus Mährisch-Weißkirchen hingegen kam 1882 als Kaufmann nach Wien; während der fünf Jahre, die er in der Stadt verbrachte, machte er den Versuch, als Installateur zu arbeiten.[15] Fast zwei Fünftel der in Handwerk oder Gewerbe tätigen Gemeindesteuerzahler, die den Beruf wechselten, wurden Kaufleute, ein Fünftel der Kaufleute, die ihren Beruf wechselten, eröffneten Fabriken, vorwiegend in der Bekleidungsindustrie, der Nahrungsmittel- und Getränkeerzeugung.

Erfolgreiche Kaufleute gaben freilich nie den Handel auf, um als Angestellte oder Manager in einer Firma zu arbeiten. Der Trend zu Stellungen als Gehaltsempfänger war bei Änderungen in der Mitte einer Berufskarriere nicht typisch, besonders unter den Erfolgreichen. Aber von jenen, die eine Berufskarriere als Handelsangestellte wählten, wechselten verhältnismäßig wenige jemals ihre Tätigkeit, tatsächlich nur 11% aller Angestellten, Geschäftsreisenden oder Manager. Wechselten IKG-Handelsangestellte ihren Beruf, wurden sie Kaufleute – eine Rolle, für die sie vorbereitet worden waren, aber die meisten Handelsangestellten hielten ihre neuen Stellungen für dauerhaft.

Juden der zweiten Generation, die Söhne armer eingewanderter Händler, verfolgten von allen Juden Wiens am ehesten Berufskarrieren in Büros, Geschäftsführung oder Verkauf. Sprachliche, finanzielle und kulturelle Probleme machten es Neuzuwanderern aus Böhmen, Mähren, Ungarn und besonders aus Galizien oft schwer, den Handel aufzugeben und als Handelsangestellte zu arbeiten, hingegen hatten ihre in Wien geborenen, in der Stadt ausgebildeten Kinder keine derartigen Probleme bei der Suche nach Anstellung in den Geschäftshäusern der Stadt. Folglich war die tiefgreifende Umstrukturierung der jüdischen Vorlieben in der Wirtschaft bei der wachsenden Gruppe in Wien gebürtiger Juden am sichtbarsten. Der Prozentsatz in Wien geborener Juden, die den Handel zugunsten Anstellungen als Bürokräfte, Verkäufer und Manager aufgaben, war äußerst hoch, höher als bei jeder anderen Gruppe von Wiener Juden (Tabelle 3:5). Zwischen 1880 und 1910 – die

Tabelle 3:5
Berufe männlicher jüdischer Heiratender aus Wien, Böhmen, Mähren, Galizien und Ungarn, 1870 – 1910

	aus Wien*					
	Kombiniert N = 184	1870 N = 3	1880 N = 8	1890 N = 20	1900 N = 58	1910 N = 95
Staatsbeamte	4,3%	–	–	10,0%	5,2%	3,2%
Freiberufler	9,4	66,7%	25,0%	5,0	5,2	9,5
Fabrikanten	3,8	–	–	–	5,2	4,2
Kaufleute	31,5	–	62,5	50,0	27,6	28,4
Handelsangestellte	38,0	–	12,5	30,0	37,9	43,2
Handwerker	8,7	33,3	–	5,0	12,1	7,4
Arbeiter	4,3	–	–	–	6,9	4,2
	100,0%	100,0%	100,0%	100,0%	100,0%	100,0%

	aus Böhmen					
	Kombiniert N = 98	1870 N = 13	1880 N = 16	1890 N = 19	1900 N = 25	1910 N = 25
Staatsbeamte	2,0%	7,7%	–	5,3%	–	–
Freiberufler	11,2	23,1	12,5%	5,3	8,0%	12,0%
Fabrikanten	7,1	7,7	6,3	10,5	8,0	4,0
Kaufleute	31,6	30,8	31,3	26,3	32,0	36,0
Handelsangestellte	28,6	–	18,8	31,6	36,0	40,0
Handwerker	13,3	23,1	25,0	15,,8	8,0	4,0
Arbeiter	6,1	7,7	6,3	5,3	8,0	4,0
	100,0%	100,0%	100,0%	100,0%	100,0%	100,0%

	aus Mähren und Schlesien					
	Kombiniert N = 130	1870 N = 14	1880 N =17	1890 N = 27	1900 N = 37	1910 N = 35
Staatsbeamte	3,1%	7,7%	–	–	–	8,6%
Freiberufler	14,6	21,4	5,9%	14,8%	16,2%	14,3
Fabrikanten	3,8	–	–	7,4	2,7	5,7
Kaufleute	42,3	42,9	70,6	51,9	37,8	25,7
Handelsangestellte	23,8	14,3	5,9	11,1	35,1	34,3
Handwerker	10,0	14,3	11,8	14,8	8,1	5,7
Arbeiter	6,1	–	5,9	–	–	5,7
	100,0%	100,0%	100,0%	100,0%	100,0%	100,0%

* Beinhaltet auch eine geringe Zahl in Niederösterreich lebender Personen.

Tabelle 3:5 (Fortsetzung)

	aus Galizien und Bukowina					
	Kombiniert N = 160	1870 N = 3	1880 N = 14	1890 N = 32	1900 N = 51	1910 N = 60
Staatsbeamte	1,9%	–	–	–	2,0%	3,3%
Freiberufler	11,3	–	7,1%	12,5%	15,7	8,3
Fabrikanten	–	–	–	–	–	–
Kaufleute	41,3	66,7%	21,4	50,0	35,3	45,0
Handelsangestellte	26,3	–	42,9	21,9	19,6	31,7
Handwerker	15,0	33,3	28,6	9,4	21,6	8,3
Arbeiter	4,4	–	–	6,3	5,9	3,3
	100,0%	100,0%	100,0%	100,0%	100,0%	100,0%

	aus Ungarn					
	Kombiniert N = 186	1870 N = 33	1880 N = 48	1890 N = 46	1900 N = 27	1910 N = 32
Staatsbeamte	1,1%	–	–	–	3,7%	3,1%
Freiberufler	7,0	–	2,1%	8,7%	18,5	9,4
Fabrikanten	4,3	9,1%	2,1	4,3	3,7	3,1
Kaufleute	55,4	69,7	68,8	50,0	40,7	40,6
Handelsangestellte	16,1	–	10,4	23,9	22,2	25,0
Handwerker	12,9	21,2	14,6	8,7	11,1	9,4
Arbeiter	3,2	–	2,1	4,3	–	9,4
	100,0%	100,0%	100,0%	100,0%	100,0%	100,0%

Zahlen von 1870 sind zu niedrig, als daß sie statistisch bedeutend wären – verringerte sich der Prozentsatz der Kaufleute unter den in Wien geborenen Juden von 62,5% auf 28,4%. Zur selben Zeit stieg der Prozentsatz der als Angestellte, Verkäufer oder Geschäftsführer tätigen männlichen Heiratenden von 12,5% auf 43,2%. Gebürtige Wiener Juden übten seltener freie Berufe aus als die meisten anderen Juden der Stadt, waren jedoch öfter im Staatsdienst tätig. Erstaunlicherweise waren 1910 weniger gebürtige Juden Staatsbeamte als 1890.

Das Streben der böhmischen, mährischen und ungarischen Juden in Stellungen als Handelsangestellte war weniger ausgeprägt als bei den in Wien gebürtigen, aber deutlicher als bei den Galiziern (Tabelle 3:5). Die Gründe für diesen Unterschied sind leicht festzustellen. Viele Juden aus Böhmen, Mähren und Ungarn kamen bereits germanisiert oder als Kinder mit den ersten Einwanderungwellen in die Hauptstadt. Somit erhielten sie ihre Erziehung in Wien und hatten sich erfolgreich akkulturiert. Infolgedessen stieg der proportionelle Anteil jüdischer männlicher Heiratender aus Mähren, die als Bürokräfte, Verkäufer und Manager tätig waren, von 5,9% im Jahr 1880 auf 34,4% im Jahr 1910, weniger dramatisch stieg die Zahl junger männlicher Heiratender aus Ungarn von 10,4% auf 25% in derselben Periode. Der Prozentsatz an Kaufleuten in beiden jüdischen Gruppen sank während dieser Zeit beträchtlich. Übrigens konzentrierten sich in Mähren geborene Juden mehr als alle anderen Juden der Stadt in den freien Berufen.

Auch Einwanderer aus Böhmen begannen ihre berufliche Laufbahn als Handelsangestellte, und der Prozentsatz der als Angestellte, Verkäufer und Manager tätigen männlichen Heiratenden verdoppelte sich zwischen 1880 und 1910. Das Muster des böhmischen Berufswandels war aber für die Wiener Judenschaft atypisch. Im Gegensatz zu den anderen Juden gaben jene aus Böhmen den Handel nicht auf, um die neuen städtischen Berufe zu ergreifen. Tatsächlich blieb der Prozentsatz der Kaufleute unter den Juden aus Böhmen mit einem Drittel konstant. Statt dessen waren es Handwerker, in geringerem Ausmaß der Stand der Gewerbetreibenden, die ihre Tätigkeiten aufgaben, um Büroarbeit zu leisten. Gleich von Anfang an wählten böhmische jüdische Hochzeiter, viel häufiger als andere Wiener Juden, gewerbliche Berufe, als Gewerbetreibende oder Handwerker. Sicherlich, ihr Anteil an der Industrie verblaßt im Vergleich mit dem aller Tschechen (Juden und Nichtjuden) in Wien, von denen 74% im Jahr 1910 in der Industrie beschäftigt waren, meist als Arbeiter in der Bekleidungsindustrie.[16] Nach der Emanzipation hatten sich die böhmischen Juden bemüht, Handwerker zu werden, in den Jahren 1870 und 1880 hatte ein Viertel der jüdischen männlichen Heiratenden aus Böhmen dieses Ziel erreicht. Um 1910 war der Anteil an Handwerkern unter den böhmischen Juden jedoch auf 4% zurückgegangen. Viele böhmische Juden hatten Krawatten umgebunden, um sich den Büroangestellten der Stadt anzuschließen. Böhmische jüdische „Industrielle" – viele mögen erfolgreichere Handwerker gewesen sein – taten desgleichen.

Änderungen in der Berufsstruktur der galizischen Juden in Wien zwischen 1880 – die Auswahl von 1870 war für eine statistische Analyse zu klein – und 1910 reflektieren andererseits zwei begleitende gleichzeitige Faktoren: den größeren beruflichen Traditionalismus der zweiten Einwanderungswelle galizischer Juden und die gleichen, allen jüdischen Gruppen dieser Zeit gemeinsamen Modernisierungstrends. Die frischvermählten jungen galizischen Männer aus der Stichprobe von 1880 kamen mit der ersten, weniger traditionsgebundenen Einwanderungswelle nach Wien. Nur ein Fünftel der jungen Ehemänner des Jahres 1880 waren Kaufleute, während zwei Fünftel als Handelsangestellte und eine beträchtliche Anzahl als Handwerker registriert sind. Um 1890 hatte jedoch die zweite Einwanderungswelle begonnen, welche einen Umschwung in der Verteilung von 1880 brachte. In den nächsten beiden Jahrzehnten waren die meisten jüdischen Heiratenden als Kaufleute angeführt, während nur wenige Stellungen in Büro, Verkauf oder Management innehatten. Nur 1910 erhöhte sich die Zahl der galizischen jüdischen Handelsangestellten; hingegen ging die Zahl der im Einzelhandel beschäftigten galizischen Juden in gewissem Maß zurück. Wie die Böhmen, gaben viele Galizier Handwerksberufe auf, um in Büros zu arbeiten.

Reichere Juden, die in Wien, Böhmen, Mähren, Ungarn oder Galizien *Heimatrecht* besaßen, fanden ebenfalls in steigendem Maß Anstellungen als Bürokräfte,

Verkäufer oder Geschäftsführer, obwohl vermutlich auf höherem und einträglicherem Niveau als jene, die keine IKG-Steuern zahlen konnten. 1868 bis 1879 waren zum Beispiel nur 6,9% der neueintretenden Mitglieder auf den Gemeindesteuerlisten mit Heimatrecht in Wien Handelsangestellte, hingegen gingen 27,5% der Neueintretenden der 1900er Jahre dieser Beschäftigung nach (Tabelle 3:6). Dementsprechend verfolgten mehr neue IKG-Steuerzahler aus Mähren, Böhmen, Ungarn, in geringerem Maße aus Galizien, ihre Berufslaufbahn als Bürokräfte oder Manager als in den vorangegangenen Jahre. Im Gegensatz zu jungen jüdischen Ehemännern aus Böhmen, die das Handwerk aufgaben, um Handelsangestellte zu werden, benahmen sich böhmische IKG-Steuerzahler wie alle anderen Wiener Juden und gaben ihre Tätigkeit als Händler auf, um Bürokräfte, Reisende oder Manager zu werden. Am ehesten wurden gebürtige Wiener IKG-Steuerzahler im späten neunzehnten Jahrhundert Staatsbeamte. Um 1900 arbeiteten 6,4% aller neuen Mitglieder der IKG mit Wiener Heimatrecht für Staat oder Gemeinde. Schließlich ergriffen viele IKG-Steuerzahler mit galizischem Heimatrecht freie Berufe wie Medizin, Rechtswesen, Technik und Schriftstellerei. Im ersten Jahrzehnt nach der Emanzipation übten nur 8,3% aller neuen IKG-Steuerzahler aus Galizien freie Berufe aus, in den 1900er Jahren waren es schon 24%.

Die Struktur der beruflichen Umwandlung unter den Wiener Juden unterschied sich deutlich von der legendären sozialen Mobilität der New Yorker Juden. Die nach New York emigrierten osteuropäischen Juden kamen als Facharbeiter in die Vereinigten Staaten. Sie begannen als arme Schneider in der sich entwickelnden Bekleidungsindustrie; viele wurden mit blitzartiger Schnelligkeit wohlhabende Kleiderfabrikanten, und ihre Kinder ergriffen freie Berufe.[17] Hingegen nahmen die Söhne der in Wien eingewanderten Kaufleute Stellungen in Büros oder Management an, beide jüdischen Gruppen aber erlebten einen gründlichen sozialen Aufstieg in Status, Wohlstand und Ansehen. Arbeit als Bürokraft oder Verkäufer bedeutete fixes Einkommen und eine sichere Stellung für die Söhne armer Händler, die am Rande der Armut lebten. Wien ermöglichte den Juden Berufskarrieren zu genießen, die ihnen mehr Sicherheit, Wohlstand und Ansehen gaben als früher.

Wegen der jüdischen Konzentrierung in Handel und Büro ist es praktisch unmöglich, jüdische soziale Mobilität mit den von den meisten Historikern benützten Maßstäben zu messen. Ihre Maßstäbe stellen Kaufleute auf die allerhöchste Stufe, zusammen mit freien Berufen, Staatsbeamten und Topmanagern. Sie messen die Mobilität von Männern und Frauen aus der Arbeiterklasse in zwei höhere Stände, den höchsten der Kaufleute und Feiberufler, und den zweiten, der aus Bürokräften, Verkäufern, kleinen Geschäftsinhabern und weniger bedeutenden Freiberuflern, wie Lehrern oder Unterhaltungskünstlern, bestand.[18] Diese Maßstäbe stellten fast unüberwindbare Probleme für die Messung Wiener jüdischer Mobilität dar. Erstens würden sich alle Wiener Juden auf den höchsten gesellschaftlichen Stufen befinden, obwohl Wiener Juden in Wahrheit geringes gesellschaftliches Ansehen genossen. Zwar erfreuten sich viele von ihnen eines großen Maßes an Ansehen und Wohlstand, andere aber lebten am Rande der Armut. Juden, die sich selbst Kaufleute nannten, konnten in einem Extremfall Hausierer gewesen sein, im anderen wohlha-

Tabelle 3:6
Berufe der Kultussteuerzahler aus Wien, Böhmen, Mähren, Galizien und Ungarn, 1855–1914

Wien und NÖ	Gesamtzahl N = 683	Aufnahme in die IKG 1855–67 N = 91	1868–79 N = 72	1880er N = 55	1890er N = 105	1910er N = 345
Staatsbeamte	4,7%	1,1%	2,8%	1,8%	5,7%	6,4%
Freiberufler	16,0	11,0	12,5	20,0	21,0	16,2
Fabrikanten	5,7	11,0	6,9	12,7	6,7	2,3
Kaufleute	42,8	63,7	59,7	34,5	30,5	37,4
Handelsangestellte	18,6	1,1	6,9	14,5	17,1	27,5
Handwerker	12,3	12,1	11,1	16,4	19,0	10,1
Arbeiter	–	–	–	–	–	–
	100,0%	100,0%	100,0%	100,0%	100,0%	100,0%

Böhmen	Gesamtzahl N = 186	Aufnahme in die IKG 1855–67 N = 14	1868–79 N = 41	1880er N = 39	1890er N = 62	1900er N = 30
Staatsbeamte	2,7%	–	2,4%	–	1,6%	10,0%
Freiberufler	15,1	42,9%	24,4	10,3%	9,7	6,7
Fabrikanten	8,6	7,1	7,3	12,8	9,7	3,3
Kaufleute	41,9	42,9	51,2	41,0	45,2	23,3
Handelsangestellte	19,9	–	7,3	15,4	25,8	40,0
Handwerker	11,8	7,1	7,3	20,5	8,1	16,7
Arbeiter	–	–	–	–	–	–
	100,0%	100,0%	100,0%	100,0%	100,0%	100,0%

Mähren und Schlesien	Gesamtzahl N = 220	Aufnahme in die IKG 1855–67 N = 20	1868–79 N =43	1880er N = 53	1890er N = 75	1900er N = 29
Staatsbeamte	1,8%	–	2,3%	3,8%	–	3,4%
Freiberufler	6,8	–	16,3	3,8	6,7%	3,4
Fabrikanten	6,4	5,0%	–	9,4	8,0	6,9
Kaufleute	53,6	70,0	58,1	52,8	50,7	44,8
Handelsangestellte	18,6	5,0	9,3	17,0	25,3	27,6
Handwerker	12,7	20,0	14,0	13,2	9,3	13,8
Arbeiter	–	–	–	–	–	–
	100,0%	100,0%	100,0%	100,0%	100,0%	100,0%

Tabelle 3:6 (Fortsetzung)

Galizien und Bukowina	Gesamtzahl N = 161	Aufnahme in die IKG 1855-67 N = 4	1868-79 N = 48	1880er N = 31	1890er N = 53	1900er N = 25
Staatsbeamte	2,5%	-	4,2%	3,2%	1,9%	-
Freiberufler	13,7	-	8,3	9,7	17,0	24,0%
Fabrikanten	3,1	25,0%	2,1	6,5	1,9	-
Kaufleute	50,9	75,0	64,6	48,4	39,6	48,0
Handelsangestellte	14,3	-	4,2	9,7	26,4	16,0
Handwerker	15,5	-	16,7	22,6	13,2	12,0
Arbeiter	-	-	-	-	-	-
	100,0%	100,0%	100,0%	100,0%	100,0%	100,0%

Ungarn	Gesamtzahl N = 441	Aufnahme in die IKG 1855-67 N = 37	1868-79 N = 104	1880er N = 121	1890er N = 118	1900er N = 60
Staatsbeamte	0,9%	-	-	0,8%	1,7%	1,7%
Freiberufler	6,3	8,1%	4,8%	7,4	7,6	3,3
Fabrikanten	6,6	5,4	6,7	8,3	6,8	3,3
Kaufleute	54,6	64,9	66,3	53,7	46,6	45,0
Handelsangestellte	16,8	8,1	6,7	14,9	22,0	33,3
Handwerker	14,7	13,5	15,4	14,9	15,3	13,3
Arbeiter	-	-	-	-	-	-
	100,0%	100,0%	100,0%	100,0%	100,0%	100,0%

bende Geschäftsleute mit weltweiten Verbindungen. Sigmund Mayer, der bekannte Textilgroßhändler, bezeichnete sich in den IKG-Steuerlisten selbst als Kaufmann; Alfred Lederer, dessen Armut ihn aus den Steuerlisten zwang, war ebenfalls Kaufmann.[19] Skalen, die über die Hälfte der Bevölkerung auf die höchste Stufe setzen, sind ein untaugliches Maß für die Veränderung sozialer Schichtung.

Zweitens erklären die üblichen Skalen nicht die vielen Statusunterschiede des neunzehnten Jahrhunderts, indem sie Hausierer, die immerhin Unternehmer sind, falsch einreihen und auf eine Stufe hohen Ranges setzen, den wahren Status bestimmter Handwerker im gleichen Zeitraum aber ignorieren.[20] Sogar die von Michael Katz ersonnene Skala, die alle Berufe des neunzehnten Jahrhunderts in einer Reihenfolge ordnet, welche deren wahren Status und Vermögen wiedergibt,[21] ist für die Messung jüdischer Umschichtung unzureichend. Vermögen ist sicherlich der beste Maßstab des sozialen Status,[21] aber es existieren keine entsprechenden Maßstäbe jüdischen Wohlstands in Wien. Obwohl die Unterlagen der Gemeinde Steuereinschätzungen enthalten, stellten sich diese für einen speziellen Vermögensindikator als inadäquat heraus, da 75% der Mitglieder die Mindeststeuer bezahlten und

Tabelle 3:7
Berufsstand männlicher jüdischer Heiratender, 1870–1910, und der IKG-Kultussteuerzahler (kombiniert), 1855–1914

	Männliche Heiratende				
	1870 N = 73	1880 N = 108	1890 N = 159	1900 N = 217	1910 N = 277
Höherer Status	57,5%	47,2%	51,4%	51,2%	51,6%
Mittlerer Status	17,8	31,5	28,3	24,9	31,0
Handwerker	19,2	15,7	10,1	12,9	7,9
Niedriger Status	5,5	5,6	7,5	11,1	9,4
	100,0%	100,0%	100,0%	100,0%	100,0%

	Männliche Heiratende kombiniert N = 834	IKG-Steuerzahler 1855–1914 N = 2504
Höherer Status	51,9%	70,8%
Mittlerer Status	27,8	18,1
Handwerker	11,6	10,9
Niedriger Status	8,6	0,1
	100,0%	100,0%

jene in den höchsten Einkommensgruppen in allen Arten von Berufen tätig waren. Auf jeden Fall zahlten die meisten Juden keine Steuern an die IKG.

Wird die jüdische soziale Mobilität einer modifizierten Version der von Michael Katz erfundenen Skala entsprechend gemessen,[23] scheint es zwischen 1870 und 1910 überhaupt keine aufwärts oder abwärts steigende jüdische Mobilität gegeben zu haben, trotz einer radikalen beruflichen Umstrukturierung (Tabelle 3:7). Nach dieser Skala enthält die Gruppe „Höherer Status" Kaufleute, Freiberufler, Fabriksbesitzer, höhere Staatsbeamte und höhere Führungskräfte; „Mittlerer Status" enthält Angestellte, Verkäufer, Handelsvertreter und niedere Staatsbeamte, und „Niedriger Status" setzt sich aus Hausierern, Gehilfen, Hilfsarbeitern und Dienstboten zusammen. Handwerker wurden in eine eigene Statuskategorie gesetzt, da die Unterlagen nicht angaben, ob Handwerker Meister waren, Gesellen oder Arbeiter. Während der gesamten Periode drängten sich Juden in den Berufen hohen Ansehens, im besonderen reiche Juden, und wenige hatten geringen sozialen Status. Freilich war die Ursache für das Gedränge in der Gruppe höchsten Statusranges in der Tatsache begründet, daß die meisten Juden Kaufleute, Freiberufler oder Manager waren, welche alle in die Kategorie „Hoher Status" fielen.

In Anbetracht der Art des jüdischen Berufswandels könnte man erwarten, daß die Skala zwischen 1870 und 1910 soziale Mobilität nach unten registriert hätte, von hohen zu niedrigen Statusgruppen. Im Gegenteil: außer einem sich verringernden Anteil an Handwerkern blieb der jüdische soziale Status in den Jahrzehnten vor dem Ersten Weltkrieg praktisch unverändert. Die ständige Zuwanderung von Kaufleuten, die die „Hoher Status"-Gruppe vergrößerten, sowie die steigende Zahl jüdischer Staatsbeamter erklären teilweise diesen Mangel an Veränderung. Die wachsende Zahl der Handelsangestellten hätte die „Mittlerer Status"-Gruppe vergrößern müssen, aber die sich verringernde Zahl jüdischer Handelsagenten, die in dieser Kategorie enthalten sind, sowie die Tatsache, daß sich einige Handelsangestellte in der „Hoher Status"-Gruppe befanden, hob jedes Wachstum der „Mittlerer Status"-Gruppe wieder auf.

Tabelle 3:8
Berufsstand männlicher jüdischer Heiratender sowie der ihrer Väter und Schwiegerväter (kombiniert), 1870–1910

	männl. Heiratende N = 834	Väter männl. Heiratender N = 238	Väter weibl. Heiratender N = 256
Höherer Status	51,9%	68,9%	64,1%
Mittlerer Status	27,8	18,5	17,6
Handwerker	11,6	9,2	12,9
Niedriger Status	8,6	3,4	5,5
	100,0%	100,0%	100,0%

Nach dem herkömmlichen Standard fand ein Abstieg im jüdischen sozialen Status zwischen der Generation der Väter und jener der Söhne statt, denn die Söhne vermeintlich „Hoher Status"-Kaufleute wurden Angestellte, Verkäufer und Manager und begannen solcherart „Mittlerer Status"-Berufskarrieren (Tabelle 3:8). Während 68,9% der Bräutigamsväter sich eines hohen gesellschaftlichen Status erfreuten, genossen nur 51,9% der männlichen Heiratenden ähnlichen Status; umgekehrt übten 27,8% der jungen Ehemänner Berufe von mittlerem Status aus, verglichen mit den 18,5% ihrer Väter. Überdies hatte 57% der männlichen Heiratenden, die „Mittlerer Status"-Berufe ausübten, Väter mit „Hoher Status"-Positionen. Diese offensichtlich abwärts gerichtete Mobilität war natürlich nicht die Folge eines echten Verlustes an sozialem Status. Dieser Abstieg in die „Mittlerer Status"-Kategorie als Angestellte und Verkäufer stellte eher eine aufwärts gerichtete soziale Mobilität für die Söhne von Männern dar, welche in Wirklichkeit Hausierer oder kleine Händler waren.

Auch den Söhnen jüdischer Arbeiter war es möglich, ihren sozialen Status zu heben, indem sie Büroangestellte, Kaufleute oder Freiberufler wurden. 30% der männlichen Heiratenden, deren Väter Handwerker waren, übten „Mittlerer Status"-Berufe aus, 35% verfolgten „Hoher Status"-Berufskarrieren. Ein Viertel der Handwerkersöhne waren zu Beginn ihrer Ehe in „Niedriger Status"-Berufen tätig (größtenteils als Handwerksgehilfen), aber diese offensichtliche Verschiebung nach unten war ein Faktor des Lebenszyklus. Die Söhne jener Männer, die „Niedriger-Status"-Beschäftigungen nachgingen, begannen höchstwahrscheinlich mittlere oder „Hoher Status"-Berufskarrieren. Nur acht der männlichen Heiratenden in der Stichproben hatten Hausierer zu Vätern, und die meisten hatten Stellungen „Mittleren Status" als Angestellte und Verkäufer inne.

Es gab unter Wiener Juden keine echte, abwärts gerichtete Mobilität. Reiche Wiener Juden hielten ihren Status äußerst erfolgreich.[24] Von den steuerzahlenden Mitgliedern der IKG hielten 85% sogar bei mehrmaligem Berufswechsel ihre „Hoher Status"-Positionen. Tatsächlich rückten die meisten IKG-Steuerzahler, welche die Berufe wechselten (641 oder 24,6% aller Steuerzahler) im sozialen Stand nur nach oben. 68,9% der Handwerker, die den Beruf wechselten, begannen eine „Hoher Status"-Berufskarriere als Kaufleute oder Industrielle, 24,6% Karrieren des „Mittleren Status". Desgleichen begannen vier Fünftel jener IKG-Steuerzahler, deren Karrieren in „Mittlerer Status"-Stellungen begonnen hatten, nach ihrem Berufswechsel „Hoher Status"-Berufskarrieren.

Die gesamte bis jetzt beschriebene wirtschaftliche Umstrukturierung führt jedoch keinesfalls zur wirtschaftlichen Assimilation der Juden. Juden wechselten ihre Tätigkeit und stiegen im sozialen Ansehen, aber sie blieben in Wien eine Gruppe für sich. Der Andrang der Juden zu Büro-, Management- und Verkaufspositionen war mit ähnlichem Wachstum des Anteils der Handelsangestellten am gesamten Arbeitskräftepotential Wiens in den Jahrzehnten vor dem Ersten Weltkrieg nicht zu vergleichen. Juden wandelten sich in der städtischen Umgebung, doch führte diese Veränderung nicht zu einer wachsenden Ähnlichkeit jüdischer und nichtjüdischer Berufsverteilung. Jüdischer Wandel führte nur zu fortdauernder jüdischer Exklusivität.

Ein Vergleich jüdischer Berufsverteilung mit der Verteilung des gesamten Wiener Arbeitskräftepotentials zeigt am besten die einzigartige Stellung der Wiener Juden am Ende des neunzehnten Jahrhunderts. Zum Vergleich beider Gruppen mußte man die Kategorien der Österreichischen Volkszählung anwenden, die die Wirtschaft in vier Sektoren einteilte: „Land- und Forstwirtschaft", „Industrie und Gewerbe", „Handel und Verkehr" sowie „Öffentlicher Dienst und freie Berufe".[25] Leider verwendete die k. k. Statistische Central-Commission den vierten Sektor als Sammelbezeichnungskategorie, die nicht nur Militärs, Staatsbeamte, Erzieher, religiöse Führer, Doktoren, Künstler und Unterhaltungskünstler enthält, sondern auch Privatbeamte und Stenographen, Hausbesitzer, Rentner, Pensionisten, Almosenempfänger und Männer und Frauen in öffentlichen Institutionen, wie Gefängnissen oder Heilanstalten. Diese Kategorie verringert einige der Unterschiede zwischen den Juden und der Gesamtbevölkerung Wiens, doch ist ihre Heranziehung für Vergleichszwecke nötig. Diese Studie hat die österreichischen wirtschaftlichen Kategorien für die allgemeine Erörterung des jüdischen Berufswandels nicht angewendet, da sie die wichtigsten Änderungen im wirtschaftlichen Verhalten der Wiener Juden verdecken.

Vergleicht man in der zusammengesetzten Stichprobe Juden mit der Wiener Gesamtbevölkerung, zeigt sich, daß sie sich im späten neunzehnten Jahrhundert in verschiedenen Wirtschaftssektoren zusammenballten (Tabellen 3:9 und 3:10). Wie erwartet (Tabelle 3:9), konzentrierten sich Juden in „Handel und Verkehr" und in

Tabelle 3:9
Berufssparte männlicher jüdischer Heiratender sowie der ihrer Väter (kombiniert), 1870–1910, und der IKG-Kultussteuerzahler (kombiniert), 1855–1914

Sektor	Männl. Heiratende N = 835	Väter N = 1075	IKG-Steuerzahler N = 2507
Landwirtschaft	0,2%	0,3%	0,1%
Industrie	19,6	24,7	18,4
Handel und Verkehr	44,3	50,4	42,2
Öffentlicher Dienst u. Freie Berufe	35,7	24,7	39,2
	100,0%	100,0%	100,0%

Tabelle 3:10
Berufssparte der gesamten Wiener Berufstätigen, 1890–1910

Sektor	1890 N = 695.393	1900 N = 848.973	1910 N = 1,094.185	Durchschnitt 1890–1910
Landwirtschaft	1,2%	0,7%	0,9%	0,9%
Industrie	55,4	51,5	46,6	51,2
Handel und Verkehr	21,5	23,5	27,1	24,0
Öffentlicher Dienst u. Freie Berufe	21,6	24,3	25,4	24,9
	100,0%	100,0%	100,0%	100,0%

Quellen: Öst. Stat., 33: 1, S. VIII; 66: 1, S. XVI; N. F. 3: 1, S. 13*.

„Öffentlicher Dienst und Freie Berufe". Etwa zwei Fünftel aller männlichen Heiratenden, Väter und IKG-Mitglieder, waren in Handel und Verkehr zugezählten Stellungen beschäftigt, etwas unter zwei Fünftel in solchen des Öffentlichen Dienstes und der Freien Berufe. Nur ein Fünftel der Juden ging einer Tätigkeit in der Industrie nach. Im Durchschnitt war zwischen 1890 und 1910 mehr als die Hälfte der gesamten Wiener Berufstätigen im Bereich der Industrie beschäftigt (Tabelle 3:10), während nur ein Viertel auf Handel und Verkehr entfielen und ein weiteres Viertel auf den Öffentlichen Dienst und auf Freie Berufe. Obwohl Wien Geschäfts- und Verwaltungszentrum der Monarchie war, wurde es zum größten Teil nicht von Händlern und Verwaltungsbeamten bewohnt,[26] sondern eher von in der Industrie Beschäftigten. Juden waren in der Stadt eine atypische Gruppe.

In jedem dieser Wirtschaftssektoren gruppierten sich Juden und Wiener gewöhnlich in verschiedenen Zweigen. Im Industriesektor beispielsweise schreckten erstere vor jenen Zweigen der Schwerindustrie zurück, welche die meisten Wiener anzogen. Zwischen 1870 und 1910 arbeiteten durchschnittlich nur 18,8% der in der Industrie beschäftigten jüdischen männlichen Heiratenden in Industrien wie Bergbau und Hüttenwesen, Metallverarbeitung, Maschinenbau, Steine und Erden, Chemie, Gold und Silber („Industrie I"), aber 27,6% aller in der Industrie tätigen Wiener. Tatsächlich arbeiteten in der Kategorie „Industrie I" die meisten Juden als Gold- und Silberschmiede, die meisten Wiener hingegen als Maschinen- oder Metallarbeiter.[27] Desgleichen arbeiteten Juden in der Industrie wahrscheinlich im allgemeinen seltener als Wiener im Papier-, Leder-, Pelz-, Holz-, Kork- und Strohgewerbe („Industrie II"), in der Nahrungsmittel- und Getränkeerzeugung. Andererseits konzentrierten sich die Juden innerhalb dieses Wirtschaftssektors wohl wie alle Wiener in der Bekleidungsindustrie. Anders als ihre Glaubensgenossen in New York, Paris oder London dominierten jedoch Juden in Wien nicht die Bekleidungsindustrie. Nur 3,6% des gesamten jüdischen Arbeitskräftepotentials sammelten sich in der Bekleidungsindustrie, während 17,8% aller Wiener Berufstätigen des Jahres 1890 Kleidung herstellten.[28] Juden in gewerblichen Berufen waren wahrscheinlich zweimal so häufig wie gewerblich tätige Wiener im Baugewerbe beschäftigt, meist als Zimmerleute, Maler, Tapezierer und Dekorateure.

Juden im Handel- und Verkehrsektor machten vor allem mit Waren oder Geld Geschäfte und vermieden Tätigkeiten im Transportwesen. Nur 3% der in diesem Sektor gezählten jüdischen männlichen Heiratenden waren hier beschäftigt, 9,8% im Bank- und Kreditwesen und 87,2 % handelten mit Waren aller Art. Hingegen waren die Wiener, die in diese Kategorie fielen, oft im Verkehrswesen tätig. Um 1900 trieben etwa 38% der im kommerzielle Sektor Beschäftigen – die Juden miteingeschlossen – Handel mit Waren, 7% mit Geld und Krediten, 30% waren im Transportwesen tätig und etwa 15% im persönlichen Dienst.[29]

Tabelle 3:11
Vergleich der jüdischen und der gesamten Wiener Berufstätigen
im Sektor Industrie, 1900

Industriezweig	Männl. Heiratende Kombiniert N = 154	Männl. Heiratende 1900 N = 38	Männer Wien 1900 N = 313.227
Industrie I*	18,8%	10,5%	27,6%
Industrie II*	6,5	5,3	16,6
Textil	4,5	–	4,0
Bekleidung	19,5	23,7	19,8
Nahrungsmittel, Getränke	8,4	7,9	15,0
Polygraphische Gewerbe	9,7	5,3	4,3
Baugewerbe	19,5	28,9	10,3
Nicht zugeordnet	13,0	18,4	2,5
	100,0%	100,0%	100,0%

* Industrie I: Bergbau, Metall, Gold und Silber, Steine und Erden, Maschinen und Instrumente, Chemie

** Industrie II: Papier, Leder, Pelzverarbeitung, Holz, Kork, Stroh

Quellen (Wien): *Öst. Stat.*, 66: 2, S. 7–29; *SJSW* (1901), S. 73–94.

Tabelle 3:12
Vergleich männlicher jüdischer Heiratender mit den Wiener Berufstätigen im Sektor „Öffentlicher Dienst und Freie Berufe"*, 1900

Kategorie	Männl. Heiratende Kombiniert N = 284	Männl. Heiratende 1900 N = 85	Männer Wien 1900* N = 77.359
Militär und Polizei	2,1%	3,5%	40,0%
Beamte (Staats- u. Kommunal)	8,1	8,2	24,3
Erziehung u. Unterricht	4,6	5,9	7,7
Medizin	9,5	9,4	4,3
Religion	2,1	1,2	1,8
Recht	9,2	9,4	3,8
Kunst, Bühne, Journalistik u. Literatur, Wissenschaft	10,9	10,6	11,0
Büroangestellte	53,8	51,8	7,0
	100,0%	100,0%	100,0%

* Schließt in Institutionen Untergebrachte sowie Personen „mit Einkommen" (vermutlich Renteneinkommen, Anm. d. Ü.) und „Professionslose" nicht ein.

Quelle (Wien): *Öst. Stat.*, 66: 2, S. 62–64.

Innerhalb des Sektors „Öffentlicher Dienst und Freie Berufe" kommen die verblüffenden Unterschiede zwischen jüdischer und Wiener Berufsstruktur zum Vorschein. Die österreichischen Volkszählungen von 1900 und 1910 weisen auf diesem Sektor genügend Details auf, um Analysen und Vergleiche zu ermöglichen (Tabelle 3:12). Die Wiener Bevölkerung scheint in dieser Zeit überwiegend im Öffentlichen Dienst und unter Militär (64%) auf. Juden hingegen schlugen eine Verwaltung- oder Militärlaufbahn viel weniger häufig ein (12%). Andererseits fanden sich Juden in den Bereichen von Medizin und Jura viel häufiger als die Wiener im allgemeinen. Noch wichtiger: Juden strebten eine Laufbahn als Privatbeamte in erheblich höherem Maße an als die übrigen Wiener. 1900 schienen nur 7% aller Wiener unter der Rubrik „Privatbeamte und Stenographen" auf. Im auffallenden Gegensatz dazu wurden 53,8% aller ledigen Juden und 51,8% aller Juden, die 1900 heirateten, dem Sektor „Büroangestellte" zugeordnet. Die Statistik ist jedoch etwas irreführend. Die Wiener Volkszählung reihte die meisten Privatbeamten und Manager unter „Handel" oder „Industrie" und nicht unter „Öffentlicher Dienst" oder „Freie Berufe". Dennoch gab es zweimal soviel Juden als Nichtjuden in Beamten- und Managerberufen. 1910 arbeiteten nur 12,5% aller Wiener Katholiken als Angestellte, doch ganze 30,8% aller Juden verfolgten eine Angestellten- oder Managerlaufbahn.[30]

Juden unterschieden sich auch deutlich vom gesamten Wiener Arbeitskräftepotential, wenn man mit der von der Statistischen Central-Commission eingeführten Einstufung des Sozialstatus mißt, die für die Jahrzehntvolkszählung erdacht worden war. Diese Skala, nicht mit „Klasse" im modernen Sinn befaßt, teilte das Arbeitskräftepotential in fünf „Stellungen": Selbständige, Angestellte, Arbeiter, Taglöhner und mithelfende Familienangehörige. Die Stellung der Angestellten enthielt Staatsbeamte ebenso wie Handelsangestellte, während die Arbeiterkategorie vorwiegend Industriearbeiter erfaßte.[31] Wie zu erwarten, zeigt ein Vergleich zwischen Juden und allen Wienern auf dieser Skala, daß sich erstere sowohl in der Gruppe der Selbständigen wie in jener der Angestellten konzentrierten, während Wiener überwiegend in der Arbeiterklassifikation anzutreffen waren (Tabelle 3:13). Über die Hälfte aller jüdischen männlichen Heiratenden und fast zwei Drittel aller männlichen IKG-Steuerzahler waren Selbständige, aber nur ein Viertel aller männlichen Wiener des Arbeitskräftepotentials von 1900 arbeitete selbständig. Überdies waren Juden wahrscheinlich zweimal so oft Gehaltsempfänger als die Wiener im allgemeinen. Andererseits waren um 1900 60% des männlichen Wiener Arbeitskräftepotentials Lohnempfänger, aber weniger als 20% der jüdischen männlichen Heiratenden und 10% der IKG-Steuerzahler waren Handwerker oder Arbeiter.

Tabelle 3:13
Die Berufsstellung aller männlichen jüdischen Heiratenden, männlichen IKG-Steuerzahler und der männlichen Wiener Berufstätigen, 1900

	Männl. Heiratende	IKG-Steuerzahler	Männl. Werktätige Wien 1900
	N = 827	N = 2.238	N = 582.486
Selbständige	53,3%	65,4%	23,2%
Angestellte	29,1	24,5	14,1
Handwerker*	10,6	10,0	
Arbeiter**	6,9	0,1	59,8
Taglöhner			2,4
Mithelfende Familienangehörige			0,5
	100,0%	100,0%	100,0%

* Eigens für Juden geschaffene Sonderkategorie der Handwerker, da aus den Quellen nicht ersichtlich war, ob diese Handwerker in eigener Regie oder für andere arbeiteten.

** In den Quellen über die Juden scheinen Taglöhner und mithelfende Familienangehörige nicht auf.

Quellen (Wien): *Öst. Stat.*, 66: 2, S. 49; *SJSW* (1901), S. 67–68.

Diese Unterschiede zeigen sich noch deutlicher, wenn man den Wechsel bei den bevorzugten Berufen in Betracht zieht. Zwischen 1870 und 1910 wechselten Juden in die Stellung der Angestellten (Tabelle 3:14), und der Anteil der Gehaltsempfänger unter den jüdischen männlichen Heiratenden stieg in diesem Zeitabschnitt von 6,8% auf 41,7%. Während derselben Periode gab es aber trotz Wiens kapitalistischer Expansion überhaupt keinen Zuwachs bei den Gehaltsempfängern der Wiener Gesamtbevölkerung (Tabelle 3:15). Zwischen 1890 und 1910 blieb der Prozentsatz an Angestellten beim Wiener Arbeitskräftepotential konstant bei 12–14% des gesamten Arbeitskräftepotentials, die Juden eingeschlossen. Die meisten

Tabelle 3:14
Die Berufsstellung der männlichen jüdischen Heiratenden, 1870–1910

	1870 N = 73	1880 N = 109	1890 N = 155	1900 N = 213	1910 N = 266
Selbständige	71,2%	66,1%	60,0%	47,4%	44,0%
Angestellte	6,8	13,8	25,8	32,4	41,7
Handwerker*	19,2	15,6	8,4	11,3	6,8
Arbeiter	2,7	4,6	5,8	8,9	7,5
	100,0%	100,0%	100,0%	100,0%	100,0%

* Eigens für Juden geschaffene Sonderkategorie der Handwerker, da aus den Quellen nicht ersichtlich war, ob diese Handwerker in eigener Regie oder für andere arbeiteten.

Tabelle 3:15
Die Berufsstellung der Wiener Berufstätigen, 1890–1910

	1890 N = 695.393	1900 N = 848.973	1910 N = 1,094.185
Selbständige	31,4%	31,8%	32,1%
Angestellte	13,7	11,6	12,9
Arbeiter	52,1	53,6	48,4
Lehrlinge*			4,7
Taglöhner	2,9	2,1	0,8
Mithelfende Familienangehörige	–	1,0	1,0
	100,0%	100,0%	100,0%

* Lehrlinge wurden erst ab 1910 in der Statistik getrennt erfaßt.

Quellen: Öst. Stat., 33:1, S. XVI–XVII; 66:1, S. 49; N. F. 3:1, S. 145; *SJSW* (1901), S. 67–68.

Wiener Angestellten waren im Staats- oder Gemeindedienst beschäftigt, während fast alle jüdischen Angestellten als Bürokräfte, Reisende oder Manager in der Geschäftswelt tätig waren. Da die Kategorie der Angestellten, besonders bei Privatfirmen, so viele Juden und so wenige Wiener ausmachte, und da 8–9% der gesamten Wiener Bevölkerung jüdisch waren, waren vielleicht die meisten Wiener Bürokräfte, Verkäufer und Manager Juden. Angestellter bei einer Privatfirma war zu einem jüdischen Beruf geworden.

Juden zeigten ihre Verschiedenheit nicht nur hinsichtlich der von ihnen gewählten neuen Berufe, sondern auch durch ihre Fähigkeit, im wahren sozialen Status aufzusteigen. Jüdischer Wandel steht im scharfen Gegensatz zum Fehlen jeder Änderung im sozialen Status der Wiener während des ausgehenden neunzehnten Jahrhunderts im allgemeinen. Wie die meisten europäischen Städte und ganz anders als viele amerikanische, bot Wien seinen Einwohnern wenig Möglichkeit zu gesellschaftlichem Aufstieg; in den meisten europäischen Städten stiegen die Menschen selten aus dem Arbeiterstand in den Unternehmerstand auf.[32] Doch den Juden gelang es in der österreichischen Haupt- und Residenzstadt wie in den Städten der Vereinigten Staaten,[33] schnell in sozialem Status und Prestige zu steigen. Das Modell jüdischer Mobilität in New York ging vom Arbeiter zum Angestellten, in Wien von Handel zu Angestelltentätigkeit. In beiden Fällen jedoch ermöglichte ihr höheres Einstiegsniveau in den Arbeitsmarkt – zusammen mit sittlichen Werten, die die Leistung förderten, mit ethnischem Zusammenhalt und Unterstützungssystemen, Vertrautheit mit städtischem Lebensstil und städtischen Berufen – es den Juden, Ansehen und Wohlstand weitaus schneller als andere Einwanderer zu erringen.[34] Letztere kamen großteils aus bäuerlichen Kreisen. Durch ihren Eintritt in das Arbeitslebens auf niedrigerer Stufe und gewöhnt an Unterordnung waren sie nicht imstande, auch nur annähernd eine dem Erfolg der Juden entsprechende soziale Mobilität zu erlangen.

Jüdische Einwanderer in Wien waren sehr erfolgreich. Sie wurden nicht reich, aber sie konnten ihre Berufe wechseln und in sozialem Ansehen steigen. Der Wechsel vom Händler zum Angestellten hatte für das jüdische Leben in der Stadt tiefgreifende Folgen. Dieser wirtschaftliche Wandel zeigte, daß sich die Juden akkulturiert und über vieles des traditionellen Lebens hinweggesetzt hatten. Doch leitete dieser Wandel nicht ihre Assimilation in die Wiener Gesellschaft ein. Wie auf anderen Gebieten waren die Juden weiterhin eine anerkannte Gruppe in der Wirtschaft. Der Wandel war kollektiv, und Juden blieben für sich selber und für die anderen als Juden erkennbar.

Der jüdische ökonomische Wandel schuf für Juden sogar neue Betätigungsfelder, um vorwiegend mit anderen Juden Umgang zu pflegen. Jüdische Bürokräfte und Manager in großen Firmen arbeiteten vermutlich mit anderen jüdischen Bürokräften und Managern zusammen. Da sie überdies ihre eigenen speziellen Bedürfnisse erkannten und den Wunsch bekundeten, speziell mit anderen Juden in ähnlicher Stellung gesellschaftlich zu verkehren, gründeten jüdische Handelsangestellte in den letzten Jahrzehnten vor dem Ersten Weltkrieg Berufsvereine, viele unter zionistischer oder jüdisch-nationalistischer Schirmherrschaft. Im Bemühen, die Arbeitsbedingungen für Juden zu verbessern, schufen die Organisationen kostenlose Arbeitsvermittlungen und veranlaßten die Angestellten, für bessere Entlohnung und Arbeitsbedingungen zu verhandeln. Gleichzeitig hofften sie, jüdischen Handelsangestellten jüdisches Nationalbewußtsein und jüdischen Stolz nahezubringen.[35] Viele dieser jüdischen Handelsangestelltenvereine versuchten die verheerenden Auswirkungen des antisemitischen Boykotts zu bekämpfen und große jüdische Firmen zu überreden, mehr Juden anzustellen. Tatsächlich beklagten sie und die jüdische Presse allgemein, daß große jüdische Einrichtungen nicht genügend Juden einstellten.[36] Die zionistische *Jüdische Zeitschrift* beispielsweise gab bekannt, daß die Firma Rothschild und Gutmann ihre Büros mit Antisemiten und nicht mit Juden besetzte und auf diese Weise gründlich „alle die Väter" enttäuschte, die ihren Söhnen unter bittersten Entbehrungen ein Studium der Technik ermöglichen und die vielleicht darauf gehofft haben, sie dereinst bei dieser jüdischen Weltfirma unterzubringen".[37]

Diese Berufsvereine waren eine der vielen Bremsen, welche von Wiener Juden ausgedacht wurden, um ihre vollständige Assimilation aufzuhalten, aber sie stellten keinesfalls die einzigen Einrichtungen dar, durch die Juden ihre fortdauernde Besonderheit zeigten. Juden in der Stadt wohnten auch größtenteils in Gesellschaft anderer Juden. Die Errichtung jüdischer Wohngegenden war ihr wirksames Mittel, um vorwiegend miteinander Umgang zu pflegen und die Gruppenidentität zu bewahren.

4. Die vorwiegend jüdischen Wohnbezirke Wiens

Die Juden Wiens lebten in enger Gemeinschaft mit ihresgleichen. Die Herausbildung vorwiegend jüdischer Wohngegenden innerhalb der Stadt diente sowohl der Trennung von Juden und Nichtjuden, vermittelte aber auch – sowohl diesen wie jenen – das Bewußtsein, daß die Juden eine in sich geschlossene, separate Bevölkerungsgruppe bildeten. Innerhalb dieser Wohngebiete hatten Juden vorwiegend wieder mit Juden Kontakt. So hinderte sie diese lokale Konzentration daran, sich mit Nichtjuden zu befreunden oder irgendwelche andere nähere Berührung zu haben. Dadurch bildete das Bestehen solcher vorwiegend von Juden bewohnten Bezirke an sich schon eine wirksame Schranke gegen die strukturelle Assimilation der Wiener Juden in die Gesellschaft Wiens. Ethnologen haben längst die Bedeutung derartiger Siedlungskonzentrationen für das Überleben ethnischer Gruppen erkannt. Geschlossene Wohn- und Siedlungsgebiete erleichtern es den Angehörigen einer ethnischen Gruppe, miteinander Freundschaften zu schließen und einander zu heiraten, sich ihrer ethnischen Besonderheit und Eigenständigkeit bewußt zu bleiben und so die Volksgruppe intakt zu erhalten.[1] Innerhalb der vorwiegend jüdischen Wohnbezirke Wiens gelang es Juden, ihre spezifische Gruppenidentität zu bewahren.

Ob in den Vereinigten Staaten oder in Europa – Juden haben es allezeit verstanden, geschlossene jüdische Wohnbezirke zu schaffen, die ihren religiösen Gepflogenheiten dienten, sie vor Antisemitismus und seinen Auswirkungen schützten, und – letztlich – ihnen dabei halfen, ihre Identität als Volksgruppe beizubehalten. In ihrer kürzlich veröffentlichten Untersuchung über die Juden New Yorks zwischen den beiden Weltkriegen vertritt Deborah Moore die Auffassung, die hochkonzentrierten jüdischen Wohnbezirke von New York seien die eigentliche Grundlage des gesteigerten jüdischen Volkstumsbewußtseins in diesem Siedlungsraum gewesen. Eine große Vielfalt gesellschaftlicher Kontakte, wie auch die in diesen Gebieten entstandenen Einrichtungen und Institutionen hätten „den Rahmen für ihr [der Juden] Überdauern als Volksgruppe geschaffen". In ihren Wohnbezirken vermochten die Juden die Grenzen ihrer Assimilation selbst zu setzen und ihr Bewußtsein des Jude-Seins ihrem neuen Status als „Mittelklasse-Amerikaner" gemäß neu zu definieren.[2] In ähnlicher Weise stellte auch in Wien die Herausbildung vorwiegend jüdischer Siedlungsbezirke die Grundlage fortbestehender jüdischer Identität dar, und zwar selbst dann noch, als bereits viele traditionelle Züge und Eigenschaften eben dieser Identität durch sozialen Aufstieg und ein gewisses Maß an Anpassung an die Gesellschaftsformen der Andersgläubigen verlorengegangen waren.

Wiener Siedlungsbezirke: Ein Überblick

Die Entstehung der Siedlungsbezirke in Wien fällt in eine Zeit, in der die Stadt sich massiv ausbreitete und auch manche neue Siedlungsgebiete hervorbrachte, in denen die Arbeiterklasse, der Mittelstand und die Oberschicht in zunehmendem Maße voneinander getrennt lebten. Vor 1850 bestand die Reichshaupt- und Residenzstadt Wien nur aus der heutigen Inneren Stadt, die damals noch von Stadtmauern, dem Glacis und einem Burggraben umgeben war. In diesem Jahr wurden aber dann mehrere vorwiegend von Handwerkern bewohnte Vorstädte in der Nähe der Stadtmauern eingemeindet, die dann jeweils den II. bis X. Bezirk der Stadt bildeten. Im Jahr 1890 kam es schließlich auch noch zur Eingemeindung einer Reihe von Vororten, aus denen die Wiener Gemeindebezirke XI bis XIX entstanden (siehe auch Karte 4:1). Auf diesem eben erst eingemeindeten Areal befanden sich vorwiegend

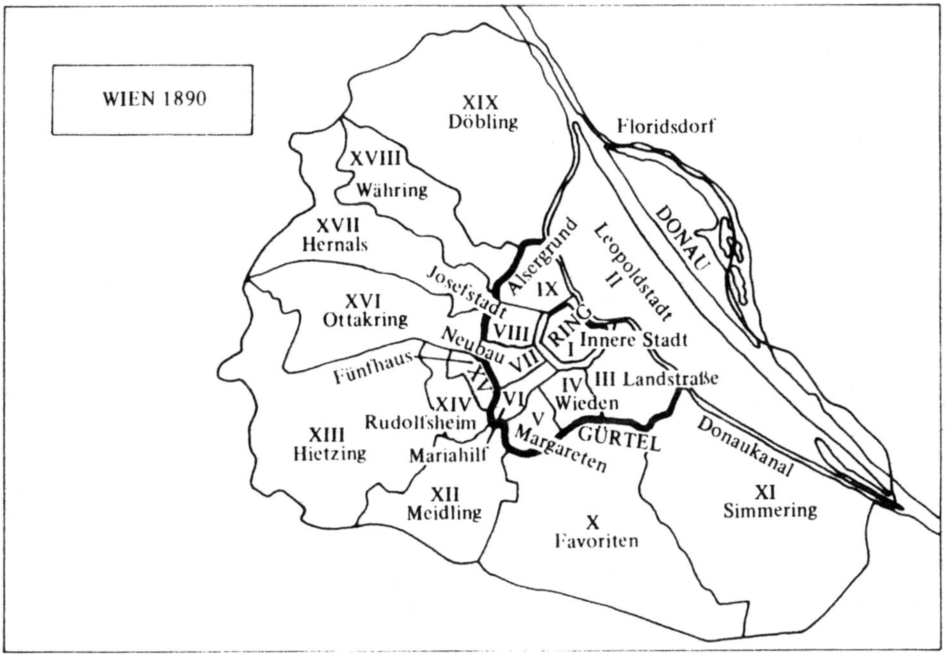

Karte 4:1

Handwerkersiedlungen, aber auch Weinbaugemeinden, Dörfer von „Milchbauern" sowie Ausflugs- und Erholungsgebiete. Während dieser Periode städtischer Erweiterung ordnete der Kaiser die Schleifung der Stadtmauern an, und schließlich wurde auf seinen Wunsch die berühmte Ringstraße gebaut, die die Innere Stadt umschließt. An diesem breiten, halbkreisförmigen Boulevard entstanden dann die öffentlichen und Repräsentationsgebäude des Kaiserreichs: das Parlament, das Rathaus, die Universität, das Burgtheater, die Oper, die beiden großen Museen sowie die Börse, aber auch luxuriöse Wohnhäuser für den neuen österreichischen Geldadel.[3]

Die wirtschaftlichen Veränderungen während der Gründerzeit, der Epoche wirtschaftlicher Entfaltung und Modernisierung (1870 bis 1914), waren von einer grundlegenden Änderung der Siedlungsgepflogenheiten begleitet, denn mehr und mehr Einwohner Wiens hatten ihren Arbeitsplatz nun nicht mehr in unmittelbarer Nähe ihrer Wohnung. Die Industrialisierung führte zu einem allgemeinen, wenngleich nicht vollständigen Ersatz der Werkstätten des Handwerks durch Fabriken. Da die Grundpreise im Stadtinneren hoch waren, errichtet man diese Fabriken vorwiegend in den nordwestlichen oder südöstlichen Außenbezirken, wo Baugrund noch relativ billiger zu haben war. In Ottakring (XVI) und Hernals (XVII), aber auch in Favoriten (X) und Meidling (XII) bildeten sich Industriezonen.[4] Das Entstehen dieser Industriezonen am Stadtrand führte selbstverständlich bald auch zur Bildung von Arbeitersiedlungen in diesem Raum. Das Industrieproletariat mietete feuchte, dunkle und enge Wohnungen in den „Mietskasernen", die man für die Arbeiter in diesen Bezirken baute. Die Lebensbedingungen in den neu entstandenen Arbeiterbezirken waren fürchterlich. Anders als im Wien der vorindustriellen Ära sah sich nun die Arbeiterschaft, was ihre Wohngebiete anlangte, von den übrigen Einwohnern der Stadt getrennt.[5]

Diese räumliche Isolierung der Arbeiterklasse war nur ein Aspekt eines umfassenderen Trends, demzufolge es immer mehr zur Herausbildung von klassenspezifischen Siedlungs- und Wohnformen kam.[6] So etwa war die Ringstraße schon bald die typische Adresse der „feinen Leute" und des gehobenen Mittelstandes. Entlang diesen großzügig geplanten Boulevards wurden imposante Wohnhäuser nach aristokratischem Muster für die wirklich Reichen, aber auch für die nach vermehrtem Sozialprestige Strebenden errichtet.[7] Alter Adel, vermischt mit eben erst geadelten Großbürgern, wohnte häufig auf den dem Schwarzenbergplatz zunächst gelegenen Teilen des Rings, während das eigentliche Großbürgertum – Geschäftsbesitzer, Freiberufler und hohe Beamte, „die Stützen der Gesellschaft des kommenden Liberalismus" – im Bereich zwischen den beiden Museen und der Universität residierten.[8] Die gesamte Innere Stadt (I) und der Bezirk Wieden (IV) beherbergten zahlreiche Aristokraten, und hier siedelten sich auch allmählich die wohlhabendsten Wiener an.[9]

Im gesamten Zeitraum zwischen 1870 und 1914 zerstörte eine überaus rege Bautätigkeit in den inneren Bezirken (II bis IX) den ehedem von Gilde und Handwerk bestimmten Charakter der Stadt. Diese Bezirke wurden nun zu Siedlungsräumen für den Mittelstand. Hier wohnten Menschen, für die ihr Heim und der Arbeitsplatz schon relativ weit auseinander lagen. Obwohl die Reichen auch weiterhin in der Inneren Stadt wohnten, verlor doch der Stadtkern zunehmend seinen Charakter als reines Wohngebiet, denn mehr und mehr Banken, Großfirmen, Gesellschaften und staatliche Stellen hatten nun hier ihre Büro- oder Geschäftsräume.[10] Der Bau der Straßenbahn im den siebziger und achtziger Jahren des Jahrhunderts[11] beschleunigte den Bau von Miethäusern und Wohnsiedlungen im II. bis IX. Bezirk. Im gleichen Maße, in dem sich Geschäfte und andere Einkaufsmöglichkeiten an den großen Radialstraßen, wie der Mariahilferstraße und der Währingerstraße, vermehrten, wurden auch die inneren Bezirke zum idealen Gebiet für den Bau von Zinshäusern für den Mittelstand. Althäuser, in denen Handwerker ihre Werkstätten und Wohnungen gehabt hatten, wurden niedergerissen, um Reihenhäusern für Kleinbürger und Mittelstand Platz zu machen. In den angestammten Handwerkerbezirken Mariahilf (VI) und Neubau (VII) waren 80% der Neubauten Miethäuser für den Mittelstand, und auch auf dem Alsergrund (IX) waren es immerhin noch 70%. Die Modernisierung der alten Wiener Vorstädte verdrängte viele Wiener des unteren Mittelstandes und zwang sie zur Übersiedlung in Arbeiterbezirke.[12] Bezirke wie die Leopoldstadt (II), Landstraße (III), Mariahilf (VI), Neubau (VII), Josefstadt (VIII) und Alsergrund wurden Wohnraum der angesehenen Mittelklasse.[13]

Auch in gewissen Außenbezirken entstanden nun Siedlungsräume der mittleren und oberen Gesellschaftsschicht. Einfamilien-Villen wurden in den Bezirken wie Währing (XVIII) und Döbling (XIX) im Nordwesten der Stadt und in Hietzing (XIII) im Südwesten in dieser Zeit häufig gebaut. Im Cottageviertel in Döbling fanden sich die Villen der höheren Beamten, Ärzte, Rechtsanwälte und erfolgreichen Firmeninhaber.[14]

Obwohl der Trend zur Klassendifferenzierung ging, blieben in vielen Vierteln Personen verschiedenen Standes weiterhin Nachbarn. Zwischen 1870 und 1890 bestanden viele der neugebauten Häuser aus dem „Vorderhaus", mit einfachen Wohnungen für den Mittelstand, die jedoch mit innen befindlichen sanitären Anlagen ausgestattet waren, und „Hinterhäuser" mit kleinen Hofwohnungen und Gemeinschaftstoiletten auf dem Gang für die weniger Bemittelten. Nach 1890 entstanden fast nur neue Häuser für den Mittelstand, aber viele dieser neuen Wohnungen waren dunkel und klein.[15]

Die Schaffung jüdischer Wohngegenden

In den Jahrzehnten vor dem Ersten Weltkrieg bevorzugten die Juden das Leben miteinander und nicht mit Nichtjuden von ähnlichem sozialem Status oder nationaler Herkunft. Juden aller Klassen und aus allen Teilen der Monarchie drängten sich in einem jüdischen Teil der Stadt zusammen, der Leopoldstadt (II), dem Alsergrund (IX) und der Inneren Stadt (I). Innerhalb dieses Viertels konzentrierten sie sich in bestimmten Straßen und, wie in Prag, wahrscheinlich sogar in bestimmten Wohnhäusern.[16] Dieses Zusammendrängen beschränkt sich keinesfalls allein auf die Einwanderergeneration noch war es typisch für die Armen. Innerhalb von Vierteln jüdischer Konzentrierung lebten arme, mittelständische und wohlhabende Juden in verschiedenen Straßen oder Häusern, die Begüterten in den Hauptstraßen und die Armen in den Seitenstraßen und Nebengassen. Doch wohnten Juden mit anderen Juden und nicht mit Nichtjuden, mit denen sie materielle Interessen verbanden. Diese Selbstabsonderung mag zum Teil durch echte und empfundene antisemitische Feindseligkeit entstanden sein. Ob sie sich nun von den Nichtjuden ausgeschlossen fühlten oder einfach mit ihrer eigenen Art leben wollten – die Wiener Juden wählten Wohnungen hauptsächlich nach jüdischen Gesichtspunkten aus.

Durch die Wahl von jüdischen Nachbarn benahmen sich die Wiener Juden wie Juden und andere ethnische Gruppen in den Städten der ganzen Welt. In den 1930er Jahren beobachteten Soziologen, besonders jene der Chikago-Schule, daß städtische Einwanderergruppen häufig in ethnischer Nachbarschaft konzentriert waren. Aber, so behaupteten diese Soziologen, waren diese Einwanderer einmal angepaßt und erfolgreicher, würden sie sich über die ganze Stadt verteilen. Neue Einwanderer mußten vielleicht nebeneinander wohnen, damit ihre Anpassung an das städtische Leben erleichtert wurde. Mit der Zeit würden sie jedoch nicht länger die Bequemlichkeit einer ethnischen Enklave benötigen und sich jene aussuchen, mit denen sie ökonomische Interessen teilten.[17]

Neuere historische und soziologische Untersuchungen widersprechen den Erkenntnissen der Chikago-Schule. Die Studien zeigen das Bestehen einer ethnischen Konzentrierung weit über die ursprüngliche Einwanderergeneration hinaus, nicht nur unter den Armen, sondern auch unter dem Mittelstand und den reichen Mitgliedern aller ethnischen Gruppen. In New York zum Beispiel übersiedelten in den 1920er und 1930er Jahren Juden aus ihren Einwandererghettos in neue Viertel jüdischer Konzentrierung, in verschiedene Viertel für die Armen, die Mittelschicht und die Reichen, aber für alle jüdische Viertel.[18] Einige Gelehrte behaupten weiterhin, daß gesellschaftlicher Stand der primäre Faktor bei der Wahl der Wohngegend sei,[19] aber die meisten modernen Stadtsoziologen wurden im Angesicht der Beständigkeit ethnischer Konzentrierung[20] zu dem Schluß gezwungen, daß eher Volkstum denn sozialer Stand der primäre Faktor bei der Entscheidung ist, wer mit wem lebt. Diese Soziologen entdeckten, daß Volkstum, Rasse und sozialer Stand bei der Wahl des Wohnsitzes einander gegenseitig beeinflussen. Klasse allein bestimmt nicht den Wohnsitz, sondern innerhalb der ethnischen Konzentrierung wird nach den Grundsätzen des gesellschaftlichen Standes differenziert. Wirtschaftliche Gleichheit führt nicht zu ethnischer oder rassischer Integration. Tatsächlich ist das Ausmaß, in dem sozialer Stand rassische oder ethnische Segregation unterhöhlt, minimal, und nur innerhalb jeder ethnischen Gruppe wahrten arm und reich ihre Distanz.[21]

Die Statistiken zeigen eine deutliche Trennung von Juden und Nichtjuden in Wien vor dem Ersten Weltkrieg. Dem häufig verwendeten Ungleichheitsindex zufolge, der die relative Integration der Gruppen mißt,[22] hätten 45% aller Wiener Juden übersiedeln müssen, um wie die Nichtjuden über die Stadt verteilt zu sein. Diese Zahl ist etwas niedriger als für die New Yorker Juden[23] und beträchtlich unter dem Prozentsatz für amerikanische Farbige,[24] zeigt aber nichtsdestoweniger einen hohen Grad jüdischer Wohnsitzkonzentrierung in Wien.[25] Zwischen 1880 und 1910 blieb die Konzentrierung des Wohnsitzes der Wiener Judenschaft trotz Anpassung, sozialen Aufstiegs und ständigen Zuflusses neuer Einwanderer konstant.[26]

Wie oben angeführt, lebten Wiener Juden aller Klassen ursprünglich in drei Bezirken der Stadt: Der Inneren Stadt (I), der Leopoldstadt (II) und dem Alsergrund (IX) (Tabelle 4:1 und Karte 4:2). 1900 wohnten nur 12,9% aller Nichtjuden und 17,8% aller Wiener im I., II. und IX. Bezirk,[27] während 55,2% aller Wiener Juden dort

Tabelle 4:1
Prozentsätze der gesamten Wiener Judenschaft, die in den einzelnen Bezirken wohnhaft war, 1880–1910

		1880 N = 73.222	1890 N = 118.495	1900 N = 146.926	1910 N = 175.318
I	Innere Stadt	17,1	10,9	7,7	6,2
II	Leopoldstadt	48,3	41,7	35,8	32,4
III	Landstraße	7,5	6,2	5,6	5,7
IV	Wieden	2,7	2,0	1,7	2,2
V	Margareten	2,6	2,3	2,0	2,1
VI	Mariahilf	4,3	3,9	4,0	4,7
VII	Neubau	4,2	3,9	4,3	4,6
VIII	Josefstadt	2,3	1,7	2,0	2,7
IX	Alsergrund	9,5	10,1	11,7	12,3
X	Favoriten*	1,5	1,8	2,1	1,9
XI	Simmering		0,4	0,4	0,3
XII	Meidling		1,2	1,1	1,1
XII	Hietzing		0,6	0,7	1,9
XIV	Rudolfsheim (Sechshaus)		1,9	2,1	2,1
XV	Fünfhaus		1,9	1,6	1,4
XVI	Ottakring		2,9	2,8	2,6
XVII	Hernals		2,8	2,5	2,0
XVIII	Währing		2,9	2,3	2,3
XIX	Döbling		1,1	1,3	2,2
XX	Brigittenau**			7,6	8,1
XXI	Floridsdorf***				1,0
Militär				0,5	0,5
		100,0%	100,0%	100,0%	100,0%

* Bis zum Dezember 1890, in dem die Eingemeindung einer Reihe von Vororten als Bezirke XI bis XIX erfolgte, bestand Wien nur aus den Bezirken I bis X.
** Bis 1900 war die Brigittenau (XX) ein Teil des II. Bezirkes.
*** Floridsdorf wurde der Stadt Wien im Jahre 1904 als XXI. Gemeindebezirk eingemeindet.

Quellen: Sedlaczek, 1880, 2. Teil, S. 24, 126–127; 1890, 2. Teil, S. 50–53, 63–65; *SJSW* (1901), S. 50–51; (1911) Endblatt.

ansässig waren. 1880 wohnten 75% aller Wiener Juden in diesen drei Bezirken. Die Bezirke, in denen sich Juden zusammenballten, wiesen auch eine hohe jüdische Dichte auf (Tabelle 4:2 und Karte 4:3). In einer Stadt, in der Juden nur 9% der gesamten Bevölkerung ausmachten, bildeten sie ein Drittel der Einwohnerschaft der Leopoldstadt und ein Fünftel jener auf dem Alsergrund und in der Inneren Stadt. Gleichzeitig waren Juden in den Bezirken XI–XIX, III–V und X unterrepräsentiert. Nur in Mariahilf und Neubau (VI–VII) und später in Währing (XVIII) erreichten und übertrafen sie sogar ihren allgemeinen prozentuellen Anteil an der Stadtbevölkerung.

Die größte einzelne jüdische Konzentrierung, die die Hälfte aller Wiener Juden von 1880 umfaßte – für 1870 waren keine Statistiken auf Bezirksebene vorhanden – und ein Drittel im Jahr 1910 war in der Leopoldstadt, dem Standort des jüdischen Ghettos im siebzehnten Jahrhundert.[28] Arthur Schnitzler beschrieb die Leopoldstadt seiner Jugend in den 1860er Jahren als „vornehmes und angesehenes Viertel".[29] Am Ende des neunzehnten Jahrhunderts jedoch wurde sie Heimstatt vieler jüdischer Einwanderer, in der allgemeinen Vorstellung wieder „ein jüdisches Ghetto".[30] Sigmund Mayer berichtet in seinen Memoiren, daß der Zustrom von Juden aus den Provinzen die Leopoldstadt veränderte, sie sehr deutlich jüdisch machte, mit Geschäften, die samstags geschlossen waren, Frauen, die Perücken trugen, um ihr Haar den jüdischen Sittengesetzen entsprechend zu verdecken, und Dienstboten, die Cholent durch die Straßen trugen, eine traditionelle Speise aus Bohnen, Kartoffeln und Fleisch, die freitags über Nacht gekocht und am Sabbath gegessen wurde.[31]

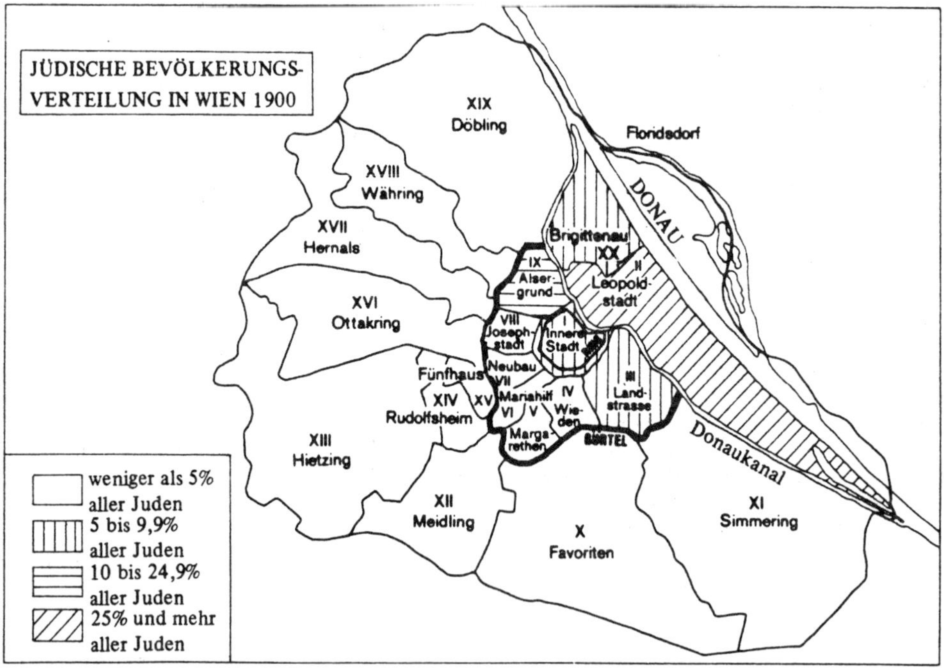

Karte 4:2

Wiener Juden mieden sowohl alle Arbeiterviertel der Stadt wie auch die neuen Wohngegenden des Mittelstands. Nur wenige Juden wohnten in den Proletarierbezirken innerhalb oder außerhalb des Gürtels, dem halbkreisförmigen Boulevard, der die Bezirke III–IX umfaßt. Juden scheuten sich, in Arbeiterbezirken wie Ottakring (XVI), Hernals (XVII), Margareten (V) und Favoriten (X) zu wohnen. Sie mieden auch

Tabelle 4:2
Prozentsatz der Wiener Juden von der Gesamtwohnbevölkerung nach einzelnen Bezirken, 1880 - 1910

		1880	1890	1900	1910
I	Innere Stadt	17,9	19,1	19,4	20,4
II	Leopoldstadt	29,6	31,0	36,4	33,9
III	Landstraße	6,0	6,6	6,0	6,3
IV	Wieden	3,4	3,9	4,2	6,0
V	Margareten	2,8	3,2	2,7	3,5
VI	Mariahilf	4,9	7,2	9,5	12,9
VII	Neubau	4,1	6,4	9,1	11,1
VIII	Josefstadt	3,3	4,2	5,8	8,8
IX	Alsergrund	10,1	14,7	18,2	20,5
X	Favoriten*	2,4	2,5	2,5	2,2
XI	Simmering		1,6	1,5	0,9
XII	Meidling		2,3	2,2	1,8
XII	Hietzing		1,5	1,7	2,7
XIV	Rudolfsheim (Sechshaus)		4,2	3,9	3,9
XV	Fünfhaus		5,1	5,1	5,4
XVI	Ottakring		3,2	2,8	2,5
XVII	Hernals		4,3	4,1	3,3
XVIII	Währing		4,9	4,0	4,5
XIX	Döbling		4,2	4,9	7,4
XX	Brigittenau**			15,7	14,0
XXI	Floridsdorf***				2,3
	Militär			3,0	3,1

* Bis zum Dezember 1890, in dem die Eingemeindung einer Reihe von Vororten als Bezirke XI bis XIX erfolgte, bestand Wien nur aus den Bezirken I bis X.
** Bis 1900 war die Brigittenau (XX) ein Teil des II. Bezirkes.
*** Floridsdorf wurde der Stadt Wien im Jahre 1904 als XXI. Gemeindebezirk eingemeindet.

Quellen: Sedlaczek, 1880, 2. Teil, S. 110–115, 126–127; 1890, 2. Teil, S. 25, 50–53, 63–65; *SJSW* (1901), S. 50–51; (1911) Endblatt.

die Villenbezirke Hietzing (XIII), Währing (XVIII) und Döbling (XIX). Juden ließen sich selten auf der wohlhabenden Wieden (IV) oder der bürgerlichen Josefstadt (VIII) nieder. Einige Juden mieteten wohl Wohnungen in den Mittelstandsbezirken Landstraße (III), Mariahilf (VI) und Neubau (VII), aber sie taten dies viel seltener als in den in höherem Maße jüdischen Bezirken.

Die Ausbreitung der Wohnsitze hing sicher nicht von der Klasse ab. Juden wohnten nicht in ihrem ökonomischen Status entsprechenden, sondern in jüdischen Vierteln. Trotz einiger Abweichungen zeigt eine Untersuchung dreier jüdischer Bevölkerungsbeispiele – ein Querschnitt aller Wiener Juden (männliche und weibliche Heiratende), die reicheren IKG-Steuerzahler und von Wohltätigkeit lebende mittellose Juden[32] –, daß alle drei Gruppen in fast den gleichen Vierteln der Stadt lebten (Tabellen 4:3 und 4:4). Begüterte Juden wohnten in der Inneren Stadt (I) oder auf dem Alsergrund (IX), nahmen nur selten Wohnungen auf der Wieden (IV) und lebten weiterhin in der Leopoldstadt (II), trotz ihres Rufes als Heimstatt der jüdischen Armen. Juden vermieden Wohnungen in den Außenbezirken der Unterschicht, um Seite an Seite, wenn auch nicht mit wohlhabenden Juden, so sicherlich mit jenen des Mittelstandes in der Leopoldstadt (II) und dem Alsergrund (IX) zu leben. Reiche, arme und Juden des Mittelstandes wohnten in Mittelstandsvierteln, aber nicht, weil sie alle dem Mittelstand angehörten. Im Gegenteil, nur etwa ein Drittel aller Wiener Juden konnte auch nur die Mindeststeuer für die IKG aufbringen.[33] Juden lebten in diesen Vierteln, um mit anderen Juden zu leben. Innerhalb von Vierteln jüdischer Ballung wohnten natürlich reich und arm nicht notwendigerweise Seite an Seite.

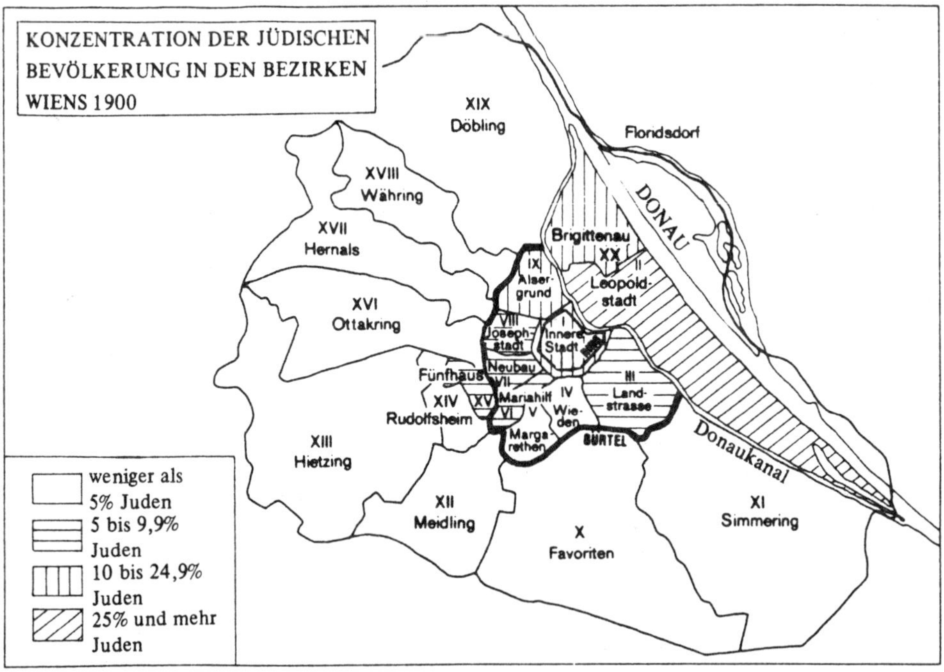

Karte 4:3

Sicherlich wohnten sehr arme Juden nicht in der eleganten Inneren Stadt neben den wirklich Reichen. Einige notleidende, von Unterstützung abhängige Juden waren gezwungen, sich fern von jüdischer Nachbarschaft in äußeren Bezirken, wie Ottakring (I) und Hernals (XVII), einzumieten, wo der Mietzins niedrig war,[34] aber fast alle mittellosen Juden lebten neben den meisten Wiener Juden in der Leopoldstadt (II) und auf dem Alsergrund (IX) (Tabelle 4:4). Arme Juden konzentrierten sich mehr

Tabelle 4:3
Wohnsitzverteilung* der männlichen und weiblichen jüdischen Heiratenden, kombiniert, 1870–1910, und IKG-Steuerzahler (kombiniert), 1855–1914, sowie Stichprobe für das Jahr 1896

	männl. jüd. Heiratende N = 881	weibl. jüd. Heiratende N = 884		IKG-Mitgl. N = 1.883		1896 IKG*** N = 2.269
I	8,6%	9,3%		23,0%		23,6%
II	33,6	36,3		25,1		27,3
III–V, X	9,5	10,4		12,4	III, XI	6,7
VI–VIII	10,2	11,1	VI–VII	11,0	IV, V, X	5,6
IX	9,8	9,8	VIII–IX	14,3	VI–VII	11,0
XI–XIX	11,7	10,5		11,6	VIII–IX	14,9
XX[1]	3,3	4,0		1,6	XII–XV	4,2
	13,3**	8,6**		0,8	XVI–XVII	3,7
					XVIII–XIX	3,0
	100,0%	100,0%		100,0%		100,0%

* Hier, wie auch in den folgenden Tabellen, sind einige Wiener Gemeindebezirke zur Vereinfachung der Analyse in Gruppen zusammengefaßt. Da nur wenige Juden im II., IV., V. und X. sowie im XI. bis XIX. Bezirk ansässig waren, wurden diese Bezirke in zwei Gruppen zusammengezogen.

** In den Provinzen lebende und von ihren künftigen Ehepartnern nach Wien „importierte" Personen.

*** Statistische Probe aus je fünf für die Vorstandswahl im Jahr 1896 wahlberechtigten Personen (CAHJP, AW 48/1). Die Bezirksgruppierungen hier entsprechen der Wahlbezirkseinteilung der IGK.

1 Die Zahl für den XX. Bezirk erscheint hier niedriger, als es den Volkszählungen von 1900 und 1910 entspricht, da die Probe eine Zusammenstellung aus den Jahren 1870 bis 1910 ist und die Brigittenau von der Leopoldstadt erst im Jahr 1900 getrennt wurde.

als der Durchschnitt der Juden in der Leopoldstadt. Über die Hälfte der auf den Wohltätigkeitslisten Aufscheinenden wohnten im II. Bezirk, im Vergleich zu einem Drittel aller jüdischen weiblichen und männlichen Heiratenden. Unterstützte Juden wohnten auch in der Brigittenau (XX), einem sehr armen Teil der Leopoldstadt, der 1900 zu einem eigenen Bezirk gemacht wurde. Für die mittellosen Juden, die dort Wohnungen gefunden hatten, waren die Verhältnisse in diesem Viertel furchtbar. In vielen Fällen mußten Einzimmerwohnungen für sechs bis zehn Personen reichen.[35] Doch auch unterstützte Juden wohnten wahrscheinlich wie alle anderen Juden auf dem Alsergrund, dem Teil der Stadt, der durch den aufstrebenden neuen jüdischen Mittelstand gekennzeichnet wurde. Wie in New York lebten gutsituierte und arme Juden oft in der gleichen Gegend.[36]

Es war für die mittellosen Juden natürlich selbstverständlich, die armen Viertel Wiens zu meiden. Die äußeren Bezirke waren die Reserve des Industrieproletariats, und die Wiener Juden, wie arm auch immer, waren selten Fabriksarbeiter. Obwohl verarmt, waren sie überdies in ihrer Einstellung vorwiegend bürgerlich.

Obwohl sie sich nicht einmal mühsam durchschlagen konnten, suchten arme jüdische Händler gewöhnlich mit anderen Bürgern zu wohnen, besonders wenn diese Bürger ebenfalls Juden waren. Nicht einmal Juden aus dem Arbeiterstand wohnten im proletarischen Favoriten (X) oder Ottakring (XVI). In den Außenbezirken wohnten mehr jüdische Arbeiter als Mitglieder der Gemeinde in der Gesamtheit, aber die meisten Juden aus dem Arbeiterstand wohnten in der Leopoldstadt und Brigittenau.

Tabelle 4:4
Wohnsitzverteilung der Juden, die Wohlfahrtseinrichtungen der IKG in Anspruch nahmen

	1894–1903 Centralstellung für das Armenwesen N = 518	1893–1899 Armenwesen N = 337	1896–1914 Armenamt N = 518
I	1,4%	2,4%	0,6%
II	57,7	57,0	41,8
III–V, X	6,9	9,8	10,8
VI–VII	3,3	2,7	4,3
VIII–IX	10,2	8,0	12,3
XI–XV	3,9	8,0	8,0
XVI–XVII	8,5	8,0	5,5
XVIII–XIX	4,4	4,2	4,6
XX	3,7*	**	11,4
XXI	–	–	0,6
	100,0%	100,0%	100,0%

* Die niedrige Zahl erklärt sich daraus, daß die Brigittenau erst 1900 ein selbständiger Wiener Gemeindebezirk wurde.

** Die Brigittenau war damals noch kein eigener Bezirk, so daß ihre Einwohner noch als Einwohner des II. Bezirkes (Leopoldstadt) gezählt wurden.

Andererseits konzentrierten sich Juden des Mittelstands und wohlhabende Juden, die Steuer an die IKG zahlten, noch mehr in den jüdischen Bezirken als die meisten Wiener Juden (Tabelle 4:3). Während nur 52% der männlichen Heiratenden in den Bezirken I, II und IX ansässig waren, wohnten 62,4% der IKG-Mitglieder dort. Natürlich lebten diese reicheren Juden aller Wahrscheinlichkeit nach viermal so häufig als die meisten Wiener Juden in der Inneren Stadt, und sie vermieden sicherlich die arme Brigittenau (XX) und die Arbeiterbezirke der Stadt außerhalb des Gürtels. Sie lebten jedoch in großer Zahl auf dem Alsergrund (IX) und in Mariahilf-Neubau (VI–VII).

Bemerkenswerterweise fanden diese gutsituierten Juden weiterhin das „jüdische Ghetto" in der Leopoldstadt attraktiv, wahrscheinlich aus dem Grund, weil sich dort der Mittelpunkt jüdischen Lebens in Wien befand. Zwar waren begüterte Juden etwas weniger im II. Bezirk versammelt als die meisten Wiener Juden, nichtsdestoweniger wohnte ein volles Viertel der Gemeindesteuerzahler zusammen mit Wiens jüdischem niedrigem Mittelstand und den Armen in der Leopoldstadt. Diese Steuerzahler, die mehr als die Mindeststeuer zahlten – nur 21,6% zahlten mehr als das Minimum –, waren wahrscheinlich eher als der Rest in der Inneren Stadt oder auf der Wieden wohnhaft, aber eine beträchtliche Anzahl behielt ihren Wohnsitz in der Leopoldstadt (Tabelle 4:5). Ein bedeutender Prozentsatz dieser Juden in der höchsten Steuerkategorie wohnte auch im „jüdischen Ghetto". Nach 1900 errichtete die IKG ein Zweiklassenwahlsystem für alle zwei Jahre abzuhaltende Wahlen in den Vorstand, da sie sich vor zionistischen Eingriffen in die Gemeindepolitik fürchtete. Alle IKG-Mitglieder wählten vierundzwanzig Mitglieder, und jene, die über 200 Kronen im Jahr zahlten, mußten noch zusätzliche zwölf Mitglieder wählen.[37] 1900 wohnte ein hoher Prozentsatz dieser hochbesteuerten Juden in der Inneren Stadt, doch lebten viele von ihnen auch in der Leopoldstadt. Von den 865 Männern, die über 200 Kronen im Jahr 1900 zahlten, wohnten 412 oder 47,6% in der Inneren Stadt, eine zweimal so hohe Rate wie die meisten Steuerzahler und fünfmal so hoch wie die meisten Wiener Juden. Doch lebten 124 oder 14,3% immer noch in der Leopoldstadt. Obwohl diese Rate viel niedriger war als der Durchschnitt für Wiener Juden, zeigt sie die Beständigkeit der Bindung an eine Gegend, sogar unter Juden der höchsten Steuerkategorie.

Wenn die in der Leopoldstadt ansässigen begüterten Juden einen Wechsel des Wohnsitzes beschlossen, so übersiedelte ein großer Teil in neue Wohnungen in einem anderen Viertel des II. Bezirkes. IKG-Steuerzahler, die im „jüdischen Ghetto" lebten, verblieben weitaus eher als alle anderen erfolgreichen Juden in ihrer ursprünglichen Wohngegend (siehe Tabelle 4:10). Übersiedelten sie ein zweites oder drittes Mal, hatten begüterte Juden, die in der Leopoldstadt wohnten, ebenfalls die höchste Beständigkeitsrate. Von jenen IKG-Mitgliedern, die aus ihren ursprünglichen Wohnungen im II. Bezirk wegzogen, blieben bei der ersten Übersiedlung 67,3% im II. Bezirk, 62,1% bei der zweiten, 51,6% bei der dritten, 38,5% bei der vierten und 33,6% bei der fünften Übersiedlung. Der Prozentsatz verringert sich, aber offensichtlich zog die Leopoldstadt weiterhin sogar die wohlhabenderen Juden an.

Reiche und arme Juden lebten zusammen in der Leopoldstadt (II) und auf dem Alsergrund (IX), doch wohnten sie wahrscheinlich in verschiedenen Häusern, verschiedenen Straßen und wohl auch in verschiedenen Teilen der beiden Bezirke. Die reicheren Juden mieteten vermutlich hübsche Wohnungen in den Hauptstraßen oder baumbewachsenen Nebenstraßen, während die Armen in Seitenstraßen und -gassen oder den älteren baufälligen Häusern wohnten. Es war in der Leopoldstadt für Arme und Reiche besonders einfach, in nächster Nähe voneinander zu wohnen, da in dieser Gegend Arbeitsplatz und Wohnsitz nicht vollständig getrennt waren. Diese Hypothese wird von statistischem Beweismaterial unterstützt. Obwohl die Adressen aller Wiener Juden nicht festzustellen sind, können die Juden des Mittelstands und der Oberschicht, jener, die IKG-Steuern zahlten,[38] auf der Karte lokalisiert werden. Da die Steuer nach dem Einkommen festgesetzt wurde, kann man

Tabelle 4:5
Wohnsitzverteilung der IKG-Steuerzahler nach Steuergruppe, erstmalige Steuerzahlung an die IKG (kombiniert), 1855–1914

Bezirk	K20 N = 1.480	K30–99 N = 312	K100–499 N = 60	K500+ N = 9	Folge- steuerstufe K100–499 N = 99
I	19,7%	34,6%	36,7%	77,9%	33,3%
II	27,8	15,1	13,3	–	11,1
III–V, X*	12,6	10,5	18,3	11,1	8,1
VI–VII	11,1	13,1	5,0	–	13,1
VIII–XI	14,6	12,2	15,0	–	18,2
XI–XIX**	11,6	12,5	10,0	11,1	15,2
XX	2,0	0,3	–	–	1,0
Andere	0,6	1,6	1,7	–	–
	100,0%	100,0%	100,0%	100,%	100,0%

* Vor allem aus dem III. und IV., nicht aus dem V. und X. Bezirk.
** Vor allem aus dem XVIII. und XIX. Bezirk und nicht aus den vorwiegend von Arbeitern bewohnten Vierteln.

herausfinden, wie die Wohnstrukturen des Mittelstands innerhalb der Wiener Judenschaft sich von denen der Oberschicht unterschieden.

Juden, die der IKG Steuer zahlten, konzentrierten sich besonders im nordöstlichen Viertel der Inneren Stadt, im anschließenden westlichen Teil der Leopoldstadt und im südöstlichen Teil des Alsergrundes. Ganze 65,8% aller IKG-Mitglieder wohnten in diesen benachbarten Teilen der Bezirke I, II und IX. Innerhalb dieser Bezirke versammelten sich die Juden des Mittelstands in bestimmten Straßen (siehe Karte 4:4). Etwa 35% der IKG-Steuerzahler, die in der Inneren Stadt ansässig waren, wohnten in dreizehn Straßen, in einem Viertel, das im Nordwesten vom Schottenring begrenzt wurde, im Nordosten vom Franz Josephs-Kai (am Donaukanal), im Südosten von der Rotenturmstraße und der Wipplingerstraße im Südwesten. In der Leopoldstadt versammelten sich IKG-Mitglieder in den großen Hauptstraßen: Taborstraße, Rembrandtstraße, Untere Augartenstraße, Stefaniestraße, Praterstraße und am Donaukanal, entlang der Oberen Donaustraße. Sie wohnten zwischen der Rembrandtstraße im Nordwesten und der Franzensbrückenstraße im Osten, zwischen der Oberen Augartenstraße und der Darwinstraße im Nordosten und dem Donaukanal im Südwesten. Sie wohnten überhaupt nicht östlich des Augartens, nördlich des Praters oder nahe der Donau. Auf dem Alsergrund wohnten fast alle Juden des Mittelstands im südöstlichen Teil des Bezirks, in den von Währingerstraße und Porzellangasse begrenzten Straßen, südlich der Grünentorgasse. Tatsächlich gruppierten sich Juden dichter auf dem Alsergrund als in den Bezirken I und II. Über die Hälfte der IKG-Steuerzahler wohnte in elf Straßen: Porzellangasse, Liechtensteinstraße, Währingerstraße und den Seitengassen Wasagasse, Kolingasse,

Hörlgasse, Berggasse (wo Freud wohnte) und Türkenstraße (wo Theodor Herzl wohnte).

Die reichsten *Gemeinde*mitglieder, jene, die über 200 Kronen im Jahr an Steuern an die IKG zahlten, gruppierten sich innerhalb der größeren jüdischen Wohngegenden in etwas anderen Vierteln als der jüdische Mittelstand. In der Inneren Stadt scheinen sich die wohlhabenderen IKG-Mitglieder in genau denselben Straßen (Gonzagagasse, Eßlinggasse, Franz Josephs-Kai, Schottenring) konzentriert zu haben wie Gemeindesteuerzahler im allgemeinen. In der Leopoldstadt jedoch bewohnten begüterte und nicht so begüterte Gemeindesteuerzahler verschiedene Teile des Bezirks. Fast alle der im II. Bezirk lebenden, sehr reichen Juden wohnten östlich der Taborstraße und nicht in den dichtbesiedelten Teilen des Bezirks westlich der Taborstraße. Die meisten ärmeren Juden wohnten zweifellos in den zahlreichen Seitenstraßen und -gassen zwischen Rembrandtstraße und Taborstraße (oder nördlich der Rembrandtstraße in der Brigittenau), die sogar heute noch verwahrlost sind, während die wirtschaftlich Bessergestellten in den Hauptstraßen wohnten und die Reichsten insgesamt jenseits der Taborstraße.

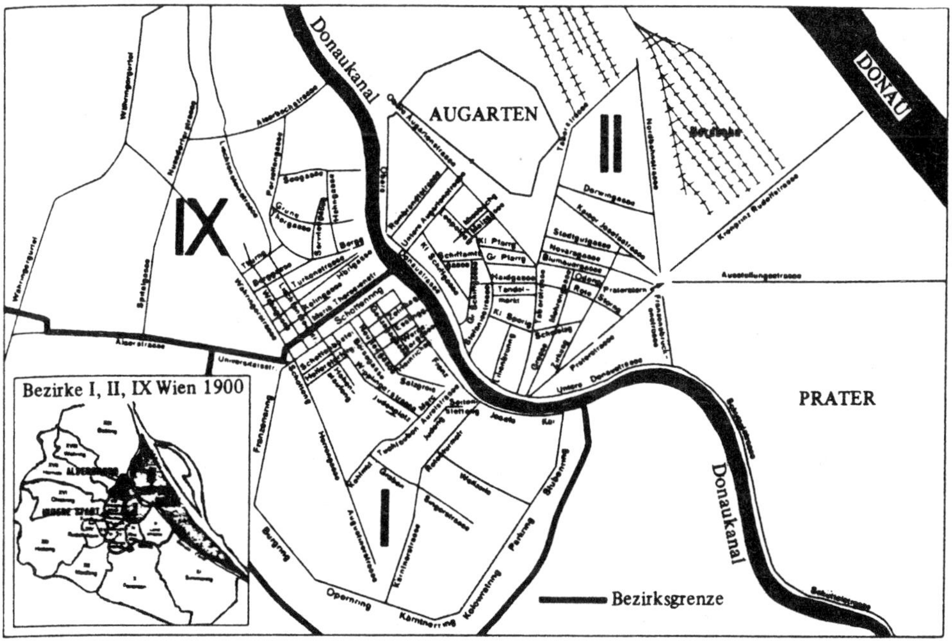

Karte 4:4

Reichtum allein war nicht der Grund für die internen Teilungen innerhalb der Viertel jüdischer Zusammenballung. Eine wichtige Rolle spielten bei der Wahl der Wohngegend auch die Berufe, die von Juden ausgeübt wurden. Kaufleute siedelten in allen jüdischen Bezirken Wiens, aber Juden mit anderen Berufen gruppierten sich in bestimmten Vierteln (Tabellen 4:6 und 4:7). Insbesondere Handelsangestellte

Tabelle 4:6
Wohnsitzverteilung der männlichen jüdischen Heiratenden nach Berufsgruppen (kombiniert), 1870–1910

	Nicht einzuordnen N = 9	Staatsbeamte N = 21	Freiberufler N = 91	Fabrikanten N = 28	
I	–	4,8%	14,3%	3,6%	
II	22,2%	33,3	23,1	10,7	
III–V, X	–	4,8	13,2	10,7	
VI–VIII	–	14,3	6,6	28,6	
IX	11,1	9,5	14,3	3,6	
XI–XIX	11,1	14,3	6,6	14,3	
XX	–	4,8	1,1	–	
Andere	55,6	14,3	20,9	28,6	
	100,0%	100,0%	100,0%	100,0%	
	Kaufleute N = 326	**Handelsangestellte N = 207**	**Handwerker N = 92**	**Arbeiter N = 35**	**Gesamtzahl N = 881**
I	12,0%	6,3%	8,7%	2,9%	8,6
II	35,0	33,8	39,1	37,1	33,6
III–V, X	8,3	11,6	10,9	8,6	9,5
VI–VIII	9,5	10,1	10,9	11,4	10,2
IX	8,3	15,5	5,4	5,7	9,8
XI–XIX	8,0	12,1	16,3	20,0	11,7
XX	4,3	1,0	2,2	11,4	3,3
Andere	14,7	9,7	6,5	2,9	13,3
	100,0%	100,0%	100,0%	100,0%	100,0%

* Vorwiegend Personen, die ein Privateinkommen hatten (Rentiers).

und Freiberufler erwählten überwiegend den Alsergrund zu ihrem Wohnsitz, und somit wurde der IX. Bezirk mit seiner jüdischen Bevölkerung, die größtenteils aus Handelsangestellten und Freiberuflern bestand, die richtige Adresse für eine neue Art städtischer Juden. Etwa 16% der jüdischen männlichen Heiratenden, die Handelsangestellte waren, lebten auf dem Alsergrund (Tabelle 4:6), und während nur ein Viertel aller männlichen Heiratenden Angestellte, Verkäufer oder Geschäftsführer waren, übten 38,6% aller im IX. Bezirk wohnhaften männlichen Heiratenden diese Berufe aus (Tabelle 4:7). Im Alsergrund lebte auch ein höherer als der durchschnittliche Prozentsatz an Freiberuflern. Ärzte, Anwälte und andere jüdische Freiberufler mieden die Leopoldstadt, wohnten aber in großer Zahl in der Inneren Stadt.

Jüdische männliche Heiratende, die in anderen Berufen tätig waren, hatten ebenfalls ihre bevorzugten Wohngebiete (Tabellen 4:6 und 4:7). Jüdische Staatsbeamte teilten den Alsergrund nicht mit Handelsangestellten oder Freiberuflern. Sie

Tabelle 4:7
Berufe der in den einzelnen Bezirken wohnhaften männlichen jüdischen Heiratenden (kombiniert), 1870-1910

	I N = 76	II N = 266	III-V, X N = 80	VI-VIII N = 83
Nicht eingeordnet	–	0,8%	–	–
Staatsbeamte	1,3%	2,6	1,3%	3,6%
Freiberufler	17,1	7,9	15,0	7,2
Fabrikanten	1,3	1,1	3,8	9,6
Kaufleute	51,3	42,9	33,8	37,3
Handelsangestellte	17,1	26,3	30,0	25,3
Handwerker	10,5	13,5	12,5	12,0
Arbeiter	1,3	4,9	3,8	4,8
	100,0%	100,0%	100,0%	100,0%

	IX N = 83	XI-XIX N = 87	XX N = 24	Andere N = 110
Nicht eingeordnet	1,2%	1,1%	–	4,5%
Staatsbeamte	2,4	3,4	4,2%	2,7
Freiberufler	15,7	6,9	4,2	17,3
Fabrikanten	1,2	4,6	–	7,3
Kaufleute	32,5	29,9	58,3	43,6
Handelsangestellte	38,6	28,7	8,3	18,2
Handwerker	6,0	17,2	8,3	5,5
Arbeiter	2,4	8,0	16,7	0,9
	100,0%	100,0%	100,0%	100,0%

vermieden auch die reiche Innere Stadt und neigten zu einem Leben in der Leopoldstadt, in der Nähe ihrer Arbeitsplätze bei Nord- und Nordwestbahn. Fabrikanten wohnten wahrscheinlich nicht in den Bezirken I, II oder IX, den ursprünglichen jüdischen Wohngebieten der Stadt, aber fast 30% lebten in Mariahilf oder Neubau (VI und VII). Viele reiche Fabrikanten wohnten auch zusammen mit den Rothschilds, den Gutmanns und anderen geadelten Wiener Juden auf der Wieden (IV). Andererseits wohnten Handwerker nicht in diesen beiden Bezirken, auch nicht auf dem Alsergrund. Sie bevorzugten die Leopoldstadt oder, in geringerem Ausmaß, bestimmte Arbeiterviertel. Ungelernte Arbeiter jedoch wohnten in bestimmten Außenbezirken, aber auch zusammen mit den Fabrikanten in Mariahilf und Neubau, zweifellos wegen des Vorhandenseins von Fabriken in den Bezirken selbst oder in der Nähe.

In den Jahren zwischen 1870 und 1910 paßten die Juden die Wahl ihrer Wohngegend ihren wechselnden Berufen und dem sozialen Status an. Entgegen den Erwartungen der Stadtsoziologen der Chikago-Schule verließen sie nicht einfach ihre bequeme Einwandererenklave in der Leopoldstadt, um auf gut Glück in die Mittelstandsgebiete der Stadt zu ziehen. Sobald Juden in Wien höheren sozialen Status erreichten, schufen sie wie ihre Pendants in anderen Städten neue jüdische Konzentrierungen, jüdische Mittelstandsgruppen in jüdischen Mittelstandsgebieten. Im ausgehenden neunzehnten Jahrhundert wurde die aufstrebende jüdische Bourgeoisie mehr und mehr auf dem Alsergrund ansässig, bequem von der Leopoldstadt über die Augartenbrücke und von der Inneren Stadt über den Ring zu erreichen. Der Alsergrund lag in der Nähe der Universität und war ein Bezirk des intellektuellen Mittelstandes. Wie viele andere Viertel einer zweiten Niederlassung war er nicht die Heimstatt des jüdischen Mittelstandes allein, sondern beherbergte arme Juden ebenfalls. Sozial aufsteigende Juden wählten zunehmend Mariahilf und Neubau (VI und VII) oder Währing (XVIII) und Döbling (XIX) als neue Wohngegenden. Die Zahl der Juden in der Leopoldstadt blieb unterdessen hoch, bedingt durch den ständigen Zufluß jüdischer Zuwanderer und die Vorliebe reicher Juden für diese jüdische Wohngegend.

Ursprünglich waren es eher junge Juden als Wiener Juden im allgemeinen, die in diese neuen Gegenden übersiedelten. Ein Blick auf die Wohnsitzverteilung *aller* Wiener Juden in jedem Jahrzehnt zwischen 1870 und 1910 (Tabelle 4:1) zeigt, daß immer weniger und weniger ein Leben in der Inneren Stadt und der Leopoldstadt wählten, während die Anzahl der Wohnsitze auf dem Alsergrund nur in geringem Maß anstieg und überhaupt nicht in Mariahilf (VI), Neubau (VII), Währing (XVIII) oder Döbling (XIX). *Junge* Juden hingegen, die männlichen Heiratenden, die Bräute und neue Mitglieder auf den Steuerlisten der IKG, wählten zunehmend Alsergrund (IX), Mariahilf (VI), Neubau (VII), in geringerem Ausmaß Währing (XVIII) und Döbling (XIX) zu ihrem Wohnsitz (siehe Tabelle 4:8). Nur um die 4% der männlichen Heiratenden wohnten 1870 auf dem Alsergrund, 1910 waren es 15%. Dementsprechend lebten 1910 16% der männlichen Heiratenden in den Bezirken VI bis VIII, gegenüber nur 8% im Jahre 1900 und 10 bis 11% 1870 bis 1890. Überdies stieg zwischen 1870 und 1910 der Prozentsatz der jüdischen Mieter auf dem Alsergrund und Mariahilf-Neubau stetig an. Während die Dichte der jüdischen Bevölkerung der Bezirke I und II mehr oder weniger gleich blieb, verdoppelte sich der jüdische Anteil an der Einwohnerschaft des Alsergrundes von 10% auf 20%, die jüdische Dichte in Mariahilf und Neubau (VI–VII) verdreifachte sich zwischen 1870 und 1910 von 4% auf 12% (Tabelle 4:2). Junge Juden zogen in den letzten Jahrzehnten vor dem Ersten Weltkrieg auch in die äußeren Bezirke. Unter den erfolgreicheren IKG-Steuerzahlern begann die Übersiedlung der jungen jüdischen Männer auf den Alsergrund, nach Mariahilf und Neubau schon früher, in den neunziger Jahren des neunzehnten Jahrhunderts. Natürlich zogen während der ganzen Periode Leopoldstadt und Brigittenau weiterhin Juden jeden Alters an.

Jene Wiener Juden, die sich zu einer Übersiedlung auf den Alsergrund entschlossen, waren überwiegend Angestellte und Freiberufler, somit wurde zwischen 1870 und 1910 der Alsergrund *die* Gegend für jüdische Freiberufler und Angestellte, die „neuen" städtischen Juden. In diesem Zeitabschnitt fingen Angestellte an, die Leopoldstadt als Wohngegend zu meiden, und zogen in immer größerer Zahl in den IX. Bezirk. Nur 6,3% aller jüdischen Angestellten, Geschäftsführer und Verkäufer, die 1880 heirateten, wohnten im IX. Bezirk – 1870 hatte keiner dort gewohnt –, aber ein volles Fünftel (21,5%) lebte 1910 dort. Gleicherweise wohnten 1880 7% der neuen IKG-Mitglieder, die Angestellte waren, auf dem Alsergrund und ein Fünftel 1910. Freiberufler zeigten auch eine wachsende Vorliebe für Wohnungen auf dem Alsergrund. Weniger als 13% aller berufstätigen männlichen Heiratenden wohnten 1880 im IX. Bezirk (5,6% 1890), aber ein Fünftel 1900 und 1910. Ferner wohnten weniger als 10% der jüdischen Freiberufler, die in den 1880er Jahren auf die Steuerliste der *Gemeinde* kamen, auf dem Alsergrund, aber 20% hatten nach 1900 ihren Wohnsitz in diesem Bezirk.

Tabelle 4:8
Wohnsitzverteilung der männlichen jüdischen Heiratenden, 1870–1910

	1870 N = 84	1880 N = 91	1890 N = 136	1900 N = 191	1910 N = 258
I	14,3%	23,1%	12,5%	6,8%	5,0%
II	32,1	38,5	53,7	41,9	29,8
III–V, X	10,7	13,2	10,3	15,2	7,4
VI–VIII	11,9	11,0	10,3	7,9	15,9
IX	3,6	10,0	9,6	11,5	14,7
XI–XIX	27,4*	4,4	3,7	14,7	16,3
XX	–	–	–	2,1	9,7
	100,0%	100,0%	100,0%	100,0%	100,0%

* In den Vororten lebende Juden sind in der Probe für 1870, nicht aber in jenen für 1880 und 1890 eingeschlossen.

Die Veränderungen in der Zusammensetzung der jüdischen Bevölkerung des Alsergrunds überholte die Entwicklung der Wiener Juden zu festen Anstellungen und den freien Berufen in den Jahren zwischen 1870 und 1910 (Tabelle 4:9). 1870, 1880 und 1890 war der Alsergrund, wie die meisten jüdischen Viertel, größtenteils von jüdischen Kaufleuten bewohnt. Um 1900 war der prozentuelle Anteil der Kaufleute im IX. Bezirk beträchtlich unter den Wiener Durchschnitt gefallen. Zu einer Zeit, in der etwa ein Drittel aller männlichen Heiratenden Kaufleute waren, war nur etwa ein Fünftel aller männlichen Heiratenden im IX. Bezirk im Handel beschäftigt. Andererseits ging der proportionelle Anteil von Freiberuflern und Angestellten auf dem Alsergrund weit über die Wiener jüdische Norm hinaus. Um 1900 waren nur 13% der Wiener jüdischen Heiratenden in freien Berufen tätig, während auf dem Alsergrund der proportionelle Anteil der Ärzte, Anwälte, Autoren und anderer Freiberufler 28,6% betrug. Ähnlich 1910, als 35% aller männlichen Heiratenden als Angestellte, Verkäufer und Geschäftsführer tätig waren und die Hälfte aller männlichen Heiratenden des IX. Bezirkes darstellten. Die IKG-Steuerzahler vom Alsergrund neigten auch viel eher als die meisten Steuerzahler der Gemeinde zu den freien Berufen oder festen Anstellungen. 1880 waren nur 14,3% der auf dem Alsergrund wohnenden IKG-Mitglieder Angestellte, doch 1900 hatte sich die Zahl auf 31% verdoppelt.

Tabelle 4:9
Berufsverteilung der männlichen jüdischen Heiratenden auf dem Alsergrund, 1870–1910

	1870 N = 2	1880 N = 9	1890 N = 13	1900 N = 21	1910 N = 38
Nicht eingeordnet	–	11,1%	–	–	–
Staatsbeamte	50,0%	–	–	–	2,6%
Freiberufler	–	11,1	7,7%	28,6%	13,2
Fabrikanten	–	–	–	4,8	–
Kaufleute	50,0	66,7	61,5	19,0	21,1
Handelsangestellte	–	11,1	23,1	38,1	52,6
Handwerker	–	–	–	9,5	7,9
Arbeiter	–	–	7,7	–	2,6
	100,0%	100,0%	100,0%	100,0%	100,0%

Jüdische Angestellte zogen auch nach Mariahilf oder Neubau und verwandelten die Bezirke VI und VII aus Vierteln mit einem hohen prozentuellen Anteil an Industriellen in solche mit einem großen Anteil an Angestellten. Die Zeit zwischen 1870 und 1910 sah einen bedeutenden Rückgang des Anteils an Industriellen in den Bezirken VI und VII. Fast die Hälfte (45,5%) aller Fabrikanten, die in den 1880er Jahren in die Steuerlisten eingetragen wurden, wohnten in diesen beiden Bezirken, aber nur 18,8% der 1900 bis 1914 Eingetretenen lebten dort. Dementsprechend hatten 1890 14,3% der männlichen Heiratenden dieser Bezirke Fabriken besessen, zwanzig Jahre später war der prozentuelle Anteil auf 8,1% gesunken. Zur selben Zeit wurden Mariahilf und Neubau Wohngebiet für eine stetig ansteigende Zahl jüdischer Angestellter. In den 1880er und 1890er Jahren war nur ein Fünftel der männlichen Heiratenden dieser Bezirke Angestellte, doch 1910 machten Angestellte, Verkäufer und Geschäftsführer 37,8% der Gruppe aus. Unter den Steuerzahlern der IKG vergrößerte sich der verhältnismäßige Anteil von 14% in den 1880er Jahren auf 31% in den Jahren 1900 bis 1914.

Die Außenbezirke scheinen in den Jahrzehnten vor dem Ersten Weltkrieg eine wachsende Anzahl von jungen Juden angezogen zu haben (Tabelle 4:8). Zum Teil reflektiert das Wachstum der jüdischen Bevölkerung in den Bezirken XI–XIX nur die 1890 erfolgte Eingliederung dieser Bezirke in die Stadtgrenzen. Zusätzlich wählten wohlhabende junge Juden, ob Kaufleute, Angestellte oder Freiberufler, ihren Wohnsitz zunehmend in den äußeren Bezirken, wenn auch nicht in den Arbeitervierteln wie Ottakring (XVI) und Hernals (XVII). Vielmehr kauften begüterte junge Juden Häuser in den neu entstandenen Villenvierteln in Währing (XVIII) und Döbling (XIX), dem Cottageviertel. Zur selben Zeit entschied sich eine wachsende Zahl von armen jüdischen Handwerkern für ein Leben in den Bezirken außerhalb des Gürtels, besonders in den Arbeiterbezirken Ottakring und Hernals (XVI und XVII). 1880 lebten 11,8% aller männlichen Heiratenden, die ein Handwerk ausübten, in den Außenbezirken, 1910 jedoch war der prozentuelle Anteil schon auf 23,8% gestiegen. Vor allem wohnten viele galizische jüdische Handwerker, die nach der Jahrhundertwende nach Wien gekommen waren, in den Bezirken XVI und XVII. 1910 wohnten in diesen beiden Bezirken sechzehn männliche Heiratende, von denen neun in Galizien zur Welt gekommen waren. Handwerker, die der IKG Steuern zahlten, übersiedelten nicht in die äußeren Bezirke.

Wenn man die Veränderungen der Wiener jüdischen Wohnstruktur während der Jahrzehnte betrachtet, ist nicht ersichtlich, welche Wahl einzelne Juden trafen, wenn sie sich zur Übersiedlung entschlossen. Leider konnten die wechselnden Wohnungsstrukturen nur für jene Wiener Juden aufgezeichnet werden, die reich genug waren, die IKG-Steuer zu bezahlen.[39] Reichere Juden übersiedelten wahrscheinlich seltener als ihre ärmeren Brüder,[40] und etwa ein Drittel (35,4%) der Gemeindesteuerzahler zog überhaupt nicht um. 24% der IKG-Steuerzahler übersiedelten einmal, 33% zwei- bis viermal und 7,4% fünfmal oder öfter. Eine Untersuchung der individuellen Wohnsitzstruktur der begüterten Juden zeigt, daß der Alsergrund (IX), eine neue beliebte Adresse für die Wiener Juden, nicht deshalb florierte, weil die Juden die Leopoldstadt ablehnten. Im Gegenteil, die Leopoldstadt (II) und die renommierten Adressen in der eleganten Inneren Stadt zogen weiterhin Juden aus allen Teilen Wiens an.

Die überwältigende Mehrheit der Gemeindesteuerzahler zog es vor, in ihrem ursprünglichen Bezirk zu bleiben, wenn sie übersiedelten. Ein Vergleich von 2.269 IKG-Wählern auf den Wählerlisten von 1896 und 1906[41] zeigt an, daß 24,2% noch ihre alte Adresse beibehalten hatten, während weitere 18,5% in einem anderen Teil desselben Bezirkes wohnten. Somit lebten 42,7% aller IKG-Steuerzahler 1906 noch in nächster Nähe ihres Wohnsitzes aus dem Jahr 1896. Überdies führten die meisten Übersiedlungen innerhalb des Bezirkes den einzelnen nur um die Ecke; 40% der im ersten Bezirk Wohnhaften und in einen anderen Teil der Inneren Stadt Ziehenden bezogen ein, zwei Häuserblocks entfernte Wohnungen, in den Bezirken II und IX war diese Rate sogar noch höher. Auch zwischen 1855 und 1914 blieben etwa drei Fünftel aller übersiedelnden Gemeindesteuerzahler im selben Bezirk (Tabelle 4:10). Die Diagonale der Tabelle 4:10 stellt die Beständigkeitsrate der Gemeindesteuerzahler jedes Bezirkes dar, das ist der Prozentsatz, der bei einer Übersiedlung im ursprünglichen Bezirk blieb. Wie bereits erwähnt, hatten IKG-Steuerzahler in der Leopoldstadt eine höhere Beständigkeitsrate als alle anderen Juden, die der *Gemeinde* Steuern zahlten.

Viele in der Inneren Stadt wohnhafte IKG-Steuerzahler verließen in diesem Zeitabschnitt den ersten Bezirk, somit ist die jüdische Beständigkeitsrate in diesem Bezirk die niedrigste der Stadt. Juden, die den ersten Bezirk verließen, wählten entweder die neue jüdische Wohngegend auf dem Alsergrund oder die traditionellen jüdischen Viertel in der Leopoldstadt. Sei es wegen des Verlustes ihres Vermögens, sei es wegen der verlockenden jüdischen Atmosphäre der Leopoldstadt – jedenfalls überquerten 18% der IKG-Steuerzahler, die aus dem ersten Bezirk wegzogen, den Donaukanal, um in der Leopoldstadt zu leben. Tatsächlich fand Wohnsitzverlegung zwischen Innerer Stadt und Leopoldstadt meistens in Richtung der letzteren statt. Gleichzeitig zogen viele erfolgreiche jüdische Einwohner Mariahilfs (VI), Neubaus

(VII) und in geringerem Ausmaß des Alsergrunds (IX) sowie der Leopoldstadt in die Innere Stadt. Jene Gemeindesteuerzahler, deren Anfangssteuer 30 bis 99 Kronen betrug, übersiedelten vermutlich eher als die Zahler der Mindeststeuer in die Innere Stadt.

Der Alsergrund (IX) lockte Gemeindesteuerzahler aus der Inneren Stadt und von Mariahilf–Neubau (VI–VII) in gewissem Maße, aber nicht besonders jene aus der Leopoldstadt. Zweifellos verließen viele Juden ihr Elternhaus im II. Bezirk, um sich im IX. niederzulassen, aber bereits etablierte Gemeindemitglieder übersiedelten seltener. Fast 30% der auf den Alsergrund Wechselnden hatten ursprünglich in der Inneren Stadt gewohnt. Der Alsergrund bot viele geistige Anziehungspunkte für begüterte Wiener Juden, damit übte ein relativ hoher Prozentsatz der Gemeindemitglieder, die über den Ring in den IX. Bezirk zogen, freie Berufe aus (28,9% im Vergleich zu 19,6% in der Gesamtheit). Freiberufler blieben wahrscheinlich eher auf dem Alsergrund als andere Gruppen.

Tabelle 4:10
Verteilung der Wohnsitzveränderungen der IKG-Mitglieder (kombiniert), 1855–1914 (in Prozent) (N = 1.055)

	Zweiter Wohnsitz			
Erster Wohnsitz	I	II	III–V, X	VI–VII
I	42,2	18,1	9,3	5,9
II	9,0	67,3	6,5	4,1
III–V, X	7,2	12,0	62,4	6,4
VI–VII	12,2	3,5	6,1	64,2
VIII–IX	9,4	9,4	9,4	8,1
XI–XIX	7,3	4,0	3,2	12,1
XX	–	31,3	–	–

	Zweiter Wohnsitz			
Erster Wohnsitz	VIII–IX	XI–XIX	XX	Andere
I	19,6	4,4	0,4	–
II	6,1	4,1	2,9	–
III–V, X	4,8	5,6	0,8	0,8
VI–VII	11,3	1,7	–	–
VIII–IX	50,0	11,3	1,3	1,3
XI–XIX	10,5	62,1	0,3	–
XX	18,8	6,3	43,8	–

Schließlich entschlossen sich auch viele Einwohner Mariahilfs, Neubaus und des Alsergrunds während dieser Periode zu einer Übersiedlung nach Währing und Döbling. Der Dramatiker Arthur Schnitzler wurde zum Beispiel in der Leopoldstadt geboren, wohnte 1896 in der Frankgasse 1 auf dem Alsergrund, aber 1906 in der Spöttelgasse 7 in Währing (XVIII).[42] Dieser Trend zeigte sich bei späteren Übersiedlungen mehrerer IKG-Steuerzahler deutlich. Etwa 11% der Steuerzahler, die bei ihrem ersten Umzug den Alsergrund verließen, zogen in diese neuen eleganten Viertel, wechselten Männer und Frauen, die bei ihrer ersten Übersiedlung auf dem Alsergrund geblieben waren, wieder den Wohnsitz, wählten 18% neue Wohnungen in Währing und Döbling. Besonders die IKG-Mitglieder in den höchsten Steuerkategorien übersiedelten in jene Modegegenden.

Zusammenfassend läßt sich sagen, daß Juden in Wien jüdische Wohnviertel schufen, in denen Juden aller sozialer Schichten lieber miteinander lebten als mit Nichtjuden, deren ökonomische Interessen sie teilten. Obwohl sich innerhalb der jüdischen Wohngemeinde noch Trennungen nach Klassen ergaben, war Jüdischsein und nicht die Klasse das Hauptkriterium, nach dem Juden ihre Nachbarschaft aussuchten. Die Veränderung des beruflichen Querschnitts der Wiener Juden zwischen 1870 und 1910 führte zur Errichtung neuer jüdischer Wohngebiete, in denen Juden mit anderen Juden ähnlicher Herkunft gesellschaftlich verkehren konnten. Jüdische Wohnviertel dienten noch einem zusätzlichen Zweck. Sie trennten Juden wirksam von nichtjüdischen Einwanderern, die wie sie aus denselben Teilen der Doppelmonarchie nach Wien gekommen waren.

Ethnische und nationale Bindungen

In Wien zogen Juden das Leben mit anderen Juden, ungeachtet ihrer nationalen Herkunft, einem Leben mit nichtjüdischen Zuwanderern vor, mit denen sie außer dem gleichen Geburtsort wenig gemeinsam hatten. Für Wiener Juden ersetzte das Jüdischsein alle anderen Kriterien der Wahl einer Wohngegend. Daher vermieden zum Beispiel böhmische Juden alle Viertel, in denen sich böhmische Zuwanderer zusammengefunden hatten. Für die Juden, deren Identität sich aus ihrem Judentum ableitete und nicht aus geographischer Herkunft, bewahrte und sicherte jüdische Nachbarschaft diese eigene jüdische Identität. Auch der übrigen Stadt taten die jüdischen Viertel kund, daß Juden keine Böhmen, Galizier, Ungarn oder anderes waren, sondern Juden.

Vergleiche können wirklich nur zwischen Juden und Nichtjuden aus Böhmen und Mähren angestellt werden, den beiden Provinzen, die Wien mit der größten Anzahl an Einwanderern versorgten. Wenn man den jüdisch/tschechischen Ungleichheitsindex mißt – das ist die Verhältniszahl einer Gruppe, die übersiedeln müßte, um dasselbe Verteilungsmuster wie die andere Gruppe zu erlangen –, kommt heraus, daß die Trennung der Wohnsitze von Juden und Tschechen noch größer war als die von Juden und Nichtjuden im allgemeinen. 1900 betrug der Ungleichheitsindex 51,6%,[43] acht Punkte höher als der Ungleichheitsindex für Juden und alle Wiener Nichtjuden. Überdies lebten böhmische und mährische Juden und Nichtjuden unabhängig von ihrer Klasse in vollkommen verschiedenen Teilen der Stadt und fast niemals Tür an Tür.

Die tschechische Gemeinde Wiens, bestehend aus ungefähr 100.000 Männern und Frauen, deren Umgangssprache tschechisch, nicht deutsch[44] war, konzentrierte sich nicht ganz so stark wie die Juden in bestimmten Bezirken. Dennoch schufen sie tschechische Wohngebiete in der Stadt, aus dem Wunsch einer gewissen gesellschaftlichen Distanz zu den Deutschen. Überwiegend dem Arbeiterstand angehörend, sammelten sich Böhmen und Mähren in Favoriten (X), der 1880 zu 17,6% tschechisch war und 1910 zu 15,1%. Tschechische Arbeiter wohnten auch in Ottakring (XVI), das zu 11% tschechisch war, und anderen Arbeitervierteln. Tschechische Dienstmädchen wohnten in den Häusern ihrer Arbeitgeber in den Bezirken I und IV.[45] Hingegen wohnten Tschechen aus dem Mittelstand auf der Landstraße (III), die zu 12% tschechisch war, oder in geringerem Maß im II., V. und IX. Bezirk.[46]

Tabelle 4:11
Wohnsitzverteilung der böhmischen und mährischen männlichen jüdischen Heiratenden* (kombiniert), 1870–1910

Bezirk	Juden aus Böhmen N = 78	Juden aus Mähren und Schlesien N = 94
I	11,5%	9,6%
II	26,9	42,6
III	5,1	7,4
IV	2,6	1,1
V	2,6	2,1
VI	7,7	8,5
VII	6,4	–
VIII	1,3	2,1
IX	21,8	10,6
X	3,8	2,1
XI	1,3	1,1
XII	–	1,1
XIII	–	–
XIV	–	4,3
XV	3,8	–
XVI	–	1,1
XVII	1,3	2,1
XVIII	1,3	1,1
XIX	–	–
XX	1,3	3,2
	100,0%	100,0%

* Die tatsächlich in Wien seßhaft waren.

Die meisten Wiener Tschechen wohnten in Favoriten (X), aber fast keine Juden aus Böhmen und Mähren (oder anderen Gebieten) wohnten in diesem Bezirk oder in den anderen Arbeiterbezirken, in denen sich Tschechen konzentrierten (Tabelle 4:11). Dieser Unterschied wurde vor allem durch den divergierenden wirtschaftlichen Status der beiden Gruppen verursacht. Die Mehrheit der Tschechen in

Wien arbeitete in Fabriken, während die meisten böhmischen und mährischen Juden in Mittelstandsberufen tätig waren. Infolgedessen wohnten die beiden Gruppen kaum miteinander. Sogar der Mittelstand beider Gruppen mied einander. Tschechen des Mittelstands wohnten im III. und V. Bezirk, weniger im IX., aber böhmische und mährische Juden konzentrierten sich, wie die meisten Juden, im I., II., VI. und IX. Bezirk. Tschechische Nichtjuden und böhmische sowie mährische Juden mieden einander, nicht nur aus Standes-, sondern ebenso aus kulturellen Gründen. Böhmische und mährische Juden, die deutsch sprachen und sich mit der deutschen Kultur identifizierten,[47] wollten keine gemeinsame Nachbarschaft mit Nichtjuden, deren Umgangssprache böhmisch oder mährisch war. Die wichtigste Ursache dieser getrennten Wohngebiete war jedoch der Wunsch jeder Gruppe, ihre eigene Identität in der Stadt zu bewahren.

Da sie das Judentum als Hauptkriterium bei der Wahl des Wohnsitzes ansahen, machten die meisten Wiener Juden keinen Unterschied bezüglich der geographischen Herkunft, solange ihre Nachbarn ebenfalls Juden waren. Nur für die galizischen Juden spielte die provinzielle Herkunft bei der Wahl des Wohnsitzes eine wichtige Rolle. Die Teilung der jüdischen Gemeinde in zwei Gruppen, deren eine aus Einheimischen, Böhmen, Mährern und Ungarn, die andere aus Galiziern bestand, machte sich in gewissem Ausmaß in der Wiener jüdischen Wohnstruktur bemerkbar. Diese Unterschiede waren jedoch nicht so groß wie die zwischen den Vierteln der deutschen und osteuropäischen Juden in New York, Paris oder London des neunzehnten Jahrhunderts.[48]

Als Folge des Unterschieds zwischen den beiden jüdischen Gruppen war der durchschnittliche Ungleichheitsindex für in Wien, Böhmen, Mähren und Ungarn geborene Juden niedrig, nur 25%, und bewies den hohen Grad interner Integration bei diesen Juden. Der Ungleichheitsindex für böhmische und galizische Juden andererseits war 39% und reflektierte die verschiedenen Wohnsitzstrukturen dieser beiden jüdischen Gruppen. Während überdies alle Juden Wiens in großer Zahl in der Leopoldstadt, der Inneren Stadt und auf dem Alsergrund wohnten, lebten die Galizier in höherem Maße als die anderen Juden der Stadt in der Leopoldstadt und Brigittenau konzentriert (Tabelle 4:12). Ein Durchschnitt von 57% aller galizischen männlichen Heiratenden wohnte zwischen 1870 und 1910 in diesen beiden Bezirken, im Vergleich zu zwei Fünfteln der ungarischen und mährischen und nur 30% der böhmischen Juden. Über die Hälfte der jüdischen männlichen Heiratenden aus der Brigittenau (XX) waren in Galizien zur Welt gekommen. Andererseits wohnten galizische Juden vermutlich seltener in der Inneren Stadt oder Mariahilf-Neubau, aber wahrscheinlich genauso wie die Einheimischen, Mährer und Ungarn auf dem Alsergrund, wo, wie erinnerlich, vereinzelt arme Juden hausten. Da eine große Anzahl Galizier unbemittelt war, wohnten auch mehrere von ihnen jenseits des Gürtels in den Bezirken XI–XIX, vorwiegend in Ottakring und Hernals (XVI–XVII).

Galizische Juden konzentrierten sich in der Leopoldstadt nicht einfach wegen ihres Status als Neueinwanderer oder ihrer Armut. Sie entdeckten vielmehr unter den germanisierten Juden Feindseligkeit gegen die „polnischen" Juden und wollten deshalb vermutlich miteinander leben, zum Trost und zur Bestätigung ihres eigenen

Selbstwerts. Auch reichere galizische Juden in Wien, die IKG-Steuer zahlten, lebten wahrscheinlich eher als jede andere Gruppe von Juden des Mittelstands in der dicht besiedelten jüdischen Leopoldstadt. Tatsächlich wohnten 39,5% aller nach Galizien zuständigen Gemeindemitglieder im II. Bezirk, im Vergleich zu 25% der Gemeindemitglieder im allgemeinen. Sogar wohlhabendere Galizier mit ihren starken ethnischen Bindungen neigten zu einem Verbleib in der alten jüdischen Gegend. Obwohl 1910 die Konzentrierung im II. Bezirk geringer war als in den 1870er Jahren (34,6% gegenüber 55,6%), blieben die Galizier wahrscheinlich eher als andere Juden aus dem Mittelstand in Wien im jüdischen Ghetto.

Mährer, Ungarn und die Einheimischen waren andererseits „typische" Wiener Juden. Die Böhmen lebten weniger wahrscheinlich als die meisten Wiener Juden in der Leopoldstadt (etwa ein Viertel gegenüber einem Drittel) und den Außenbezirken, aber wahrscheinlicher in der Inneren Stadt, in den Bezirken III–V, dem X. und dem VI.–VIII. Bezirk und besonders auf dem Alsergrund. Reichere Juden aus diesen Vierteln waren gleichermaßen integriert.

Tabelle 4:12
Wohnsitzverteilung der männlichen jüdischen Heiratenden nach ihren Ursprungsgebieten (kombiniert), 1870–1910

	Wien*	Böhmen	Mähren**	Galizien[1]	Ungarn	Übrige Ausländer
	N = 186	N = 83	N = 100	N = 169	N = 155	N = 28
I	10,2%	10,8%	12,0%	5,9%	16,1%	14,3%
II	31,7	28,9	41,0	47,3	42,6	39,3
III–V, X	8,6	13,3	12,0	8,9	12,9	10,7
VI–VIII	15,1	16,7	12,0	5,3	13,5	14,3
IX	10,8	20,5	10,0	10,1	9,7	14,3
XI–XIX	19,4	7,2	10,0	13,0	3,9	3,6
XX	3,2	1,2	3,0	9,5	1,3	3,6
XXI	1,1	1,2	–	–	–	–
	100,0%	100,0%	100,0%	100,0%	100,0%	100,0%

* Einschließlich weniger in Niederösterreich Geborener.
** Einschließlich Schlesier.
1 Einschließlich in der Bukowina Geborener.

Ob eben aus Galizien kommende Neuzuwanderer oder bereits in der Stadt Etablierte – Wiener Juden neigten zu einem Zusammenleben in Vierteln jüdischer Konzentrierung. Schon die Tatsache dieser Zusammenballung diente der Festigung jüdischer Identität, sowohl hinsichtlich jüdischen Selbstbewußtseins als auch hinsichtlich der Wahrnehmung jüdischer Isoliertheit durch die Nichtjuden. Jüdische Selbstisolierung half bei der Schwächung des Assimilationsdruckes, den die städtische Umgebung ausübte. In den jüdischen Vierteln verkehrten Juden gesellschaftlich mit anderen Juden, sie heirateten einander, sie engagierten sich in politischen

Debatten, mit Personen ähnlicher oder gegenteiliger Ansichten, und bildeten Vereine zur Bekanntmachung traditioneller jüdischer Ideen oder zur Bekundung neuer jüdischer Identität. Durch das Leben mit anderen Juden trennten sie sich von vielen Möglichkeiten struktureller Assimilation ab.

Zum großen Teil ermöglichte die jüdische Wohngegend eine jüdische Akkulturation innerhalb einer jüdischen Umwelt. Der Prozeß der Assimilierung in die deutsch-österreichische Kultur wurde ein jüdisches Anliegen, eine Art jüdischer Gruppenanstrengung. Jüdische Mitbrüder hatten die gleichen Probleme und die gleichen Ziele. Juden aus der Nachbarschaft gingen miteinander in die Schule und wurden gemeinsam in die aufregende Welt der westlichen Kultur eingeführt. Die Schule sorgte für den Hauptzugang zur Akkulturation; da aber Juden mit anderen Juden in die Schule gingen, führte ihre Anwesenheit dortselbst nicht zu ihrer vollständigen Assimilierung.

5. Bildung, Beweglichkeit und Assimilation: Die Rolle des Gymnasiums

In seiner überaus wahrhaftigen und lebendigen Darstellung des Wien der Vorkriegszeit – „Die Welt von gestern“ – berichtet Stefan Zweig, selbst Sproß einer Familie großbürgerlicher Juden, von der Lebenserfahrung seiner Klasse:

> Man hielt in jeder begüterten Familie schon um des Gesellschaftlichen willen sorglich darauf, gebildete Söhne zu haben; man ließ sie Französisch und Englisch lernen, machte sie mit Musik vertraut, hielt ihnen zuerst Gouvernanten und dann Hauslehrer für gute Manieren. Aber nur die sogenannte akademische Bildung, die zur Universität führte, verlieh in jenen Zeiten des aufgeklärten Liberalismus vollen Wert; darum gehörte es zum Ehrgeiz jeder guten Familie, daß wenigstens einer ihrer Söhne vor dem Namen irgendeinen Doktortitel trug.[1]

So bemerkt er dann auch: „Daß ich nach der Volksschule auf das Gymnasium gesandt wurde, war nur eine Selbstverständlichkeit.“[2]

Für die Angehörigen von Zweigs „guter jüdischer Bürgerschicht“ mag der Besuch des Gymnasiums wohl eine Selbstverständlichkeit gewesen sein, aber er war es nur für die oberen Schichten der Wiener Judenheit. Dennoch besuchten die jungen Juden Wiens das Gymnasium in Rekordzahlen: In einer Stadt, deren Einwohnerschaft zu nur 8% aus Juden bestand, stellten sie 30% der Gymnasiasten.[3] Bildungswerte waren aber durchaus nicht in erster Linie das Sprungbrett der Juden Wiens für den Einstieg in den Mittelstand. Es verhielt sich eher so, daß die Mittelschulbildung den bereits auf anderen Wegen erreichten gesellschaftlichen Aufstieg absicherte und ihm ein gewisses Prestige verlieh. Die Mehrzahl der jüdischen Gymnasiasten Wiens stammte aus angesehenen Bürgerfamilien, in denen die Eltern den Wunsch hegten, ihre Söhne mögen einen der freien Berufe ergreifen und dadurch das bereits durch kommerziellen Erfolg errungene Sozialprestige noch verbessern.[4]

Jedenfalls waren Juden weit erfolgreicher als die meisten anderen Wiener, wenn es darum ging, ein relativ elitäres und geschlossenes Schulsystem in den Dienst gesellschaftlichen Aufstiegs zu stellen. Für Juden war eine Gymnasialerziehung das Privileg einer Elite, doch hatte bei ihnen diese Elite eine weit breitere Basis als bei den Nichtjuden, die ihren Kindern den gleichen Studienweg ermöglichten. Das österreichische Schulsystem des ausgehenden neunzehnten Jahrhunderts ermöglichte wohl mehr Angehörigen der unteren Gesellschaftsschichten den Zugang als je zuvor, aber immer noch besuchten nur vorwiegend Söhne der oberen Gesellschaftsschicht, des Adels und des Großbürgertums, das Gymnasium. Dieser Bildungsweg, der damals den einzigen Zugang zu einem Universitätsstudium – und damit zu fast allen Prestigekarrieren – darstellte, schulte die Zehn- bis Achtzehnjährigen „Kinder aus gutem Hause" für die spätere Dauermitgliedschaft in der gesellschaftlichen, wissenschaftlichen und künstlerischen Elite. Die Armee oder die Kirche boten für Kinder aus Bauern- oder Arbeiterfamilien andere Wege zum Aufstieg in die oberen Gesellschaftsschichten, doch die Gymnasialbildung war und blieb eine wichtige Marke der Klassen- und Statusschranken im Mitteleuropa des neunzehnten Jahrhunderts.[5] Aus einer Reihe von Gründen jedoch gelang es Juden offenbar leichter als Nichtjuden, diese Barrieren zu durchbrechen.

Den Juden bot die Gymnasialerziehung nicht nur ständigen Zugang zu prestigereichen Karrieren, sie wirkte auch als mächtige Kraft für deren Akkulturation und Assimilation in die Welt europäischer Kultur, Bildung und europäischen Geisteslebens.[6] Wohlbewandert in den griechischen und lateinisch römischen Klassikern, wurden die Gymnasialabsolventen zu Erben der reichen humanistischen europäischen Kulturtradition und waren so ohne weiteres in der Lage, als echte Intellektuelle Positionen in der angesehensten Gesellschaftsschicht einzunehmen. Der hohe Prozentsatz jüdischer Studierender an den Wiener Gymnasien in den Jahrzehnten vor dem Ersten Weltkrieg legt vom hohen Grad der Akkulturation im jüdischen Bürgertum Wiens und vom brennenden Wunsch dieses jüdischen Mittelstandes, bei seinen Nachkommen eine noch weitergehende Assimilation zu fördern, beredtes Zeugnis ab.[7]

Trotz der Integration in den europäischen Kulturkreis, für die der Besuch des Gymnasiums sozusagen eine Garantie darstellte, bedeutete jedoch dieser Ausbildungsgang keineswegs auch eine Garantie für die strukturelle oder völlige Assimilation der Wiener Juden des Mittelstandes. Gymnasiasten wußten mehr über Tacitus oder Cicero als über die Thora oder den Talmud, aber ihre schulischen Erfahrungen führten nicht zur totalen Integration in die Wiener Gesellschaft. Diese jungen Juden aus bürgerlichem Milieu besuchten Mittelschulen, in denen die Mehrzahl ihrer Mitschüler gleichfalls Juden aus derselben Gesellschaftsschicht waren. Der Besuch dieser Schulen zwang sie also nicht, sich mit Nichtjuden anzufreunden, und so erfolgte ihre Akkulturation im Rahmen eines größtenteils jüdisch determinierten Gesellschaftszusammenhanges. Jüdische Gymnasiasten verbesserten durch die Wahl dieses Schulzweiges zweifellos ihre Berufsaussichten und gelangten darüber hinaus zu einer schwer definierbaren und kaum je offen einbekannten Stufe der Assimilation, aber sie unterlagen keineswegs irgendeinem Zwang, sich vom Leben der jüdischen Gemeinde abzusondern.

Gymnasialbildung und die Juden Wiens

Gleich ähnlichen Bildungsanstalten in anderen Teilen Mitteleuropas bot das Wiener Gymnasium seinen Studenten eine solide und intensive Einführung in die Werke der griechischen und römischen Klassiker; es bereitete sie so auf das Universitätsstudium und damit auch auf angesehene Laufbahnen in Freien Berufen oder im Staatsdienst vor. Das humanistische Gymnasium für Schüler im Alter von zehn bis achtzehn Jahren hatte sich gegen Ende des achtzehnten Jahrhunderts aus den kirchlichen „Lateinschulen" des sechzehnten Jahrhunderts entwickelt. Die für die Erstellung der Lehrpläne des Gymnasiums verantwortlichen Pädagogen waren fest davon überzeugt, daß erstens das Studium der lateinischen und griechischen Grammatik entscheidend zur Entwicklung logischer Denkfähigkeit beitrage, daß zweitens die Befassung mit der klassischen Literatur für die Entwicklung des Sinnes für das Schöne und Einfache entscheidend sei, und letztlich, daß die Konzentration auf Geschichte und Philosophie des Altertums in jenen jungen Menschen edle und heroische Gefühle wecken würde, die sich später unabhängigen akademischen Studien widmen und sich an der Universität auf einen entsprechenden Beruf vorbereiten würden.[8]

Seit 1869[9] fest in staatlicher Hand und daher einheitlich gestaltet, war der Lehrplan des Gymnasiums auch sehr streng. Gymnasiasten studierten Latein, Griechisch, deutsche Sprache und Literatur, Geschichte und Geographie, Mathematik, Physik und Religion; sie hatten Französisch und Englisch als Wahlfächer. Mathematik bzw. wissenschaftliche Fächer waren am Gymnasium auf drei Wochenstunden beschränkt. Das eigentliche Kernstück der Gymnasialbildung war das eingehende Studium der Klassiker. Je nach der Klasse, die sie eben absolvierten, hatten Gymnasiasten während ihrer achtjährigen Schulzeit zwischen fünf und acht Wochenstunden Latein und – von der dritten bis zur achten Klasse – zwischen vier oder fünf Wochenstunden Griechisch. Turnen, Singen, Zeichnen und Schönschreiben rundeten den Lehrplan ab.[10]

Die Schulbehörden erwarteten von den Gymnasiasten ein hohes Leistungsniveau. So etwa lernten Schüler der sechsten Klasse im Deutschunterricht bereits Mittelhochdeutsch, studierten die deutsche Literatur von den Anfängen bis zu Martin Luther und mußten sich den Kopf über die Verse des Nibelungenliedes zerbrechen. In der siebenten Klasse lernten sie dann Neuhochdeutsch, Literatur von Luther bis Goethe; sie befaßten sich eingehend mit den Werken Goethes und Schillers. Im letzten Schuljahr analysierten sie schließlich die deutsche Literatur von der Romantik bis zur Gegenwart.[11] Im Griechischunterricht lasen Gymnasiasten die Ilias und die Odyssee, aber auch Plato und Sophokles im Original. Lateinische Grammatik und lateinische Autoren bildeten ein Kernstück des Lehrplanes, und die Schüler studierten Livius, Vergil, Tacitus, Horaz, Cicero, Ovid und Julius Caesar.[12]

Die Juden begannen das Gymnasium gegen Ende des achtzehnten Jahrhunderts zu besuchen, nachdem Kaiser Joseph II. die Hindernisse und Beschränkungen beseitigt und sie als erster europäischer Monarch ermutigt hatte, einen nichtreligiösen Bildungsweg zu wählen. Ganz im Sinne seines grundsätzlichen Strebens nach Zentralisierung und Germanisierung wünschte Joseph II., die Juden mögen ihre angeblich negativen Sitten ablegen und mit dem Prozeß der Integration in die Gesellschaft Europas beginnen. Durch seine Toleranzpatente des Jahres 1782 wurde der bis dahin von allen Juden erhobene „Leibzoll", aber gleichzeitig auch die Rechtshoheit der autonomen jüdischen Gemeinden abgeschafft. Ebenso erging damals an die Judenheit der Ruf, entweder für ihre Kinder eigene Schulen zu gründen oder aber die jungen Leute in christliche Schulen zu schicken, sie ein Handwerk erlernen oder aber die Mittelschulen und Universitäten des Reiches besuchen zu lassen.[13]

Während der gesamten Debatte über die Emanzipation der Juden im achtzehnten und neunzehnten Jahrhundert waren Juden wie Nichtjuden gleichermaßen der Ansicht, eine nichtreligiöse, allgemeine Schulbildung sei die notwendige Voraussetzung für eine echte Teilnahme der Juden am europäischen gesellschaftlichen Gemeinwesen. Wer diese Teilnahme wünschte, hoffte auch gleichzeitig darauf, diese Schulbildung würde helfen, den partikularistischen Einfluß der traditionellen Judengemeinde abzubauen und die Juden so für die Assimilation frei und bereit zu machen.[14] Auch die Juden selbst waren begierig, eine entsprechende „weltliche" Schulbildung zu erlangen, die ihnen das Tor zu Berufen öffnen würde, welche man in der traditionellen jüdischen Gemeinde unmöglich ausüben konnte, und so in der Gesellschaft Europas akzeptiert zu werden. Die Haskalah-Bewegung, sozusagen die „jüdische Aufklärung" des späten achtzehnten und frühen neunzehnten Jahrhunderts, bestärkte junge Juden in ihrem Wunsch nach einer „westlichen" Erziehung und Bildung, aber auch in der Sehnsucht, moderne Europäer zu werden.[15] Die Folge hiervon war, daß viele Juden die Mittelschulen und Universitäten besuchten, welche ihnen ihre Tore eben erst im neunzehnten Jahrhundert geöffnet hatten. Für die überwiegende Mehrzahl der jüdischen Studenten bot dies eine erregende Chance für besseres berufliches Fortkommen und für gesellschaftliche Akzeptanz durch Nichtjuden. Einige jüdische Studierende betrachteten auch das Gymnasium und das Universitätsstudium sozusagen als den „Expreßzug" zur vollständigen gesellschaftlichen Assimilation und als Gelegenheit, alle herkömmlichen Bande zur jüdischen Gemeinde zu durchtrennen. Die meisten Juden aber, die diese Schulen besuchten, wollten bloß einen gewissen Grad der Integration erreichen, obwohl sie nur selten das von ihnen gewünschte Ausmaß dieser Assimilation klar zu erkennen gaben.

Bis zum Ende des neunzehnten Jahrhunderts stellten Juden an den meisten Wiener Gymnasien einen ungewöhnlich hohen Prozentsatz der Schüler (Tabelle 5:1). In den Jahrzehnten unmittelbar vor dem Ersten Weltkrieg waren in dieser Stadt mit nicht ganz 10% jüdischen Einwohnern 30% der Gymnasiasten Juden. Der ungewöhnliche hohe Prozentsatz jüdischer Mittelschüler spricht für den Akkulturationserfolg dieser Volksgruppe, aber auch für ihr geschicktes Überwinden der sozialen und Statusschranken des damaligen Schulsystems. Juden, die ihren Söhnen einen höheren Bildungsweg ermöglichen wollten, mieden Wiens weniger prestigereiche Schulen und bevorzugten den absoluten Gipfel des Schulsystems: die humanistischen Gymnasien.

An beinahe allen Gymnasien Wiens waren Juden in Zahlen vertreten, die ihren prozentuellen Anteil an der Gesamtbevölkerung bei weitem überstiegen. An gewissen, in den jüdischen Ballungsräumen der Inneren Stadt, der Leopoldstadt und des Alsergrunds gelegenen Schulen waren zwischen 1875 und 1910 zwei Fünftel bis vier Fünftel der Gymnasiasten Juden. Der Prozentsatz jüdischer Studierender in den Schulen des I., II. und IX. Bezirks lag weit höher als der Prozentsatz der Juden in der Gesamtbevölkerung dieser drei Bezirke. Im Jahr 1910 waren nur 34% der Bewohner der Leopoldstadt (II) Juden, hingegen waren aber volle drei Viertel der Schüler an den beiden Gymnasien in diesem Bezirk jüdischer Herkunft. Ähnlich lagen die Dinge in der Inneren Stadt (I): hier waren 20% der Einwohner, dafür aber 40% der Gymnasiasten Juden. Im IX. Bezirk bildeten Juden 20% der Einwohner, stellten aber zwei Drittel aller Schüler an den Gymnasien in diesem Bezirk. Selbst in Bezirken, in denen nur wenige jüdische Familien lebten, bildeten Juden einen hohen Prozentsatz der Mittelschüler.[16]

Die beiden „nobelsten" Mittelschulen Wiens, das Gymnasium zu den Schotten und die Theresianische Akademie, wurden von Juden freilich nur selten besucht. Diese Anstalten boten wohl die elitärste „höhere Reife" der Reichshaupt- und Residenzstadt. Das von den Benediktinern bereits im achtzehnten Jahrhundert gegründete Schottengymnasium war seinerzeit reorganisiert und im Jahr 1804 neuerlich geöffnet worden. Es bot den Vorteil der Verbindung erstklassiger intellektueller Bildung mit echtem Gemeinschaftsgeist. Viele der geistigen und politischen Führer Wiens hatten diese Anstalt besucht, die sich auch bemühte, ihren Zöglingen ein gewisses Maß an bewußtem Deutschtum mitzugeben.[17] Die ursprünglich im Jahr 1746 für Söhne aus österreichischen Adelshäusern gegründete Theresianische Akademie[18] zog tatsächlich vor allem junge Aristokraten an und förderte in ihnen entsprechendes Benehmen und eine allem Edlen zugewandte Geisteshaltung.

Im Jahr 1875 verfügte das Schottengymnasium tatsächlich über eine Kerngruppe jüdischer Studierender. Damals besuchten eine Reihe junger Juden, die später zu literarischem oder politischem Ruhm gelangen sollten – Männer wie Victor Adler oder Heinrich Friedjung –, diese Eliteschule. In den folgenden Jahrzehnten gab es am Schottengymnasium jedoch immer weniger jüdische Schüler. Dies ist vermutlich auf die an dieser Schule immer stärker hervortretende deutschnationale Orientierung zurückzuführen – eine Orientierung, der gewisse antisemitische Überlagerungen nicht fehlten. Das Theresianum dagegen, mit der ungewöhnlichen Ausnahme des Jahres 1890/91, wurde so gut wie nie von Juden besucht. Die wenigen Juden, die dennoch dort ihre Gymnasialbildung erhielten, wie etwa die Söhne des Barons de Rothschild, stammten aus Familien, die geadelt worden waren.[20] Es läßt sich nicht feststellen, ob diese Privatschulen irgendwelche interne Beschränkungsnormen für Juden hatten oder ob Juden sie bewußt mieden – das eine wegen ihrer Verbundenheit mit der katholischen Kirche und ihres Nationalismus, das andere wegen des dort gepflegten aristokratischen Tons und Lebensstils, der dem jüdischen Bürgertum jener Tage unbehaglich gewesen sein mag.

Die Präsenz der Juden in den anderen Wiener Gymnasien hatte ihren Höhepunkt bereits im Jahr 1875 erreicht. Trotz des zahlenmäßigen Anwachsens der Wiener Judengemeinde zwischen 1875 und 1910 stieg der Prozentsatz der Juden unter den Wiener Gymnasiasten nicht weiter an. 1875 waren etwa 30% der Wiener Gymnasiasten Juden, aber bis zum Jahr 1910 war dieser Prozentsatz nicht weiter angestiegen. Obwohl die Zahl der jüdischen Studierenden an den Wiener Gymnasien zunahm, hielt sie proportional mit dem zahlenmäßigen Anwachsen der Wiener

Judengemeinde nicht Schritt. Von 1875 bis 1910 nahm die Zahl der jüdischen Studierenden wohl um 123% zu, die der Juden Wiens im gleichen Zeitraum aber um 209%.[21] Der wesentliche Wachstumsschub der jüdischen Gymnasiasten an bestimmten Wiener Schulen zwischen 1875 und 1910 erklärt sich aus dem Entstehen neuer oder aus der Vergrößerung bestehender jüdischer Siedlungskonzentrationen. So zum Beispiel ist das Anwachsen der Zahl der jüdischen Studierenden am Maximilian-Gymnasium auf dem Alsergrund (IX) von 33% im Jahr 1875 auf 66% im Jahr 1910 durch die steigenden jüdischen Bevölkerungszahlen in diesem Bezirk in den Jahrzehnten vor dem Ersten Weltkrieg zu erklären. Gleichermaßen zeichnet sich im Anwachsen der Zahl jüdischer Gymnasiasten in Mariahilf (VI) und Döbling (XIX) das Entstehen ähnlicher, wenngleich kleinerer jüdischer Siedlungskonzentrationen innerhalb der Stadt ab.

Die anfänglichen disproportional hohen Zahlen jüdischer Studenten in den Prestigegymnasien Wiens sowie die Tatsache, daß dieser prozentual hohe Anteil nicht weiter zunahm, erklärt sich aus den Unterschieden zwischen den einzelnen jüdischen Zuwanderungswellen. Die Juden, die schon früh in die Reichshaupt- und Residenzstadt kamen, waren in höherem Maß akkulturiert und auch finanziell besser abgesichert als die Angehörigen späterer Zuwanderungsschübe. Daraus ergibt sich, daß böhmische, mährische und ungarische Geschäftsleute, die sich Mitte des neunzehnten Jahrhunderts in Wien ansiedelten, eher in der Lage waren, ihren Söhnen eine Gymnasialerziehung zu ermöglichen als die traditionsgebundeneren und oft auch ärmeren späteren Zuwanderer, die vorwiegend aus Galizien stammten. Sicherlich besuchten auch manche der Söhne dieser späteren Zuwanderer das Gymnasium, doch geschah dies relativ weit seltener als bei den Nachkommen der um die Mitte des Jahrhunderts Zugewanderten. Im Lauf der Zeit freilich sollten auch diese in wachsenden Zahlen eine Mittelschulbildung erhalten.

Die Zahl der jüdischen Familien, die ihre Söhne ins Gymnasium schickten, läßt sich schwer schätzen. Eines aber steht fest: eine relativ größere Zahl jüdischer Familien bot ihren Kindern den „Luxus“ einer Gymnasialerziehung, als ihrem Prozentanteil an der gesamten Einwohnerzahl der Stadt entsprach. So etwa waren im Jahr 1881 nur 0,6% aller Wiener Gymnasiasten, dagegen aber besuchten im gleichen Jahr 2,2% der Juden Wiens ein Gymnasium. Für das Jahr 1910 sind die entsprechenden Vergleichszahlen 0,4% und 1,3%.[22] Um die Zahl der Familien, die ihren Söhnen im Jahr 1910 eine solche Elite-Schulbildung boten, schätzen zu können, muß man die Zahl aller Gymnasiasten Wiens (8.130) und die Zahl der jüdischen Gymnasiasten der Stadt (2.330) jeweils mit dem Faktor 10 multiplizieren, um die übrigen Familienmitglieder, aber auch Familien ohne Kinder im Mittelschulalter mit einzurechnen. Die sich daraus ergebende Zahl ist dann jeweils durch die Gesamtbevölkerung bzw. durch die Zahl aller Juden Wiens zu teilen. Geht man so vor, so zeigt sich, daß nur 4% der Wiener Bevölkerung ihre Söhne aufs Gymnasium schickten, während 13% der jüdischen Familien ihren die Vorteile dieser elitären Ausbildung erschlossen.

Wenn sie nun schon einmal ihre Söhne in eine Mittelschule schickten, so wollten die Juden Wiens für ihre Kinder nur das Beste. Freilich besuchten jüdische Kinder

Tabelle 5: 1
Jüdische Schüler in Wiener Gymnasien und Realgymnasien*, 1875 – 1910

Gymnasium	Bezirk	1875/76 Zahl der Studierenden	1875/76 Zahl der Juden	1875/76 % Juden	1881/82 Zahl der Studierenden	1881/82 Zahl der Juden	1881/82 % Juden
Akademisches	I	604	227	45,9	472	205	43,4
Franz-Joseph	I	279	123	44,1	304	125	41,1
Sophien	II	512	395	77,1	556	397	71,4
Erz. Rainer	II				472	350	74,2
Staatsgym.	III	311	47	15,1	488	101	20,7
Realgym.	III						
Staatsgym.	IV				231	28	12,1
Elisabeth	V						
Staatsgym.	VI	370	65	17,6	424	112	26,4
Staatsgym.	VII						
Staatsgym.	VIII	382	21	5,5	431	54	12,5
Maximilian	IX	291	95	32,6	419	167	39,9
Karl Ludwig	XII**						
Staatsgym.	XIII						
Staatsgym.	XIV						
Staatsgym.	XVI						
Staatsgym.	XVII				(270	46	17,0)**
Staatsgym.	XVIII						
Staatsgym.	XIX						
Staatsgym.	XXI						
Gym. zu den Schotten	I	434	56	12,9	419	32	7,6
Theresianische Akademie	IV	341	16	4,7	337	4	1,2
Privatgym.	VIII				63	9	14,3
Insgesamt		3.524	1.045	29,7%	4.616***	1.584***	34,3%***

Quellen: *Österreichisches Statistisches Jahrbuch*, 1875, V, S. 32–43; 1881: *Öst. Stat.*, 3: 2, S. 32–33, 40–41; 1890: *Öst. Stat.*, 35: 4, S. 30–31, 38–39; 1900: *Öst. Stat.*, 70: 3, S. 32–33; 1910: *Öst. Stat.*, N. F. 8: 2, S. 40–43.

Tabelle 5:1 (Fortsetzung)

Gymnasium	Bezirk	1890/91			1900/01			1910/11		
		Zahl der Stud.	Zahl der Juden	% Juden	Zahl der Stud.	Zahl der Juden	% Juden	Zahl der Stud.	Zahl der Juden	% Juden
Akademisches	I	459	204	44,4	399	139	34,8	531	212	39,9
Franz-Joseph	I	319	138	43,3	290	126	43,4	327	135	41,3
Sophien	II	455	298	65,5	431	305	70,8	509	304	59,7
Erz. Rainer	II	455	313	68,8	431	325	75,4	518	422	81,5
Staatsgym.	III	446	79	17,7	519	89	17,1	627	89	14,2
Realgym.	III							81	38	46,9
Staatsgym.	IV	263	16	6,1						
Elisabeth	V				368	55	14,9	451	61	13,5
Staatsgym.	VI	432	122	28,2	430	122	28,4	399	154	38,6
Staatsgym.	VII							123	17	13,8
Staatsgym.	VIII	453	75	16,6	505	92	18,2	517	108	20,9
Maximilian	IX	383	229	59,8	445	288	64,7	429	285	66,4
Karl Ludwig	XII**	328	49	14,9	384	40	10,4	488	43	8,8
Staatsgym.	XIII				227	14	6,2	509	64	12,6
Staatsgym.	XIV							18	1	5,6
Staatsgym.	XVI							174	36	20,7
Staatsgym.	XVII	317	50	15,8	315	59	18,7	450	87	19,3
Staatsgym.	XVIII							447	36	8,1
Staatsgym.	XIX	351[1]	19[1]	5,4	346	79	22,8	343	116	33,8
Staatsgym.	XXI							297	58	19,5
Gym. zu den Schotten	I	443	3	0,7	381	18	4,7	414	34	8,2
Theresianische Akademie	IV	379	76	20,1	382	8	2,1	365	2	0,5
Privatgym.	VIII	76	14	18,4	131	40	30,5	113	28	24,8
Insgesamt		5.559	1.685	30,3%	5.984	1.799	30,1%	8.130	2.330	28,7%

* Die Realgymnasien ähnelten den Gymnasien und waren diesen oft angeschlossen.
** Schulen in den Außenbezirken, die bis zur Eingemeindung des Jahres 1890 nicht zu Wien gehörten.
*** Die Schule in Hernals nicht eingeschlossen.
1 Bis 1890/91 von der Gemeinde Wien, dann vom Staat geführt.

auch die Realschulen, also die weniger prestigereichen, eher an den technischen Fächern orientierten Mittelschulen Wiens, doch ihr prozentualer Anteil unter den Studierenden dieser Anstalten war nicht so hoch wie an den Gymnasien. Nur etwas mehr als ein Fünftel aller Realschüler der Reichshaupt- und Residenzstadt in den Jahrzehnten vor dem Ersten Weltkrieg waren Juden (Tabelle 5:2). In den Realschulen des I. und IX. Wiener Gemeindebezirkes waren zwei Fünftel der Schüler Juden,

Tabelle 5:2
Jüdische Schüler in Realschulen 1875 – 1910, (in Prozent)

Schule	1875/76	1881/82	1890/91	1900/01	1910/11
k.-k. *Realschule* in:					
I*		23,4	36,1	30,6	38,6
II	65,4	69,7	39,0	40,7	53,0
II	60,9	42,5	70,6		21,7
III	30,9	22,4	21,0	23,2	22,1
IV*	9,0	6,1	6,9	8,5	9,4
V	11,5	11,6	7,8	5,4	6,9
VI*	10,4	13,4	18,7	18,0	23,5
VII	7,3	7,9	11,7	14,1	20,9
VIII					16,7
IX*	18,3				44,0
X					9,7
XI					3,7
XIII					5,1
XV	(10,4)**	(14,9)**	10,1	12,5	9,8
XVI					7,0
XVIII		(6,7)**	13,7	15,5	13,4
XIX					15,7
XX				61,2	40,8
Privat-Realschule in:					
I	14,7	14,1	15,8	23,2	
III		5,1	13,2	18,0	20,0
VII		5,6	8,9		
VIII	5,1	5,7	3,6		
XII					7,7
XV				8,9	
XVI				13,8	
Insgesamt	21,4%***	19,7%***	22,1%	23,0%	20,9%

* Bis zum Jahr 1890/91 von der Stadtgemeinde Wien geführt, dann staatlich.
** Vor der Eingemeindung des Jahres 1890 nicht zu Wien gehörend.
*** Bezieht sich nur auf Schulen in den Bezirken I bis X.

Quellen: *Österreichisches Statistisches Jahrbuch*, 1875, V, S. 46–47, 50–51; *Öst. Stat.*, 3: 2, S. 42–43; 35: 4, S. 40–41; 70: 3, S. 44–45; N. F. 8: 2, S. 76–79.

und in der Leopoldstadt schwankte die Zahl der jüdischen Schüler in den Jahren von 1875 bis 1910 zwischen zwei Fünftel und zwei Drittel.

Der Lehrplan der damaligen Realschulen war nach heutigen Begriffen durchaus modern, bot also viel Mathematik, Naturwissenschaften und moderne Fremdsprachen, dagegen aber weder Latein noch Griechisch, also jene Sprachen, deren Kenntnis für die Inskription an der Universität – und damit für fast alle prestigereichen Karrieren – erforderlich war.[23] Absolventen der Realschule konnten an der Technischen Hochschule inskribieren, und nach Erlangung des Diplomingenieurgrades standen ihnen gute Positionen in Industrie und Wirtschaft offen. Die Ingenieurslaufbahn mag aber Juden nicht so ohne weiteres offengestanden sein wie Medizin oder Jurisprudenz, und so zogen es jüdische Familien vor, ihre Söhne ans Gymnasium zu schicken, um sie für das Studium an der Universität vorzubereiten. Wie dem aber auch sei – jedenfalls waren die Juden bestrebt, ihre gesellschaftliche Position durch die beste Schulbildung auszubauen, die ihnen erreichbar war.

Die Vorliebe der Wiener Juden für eine elitäre Schulbildung war Teil einer damals bei den Juden der gesamten Doppelmonarchie verbreiteten Einstellung. So etwa waren in Prag im Jahr 1910 46% der Studierenden an den deutschsprachigen Gymnasien Juden.[24]

In Lemberg verhielt sich die Situation ähnlich: Im Jahr 1900 waren 50% der Schüler der deutschsprachigen Gymnasien und 21% der Studierenden an den polnischsprachigen Gymnasien jüdischer Abstammung.[25] In Budapest, wo Juden in der Industrie den Ton angaben, waren im Schuljahr 1911/12 35,8% der Gymnasiasten und 48,9% der Realschüler Juden.[26]

Bildung und soziale Mobilität

Die Gymnasialbildung allein stellte in Österreich an sich noch nicht die erste und wichtigste Grundlage für gesellschaftlichen Aufstieg dar. Das „zweigleisige" Schulsystem machte es den Söhnen von Arbeitern, kleinen Geschäftsleuten und Handwerkern besonders schwer, sich höhere Bildung anzueignen. Die Volksschulen waren für die breiten Massen gestaltet und boten nur grundlegende Informations- und Bildungswerte in Lesen, Schreiben, Arithmetik und Religion, und zwar bis zum Alter von 14 Jahren. Das Mittelschulsystem war Schülern ab zehn Jahren nach Absolvierung von vier Jahren Volksschule zugänglich. Für Jungen aus dem gehobenen Mittelstand und den oberen sozialen Schichten war es fast selbstverständlich, mit zehn Jahren aus der Volksschule in das Gymnasium überzutreten, später die Universität zu besuchen und irgendeine Stellung aus dem breiten Spektrum prestigereicher Positionen einzunehmen, für die ein Gymnasial- und Universitätsstudium Voraussetzung war.[27] Nur einige wenige besonders intelligente Jungen aus der unteren Schicht waren im Alter von zehn Jahren dazu ausersehen, eine Gymnasialerziehung zu erhalten. Alle, die nur die Volksschule absolvierten, mußten sich damit begnügen, entweder in den unteren sozialen Schichten zu verharren oder im günstigsten Fall dem unteren Mittelstand anzugehören.[28] Es gab da eine Art Circulus vitiosus, aus dem nur wenige ausbrechen konnten: Man bedurfte höheren sozialen Prestiges, ungewöhnlicher Intelligenz oder ungewöhnlichen Ehrgeizes, um überhaupt das Gymnasium zu besuchen. Das finanzielle Moment fiel dabei nicht so besonders ins Gewicht, da das Schulgeld, etwa 100 Kronen (oder vielleicht in heutiger Währung etwa 500 Schilling), niedrig gehalten war und sich davon auch Befreiung erlangen ließ.[29] Die meisten ärmeren Leute jedoch, die das zusätzliche Einkommen, das ihre Kinder schon früh verdienen konnten, dringend brauchten, konnten sich einfach nicht erlauben, ihre Söhne die Zeit in der Mittelschule verbringen zu lassen. Allein die Kosten entsprechender Kleidung für Schulen dieser Art hätten dies unmöglich gemacht.

Anders als die meisten anderen Wiener gelang es den Juden, dieses Erziehungssystem zur Verbesserung ihres Status und zum sozialen Aufstieg zu verwenden. Wohl machte elitäre Schulbildung ihren ersten Angriff auf die totale Akzeptanz noch nicht möglich, aber Juden bedienten sich der Gymnasialbildung, um ein bereits erlangtes Sozialprestige noch entsprechend zu festigen. Dem jüdischen Bürgertum garantierte das Gymnasium eine Zukunft seiner Söhne auf noch höherer Ebene im Rahmen jener Möglichkeiten, die die Gesellschaft ihnen damals als Ganzes bot. Diese Schulbildung gestattete den Kindern einer relativ breitgestreuten Mittelklasse von Geschäftsleuten, die prestigereichere Welt der freien Berufe, wie Rechtsanwälte, Ärzte, Schriftsteller, aber auch des mittleren und höheren Managements zu erreichen.

Da die Juden vorwiegend in den merkantilen Berufen angesiedelt waren und nun allmählich mehr und mehr in Angestelltenberufe verwandter Zielsetzung übertraten, verfügten sie gegenüber Nichtjuden über deutliche Vorteile bei der Überwindung der Schranken eines klassengebundenen Erziehungssystems. Ebenso wie bei ihrem Streben nach beruflichem Höherkommen war auch hier für sie ihre wirtschaftliche Lage und ihr Kulturgut ein großer Vorteil beim Einschlagen des höheren Bildungsweges. Die meisten Wiener der Arbeiterklasse dachten wahrscheinlich kaum daran, ihre Söhne in die prestigegewährenden Mittelschulen zu schicken. Da viele von ihnen eben erst aus dem bäuerlichen Bereich zu Arbeitern in der Großstadt geworden waren, trugen sie noch das Erbe einer gewissen Servilität gegenüber gesellschaftlich Höherstehenden mit sich und hätten kaum gewagt, Seite an Seite mit ihnen die Schulbank zu drücken. Die Juden dagegen verfügten über keine Tradition der Servilität. Überdies: Gleichgültig, wie arm sie auch sein mochten, übten Juden bürgerliche Berufe aus, die sie psychologisch darauf vorbereiteten, die Karriere ihrer Söhne durch entsprechende höhere Erziehung zu fördern. Gegen Ende des 19. Jahrhunderts hatten die Juden ihre immer schon bestehende große Hochachtung für Studium und Bildung von den rabbinischen religiösen Studien nun den „weltlichen" zu akademischen Wegen übertragen. Darüber hinaus machte die neue wirtschaftliche Freiheit Juden auch ganz besonders empfindlich hinsichtlich ihres Bedürfnisses nach Sicherheit, und sie nahmen an, daß entsprechende Bildung jenes zusätzliche Maß an Sicherheit gewähren würde, das Reichtum allein mit all seinen Risken nie geben konnte. Schließlich konnte man ja immer sein Geld bei irgendeiner spekulativen Transaktion verlieren, dagegen aber schützten Titel und Berufsstatus den Träger vor den Wechselfällen des Marktes und gewährleisteten ihm eine sichere und hohe Position in der Gesellschaft. Entsprechendes Bildungsniveau und Zugehörigkeit zu einem der freien Berufsstände schienen auch darüber hinaus eine Art Freistatt vor den Spannungen einer im Grunde doch eher feindseligen Umwelt zu bieten. Die Hochschulbildung dünkte den Juden ein Weg, bei Nichtjuden vielleicht leichter und besser Akzeptanz zu finden als in der Welt des Geschäftslebens. So versuchten reiche, aber auch nicht so sehr reiche jüdische Geschäftsleute, die gesellschaftliche Position ihrer Söhne durch den besten möglichen Bildungsweg zu sichern.

Tabelle 5:3
Berufe der Väter jüdischer Gymnasiasten in den Jahren 1890 und 1910, verglichen mit der Berufsverteilung der IKG-Steuerzahler und der männlichen jüdischen Heiratenden (kombiniert)

	Gymnasiasten		IKG %	männl. jüd. Heiratende %
	Anzahl	%	N = 2.207	N = 811
Staatsbeamte	86	5,9	3,6	2,6
Freiberufler	226	15,5	11,5	11,3
Fabrikanten	93	6,4	5,8	3,5
Kaufleute	708	48,5	47,4	40,8
Handelsangestellte	271	18,6	18,7	25,5
Handwerker	64	4,4	13,1	12,0
Arbeiter	12	0,8	–	4,3
	1.460	100,0%	100,0%	100,0%

Die nun folgende Besprechung des sozialen und wirtschaftlichen Hintergrunds jüdischer Studenten, die in diesen Jahren die Bildung der Elite erhielten, stützt sich auf eine sorgfältige Analyse jener, die drei Wiener Gymnasien mit hohen jüdischen Studentenziffern besucht hatten: das Franz-Josephs-Gymnasium in der Inneren Stadt (I), das Erzherzog-Rainer-Gymnasium in der Leopoldstadt (II) und das Maximilian-Gymnasium (Wasagasse-Gymnasium) auf dem Alsergrund (IX).[30] Diese jungen Juden gehörten ganz zweifellos dem Bürgerstand an, und die Karrieren ihrer Väter waren sicher prestigereicher als die der typischen Wiener Juden der Zeit (Tabelle 5:3). Ein wesentlich höherer Prozentsatz der Väter jüdischer Gymnasiasten waren Kaufleute, vermutlich wohlhabende, oder Industrielle, als dies für die übrige Judenheit der Stadt zutraf. Angehörige der freien Berufe und Staatsbeamte, die gewiß darauf hofften, innerhalb der Familie ihren eigenen gesellschaftlichen Status aufrechtzuerhalten, schickten ihre Söhne besonders gern aufs Gymnasium und taten dies auch prozentuell in höherem Maß als ihrem eigenen Anteil an der jüdischen Bevölkerung der Stadt und unter den wohlhabenden Kultusgemeindesteuerzahlern entsprach. Andererseits zeigte sich, daß jüdische Verkäufer, Angestellte und Manager in geringerem Maß in der Lage waren, ihre Söhne das Gymnasium besuchen zu lassen. Obwohl ein Viertel der männlichen jüdischen Heiratenden in Wien zwischen 1870 und 1910 als Handelsangestellte tätig waren, sind nur 18,6% der Väter jüdischer Mittelschüler in diesen Berufen zu finden. Wie zu erwarten war, schickten nur wenige jüdische Handwerker oder Arbeiter ihre Söhne aufs Gymnasium. Obwohl sicher zahlreiche wohlhabende jüdische Handwerker in Wien wohnten, hatten diese geringere gesellschaftliche Ambitionen für ihre Söhne als die übrige Wiener Judenheit.

Tabelle 5:4
Berufe der Väter jüdischer Gymnasiasten in den Schuljahren 1890/91 und 1910/11

	Insgesamt		Gymn. im I. Bezirk	
	1890/91 N = 638	1910/11 N = 822	1890/91 N = 120	1910/11 N = 128
Staatsbeamte	3,3%	7,9%	0,8%	4,7%
Freiberufler	15,5	15,5	25,0	29,7
Fabrikanten	7,0	6,0	9,2	15,6
Kaufleute	57,8	41,2	53,3	39,1
Handelsangestellte	12,9	23,0	10,0	8,6
Handwerker	3,0	5,5	1,7	2,3
Arbeiter	0,6	1,0	–	–
	100,0%	100,0%	100,0%	100,0%

	Gymn. im II. Bezirk		Gymn. im IX. Bezirk	
	1890/91 N = 306	1910/11 N = 417	1890/91 N = 212	1910/11 N = 277
Staatsbeamte	3,9%	6,5%	3,8%	11,6%
Freiberufler	12,7	10,3	14,2	16,6
Fabrikanten	3,9	4,3	9,9	4,0
Kaufleute	57,8	44,8	60,4	36,8
Handelsangestellte	15,4	25,7	10,8	25,6
Handwerker	5,2	6,5	0,5	5,4
Arbeiter	1,0	1,9	0,5	–
	100,0%	100,0%	100,0%	100,0%

Zwischen 1890 und 1910 machte sich die Veränderung hinsichtlich der angestrebten Berufe bei der Wiener Judenheit auch bei der Art von Familien bemerkbar, die ihre Söhne aufs Gymnasium schickten (Tabelle 5:4). Im gleichen Maß, in dem Wiener Juden zunehmend reine, vor allem selbständige Handelsberufe aufgaben und statt dessen Karrieren als Handelsangestellte anstrebten, begannen auch viele jüdische kleine Angestellte, Verkäufer, aber auch Manager, für ihre Söhne die Gymnasialbildung zu wählen (wieder Tabelle 5:4), um ihnen Karrieren von höherem Status zu gewährleisten. Immer noch war es bei den Handelsangestellten prozentuell weniger wahrscheinlich als bei den Angehörigen der freien Berufe, daß sie ihre Söhne aufs Gymnasium sandten. Dennoch ergab sich zwischen dem Jahr 1890 und dem Jahr 1910 in der Leopoldstadt (II) ein Anstieg der Väter jüdischer Gymnasiasten, die Handelsangestellte waren, um 128%, und auf dem Alsergrund (IX) betrug die Zunahme im gleichen Zeitraum sogar 209%.

Bei der Untersuchung der Herkunft der Gymnasiasten in jeder einzelnen Schule liegt der Gedanke nahe, daß eine Anzahl von Juden tatsächlich das Erziehungssystem bzw. den höheren Bildungsweg als Mittel zur Erreichung eines höheren sozialen Status verwendeten. Bis zu einem gewissen Grad jedenfalls taten dies Juden im „Ghetto" der Leopoldstadt, sozusagen um das gesellschaftliche Höherkommen von Generation zu Generation zu fördern (Tabelle 5:4). Gymnasiasten in den Eliteschulen der Inneren Stadt (I) stammten vorwiegend aus sehr angesehenen Familien und die Studenten in den Gymnasien des IX. Bezirks aus solchen, die typisch für die wirtschaftliche Veränderung und Karriereveränderung der Wiener Juden waren. Die jüdischen Studenten am Gymnasium in der Leopoldstadt andererseits stammten meist von Vätern, die geringeres Sozialprestige hatten als die Väter von Gymnasiasten an anderen Wiener Schulen. Wenige dieser Väter in der Leopoldstadt waren freiberuflich tätig oder Industrielle, also Besitzer einer Fabrik, und ein größerer Teil von ihnen, prozentuell gesehen, waren Handwerker oder Handelsangestellte. Darüber hinaus ist aus der Anzahl der Studiengeldbefreiungen im Erzherzog-Rainer-Gymnasium im II. Bezirk wahrscheinlich, daß viele der jüdischen Väter in der Leopoldstadt, die ihre Söhne aufs Gymnasium schickten, Kaufleute waren, die ein nur geringes Einkommen und weit weniger Sozialprestige hatten als jene Kaufleute, die ihre Kinder in die Gymnasien der Innenstadt und des Alsergrunds schicken konnten.

Finanzielle Hilfe in Form von Stipendien ermöglichte einigen der weniger wohlhabenden Wiener Juden gleichfalls, das Gymnasium zu besuchen und damit den gesellschaftlichen Aufstieg zu begründen. Obwohl angesehene Mittelschulen, wie etwa das Schottengymnasium und die Theresianische Akademie, nur selten auf das Schulgeld bei begabten Schülern verzichteten, hatten andere Wiener Gymnasien im Durchschnitt 20 bis 30% Schüler, denen das Schulgeld von etwa 100 Kronen jährlich erlassen wurde.[31] In den Gymnasien in der Leopoldstadt (II), Landstraße (III), Meidling (XII) und Hernals (XVII) war etwa die Hälfte der Schüler von der Zahlung des Schulgeldes befreit. Die Zahl der Freistellen an Gymnasien nahm in dieser Epoche zu, und zwar selbst in den Schulen in der Inneren Stadt, die nur selten die Bezahlung des Schulgeldes erließen.[32] In Wien öffnete dieser Verzicht auf das Schulgeld weit mehr Studenten die Türen des Gymnasiums als etwa in Preußen, wo nur 10% der Schulplätze „frei", d. h. also unter Verzicht auf das Schulgeld, angeboten wurden.[33] Da die Anzahl der Gymnasiasten im neunzehnten Jahrhundert relativ niedrig blieb, scheint es, als hätten selbst Freiplätze und Stipendien diesen Bildungsweg breiteren Schichten der unteren Klassen nicht geöffnet. Obwohl sich dies nicht nachweisen läßt, ist doch immerhin möglich, daß gewisse Berufsgruppen, wie etwa Universitätsprofessoren oder Staatsbeamte, automatisch in den Genuß von Schulgeldbefreiungen für ihre Kinder kamen.

Etwa ein Drittel (34,4%) der jüdischen Studenten in den drei Gymnasien dieser Untersuchung waren von der Bezahlung des Schulgeldes befreit.[34] Jüdische Gymnasiasten mit Schulgeldbefreiung stammten meist aus Familien mit geringerem Sozialprestige als der Durchschnitt der Gymnasiasten. Die Väter von Gymnasiasten, die in den Genuß von Freiplätzen kamen, waren seltener Freiberufler oder Industrielle als die Väter anderer Gymnasiasten. Überdies arbeiteten sie meist als Handelsangestellte, Verkäufer oder Manager und sogar als Handwerker, und zwar mit größerer Häufigkeit als die Väter anderer jüdischer Gymnasiasten. Mehr als die Hälfte der Söhne, deren Väter Handelsangestellte oder Handwerker waren, erhielt Freiplätze am Gymnasium.

Vor allem in der Leopoldstadt (II) ermöglichten Schulgeldbefreiungen es den weniger Wohlhabenden, ihre Söhne ans Gymnasium zu schicken und dadurch sozialen Aufstieg zu begründen. Die Zahl der jüdischen Studenten im Erzherzog-Rainer-Gymnasium im II. Bezirk, die finanzieller Unterstützung bedurften, stieg zwischen 1890 und 1910 an. Im Jahr 1890 kamen nur 30,2% der jüdischen Studenten in den Genuß der Schulgeldbefreiung; zwanzig Jahre später waren es bereits ganze 50,4%. Obwohl die Statistik von 1890 fälschlich zu niedrig ist, da die Information für die erste Klasse dieses Jahres fehlt, ist es trotzdem offensichtlich, daß die Klassen im Jahre 1910 mehr finanzielle Unterstützung brauchten und erhielten als 1890. Juden, die das Franz-Joseph-Gymnasium in der Inneren Stadt besuchten, benötigten praktisch keine finanzielle Unterstützung. Da sie aus wohlhabenden Familien stammten, erhielten nur 5% Schulgeldbefreiung. Dank finanzieller Hilfe und ihres eigenen Ehrgeizes bedienten sich die Juden in Wien eines verhältnismäßig geschlossenen Bildungssystems, um bescheidene Fortschritte zu machen, frühere Errungenschaften zu bewahren und ihre gesellschaftliche Stellung in der Stadt zu heben. Die meisten jüdischen Gymnasiasten kamen sicher aus dem Mittelstand, aber dieser war für die weniger Angesehenen genauso offen wie für die Erfolgreichen.

Im Gegensatz zu den Juden schickte nur die Oberschicht der nichtjüdischen Gesellschaft ihre Söhne jemals in das Gymnasium. Unter den Nichtjuden Wiens – anders als unter seinen Juden – setzte höhere Schulbildung nur den Klassenunterschied fort. Die Väter der nichtjüdischen Schüler an den hier untersuchten Gymnasien[35] genossen weitaus höheren sozialen Status und stammten aus einer viel schmäleren Schicht der Wiener Gesellschaft als die Väter der jüdischen Mitschüler (Tabelle 5:5). Über ein Drittel der nichtjüdischen Väter waren entweder Offiziere oder höhere Staatsbeamte, eine zehnmal höhere Rate als jene der jüdischen Väter von 1890, von denen nur 3% Staatsbeamte waren, davon die meisten in unteren Ministerialrängen. Viele der nichtjüdischen Väter hatten Professuren an der Universität, Stellungen, die ihnen äußerst hohen sozialen Status verliehen. Ferner war ein Viertel der nichtjüdischen Väter Freiberufler, wiederum eine viel höhere Rate als die 16% der jüdischen Väter, welche in diesem Jahr freie Berufe ausübten. Somit hatten 1890 60% der nichtjüdischen Studenten Väter, die Offiziere, hohe Staatsbeamte und Freiberufler waren, verglichen mit 19% der Juden. Andererseits waren die Väter der nichtjüdischen Schüler bedeutend seltener als die Juden Kaufleute, Fabrikanten oder Handelsangestellte und sehr wenige Handwerker oder Arbeiter.

Tabelle 5:5
Berufe der Väter nichtjüdischer Gymnasiasten in den Schuljahren 1890/91 und 1910/11

	Gymn. im I. Bezirk N = 44	Gymn. im II. Bezirk N = 37	Gymn. im IX. Bezirk N = 55
Offiziere	6,8%	2,3%	5,5%
Staatsbeamte	18,2	29,7	41,8
Freiberufler	27,3	24,3	23,6
Fabrikanten	4,5	5,4	1,8
Kaufleute	25,0	16,2	14,5
Handelsangestellte	13,6	8,1	5,5
Handwerker	4,5	2,7	3,6
Arbeiter	–	10,8	3,6
	100,0%	100,0%	100,0%

Nichtjüdische Schüler kamen nicht nur aus angeseheneren Familien als Juden, sondern hatten auch Väter, die zur Oberschicht der Wiener Gesellschaft gehörten. Obwohl die meisten Wiener dem Arbeiter- oder unterem Mittelstand angehörten, schickten fast keine nichtjüdischen Arbeiter oder Kleinhändler ihre Söhne in höhere Schulen noch verhalfen Wiens Geschäftsleute im allgemeinen ihren Söhnen zu einer höheren Bildung. Es waren die höheren Staatsbeamten, Offiziere und Freiberufler, nur 11% des Wiener Arbeitskräftepotentials, die 60% der nichtjüdischen Schüler an den humanistischen Gymnasien in Wien stellten.[36] Diesen Männern sollte die gymnasiale Ausbildung ihrer Söhne den gleichen hohen Status garantieren wie ihren eigenen.

Einwanderer und Einheimische

Eine Analyse des nationalen Ursprungs der jüdischen Schüler[37] zeigt, daß eingewanderte Väter wie andere jüdische Väter in Wien versuchten, höhere Schulbildung zur Verbesserung oder Bestätigung des Sozialstatus ihrer Söhne zu benützen. Diese Tatsache ist besonders bemerkenswert, da Einwanderer in keiner guten Lage waren, um ihre Nachkommen in Gymnasien zu schicken. Nichtsdestoweniger taten sie es – und weitaus öfter als nichtjüdische Einwanderer, die für gewöhnlich Fachschulen auswählten, um die Zukunft ihrer Söhne zu sichern.

Gewiß waren die meisten jüdischen Gymnasiasten gebürtige Wiener. Ein höherer Prozentsatz jüdischer Gymnasiasten als männlicher Heiratender, Väter oder IKG-Steuerzahler waren in der österreichischen Haupt- und Residenzstadt geboren worden. 1890 zum Beispiel waren 17% der Väter Wiener, und 26% der Neuzutretenden der IKG-Steuerliste hatten Wiener Heimatrecht,[38] aber über zwei Drittel der jüdischen Gymnasiasten waren nach Wien zuständig (Tabelle 5:6). In dem Maß, in dem zwischen 1890 und 1910 der in Wien geborene Anteil der Wiener jüdischen Gemeinde wuchs, wuchs auch die Zahl der in Wien geborenen höheren Schüler. Der Prozentsatz der gebürtigen Wiener in den Schulen des I. und II. Bezirks stieg während dieser Periode von zwei Dritteln auf mehr als drei Viertel. Der Unterschied zwischen den achten Klassen von 1890, die 1883 mit der Schule begannen, und den ersten Klassen von 1910 ist noch deutlicher. Im Erzherzog-Rainer-Gymnasium in der Leopoldstadt (II) waren nur 48% der achten Klassen des Jahres 1890 gebürtige Wiener gegenüber 75% der Schüler in den unteren Klassen des Jahres 1910. Gleichermaßen waren nur 45,5% der Klasse, die 1883 in das Franz-Joseph-Gymnasium in der Inneren Stadt eintraten, gebürtige Wiener, und 83,5% (oder zweimal so viele) der unteren Klassen des Jahres 1910 waren in Wien zur Welt gekommen. Im Maximilian-Gymnasium auf dem Alsergrund (IX) waren jüdische Schüler überwiegend gebürtige Wiener.

Trotz des großen Anteils gebürtiger Wiener kam eine beträchtliche Zahl jüdischer Gymnasiasten dieser drei Gymnasien aus Einwandererfamilien. 1890 waren geringfügig unter einem Drittel (31,6%) und 1910 etwa ein Viertel (24,5%) der jüdischen höheren Schüler außerhalb Wiens geboren, und wahrscheinlich war ein noch höherer Prozentsatz in Wien zur Welt gekommene Söhne vor kurzem eingewanderter Juden. Dieser Prozentsatz, beträchtlich kleiner als der der Einwanderer in der jüdischen Gemeinde im gesamten, war vergleichsweise groß angesichts der Schwierigkeiten, die Einwanderer am Besuch der höheren Schulen hinderten. Erstens kam die Mehrheit der Einwanderer im Erwachsenenalter in die Stadt und konnte das Gymnasium nicht besuchen. Weiters waren die meisten Einwanderer mit ihrem Lebensunterhalt zu beschäftigt, um ihre Kinder, besonders die in der Provinz geborenen, in höhere Schulen zu schicken. Jedenfalls besuchte eine Anzahl jüdischer, in Böhmen, Mähren und Ungarn geborener Jungen das Gymnasium, doch ging ihre Zahl zurück, als die Einwanderung aus den tschechischen Ländern und Ungarn

Tabelle 5:6
Geburtsorte der Wiener jüdischen Gymnasiasten in den Schuljahren 1890/91 und 1910/11

	Gymn. im I. Bezirk		Gymn. im II. Bezirk		Gymn. im IX. Bezirk	
	1890/91 N = 141	1910/11 N = 140	1890/91 N = 344	1910/11 N = 452	1890/91 N = 244	1910/11 N = 307
Wien	67,4%	80,7%	63,7%	73,5%	74,2%	73,0%
Übriges Niederösterreich	3,5	2,1	3,5	2,7	5,7	4,9
Böhmen	2,8	4,3	2,3	2,9	3,7	3,9
Mähren und Schlesien	4,3	5,7	6,4	3,3	4,5	3,9
Galizien und Bukowina	3,5	2,1	8,7	12,2	2,5	5,2
Ungarn	11,3	1,4	9,9	4,2	7,0	3,6
Westeuropa	4,3	2,1	1,5	0,7	0,8	2,9
Osteuropa	2,1	0,7	2,9	0,4	1,6	2,3
Übrige	0,7	0,7	1,2	0,2	–	0,3
	100,0%	100,0%	100,0%	100,0%	100,0%	100,0%

zwischen 1890 und 1910 allmählich aufhörte. So waren zum Beispiel 14,6% der jüdischen Jungen, die 1884 und 1885 in das Gymnasium in der Leopoldstadt eintraten, Ungarn, aber nur 4,3% derer, die zwischen 1906 und 1910 mit dem Schulbesuch begannen, waren in Ungarn geboren worden. Die meisten der aus Böhmen, Mähren und Ungarn einwandernden Juden kamen mit der ersten Einwanderungswelle, und um 1910 waren nur mehr wenige Kinder in einem für das Gymnasium geeigneten Alter.

Alle Schulen umfassende Statistiken für 1890 und 1910 zeigen, daß es einen bescheidenen Zuwachs im Prozentsatz der in Galizien geborenen jüdischen Gymnasiasten zwischen 1890 und 1910 gab, besonders im Gymnasium der Leopoldstadt, wo der prozentuelle Anteil der Galizier von 7,5% auf 12,2% anstieg. Während dieser Anstieg in keiner Weise der großen Zunahme in Galizien gebürtiger Juden dieser Periode entspricht, legt er nahe, daß sogar unter diesen eher traditionsgebundenen Juden viele ihren Söhnen höhere Schulbildung verschaffen wollten. Ein genauerer Blick auf den geographischen Ursprung der Schüler aller Klassen des Erzherzog-Rainer-Gymnasiums im II. Bezirk von 1890 und 1910 zeigt, daß es in den Anfangsklassen der frühen 1880er Jahre, einer Zeit geringer jüdischer Zuwanderung, fast so viele Galizier gab wie in den Klassen, die nach 1906 begannen, einer Zeit der Massenzuwanderung aus diesem Kronland. 1890 waren 9,9% der oberen drei Klassen gebürtige Galizier, während 1910 der prozentuelle Anteil in den unteren fünf Klassen 11,6% betrug. Die ersten galizischen Juden in Wien waren, wie erinnerlich, akkulturiert, wohlhabend und schickten infolgedessen ihre Söhne auf das Gymnasium. Die Neuzuwanderer am Ende des Jahrhunderts waren zu arm und weniger bedacht auf Assimilation und Akkulturation – und daher auf höhere Schulbildung – als die früher nach Wien gekommenen Galizier. Deshalb stieg trotz des sehr großen Anwachsens der galizischen jüdischen Gemeinde in Wien die Zahl der galizischen jüdischen Schüler nicht nennenswert. Es scheint jedoch, daß einige arme Galizier ihre Söhne in das Gymnasium schickten, und daß es im Lauf der Zeit und mit dem Rückgang der Tradition immer mehr wurden. Obwohl nur 5,2% aller jüdischen Gymnasiasten in unserer Stichprobe in Galizien zur Welt kamen, waren 15,5% der vom Schulgeld Befreiten gebürtige Galizier.

Wenige jüdische Neuzuwanderer konnten ihre Kinder in das Gymnasium schikken, aber Wiens nichtjüdische Zuwanderer waren noch weniger imstande, ihre Söhne angesehene höhere Schulen besuchen zu lassen. In den drei hier untersuchten Schulen, wie tatsächlich in allen Gymnasien Wiens, waren fast alle nichtjüdischen Schüler in Wien oder Niederösterreich geboren, wo es wenige Gymnasien gab (Tabelle 5:7).[39] Das einzige Gymnasium Wiens mit einer beträchtlichen Anzahl von Schülern, die nicht aus Wien stammten, war die Theresianische Akademie, in der die Söhne des Adels aus der gesamten Doppelmonarchie erzogen wurden. 1895 waren nur 46% ihrer Schüler gebürtige Wiener, 12% stammten aus Niederösterreich oder der Steiermark, 10% aus Böhmen und Mähren, 5% aus Galizien, 10% aus Ungarn, und 18% waren anderswo geboren.[40] Die meisten Schüler des typischeren Schottengymnasiums waren 1911/12 entweder Wiener (79%) oder Niederösterreicher (11%).[41]

Tabelle 5:7
Geburtsorte der nichtjüdischen Wiener Gymnasiasten im Schuljahr 1890/91

	Gymn. im I. Bezirk N = 48	Gymn. im II. Bezirk N = 37	Gymn. im IX. Bezirk N = 57
Wien	75,0%	78,4%	80,7%
Übriges Niederösterreich	10,4	8,1	7,0
Böhmen	8,3	–	–
Mähren und Schlesien	2,1	8,1	3,5
Galizien und Bukowina	–	2,7	1,8
Ungarn	2,1	2,7	3,5
Westeuropa	–	–	3,5
Osteuropa	–	–	–
Übrige	2,1	–	–
	100,0%	100,0%	100,0%

Keine der ethnischen Minderheiten Wiens erhielt höhere Schulbildung, am wenigsten die Tschechen. Mit Ausnahme des Franz-Joseph-Gymnasiums in der Inneren Stadt, das auf die Söhne einiger böhmischer Adeliger anziehend wirkte, gab es wenige tschechische Nichtjuden in den untersuchten drei Schulen. Diese Schulen, die weit entfernt von der tschechischen Konzentrierung in der Stadt gelegen waren, hatten kaum böhmische oder mährische Schüler. Aber es gab praktisch auch anderswo keine tschechischen höheren Schüler. Sicherlich besuchten fast keine Schüler, deren Muttersprache Tschechisch war, Wiener Gymnasien oder Realschulen. 1910 gaben nur 108 (oder 1,6%) von 7.414 Wiener Gymnasiasten Tschechisch als Muttersprache an.[42] Anpassung an die deutsche Sprache konnte leicht das Vorhandensein von Tschechen verdunkelt haben, aber es gab auch fast keine in Böhmen oder Mähren geborenen Schüler in den Gymnasien jener Bezirke, die der tschechischen Konzentrierung am nächsten lagen. Im Staatsgymnasium in Hietzing (XIII) war kein Schüler des Jahrgangs 1903/04 gebürtiger Böhme.[43] Im Arbeiterbezirk Hernals (XVII) waren 1885 9% der Schüler Böhmen, aber 1895 war der Anteil auf 3% zurückgegangen.[44] Desgleichen waren nur 3% der Gymnasiasten im XII. Bezirk 1890/91 und 1910/11 Böhmen.[45] Die Prägung der tschechischen Gemeinde Wiens als Arbeiterklasse verhinderte erfolgreich das Erwerben höherer Schulbildung.

Im Gegensatz zu den Juden, die alle Anstrengungen unternahmen, damit ihre Söhne die renommiertesten Schulen Österreichs besuchen konnten, schickten nichtjüdische Zuwanderer ihre Söhne nach Abschluß der Volksschule in die Fachschulen Wiens. Ein sehr großer Teil der Fachschüler waren Tschechen. 1889/90 stellten tschechischsprachige Schüler 23,9% der Schülerschaft an den Wiener Fachschulen.[46] 1910, nachdem sich ein großer Teil der Tschechen der deutschen Sprache angepaßt hatte, machten sie immer noch 18,2% der gesamten Gewerblichen Fortbildungsschülerschaft aus. In bestimmten Schulen stellten Tschechen einen beträchtlich höheren Prozentsatz . 1910 zum Beispiel umfaßten Tschechen in

Tabelle 5:8
Juden in Gewerblichen Fortbildungsschulen in Wien, 1910

Schultype	Schulen	Studierende	Juden	% Juden
Allg. Gewerbliche Fortbildungsschulen	5	906	14	1,5
*Fachliche Fortbildungsschulen für Lehrlinge**				
Bäcker	4	703	8	1,1
Baugewerbe	5	1.117	3	0,3
Bildhauer	1	122	2	1,6
Buchbinder	3	708	36	5,1
Drechsler	1	171	6	3,5
Elektrotechniker	1	287	12	4,2
Faßbinder	1	123	–	–
Färber	1	213	2	0,9
Gürtler und Bronzearbeiter	2	356	1	0,3
Huf- und Wagenschmiede	1	263	1	0,4
Hutmacher	1	181	10	5,5
Industriemaler	1	52	1	1,9
Installateure	1	358	32	8,9
Juweliere, Gold- und Silberarbeiter	2	636	113	17,8
Kleidermacher	11	3.402	67	2,0
Kürschner	1	283	87	30,7
Maschinengewerbe	1	138	2	1,4
Maschinenschlosser	4	1.296	12	0,9
Mechaniker	4	1.356	13	1,0
Metalldreher, Gießer, Metallgewerbe	6	1.498	7	0,5
Rauchfangkehrer	1	117	15	12,8
Riemer und Sattler	1	326	1	0,3
Schilder- und Schriftenmaler	1	78	–	–
Schlosser	6	2.013	18	0,9
Schuhmacher	11	2.228	58	2,6
Tapezierer	1	202	49	24,3
Taschner	1	191	14	7,3
Tischler	10	2.693	25	0,9
Wagner	1	133	–	–
Weber, Wirker und Posamentierer	1	301	25	8,3
Zahntechniker	1	220	39	17,7
		21.765	659	3,0
Fachliche Fortbildungsschulen für Lehrmädchen				
Kleidermacherinnen	19	4.017	197	4,9
Kunstblumenerzeuger und Federnschmücker	1	359	14	3,9
Modistinnen	1	415	50	12,0
Wäschewarenerzeuger	2	471	8	1,7
		5.262	269	5,1
Genossenschaftliche Fachschulen für Lehrlinge	32	7.444	147	2,0
Gen. Fachschulen für Lehrmädchen	3	922	159	17,2
Kaufmännische Schulen	2	5.086	972	19,1
Insgesamt		40.479	2.206	5,4%

* Angaben über Schulen für das Druckgewerbe fehlen in der Quelle.

Quelle: SJSW (1910), S. 412–425.

der Fachschule für Schneiderei 67% der Schülerschaft, in jener für Schuhmacher 51%, für Tapezierer 49%. Andererseits gab es unter den Schülern der Handelsschulen, die untere Angestellte ausbildeten, nur 2% Tschechen.[47]

Hingegen besuchten Juden nur selten Bildungsstätten geringeren Ranges, obgleich die Fachschulen ihnen eine gewisse Art sozialer Mobilität und Assimilation hätten bieten können. Juden aus dem Arbeiterstand oder sogar Juden, die ihren Lebensunterhalt als Hausierer oder Handelsagenten nur mühsam bestritten, hätten die finanzielle und soziale Stellung ihrer Söhne verbessern können, indem sie ihnen manuelle Ausbildung und Stellungen als gelernte Arbeiter verschafften. In einer Arbeiterstadt wäre vielleicht eine größere Integration der Juden in die nichtjüdische Gesellschaft zu erreichen gewesen, hätten mehr Juden Berufe als Handwerker gewählt, statt als Intellektuelle, Freiberufler oder Angestellte tätig zu sein. Aber im Gegensatz zu anderen Einwanderergruppen der Stadt wählten Juden selten diese Art sozialer Mobilität und Integration. Gewisse Schulen ausgenommen, die ihren Absolventen höheren Status oder Einkommen anboten oder auf Berufe vorbereiteten, mit denen sie durch Tradition verbunden waren, scheuten Juden die Wiener Gewerblichen Fortbildungsschulen. Juden des Arbeiterstandes, vorerst nur einige wenige, verschafften ihren Söhnen die notwendige Berufsausbildung oder suchten durch Berufe in Geschäft oder Büro nach sozialer Mobilität. Arme Juden, die Hausierer und Händler, wollten zweifellos nicht die Chancen ihrer Söhne dadurch verbessern, daß sie diese ermunterten, Berufskarrieren mit manueller Arbeit zu machen. Vielmehr betrachteten sie Handel und Kommerz sowie Anstellungen als Angestellte und Verkäufer als vielversprechender für eine bessere Zukunft denn ein den Handwerkskünsten gewidmetes Leben. Antisemitismus unter den Handwerkern trug vermutlich ebenfalls dazu bei, daß Juden Fachschulen mieden.

In den meisten Wiener Fachschulen bildeten Juden einen verschwindend kleinen Anteil der gesamten Schülerschaft, sowohl 1890 wie 1910 (Tabelle 5:8), viel kleiner als ihr Anteil an der Gesamtbevölkerung.[48] Sogar in Schulen für das Schneidergewerbe machten Juden nur 2% der Schülerschaft in den Knaben- und 5% in den Mädchenschulen aus. Juden schienen nur in jenen Schulen in annehmbarer Zahl auf, die in Gewerben mit Aussicht auf größere Sicherheit oder Prestige ausbildeten. Daher waren 1910 18% der Schüler in der Schule für Juweliere und 18% in der Fachschule für Zahntechnik Juden sowie 24% in der Fachschule für Tapezierer und 31% in der Fachschule für Kürschner. Juden wollten Karriere als niedrige Handelsangestellte machen, daher waren 19% der Schüler in den beiden kaufmännischen Schulen Juden.

Erziehung der Mädchen

Juden wollten auch Bildung für ihre Töchter. Obwohl die Zahl der Mädchen mit höherer Schulbildung niedrig war, stellten Juden eine äußerst herausragende Gruppe in den höheren Schulen für Mädchen dar, eine größere sogar als an den Gymnasien. Diese Erziehung hatte für eine Karriere keine Bedeutung. Frauen waren erst im zwanzigsten Jahrhundert an der Universität zugelassen (an der juridischen Fakultät erst nach dem Ersten Weltkrieg) und verfolgten fast niemals selbständige Karrieren. Dennoch wünschten Juden, daß ihre Töchter ihre Bildung „verbesserten".

Im Gegensatz zu der Ausbildung der Knaben, die sowohl soziales Ansehen wie Akkulturation garantierte und an der eine ziemlich breite Mittelschicht Anteil nehmen konnte, war die Bildung der jüdischen Mädchen in der Zeit vor dem Ersten Weltkrieg auf die Töchter der reichsten und etabliertesten Juden der Stadt beschränkt. Wohlhabende Juden sahen die Bildung ihrer Töchter wahrscheinlich als Zierde ihres bereits erworbenen hohen sozialen Status. Gebildete Töchter konnten die aristokratischen Ansprüche ihrer Eltern symbolisieren und dazu dienen, Verbindungen mit anderen reichen Familien zu schmieden. Überdies zeigte die Ausbildung der Töchter in Englisch und Französisch sowohl einen hohen Stand an Akkulturation wie auch den Wunsch reicher jüdischer Familien nach weiterer Assimilation in die Wiener bürgerliche Gesellschaft.

Der Staat errichtete vor dem Ersten Weltkrieg außer den Volksschulen keine Schulen für Mädchen. Frauen wurden an den renommierten humanistischen Gymnasien oder Realschulen nicht zugelassen, denn man nahm an, eine Ausbildung wäre an „Nur"-Mädchen verschwendet und beunruhigend für die männlichen Schüler, welchen Bildung eine Notwendigkeit war.[49] Jedoch errichteten verschiedene private Stiftungen und Vereine, die sich weiblicher Bildung widmeten, höhere Mädchenschulen, genannt Mädchen-Lyzeen, welche eine sechsjährige Ausbildung für Mädchen vom zehnten bis zum sechzehnten Lebensjahr boten. Die Absolventinnen dieser Schulen konnten nicht die Universität besuchen, aber ab 1905 an der philosophischen Fakultät als außerordentliche Hörerinnen studieren und nach drei Jahren an Lyzeen unterrichten. Absolventinnen der Mädchen-Lyzeen waren ebenfalls berechtigt, das dritte oder vierte Jahr der Lehrerbildungsanstalt zu besuchen, Pharmazie zu studieren, die Prüfung in Stenographie abzulegen oder an die Wiener Handelsakademie für Mädchen zu gehen.[50]

Der Lehrplan eines sechsjährigen Mädchen-Lyzeums glich in gewissem Ausmaß der Realschule für Knaben. Er bot gewöhnlich nicht Latein oder Griechisch, lehrte aber eine Reihe moderner Sprachen. In Mathematik und den technischen Wissenschaften unterschied er sich aber von dem der Realschulen. Freifächer waren Nähen, Stenographie, Maschinschreiben und in einigen Schulen Latein.[51] Der Lehrplan des Mädchen-Lyzeums war erheblich weniger streng als der des Gymnasiums. Während die Jungen Latein und Griechisch lernten, Physik und Algebra, lasen die Mädchen Wilhelm Tell, schrieben Aufsätze über die „Vorzüge des Landlebens", „Eine unwahrscheinliche Sommerreise" oder „Die Kreuzigung" und trugen Gedichte vor. Gymnasiasten lasen mindestens dreimal so viele Meisterwerke der deutschen Literatur wie die Mädchen.[52]

Vor dem Ersten Weltkrieg bemühten sich zwei Stiftungen um die Gleichstellung der Mädchenausbildung. Nach 1888 versuchte der Verein für erweiterte Frauenbildung den österreichischen Frauen den Universitätsbesuch zu ermöglichen, um Berufe ergreifen zu können, die Universitätsabsolventen vorbehalten waren. In der

Tabelle 5:9
Jüdinnen in Wiener Mittelschulen für Mädchen, 1910/11

		Anzahl der Studierenden	Anzahl der Juden	% Juden
Gymnasien				
des Vereines für erweiterte Frauenbildung (8 Klassen)	I	388	168	43,3
des Dr. J. Schwarz (1 Klasse)	VIII	7	2	28,6
Mädchen-Lyzeen				
Hilda von Gunesch	I	24	6	25,0
Martha Luithlen	I	123	32	26,0
Eugenie Schwarzwald	I	164	113	68,9
Dr. Amalia Sobel	I	43	38	88,4
Chr. Verein zur Förderung der Frauenbildung	I	9	–	–
Dr. Olga Ehrenhaft-Steindler	I	178	157	88,2
Berta Freyler	I	131	36	27,5
Wr. Frauenerwerbverein	IV	236	112	47,5
Klothilde Liste	V	48	7	14,6
Sophie Halberstamm	VI	135	52	38,5
Klosterfrauen-Notre Dame de Sion	VII	124	–	–
Schulverein für Beamtentöchter	VIII	558	215	38,5
Rosa Feri-Fliegelmann	IX	167	129	77,2
Hietzinger Lyzeum-Gesellschaft	XIII	184	51	27,7
Cottage-Lyzeum der Salka Goldmann	XIX	197	115	58,4
Insgesamt:				
Lyzeen		2.321	1.063	45,8
Lyzeen und Gym.		2.716	1.233	45,4

Quellen: Öst. Stat., N. F. 8: 2, S. 68–71, 102–103.

von ihm 1892 gegründeten Gymnasialen Mädchenschule gab es für die jungen Damen einen regelrechten gymnasialen Lehrplan mit Latein, Griechisch, Deutsch, Geschichte und Geographie, Religion, Mathematik, Naturgeschichte und Philosophie in einem Sechsjahresprogramm, das 1901 auf sieben Jahre und 1910 auf acht Jahre erweitert wurde. 1912 errichtete der Verein für realgymnasialen Mädchenunterricht ebenfalls eine Schule für Mädchen.[53]

Wiens reichste und am stärksten assimilierte Juden schickten ihre Töchter in weitaus höherem Ausmaß in die Mädchen-Lyzeen als die Nichtjuden der Stadt. Tatsächlich blieb verhältnismäßig wenig Platz für die Töchter der nichtjüdischen Mehrheit. 1895/96 waren 57% aller Lyzeumsschülerinnen jüdisch,[54] und 1910 betrug die Zahl immer noch 46% (Tabelle 5:9), eine weitaus höhere als der jüdische proportionale Anteil in den Gymnasien (30%) oder Realschulen (21%). Bestimmte Mädchen-Lyzeen, wie die nach Dr. Amalie Sobel oder Dr. Olga Ehrenhaft-Steindler genannten Schulen, waren fast vollständig jüdisch; andere, wie die von Eugenie Schwarzwald zu zwei Dritteln. Andererseits unterrichteten die von christlichen Vereinen geführten Lyzeen überhaupt keine jüdischen Schülerinnen. Jüdische Mädchen, welche Eugenie Schwarzwalds Mädchen-Lyzeum in der Inneren Stadt besuchten – die hier eingehend untersuchte Schule[55] –, kamen sicherlich aus der Oberschicht. Sie waren die Töchter der erfolgreichsten und namhaftesten Juden Wiens, die bereits hohen Sozialstatus erreicht hatten und nun wünschten, daß ihre Töchter zum Schmuck ihrer aufwärts gerichteten Mobilität würden. Diese Mädchen kamen aus Häusern, welche reicher und angesehener waren als jene der jüdischen Gymnasiasten im allgemeinen und sogar der Schüler des Franz-Joseph-Gymnasiums in der Inneren Stadt. Die meisten Väter dieser Mädchen waren Wiens jüdische Industrielle, Großkaufleute und hochgeachtete Freiberufler, und nur wenige arbeiteten als Staatsbeamte oder Handelsangestellte (Tabelle 5:10). 1910 war die Anzahl der Mädchen aus Freiberuflerfamilien größer als 1890. Überdies waren fast alle jüdischen Mädchen in dem Schwarzwald-Lyzeum gebürtige Wienerinnen. 1890 waren zwei Drittel in der Hauptstadt zur Welt gekommen, 1910 drei Viertel.

Tabelle 5:10
Berufe der Väter jüdischer Studentinnen des Schwarzwald Mädchen-Lyzeums, 1890 und 1900

	1890/91 N = 86	1910/11 N = 131
Staatsbeamte	–	3,8%
Freiberufler	14,0%	31,3
Fabrikanten	18,6	13,0
Kaufleute	53,5	26,0
Handelsangestellte	10,5	23,7
Handwerker	3,5	2,3
Arbeiter	–	–
	100,0%	100,0%

Wie klein auch die Gruppe Wiener Juden war, die ihre Töchter in das Lyzeum schickte – die nichtjüdische Gruppe, die ihren Mädchen Bildung ermöglichte, war noch kleiner. Von den fünfundsechzig Nichtjüdinnen bei Schwarzwald waren 1910/11 fast die Hälfte Töchter von Offizieren (12,9%) oder hohen Staatsbeamten (35,5%). Unter den nichtjüdischen Vätern gab es 11% Freiberufler, 8% Fabrikanten, nur 11% Kaufleute, 15% Handelsangestellte und 2% Handwerker. Die meisten der nichtjüdischen Mädchen waren entweder in Wien, Niederösterreich oder in der Steiermark zur Welt gekommen.

Erziehung und Assimilation

Höhere Schulbildung diente einem doppelten Zweck: Der Steigerung des jüdischen Sozialprestiges und der Versicherung, daß Juden aus dem Mittelstand tatsächlich in die europäische Hochkultur aufgenommen waren. Mit ihrer Betonung der humanistischen Tradition bot Gymnasialbildung den Juden eine verlockende Einladung – eine, die sie voll akzeptierten –, nichtjüdische Kultur als ihre eigene anzunehmen und infolgedessen jüdische Ideen und Anliegen zu mißachten.[56] Gymnasialbildung in Europa – durchdrungen von heidnischem Klassizismus – konnte leicht Schüler von jüdischen Interessen in die verwirrende Welt antiker und moderner europäischer Kultur fortlocken. Sicherlich konnten fromme Juden das Gymnasium als hellenistischen und heidnischen Einfluß abstempeln und – in der Tradition der Makkabäer – die Erziehung ihrer Söhne in solch einer erklärten nichtjüdischen Atmosphäre bekämpfen. Hier ausgebildete junge Männer wußten gewiß mehr über Horaz, Cicero und das Nibelungenlied als über den Talmud und die Thora. Alle jüdischen Schüler erhielten wöchentlich zwei Stunden Religionsunterricht, aber diese zwei Stunden genügten nicht zum Einprägen jüdischer Werte und Gelehrsamkeit. Arthur Schnitzler beschreibt fröhlich den Mangel an Respekt seiner Mitschüler für ihre jüdischen Religionslehrer am Akademischen Gymnasium in der Inneren Stadt. Sie plauderten – oder redeten zurück –, während die Rabbis aus der Bibel vortrugen.[57] Für viele verblaßte das Judentum im Vergleich zu Plato, Sophokles oder Julius Cäsar, den wahren „Helden" der Welt des Gymnasiums.

Dieser humanistische Unterricht übte eine starke Anziehung auf die erste, ihm ausgesetzte Generation höherer Schüler aus. Sigmund Mayer, ein wohlhabender Wiener Kaufmann, der in den vierziger Jahren des 19. Jahrhunderts das Gymnasium in Preßburg besuchte, bemerkte: „Diese Schule wurde für uns Judenknaben geradezu eine anmutende Oase in der sozialen Wüste, die uns umgab."[58] Spätere Schüler, der westlichen Kultur weitaus ausgesetzter als Mayer im Jahr 1847, waren manchmal abgestoßen von dem, was Stefan Zweig „ein stumpfes, ödes Lernen" und einen „ständigen, gelangweilten Überdruß"[59] der Gymnasialbildung nannte, aber sie verabscheuten die harten Bänke des Gymnasiums vor allem deswegen, weil sie sich nach der Teilnahme an dem aufregenden Leben der Stadt rund um sie sehnten. Sie griffen über das Gymnasium hinaus nach allen Freuden, die die moderne Kultur anbot. Arnold Höllriegel, später Journalist, interessierte sich mehr für Karl Kraus' satirische Zeitschrift „Die Fackel" denn für seine Schularbeit am Erzherzog-Rainer-Gymnasium in der Leopoldstadt.[60] Alle Freunde Stefan Zweigs verschlangen die Journale und Zeitungen, verfolgten begierig literarische Entwicklungen und besuchten unersättlich Theateraufführungen.[61] Zweig schrieb: „. . . während unserer Schulstunden, auf dem Weg nach und von der Schule, im Kaffeehaus, im Theater, auf den Spaziergängen haben wir halbwüchsigen Jungen Jahre nichts getan als über Bücher, Bilder, Musik, Philosophie zu diskutieren."[62] Schnitzler wuchs ebenfalls in einem Kreis angehender Literaten auf. In der achten Klasse des Gymnasiums „mangelte es mir nicht" für literarische Versuche. „Theater- und Konzertbesuch, Lektüre, Spazier- und Plauderstunden mit Freunden, die eigene Dichterei – alles fügte sich ohne Schwierigkeit in den Lauf des Tages . . .", erinnerte er sich.[63]

Über die bloße Verlockung des säkularen Studiums hinaus trug die Tatsache, daß alle Gymnasiasten den Unterricht am Samstag, dem jüdischen Sabbath und Ruhetag, besuchen mußten, gewiß zu ihrer Entfremdung vom traditionellen Leben und ihrer Assimilation in die weltliche/christliche Gesellschaft bei. Die Notwendigkeit des samstäglichen Schulbesuchs mag die Frömmsten vom Eintritt in das Gymnasium abgehalten haben. Viele nahmen vermutlich am Unterricht teil, unterließen an diesem Tag aber die Schreibarbeit, da nach jüdischem Gesetz das Schreiben am Sabbath verboten ist. Der Druck durch Mitschüler und Schulbehörde muß groß gewesen sein und führte vermutlich zu einer Situation, in der die Schüler den Sittenkodex der Schule und infolgedessen den einer nichtjüdischen Welt annehmen mußten. Viele Schüler lehnten vielleicht auch ihre jüdische Herkunft ab, die sie in diese Lage gebracht hatte. Schließlich darf auch die Verbindung von weltlicher und christlicher Kultur in den Gymnasien nicht übersehen werden. In den österreichischen Klassenzimmern war ein großes Kruzifix an deutlich sichtbarer Stelle an der Wand befestigt. Jüdische Schüler wurden täglich daran erinnert, daß der Staat, in dem sie lebten, nicht wirklich weltlich, sondern offen eingestanden christlich war.[64]

Obwohl es junge Juden in die europäische Kultur drängte, führte Gymnasialerziehung in Wien offensichtlich nicht oft zum Entstehen einer engen Verbindung zwischen Juden und Nichtjuden. Strukturelle Assimilation war *nicht* das Endprodukt einer höheren Bildung für Juden. Juden besuchten Schulen, die überwiegend jüdisch waren. Zwei Drittel aller jüdischen Wiener Gymnasiasten besuchten Schulen im I., II. und IX. Bezirk, in denen 40% bis 80% der Schüler Juden waren. Weder zwang die schulische Umwelt jüdische Knaben noch ermutigte sie, Freundschaften mit Nichtjuden zu schließen, und dieselbe Situation bestand für jüdische Mädchen, die vorwiegend jüdische Schulen besuchten. Nichtjuden waren in diesen Schulen Außenseiter. Ein Mitschüler Arthur Schnitzlers, der später Deutschnationaler wurde, zeigte seinen neuen Freunden das Bild seiner Schulklasse und jammerte: „Schaut euch das einmal an! Mit so viel Juden zusammen hab' ich in die Schul' geh'n müssen!"[65] Sogar die am stärksten assimilierten Juden Wiens gingen mit anderen Juden in die Schule. Arnold Höllriegel, der schrieb, daß ihm sein Judentum wenig bedeutete, erinnerte sich: „. . . in unserer Klasse gab es nur wenige Christen, und die waren zum Teil Protestanten, was im katholischen Wien damals fast soviel bedeutete wie getaufte Juden."[66] Alle späteren Freunde Höllriegels waren ebenfalls Juden.[67]

Höllriegels Fall war keineswegs einzigartig. Arthur Schnitzler erinnerte sich ebenfalls, daß fast alle seiner Schulfreunde und Vertrauten Juden waren. Er bemerkte: „Eine gewisse, keineswegs streng durchführte Scheidung zwischen christlichen und jüdischen Schülergruppen – von Parteien konnte noch nicht die Rede sein – machte sich, wie überall und immer, auch in unserer Klasse geltend.[68] Wenn Schnitzler eine jüdisch/nichtjüdische Trennung in den späten 1870er Jahren entdeckte, wurde diese in den folgenden Jahrzehnten, als der Antisemitismus offenkundiger wurde, sogar noch mehr institutionalisiert. Das Gymnasium stattete ganz einfach Juden nicht mit dem nötigen Schwung aus, um Nichtjuden zu treffen und ihnen nahe zu kommen, sogar jene Juden, die vielleicht gewünscht hätten, jüdische Verbindungen zu meiden.

Der große prozentuelle Anteil der Juden in jeder Klasse muß auch den beachtlichen Druck auf jene verringert haben, die immer noch an religiösen Traditionen hingen und samstags nicht schreiben wollten. Wenn in der Leopoldstadt, dem Bezirk, in dem die Gymnasiasten am wahrscheinlichsten den Sabbath einhielten, 80% Juden waren, dann fanden jene, die samstags nicht schreiben wollten, wahrscheinlich Unterstützung bei anderen, ähnlich gesinnten Schülern, und die Schwierigkeiten einzelner bei Befolgung der Gebote wurden verringert. Natürlich konnten assimilierte Juden sogar ärgeren Druck als Nichtjuden auf die Traditionsbewußten ausüben. Nichtsdestoweniger fanden die Gläubigen in solch einer jüdischen Umgebung eher Unterstützung als in einer vorwiegend nichtjüdischen.

Kurz gesagt: Im Gymnasium nahmen Juden des Mittelstandes das europäische Kulturerbe in der Gesellschaft anderer Juden auf. Sie wurden in den weltlichen Unterricht als Gruppe eingeführt. Trotz vollständiger Akkulturation verspürten jüdische Gymnasiasten keinen Zwang, Nichtjuden zu treffen und Freundschaften zu schließen. Weltliches Wissen zu erlangen, stellte eine jüdische Gruppenaktivität dar, und die Gruppennatur dieser Erfahrung modifizierte und verminderte Assimilation. Ein gebildeter Jude war in einer (feindlichen) nichtjüdischen Umwelt keine Anomalie, sondern genoß lieber die Gesellschaft ähnlich gebildeter und akkulturierter Juden.

Überdies waren es die Absolventen von Gymnasium und Universität, welche die politischen und geistigen Bewegungen schufen, die zur Ablehnung der beherrschenden assimilationistischen Mentalität der Wiener jüdischen Gemeinde im beginnenden zwanzigsten Jahrhundert führten. Vorwiegend Universitätsstudenten formulierten zuerst Zionismus und jüdischen Nationalismus in der Diaspora, die das jüdische Streben nach Assimilation im neunzehnten Jahrhundert in Frage stellten. Sie riefen die Juden dazu auf, ihre nationale Souveränität zu bestätigen, und sie sehnten sich nach der Schaffung eines politischen Rahmens, um diese nationale Souveränität verwirklichen zu können. Ihre gymnasiale Bildung drängte diese jungen Männer keineswegs, ihre Bindungen zur jüdischen Gemeinde zu durchtrennen. Einige hochgebildete Juden schlossen Mischehen oder konvertierten vom Judentum, aber ihre Bildung war nicht der Hauptgrund dieser Abwendung.

6. Mischehe und Glaubensübertritt

In einem gewissen Ausmaß versuchten die meisten Wiener Juden sich anzupassen und in die größere Gesellschaft zu integrieren. Einige gingen jedoch noch weiter und assimilierten sich vollständig. Eine Anzahl von ihnen – einige berühmt, die meisten nicht – taten den letzten Schritt, um ihr jüdisches Bekenntnis zu verleugnen. Durch Mischehe und den offiziellen Akt des Glaubensübertritts zeigten sie, daß sie sich nicht länger an Geschichte und Schicksal des jüdischen Volks gebunden fühlten, nicht länger Juden sein, sondern in der nichtjüdischen Gesellschaft, in der sie lebten, aufgehen wollten.

Mischehe – Heirat mit Nichtjuden – war die Folge von Gleichgültigkeit gegenüber dem Judentum, von bewußtem Verleugnen der jüdischen Identität, auch von der Tatsache, daß Juden mit Nichtjuden zusammentrafen und diese heiraten wollten. Was auch immer der Anlaß war, Mischehen führten letzten Endes zur völligen Assimilation. Obwohl manche Juden, die Mischehen schlossen, fortfuhren, sich als Juden zu betrachten und ihre Kinder entsprechend erzogen, bedeuteten Mischehen für gewöhnlich das Entstehen nichtjüdischer Familien und das Ende der jüdischen Identität.[1] Nach dem Soziologen Milton Gordon ist die Mischehe der letzte Schritt im Verlauf der ethnischen Assimilation.[2]

Da die Juden von der nichtjüdischen Gesellschaft sowohl durch Religion als auch Abstammung getrennt waren, konnten sie auch die Konversion als Mittel zur völligen Assimilation wählen. Indem er bewußt und tatkräftig das Judentum ablehnte, brach der Konvertit – jedenfalls seiner Meinung nach – mit dem jüdischen Volk, seinen Erinnerungen und Hoffnungen. Der jüdische Abtrünnige erwartete, durch Verleugnen des Judentums und Annehmen des Christentums ein voll akzeptiertes Mitglied der Mehrheit zu werden. Im allgemeinen war diese Erwartung realistisch. Die nichtjüdische Welt akzeptierte den getauften Juden bereitwillig als ihresgleichen, bis rassischer Antisemitismus ein fast unüberwindliches Hindernis für die jüdische Assimilation schuf.[3]

Die Namen von berühmten Wiener Juden, die den letzten Schritt zu Konversion und totaler Assimilation unternahmen, kommen uns rasch in den Sinn: Gustav Mahler, Arnold Schönberg, Karl Kraus, Otto Weininger und Victor Adler. Hunderte andere folgten ihnen. In der Tat traten in Wien mehr Juden zum Christentum über als in anderen Teilen der Doppelmonarchie, Prag und Budapest eingeschlossen. Bis zu einem gewissen Grad beschleunigte die freiere städtische Umgebung die Loslösung von Judentum und jüdischem Volk. Die Möglichkeiten für berufliche Karriere und Heirat, die sich den bereits Getauften boten, versüßten sicherlich die Aufgabe des Judentums.

Die Anzahl der Männer und Frauen, welche Nichtjuden heirateten oder ihrem jüdischen Bekenntnis entsagten, war jedoch nie groß genug, um den Fortbestand der jüdischen Gruppenidentität zu gefährden. Das Ausmaß von Konversion und Mischehe war kein Anzeichen eines baldigen Aufgehens der Wiener Juden in der Wiener nichtjüdischen Gesellschaft. Sicherlich verzögerte der Antisemitismus die jüdische Assimilation durch die Ankündigung, daß man auch getaufte Juden nicht akzeptieren würde. Doch in Wien entfremdeten sich verhältnismäßig wenige Juden ihrem Ursprung. Überdies erkannten viele der Konvertiten die Vergeblichkeit ihrer Handlungen und kehrten zum Judentum zurück.

Mischehe

Bevor in Wien ein Jude einen Nichtjuden heiraten konnte, mußte einer der beiden Partner seinen Glauben aufgeben. Dadurch wurde eine Mischehe ein viel radikalerer Schritt als im übrigen Mittel- oder Westeuropa oder in Amerika. Durch die Einführung der Ziviltrauung in Frankreich oder Deutschland am Ende des achtzehnten Jahrhunderts oder zu Beginn des neunzehnten Jahrhunderts konnten einander Juden und Christen in diesen Ländern ohne Schwierigkeiten heiraten. In Ungarn stand die Ziviltrauung solchen Partnern ab 1894 zur Wahl. In Österreich hingegen war Eheschließung zwischen Juden und Christen trotz der vorhandenen Möglichkeit einer Ziviltrauung gesetzlich verboten. Wollte ein Paar mit verschiedenen Glaubensbekenntnissen heiraten, mußte einer der Partner entweder die Religion des anderen oder die neutrale Kategorie, die Konfessionslosigkeit, annehmen.[4] Dieses gesetzliche Hindernis verringerte die Anzahl der Juden und Nichtjuden, die miteinander die Ehe eingingen, und vergrößerte die Anzahl jener, die den Übertritt bevorzugten.

Trotz eines stetigen Ansteigens der Zahl von Wiener Juden, die vor dem Ersten Weltkrieg Nichtjuden ehelichten, blieb die Mischehenrate gering (Tabelle 6:1), gut unter 10% aller Juden, die heirateten. In dieser Berechnung bedeutet Mischehe die Heirat von Juden mit konfessionslosen Personen. 1910 zum Beispiel vermählten sich 946 jüdische Frauen, davon 64 mit Nichtjuden, und von 972 jüdischen Männern

Tabelle 6:1
Prozentsätze für von Wiener Juden eingegangene Mischehen, 1895 und 1910

	1895	1910
Juden (männlich)	5,0%	9,4%
Juden (weiblich)	2,6%	6,8%
Durchschnitt	3,8%	8,1%

Quellen: *SJSW* (1896), S. 34–35; *SJSW* (1910), S. 49–50.

wählten 91 Nichtjuden, das heißt konfessionslose Frauen.[5] Die kumulative Mischehenrate, das ist der Prozentsatz von allen Juden in Wien, die Nichtjuden heirateten, war natürlich beträchtlich niedriger als die jährliche, in Tabelle 6:1 angeführte.

Andererseits war die echte Mischehenziffer wahrscheinlich etwas höher als die in den Statistiken aufscheinende. Sie basieren auf einer unvermeidbaren fehlerhaften Quelle: den Eheschließungen zwischen Juden und Personen, die sich als konfessionslos bezeichneten. Alle diese Juden, die zum Christentum übertraten oder vor ihrer Vermählung mit Nichtjuden konfessionslos wurden, entziehen sich der statistischen Erfassung. Die Unterlagen erlauben Rückschlüsse nur in bezug auf jene Juden, die sich dem jüdischen Leben insofern noch geringfügig verpflichtet fühlten, als sie nicht selbst übertraten, sondern von ihren zukünftigen Ehepartnern den offiziellen Verzicht auf jegliches religiöse Bekenntnis verlangten. Jene Juden, die konvertierten, um eine Mischehe eingehen zu können – und diese waren wahrscheinlich in erster Linie jene, die heirateten, um sich vollständig zu assimilieren –, scheinen in den Unterlagen nicht auf.

Trotzdem war offensichtlich die Anzahl der Mischehen in Wien und den anderen österreichischen Städten wie Prag[6] geringer als in anderen europäischen Städten, in denen sich assimilierende jüdische Gemeinden bestanden, und viel niedriger als im heutigen Amerika. In Berlin zum Beispiel wählten zwischen 1901 und 1904 17,9% der jüdischen Männer und 12% der jüdischen Frauen nichtjüdische Ehepartner.[7] Entweder verschwand ein großer Teil der Mischehen eingehenden Juden in Wien im Christentum oder der Konfessionslosigkeit, oder das österreichische Gebot zur vorangehenden Konversion hielt viele Juden erfolgreich davon ab, Nichtjuden zu heiraten.

Zusätzlich war vielleicht die Mischehe in Wien weniger üblich als anderswo, infolge des zweifachen Einflusses von Antisemitismus und der reichen, schöpferischen jüdischen Kultur der Stadt. Antisemitismus konnte sehr leicht den Kontakt zwischen Juden und Nichtjuden verringern – und daher auch die Heiraten. Überdies wirkte die große Menge von jüdischen Organisationen und die Mannigfaltigkeit von jüdischen Ideologien, welche sie bekräftigten – ob zionistisch, herkömmlich religiös oder integrationistisch – als Bremse gegen Mischehe und strukturelle Assimilation.[8] Außerdem vermehrte sich die jüdische Gemeinde von Wien ständig durch den Zuzug von traditionelleren Juden aus Galizien, die selten Nichtjuden heirateten.

Juden schlossen Mischehen aus mehreren Gründen. Obwohl die soziale Mobilität keine zwangsläufige Veranlassung zur Mischehe bildete,[9] vermählten sich vermutlich etliche Juden mit Nichtjuden, da sie ihr Aufsteigen zu den höheren Gesellschaftsschichten erleichtern bzw. bereits erworbenen Status festigen wollten oder weil der neuerreichte Status größere Möglichkeiten für Mischehen darstellte. Andere wieder schlossen Mischehen, weil das Judentum ihnen gleichgültig war und sie ganz bewußt Assimilation ersehnten. Aber die meisten heirateten wahrscheinlich Nichtjuden, weil sie einem ganz bestimmten Menschen zufällig begegneten und die Ehe mit ihm eingehen wollten. Wie ein Soziologe über die amerikanischen Juden anmerkt: „der Jude, der eine Mischehe schließt, tut dies gewöhnlich, weil er heiraten will und nicht, weil er eine Mischehe schließen will".[10]

Die Analyse von Unterlagen der IKG über Heirat zwischen Juden und Personen, die sich als konfessionslos[11] bezeichneten, offenbart, daß in Wien zwei Typen von Juden Mischehen eingingen: eine Gruppe gehörte zum aufsteigenden Mittelstand, die andere zur Unterschicht. Wie im Falle der Übertritte (wird weiter unten besprochen) teilten sich diese Gruppen nach dem Geschlecht auf. Männer, die Mischehen wählten, kamen gewöhnlich aus dem Mittelstand, während die Mischehen schließenden Frauen eher aus dem unteren Mittelstand oder aus der Arbeiterklasse kamen. Die Männer und Frauen aus dem Mittelstand haben vielleicht erwartet, daß die Mischehe ihren sozialen Status heben würde, aber die jüdischen Frauen der Unterschicht erhofften von der Mischehe sicher keinen sozialen Aufstieg, sondern die Ehe mit einem Berufskollegen.

Jüdische Männer, die Mischehen eingingen, verfolgten ihre berufliche Karriere als Handelsangestellte oder Kaufleute (Tabelle 6:2). Fast die Hälfte der jüdischen Männer, die konfessionslose Frauen heirateten, bezeichneten sich selbst als Handelsangestellte. Die andere Gruppe jedoch, die Aufsteiger, fehlt völlig; keiner der jüdischen Bräutigame, die konfessionslose Bräute ehelichten, erscheint in dieser zugegeben kleinen Auswahl (N = 30) als freiberuflich tätig auf. Zweifellos gingen auch Freiberufler Mischehen ein, aber Ärzte, Rechtsanwälte und Autoren, die vor allem Förderungen ihrer Karriere durch Verbindung mit Nichtjuden erwarten konnten, versuchten eher durch Konversion vor der Eheschließung mit Nichtjüdinnen das Höchstmaß an Vorteilen herauszuholen. Andererseits blieben etliche Handelsangestellte, die Mischehen eingingen, nominell jüdisch. Jüdische Handwerker und Arbeiter heirateten selten nichtjüdische Frauen. Männliche Juden scheinen nicht des Geldes wegen Mischehen geschlossen zu haben. Einige wenige der konfessionslosen Bräute wohnten in den wohlhabenden Bezirken Innere Stadt oder Wieden. Leider war keine Auskunft über die Berufstätigkeit der Brautväter zu erhalten.

Tabelle 6:2
Berufe jüdischer Ehegatten konfessionsloser Frauen

	Anzahl (N = 29*)
Staatsbeamte	1
Freiberufler	–
Fabrikanten	1
Kaufleute	8
Handelsangestellte	16
Handwerker	2
Arbeiter	1

* Bei einem männlichen jüdischen Heiratenden fehlt die Berufsangabe.

Jüdische Frauen, die konfessionslose Männer heirateten, gehörten sowohl dem Mittelstand als auch den unteren Schichten an. Fast die Hälfte (45,9%) der jüdischen Ehefrauen konfessionsloser Ehemänner (N = 24) heiratete Handelsangestellte, 25% wählten Freiberufler oder Beamte, 25% Handwerker oder Arbeiter, nur eine einzige einen Kaufmann. Von 10 Bräuten, deren Beruf registriert wurde, arbeiteten sechs im Nähgewerbe, einer Beschäftigung, die ihnen reichlich Kontakt mit nichtjüdischen Arbeitern ermöglichte. Hingegen heirateten reiche Wiener Jüdinnen nur sehr selten Nichtjuden, zumindest nicht ohne vorher zum Christentum überzutreten. Keine der Bräute, die konfessionslose Männer ehelichten, wohnte in der Inneren Stadt oder auf der Wieden.

Die meisten Juden, die Mischehen eingingen, wohnten nicht in Vierteln jüdischer Konzentrierung, in Gegenden also, wo die Anwesenheit einer großen Zahl von Juden solche Verbindungen verhindern würde. Ein Viertel der Männer und Frauen, die Mischehen schlossen, lebten im zweiten Bezirk, aber männliche Juden, die konfessionslose Frauen heirateten, wohnten wahrscheinlich in Mariahilf-Neubau (VI–VII) und den äußeren Bezirken, während die Jüdinnen, die Nichtjuden ehelichten, vor allem in der Josefsstadt (VIII), dem Alsergrund (IX) und den äußeren Bezirken ansäßig waren.

Ein Blick auf den Herkunftsort der in Mischehe lebenden Juden zeigt ebenfalls ein interessantes Bild. Jene, die konfessionslose Partner wählten, waren im allgemeinen in Wien, Böhmen oder Mähren zur Welt gekommen. In den Jahrzehnten vor dem Ersten Weltkrieg bestand nur ein Fünftel der Wiener jüdischen Gemeinde aus gebürtigen Wienern, aber 63,3% der männlichen Juden, die konfessionslose Frauen heirateten, und 56,5% der jüdischen Frauen, die Nichtjuden heirateten, waren in der österreichischen Hauptstadt geboren worden. Juden aus den traditionellen jüdischen Siedlungsgebieten wie Ungarn und Galizien schlossen nur selten Mischehen. Von den männlichen Juden, die Mischehen eingingen, kamen 10% aus Galizien und 3% aus Ungarn respektive 4% und 9% der Frauen. Gingen Juden Mischehen ein, so wählten sie als Partner entweder gebürtige Wiener oder Tschechen, wie es etwa der ethnischen Zusammensetzung der Wiener Bevölkerung entsprach.

Zusammenfassend kann man sagen, daß die Mischehe in Wien eine Realität war, und die Anzahl der Betroffenen von Jahrzehnt zu Jahrzehnt wuchs. Diese große Zahl von Mischehen bedeutete aber keineswegs ein damit schritthaltendes demographisches Schwinden der Judengemeinde in der Reichshaupt- und Residenzstadt. Und trotz aller diesbezüglicher Befürchtungen unter den glaubensbewußten Juden Wiens hatte auch die steigende Zahl der Glaubensübertritte nicht diese Wirkung.

Der Glaubensübertritt

In den letzten Jahren vor dem Ersten Weltkrieg stiegen auch die Übertritte zum Christentum an. Zwischen 1868, als das Staatsgrundgesetz zur Religionsfreiheit zum erstenmal von den Konvertiten verlangte, die Behörden von dem erfolgten Schritt zu verständigen,[12] und 1903, dem Jahr des Erscheinens einer Studie des jüdischen Demographen Jakob Thon, hatten 9.085 Wiener Juden das Judentum aufgegeben.[13] Während 1868 nur 7 Juden übertraten, waren es 1910 schon 512 (Tabelle 6:3).

Tabelle 6:3
Aus der jüdischen Glaubensgemeinschaft ausgetretene Juden, 1868–1910

	männlich	weiblich	insgesamt
1868	2	5	7
1870	22	17	39
1880	61	49	110
1890	169	133	302
1900	315	244	559
1910	255	257	512

Quellen: Thon, S. 70; *SJSW* (1900), S. 374; *SJSW* (1910), S. 366–372.

In den Jahren vor dem Ersten Weltkrieg bewirkte die Zahl der jüdischen Konvertiten in Wien keinen ernstlichen Rückgang der Anzahl der Juden in der Stadt. Die Zahlen alarmierten sicherlich die gesamte jüdische Gemeinde, Zionisten und Nichtzionisten gleichermaßen, aber der Anteil der Wiener Juden, die tatsächlich konvertierten oder sich mit dem Gedanken trugen, war sehr klein. 1900 z. B. konvertierten 0,3% aller Juden in der Stadt, insgesamt 559. Der kumulative Prozentsatz war natürlich höher als diese Zahl, aber auch er repräsentierte nur einen kleinen Teil der Juden in Wien.

Die Konversionsrate der Wiener Juden überragt bei weiten jene aller anderen Städte der Doppelmonarchie oder anderer europäischer Städte. Außerhalb von Wien entschlossen sich Juden fast niemals zum Christentum oder zur Konfessionslosigkeit. Sogar in den Provinzstädten konvertierten Juden selten. Um 1900 traten in Lemberg (Galizien) nur etwa 30 Juden über, in Brünn (Mähren) 19 im Jahr 1890. In Prag empfing tatsächlich kein Jude die Taufe.[14] In Berlin, der Heimat einer sich assimilierenden jüdischen Gemeinde mit einer hohen Anzahl von Mischehen, konvertierten viel weniger Juden als in Wien. Zwischen 1872 und 1902 traten nur 2.812 Berliner Juden (etwa 94 im Jahr) zum Christentum über.[15]

Die Gründe für die verhältnismäßig hohe Zahl von jüdischen Konvertiten im Wien der späten Habsburgerjahre sind komplex. Zeitgenössische Beobachter und objektive Gelehrte haben Konversion immer mit dem zweifachen Wunsch der aufstrebenden Juden verbunden, den Erfolg ihrer beruflichen Karriere zu sichern und sich vollständig zu assimilieren. Aus der Tatsache, daß die meisten Konvertiten jung und ledig waren, daher in einer Lage, schwerwiegende Entscheidungen bezüglich Karriere und Leben zu treffen, schlossen Beobachter, daß Juden zum Taufbecken schritten, um ihre Karriere voranzutreiben, Nichtjuden zu heiraten und ihre Identität als Juden zu verlieren. Indem sie das Stigma ihrer jüdischen Geburt ablegten, hofften sie, die Schranken zur vollen Integration in die Gesellschaft niederzubrechen.[16]

Die Vorstellung, Juden sollten das Christentum annehmen, um eine bestimmte Karriere einschlagen und am europäischen Kulturleben teilnehmen zu können, entstand Ende des achtzehnten Jahrhunderts. Während der Debatten über die jüdische Emanzipation erhofften viele Liberale von den Juden, für deren bürgerliche, soziale und gesetzliche Gleichberechtigung sie stritten, daß sie das Christentum entweder als Voraussetzung oder Ergebnis ihrer neuen Rechte annahmen.[17] In den Jahren zwischen 1780 und dem Ende der napoleonischen Kriege konvertierten viele wohlhabende europäische Juden, da sie von der europäischen Kultur und Gesellschaft angezogen wurden und einsahen, daß zu jener Zeit Zugehörigkeit zum Judentum die nichtjüdische Anerkennung ausschloß.[18] David Friedländer zum Beispiel, der Schüler des jüdischen Philosophen Moses Mendelssohn, versuchte 1799 zu konvertieren. In keiner Weise ein gläubiger Christ, betrachtete Friedländer die Taufe als nötige Eintrittskarte in die elegante Berliner Gesellschaft[19] Jedoch verweigerten die protestantischen Behörden solch eine Taufe aus opportunistischen Gründen, aber andere Juden, wie Heinrich Heine oder der Vater von Karl Marx, traten mit ähnlichen Zielen im Sinn über.[20] Die Anzahl dieser Art von Konvertiten war gering, doch kamen sie aus höheren Rängen der jüdischen Gesellschaft. Obwohl das Anwachsen der Konversion niemals eine demographische Gefahr darstellte, verursachte sie beträchtliche psychologische Aufregung in der jüdischen Gemeinde.[21]

Während des neunzehnten Jahrhunderts bestanden sowohl Konservative als auch Liberale weiterhin auf dem Glaubensübertritt als einer Vorbedingung für die Integration in die europäische Gesellschaft.[22] Überdies ließen sich viele Juden taufen, da im christlichen Staat bestimmte Berufe dem Ungetauften verschlossen blieben. Zum Beispiel konnte Sigmund Mayer um 1850 keinen Rechtsberuf ausüben, denn, in seinen eigenen Worten, „immerhin, ich konnte mich zu dem Schritt nicht entschließen".[23] Mayer blieb wie sein Vater ein prominenter Geschäftsmann, aber jene, welche die Trennung vollzogen, betraten Gebiete, die den Juden verschlossen waren. Sogar nach der Einführung der Emanzipation am Ende des Jahrhunderts fanden immer noch viele Juden, daß die Konversion Türen öffnete, welche die Rechte auf dem Papier niemals öffnen konnten. Eine beträchtliche Anzahl von berühmten europäischen Politikern und Literaten waren ehemals Juden, deren berufliche Karriere durch ihre religiöse Herkunft behindert worden war. Durch ihren Übertritt zerrissen diese Männer alle Bindungen zu ihrer Vergangenheit, um momentane Wünsche zu erfüllen.

Im Wien des ausgehenden neunzehnten Jahrhunderts konvertierten viele berühmte und weniger berühmte Juden, um ihre Karriere voranzutreiben. Die Erfahrung bekannter Juden bestätigte die Ansicht, daß Konversion und Karriere eng verknüpft waren. Gustav Mahler, der Komponist und Dirigent, konvertierte sicherlich seiner Dirigentenlaufbahn zuliebe. Als Sohn eines jüdischen Spirituosenhändlers aus Böhmen zur Welt gekommen, hatte Mahler eine Vielfalt von Kapellmeisterstellen in Deutschland, Österreich und Ungarn inne und ließ sich 1897 taufen, damit, nach den Worten seiner Frau Alma Mahler-Werfel, „... seinem Engagement als Dirigent an der Wiener Oper, das ohnehin durch sein Judentum erschwert war, kein Hindernis im Wege stehe".[24] Ihrer Aussage nach hatte Cosima Wagner, die Frau des Komponisten Richard Wagner, versucht, Mahlers Berufung als künstlerischer Direktor der Wiener Oper wegen seiner jüdischen Herkunft zu verhindern. So behauptet Alma Mahler: „. . . er mußte sich, um eine so hohe Stellung im k. u. k Hofärar bekleiden zu dürfen, taufen lassen."[25] Die Möglichkeit, bessere Stellungen zu erhalten, verführte auch andere zur Konversion. George Clare, ein Wiener jüdischer Memoirenschreiber, erinnert sich, daß seinem Urgroßvater, einem ausgezeichneten medizinischen Diagnostiker, die Ernennung zum Hofarzt versprochen wurde, sollte er sich taufen lassen. Im Gegensatz zu Mahler lehnte Dr. Klaar das Angebot ab.[26]

Andere prominente Juden traten aus weniger augenscheinlichen Motiven als jenen der Karriere über. Für einige war der Glaubensübertritt die natürliche Folge einer weltlichen Erziehung. Sigmund Mayer berichtete, daß es seine Studienkollegen 1840 für selbstverständlich erachteten, daß er übertreten würde. Er blieb Jude, nicht so sehr des Glaubens wegen oder aus Gründen der Ehre (wie viele es am Ende des Jahrhunderts im Angesicht des wachsenden Antisemitismus tun sollten), sondern weil er seine Familie nicht kränken wollte.[27] Für andere wieder war Konversion die Folge der Entfremdung vom Judentum und dem Wunsch nach vollkommener Assimilation, gepaart mit einem Ressentiment gegen die Schranken, welche die jüdische Herkunft darstellte. Victor Adler, Führer der österreichischen Sozialdemokraten, war der Sohn eines wohlhabenden böhmisch-jüdischen Kaufmanns in Wien. Als junger Mann sah er das Judentum als eine Art von Ghettowand, die ihn von der europäischen Kultur trennte. Im besonderen kränkte ihn, daß die Antisemiten versuchten, ihm seiner jüdischen Abkunft wegen die Mitgliedschaft in der deutschen Nation abzusprechen. Er konvertierte zum Protestantentum, nicht aus religiöser Überzeugung, sondern um seinen Status als Paria zu beenden, um mit Heines Worten „die Eintrittskarte zur europäischen Kultur" zu erhalten.[28] 1913 schrieb er in seinem Testament:

> Ich bin nur darum Protestant geworden, um für meine Kinder die Lostrennung vom Judentum gründlicher und leichter zu machen und ihnen die blödsinnigen Scherereien zu ersparen, die in Österreich die Konfessionslosigkeit herbeiführt.[29]

Auch der Satiriker Karl Kraus konvertierte, um seine vollständige Assimilation in die westliche Kultur zu erleichtern. Ein scharfer Kritiker alles Jüdischen, beschleunigte Kraus seine totale Assimilation durch die Annahme der Mehrheitsreligion, trotz seiner späteren Abneigung gegen den Katholizismus.[30]

Zeitgenössische jüdische Beobachter verbanden zunehmende Konversion mit bewußter Anpassung. Im April 1902 schrieb ein Autor, der mit M. S. zeichnete, eine Reihe von Artikeln in der weit verbreiteten nichtzionistischen *Österreichischen Wochenschrift*, in der er das Ansteigen der Zahl von Abtrünnigen dem Mündigwerden jener Generation zuschrieb, die zwischen 1859 und 1888 aufgewachsen war, dem Höhepunkt der Assimilation in Wien. In dieser „liberalen" Periode ignorierten die Juden jüdische Erziehung und alle traditionellen und rituellen Aspekte des jüdischen Lebens. Besonders Frauen erhielten keine jüdische Erziehung. Der Autor rief nach einer Rückkehr zu einem tieferen jüdischen Gefühl und besserer jüdischer Bildung. Nebenbei bemerkte er, daß Antisemitismus zumindest helfe, die Synagogen zu füllen.[31]

Die Zionisten und jüdischen Nationalisten verbanden noch mehr als die meisten Beobachter Konversion mit Karrieredenken und Assimilationswunsch. Da sie die Taufe als absoluten Verrat am jüdischen Volk betrachteten, veröffentlichten Zionisten in Wien regelmäßig „Listen der Schande" all jener, die konvertiert hatten.[32] Die Zionisten glaubten, daß alle Konvertiten aus der Welt der Hochfinanz und der Berufsintelligenz kämen.[33] Sie beklagten leidenschaftlich, daß die Kinder der reichsten Wiener Juden sich in ihrer Hast überstürzten, das Christentum anzunehmen. In einem Artikel von 1902 bemerkt ein zionistischer Autor sarkastisch, sobald ein Wiener Jude seine ersten 100.000 Kronen verdient hatte, war Konversion *de rigueur*. Wenn sie nicht selber übertraten, dann akzeptierten sicherlich ihre Kinder und Enkel das Christentum.[34] Die jüdische nationalistische Zeitung *Jüdisches Volksblatt* schreibt: „. . . daß es in der Schicht der reichen jüdischen Bourgeoisie . . . kaum eine Familie gibt, die nicht mit dem Gedanken an den Übertritt spielt".[35]

Daher glaubten sowohl prominente Beobachter wie zeitgenössische Kritiker, daß Juden nur konvertierten, weil sie völlige Assimilation suchten. Dieser Standpunkt rührte jedoch von einer zu ausschließlichen Konzentrierung auf männliche Abtrünnige, von denen in der Tat viele freiberuflich Tätige oder Beamte waren, die den Versuch unternahmen, durch Ablegen des jüdischen Bekenntnisses ihre berufliche Karriere zu beschleunigen. Nicht alle Wiener jüdischen Konvertiten hatten jedoch solche Ziele im Sinn. Juden der unteren Schichten – großteils Frauen – ließen sich gegen Ende des 19. Jahrhunderts ebenfalls taufen (siehe unten), aber nicht, weil sie die einträglichen Pfründe des Staatsdienstes suchten oder bewußte Assimilation wünschten. Im Gegenteil, sie konvertierten wahrscheinlich, um Nichtjuden zu heiraten, mit denen sie in Geschäften oder Fabriken der Stadt zusammengetroffen waren. Diese Übertritte der Unterschicht können sogar zu einem höheren Grad der jüdisch-nichtjüdischen Assimilation geführt haben, als jene des Mittelstandes es jemals vermocht hätten. Auf jeden Fall war die Konversion der Männer ein Phänomen des Mittelstands und jene der Frauen eines des Mittelstands und der Unterschicht. Sowohl die aufsteigenden Klassen wie jene auf der untersten Stufe der sozialen Leiter traten zum Christentum über.[36] Ein weiterer Umstand muß ebenfalls in Betracht gezogen werden, um die jüdische Apostasie in Wien zu erklären.

Konversion aus Heiratsgründen mag in Wien ebenso wichtig gewesen sein wie um der Karriere willen, vielleicht noch wichtiger. Jüdische Kritiker tadelten Wien wegen der Tatsache, daß hier die Anzahl der Übertritte höher war als im bekannt assimilierten Berlin,[37] aber die Tatsache bleibt bestehen, daß einer von beiden seine Religion aufgeben mußte, wenn Jude und Nichtjude einander heiraten wollten. Diese gesetzliche Voraussetzung erhöhte die Anzahl jener, die ihren jüdischen Glauben ablegten. Die meisten Konvertiten der untern Schichten und wahrscheinlich sogar viele aus dem Mittelstand wechselten ihr Glaubensbekenntnis aus dem einfachen Grund, jemanden eines anderen Glaubens zu heiraten. Aus demselben Grund konvertierten auch Nichtjuden zum jüdischen Glauben.[38] Einige Juden traten aber aus echten religiösen Gründen zum Christentum über, da sie diese Religion ehrlich bevorzugten.

Ob nun aus Gründen der Förderung ihrer Karriere oder der Heirat, die meisten Konvertiten wechselten die Religion aus sachlichen Überlegungen. Übertritte aus persönlichen Glaubensgründen mögen die Ausnahme gewesen sein. Obwohl Wien eine überwiegend katholische Stadt war, nahm nur die Hälfte aller jüdischen Konvertiten den katholischen Glauben an. Im Durchschnitt wählte ein Viertel aller Juden, die dem Judentum entsagten, die evangelische Kirche (A. B oder H. B), und ein Viertel entschloß sich zur Konfessionslosigkeit.[39] Vielleicht sagte der Protestantismus einigen jüdischen Konvertiten mehr zu als der überladene, dem Ritual unterworfene Katholizismus. Sicherlich stellte die Konfessionslosigkeit eine bequeme Lösung eines rechtlichen und persönlichen Problems für all jene dar, die aus praktischen Gründen übertreten wollten und weder an Judentum noch an Christentum glaubten. Die Feststellung, ohne religiöses Bekenntnis zu sein, erlaubte den Juden, sich ohne Schuldgefühle vom jüdischen Volk zu lösen. Vielleicht war Konversion aus religiöser Überzeugung unter den weiblichen Konvertiten vorherrschend; jedenfalls schloß sich ein höherer Prozentsatz unter ihnen der katholischen Kirche an als unter den männlichen Abtrünnigen.[40]

Nur eine systematische Untersuchung der Vorgeschichte jener Männer und Frauen, die sich vom jüdischen Volk trennten, kann das wahre Verhältnis zwischen sozialem Status und Konversion aufzeigen. Die hier angeführte Analyse beruht auf einer Studie einer Auswahl von Männern und Frauen (N = 1037), die dem Judentum in den Jahren 1870, 1880, 1890, 1900 und 1910 offiziell entsagten.[41] In dieser Gruppe von Konvertiten waren 53,3% (552) männlichen und 46,7% (483) weiblichen Geschlechts,[42] obwohl im Gegensatz zu den Stichproben der späteren Jahre 1870 und 1880 über die Hälfte der Konvertiten aus Frauen bestand.

Erwartungsgemäß zeigen die Statistiken, daß die meisten Konvertiten jung und ledig waren. Mehr als drei Viertel beider Geschlechter (76,1%) waren noch nicht verheiratet, 19,1% waren verheiratet, 1,9% geschieden und 2,9% verwitwet.[43] Was das Alter der Konvertiten anbelangt, so waren die meisten in den Zwanzigern und Dreißigern, obwohl die Frauen ihrem früheren Heiratsalter zufolge im Durchschnitt jünger als die männlichen Konvertiten waren. Zwei Fünftel (39,9%) der männlichen Konvertiten waren in ihren Zwanzigern und 28,5% in ihren Dreißigern, für Frauen lauten die vergleichbaren Zahlen 47,9% und 26,7%.[44] Das durchschnittliche Alter der Konvertiten war 30 bis 34, obwohl etwa 16% aller Konvertiten über 40 waren. Konversion in den späteren Lebensjahren war die Folge von zweiten Eheschließungen oder dem Tod der Eltern, was die Ängstlicheren von der Furcht befreite, die Gefühle ihrer Familie zu verletzen. Die meisten Juden traten als Einzelpersonen über; nur 12,5% konvertierten mit ihren Eltern, Kindern, Ehepartnern oder Geschwistern, viele der Kinder waren unter sieben Jahren und konvertierten automatisch mit ihren Eltern. Zwei Drittel aller verheirateten Konvertiten gaben das Judentum allein auf, entweder um den Weg für Partner und Kinder zu ebnen, oder um bereits konvertierten Ehemännern oder Ehefrauen zu folgen.

Berufliches Weiterkommen war sicherlich für viele jungen Juden eine Versuchung, sich vom Judentum zu trennen. Ein außergewöhnlich hoher Prozentsatz von männlichen Konvertiten befand sich unter den Staatsbeamten und Freiberuf-

Tabelle 6:4
Berufe jüdischer Konvertiten (kombiniert), 1870–1910

	männlich N = 370	weiblich N = 105
Staatsbeamte	10,8%	1,9%
Freiberufler	28,6	18,1
Studenten	12,4	2,9
Fabrikanten	0,5	–
Kaufleute	15,9	6,7
Handelsangestellte	21,6	6,7
Handwerker	3,5	35,2
Arbeiter	6,5	28,6
	100,0%	100,0%

lern (Tabelle 6:4),[45] deren Karriere den größten Nutzen von einem Wechsel der Religion haben würde. Ganze zwei Fünftel aller männlichen Konvertiten waren Freiberufler oder Staatsbeamte, weitere 12% Studenten, also junge Männer, die für diese Art von beruflicher Karriere ausgebildet wurden. Wahrscheinlich waren Apostaten zweimal so oft unter den Freiberuflern, Staatsbeamten oder Studenten zu finden als Juden im allgemeinen. Viele der Freiberufler waren als Schauspieler, Musiker oder Sänger tätig, also in Berufen mit großem Öffentlichkeitskontakt, viele andere aber arbeiteten als Ärzte, Anwälte und dergleichen und fühlten einfach, daß ihnen die Trennung vom Judentum beruflich weiterhelfen würde.[46]

Für diese Männer war Konversion nicht nur Sicherung der eigenen beruflichen Karriere, sondern auch Erhöhung des gesellschaftlichen Ansehens und des Wohlstands, den schon ihre Eltern erworben hatten. Die meisten männlichen Apostaten stammten aus Häusern des oberen Mittelstandes; 16,7% ihrer Väter waren Staatsbeamte, 18,3% Freiberufler und 47,6% Kaufleute. Jene jüdischen Staatsbeamte, Freiberufler und Studenten, die konvertierten, waren nicht die Söhne kleiner Kaufleute oder Handwerker und repräsentierten auch nicht die erste erfolgreiche Generation. Eher waren sie die Söhne von ebenso als Staatsbeamte und Freiberufler tätigen Vätern. Über die Hälfte (52,4%) der Konvertiten, die Beamte oder Freiberufler waren, und 63,6% der Studenten hatten Väter, die als Staatsbeamte oder Freiberufler tätig waren.

Der Prozentsatz von Freiberuflern und Staatsbeamten unter den Konvertiten erhöhte sich nur in den Jahren zwischen 1870 und 1910 (Tabelle 6:5). Diese Steigerung kann nicht durch eine große Expansion in der Anzahl der jüdischen Freiberufler oder Beamten in dieser Periode erklärt werden. Die steigende Rate von Konversion in diesen zwei Gruppen war wahrscheinlich eher eine Reaktion auf den wachsenden Antisemitismus. Viel verletzlicher als in der glücklichen Zeit nach der Emanzipation, versuchten viele jüdische Ärzte, Anwälte, Schauspieler und Beamte, besonders die zwischen 40 und 50 Jahren, ihrer Abkunft durch Konversion zu entrinnen.

Tabelle 6:5
Berufe jüdischer männlicher Konvertiten, 1870–1910

	1870 N = 1	1880 N = 5	1890 N = 96	1900 N = 149	1910 N = 119
Staatsbeamte	–	–	7,3%	10,7%	14,3%
Freiberufler	100,0%	20,0%	18,8	32,9	31,1
Studenten	–	–	18,8	12,1	8,4
Fabrikanten	–	–	1,0	0,7	–
Kaufleute	–	40,0	19,8	16,1	11,8
Handelsangestellte	–	–	19,8	20,8	25,2
Handwerker	–	20,0	6,3	2,0	2,5
Arbeiter	–	20,0	8,3	4,7	6,7
	100,0%	100,0%	100,0%	100,0%	100,0%

Auf die Studenten hatte der Antisemitismus jedoch gegenteilige Wirkung. Der Anteil der Konvertiten unter ihnen ging von 19% im Jahre 1890 auf 8% im Jahr 1910 zurück. Antisemitische Hetze scheint die jüngeren Juden, besonders jene an der Universität, ihres Judentums bewußt gemacht zu haben und entschlossener, ihre jüdische Identität zu verteidigen.[47] Im allgemeinen war anscheinend der Antisemitismus Anlaß für die älteren Juden, durch Konversion unterzutauchen, und für die jüngeren, durch eine tatkräftige Verteidigung des Judentums den Antisemiten zu trotzen. Zwischen 1890 und 1910 verringerte sich die Anzahl der Konvertiten unter 19 Jahren ebenfalls beträchtlich. Nach 1880 betreffen 23,5% der belegten Übertritte Jugendliche unter 19, während 1910 nur mehr 7,3% von 343 Konvertiten Jugendliche oder Kinder waren. „Teenager" traten wahrscheinlich weniger aus eigenem Antrieb über, und die Eltern müssen die Sinnlosigkeit erkannt haben, durch Taufe ihrer kleinen Kinder dem Antisemitismus zu entgehen.

Andererseits fanden Industrielle, Kaufleute und Handwerker nicht, daß Konversion ihre berufliche Karriere förderte, und trotz ihres verhältnismäßigen Anteils an dem Wiener jüdischen Arbeitskräftepotential scheinen sie nur selten unter den Konvertiten auf (Tabelle 6:4). Ungeachtet der zionistischen Beschuldigungen traten auch die reichsten Wiener Juden in diesem Zeitabschnitt nicht über. Nur Handelsangestellte konvertierten in einem Ausmaß, das ihrem Anteil an dem Wiener jüdischen Arbeitspotential entsprach; etwa ein Fünftel der Konvertiten waren Angestellte, Verkäufer und Geschäftsführer, während etwa ein Viertel aller jüdischen Männer in Wien diese Berufe ausübte. Zwischen 1890 und 1910 jedoch blieb der prozentuelle Anteil der jüdischen Handelsangestellten in Wien gleich, trotz des raschen Anstiegs des prozentuellen Anteils der jüdischen Handelsangestellten in Wien (Tabelle 6:5). Entweder waren diese Männer bei ihrer Arbeit geringerem antisemitischem Druck ausgesetzt als Freiberufler, oder sie konnten diesem Druck besser widerstehen, indem sie größtenteils mit Juden zusammenarbeiteten. Vielleicht auch waren sie einfach stärker an das Judentum gebunden als Freiberufler oder Beamte.

Die meisten jüdischen Frauen, die konvertierten, kamen aus den unteren Schichten und ließen sich wahrscheinlich taufen, um nichtjüdische Mitarbeiter zu heiraten. Ganze 63,8% der weiblichen Konvertiten, deren Berufe registriert wurden, arbeiteten in Handwerksberufen, als Näherinnen, Schneiderinnen oder Modistinnen, als ungelernte Handarbeiterinnen oder als Dienstboten. Die meisten weiblichen Apostaten stammten aus Familien mit einem weitaus niedrigeren sozialen Status als der männlicher Konvertiten. Nur 5,6% der Väter der männlichen Konvertiten waren Handwerker oder Arbeiter, hingegen hatten 17,5% der weiblichen Konvertiten Väter in diesen Berufen. Die Väter der meisten dieser weiblichen Konvertiten waren Kaufleute (46,5%), 9% waren Industrielle und 19,3% Freiberufler oder Staatsbeamte.

Der Prozentsatz der jüdischen Frauen aus der Arbeiterklasse, die das Judentum aufgaben, ging zwischen 1870 und 1910 zurück. Der prozentuelle Anteil von Handwerkern und Arbeitern fiel von 79,3% (von den registrierten Beschäftigten) im Jahr 1890 auf 50% im Jahr 1910 zurück. Wahrscheinlich wollten wegen des wachsenden Antisemitismus unter den Wiener Handwerkern[48] weniger Jüdinnen Nichtjuden heiraten. Bei weiblichen jüdischen Handelsangestellten und Freiberuflern, von denen die meisten als Gouvernanten oder Schauspielerinnen tätig waren, hatte aber Antisemitismus den gegenteiligen Effekt. 1890 waren nur 3,4% der weiblichen Konvertiten, deren Beschäftigung registriert wurde, Handelsangestellte, während es 1910 schon 10,9% waren. Bezeichnenderweise übten 1890 3,4% der Frauen, welche die jüdische Gemeinde verließen, einen Beruf aus, aber etwa ein Viertel (23,9%) waren 1900 und 1910 Freiberufler.

Jüdinnen des Mittelstandes, deren Tätigkeit in den Konversionslisten nicht angeführt wird, nahmen zu Ende des 19. Jahrhunderts ebenfalls das Christentum an oder wurden konfessionslos. Frauen ohne Beruf konvertierten offensichtlich nicht wegen der Karriere, eher schon aus echten religiösen Gründen, oder um Nichtjuden zu heiraten. Vielleicht hofften sie somit den sozialen Status ihrer Familien zu erhöhen, dem Stigma des Jüdischseins zu entrinnen oder einfach Männer zu ehelichen, die sie liebten. Damals war für Frauen jeden Standes Konversion gewöhnlich die Folge des Wunsches, zu heiraten.

Der Glaubensübertritt aus religiösen Gründen oder einer Heirat wegen war nicht das Reservat jüdischer Frauen allein. Nichtjüdinnen – meistens Katholikinnen der unteren Schichten – konvertierten Ende des 19. Jahrhunderts zum Judentum, vermutlich in den meisten Fällen, um Juden zu heiraten. In einer Auswahl von 476 Männern und Frauen, die 1870, 1880, 1890, 1900 und 1910 zum Judentum übertraten,[49] waren 142 getaufte Juden, die zum Judentum zurückkehrten (siehe unten), währen 334 Personen nichtjüdischer Herkunft das Judentum annahmen. Die meisten dieser Proselyten (314) waren Frauen, davon 89% ledig. Die Mehrzahl der weiblichen jüdischen Proselyten stammte aus Arbeiterkreisen. Unter den 79 weiblichen Proselyten, deren Beruf registriert wurde, waren 30,4% Handwerkerinnen und 22,8 Arbeiterinnen. Von 19% freiberuflich Tätigen arbeiteten die meisten als Schauspielerinnen und Sängerinnen. Die wenigen Männer, die zum Judentum übertraten, um jüdische Frauen zu heiraten, arbeiteten ebenfalls als Handwerker (31,3%) und

Arbeiter (22,9%). Etwa 15% der männlichen Proselyten verfolgten eine freiberufliche Karriere, wiederum meist auf dem Theater.

Übertritt zum Christentum mag nicht das einzige Reservat eines aufstrebenden Mittelstands gewesen sein, aber offensichtlich war es eine Folge des Großstadtlebens. Etwa 47% der männlichen und weiblichen jüdischen Konvertiten waren in Wien zur Welt gekommen (Tabelle 6:5). Konvertiten zum Christentum waren wahrscheinlich doppelt so oft gebürtige Wiener als die Wiener Juden im allgemeinen. Zwischen 1870 und 1910 wuchs der prozentuelle Anteil von in Wien geborenen Apostaten. In Wien geborene Angehörige der freien Berufe, Studenten und weibliche Angestellte konvertierten wahrscheinlich am ehesten.

Tabelle 6:6
Geburtsorte jüdischer Konvertiten (kombiniert), 1870–1910

	männlich N - 530	weiblich N = 472
Wien und Niederösterreich	45,7%	48,7%
Böhmen	12,1	12,5
Mähren und Schlesien	12,1	11,0
Galizien und Bukowina	8,1	5,9
Übriges zis-leithanisches Österreich	0,4	1,5
Ungarn	14,0	15,9
Westeuropa	4,3	2,5
Osteuropa	3,4	1,9
	100,0%	100,0%

Andererseits war das in Gebieten von größerem jüdischem Traditionalismus Zur-Welt-Kommen eine Art von Bremse bei der jüdischen Apostasie. In Galizien geborene Juden, einer Provinz, in der der traditionelle jüdische Lebensstil am reinsten erhalten war, lösten sich fast nie von ihren jüdischen Bindungen (Tabelle 6:6). Obwohl etwa ein Viertel alle Wiener Juden aus Galizien kam, stellten sie nur 8% der männlichen und 6% der weiblichen Konvertiten. Nur wenige aus Galizien stammende Jüdinnen der Arbeiterklasse konvertierten, und nur unter den Staatsbeamten galizischer Herkunft gab es eine beträchtliche Anzahl, die sich vom Judentum trennte. Überdies blieb trotz steigender Einwanderung aus Galizien der prozentuelle Anteil von dort geborenen Konvertiten klein, sank sogar noch zwischen 1870 und 1910 unter den männlichen Apostaten. Während 1910 35% der neuen jüdischen Vätergeneration aus Galizien stammte, kamen nur 5% der Männer, die das Judentum aufgaben, aus Galizien. Galizier aller gesellschaftlichen Schichten, besonders aber der unteren, waren zu traditionsbewußt, um Apostasie gutzuheißen.

Juden aus dem weniger orthodoxen Böhmen und Mähren konvertierten entsprechend ihrem Anteil an der jüdischen Bevölkerung der Stadt. Aber ungarische Juden aus Gebieten mit etwas größerem Traditionsbewußtsein waren seltener unter den Konvertiten, als es ihrer Zahl in Wien entsprochen hätte. Dieser größere Traditionalismus genügte im allgemeinen nicht, aus Ungarn stammende Juden und Jüdinnen der Unterschicht von der Konversion abzuhalten. Tatsächlich kam ein großer Teil der Handwerker und Arbeiter, die das Judentum aufgaben, aus Ungarn. Nur etwa 15% aller Konvertiten waren Ungarn, aber 42% der männlichen Handwerker, 19% der männlichen Arbeiter, 19% der jüdischen Handwerkerinnen und 38% der Arbeiterinnen, die das Judentum aufgaben, waren gebürtige Ungarn.

Für alle Gruppen – reich und arm, männlich und weiblich, Tscheche, Ungar, gebürtiger Wiener: Übertritt vom Judentum war mit Verstädterung in hohem Ausmaß verknüpft. Der Demograph Arthur Ruppin vermutet ganz richtig eine mögliche Auswirkung des städtischen Lebens auf die jüdische Loyalität.[50] Die meisten Abtrünnigen waren entweder in Wien oder Prag, Budapest oder den anderen Großstädten der Doppelmonarchie zur Welt gekommen, nicht aber in Kleinstädten, in denen ein traditioneller Lebensstil überwog. Fast zwei Drittel aller Konvertiten, männlich wie weiblich, kamen aus Städten mit einer Einwohnerschaft von über 100.000 (Tabelle 6:7). Sehr wenige Apostaten stammten aus Dörfern oder kleinen Marktflecken, doch eine nicht geringe Anzahl kam aus großen Marktflecken oder Kleinstädten. Unter diesen nicht aus Wien gebürtigen Konvertiten kamen 25,9% der Männer und 23,2% der Frauen aus Budapest, Prag, Brünn, Lemberg oder Triest, ein weitaus höherer Anteil als die 12% der zukünftigen Ehemänner und 13% der Bräute, die aus jenen Städten stammten.

Tabelle 6:7
Bevölkerungszahlen der Geburtsorte* männlicher und weiblicher Konvertiten (kombiniert), 1870–1910

	männlich N = 450	weiblich N = 406
Unter 500	1,1%	1,7%
500–1.999	5,1	4,9
2.000–9.999	14,9	13,8
10.000–99.999	14,4	15,5
100.000 und darüber	64,4	64,0
	100,0%	100,0%

* Einschließlich der in Wien Geborenen.

Unter allen Juden in Wien, die aus Böhmen, Mähren und Ungarn kamen, stammten die Konvertiten weitaus öfter aus den Großstädten dieser Provinzen. Während zum Beispiel nur 20% der böhmischen Hochzeiter aus Prag kamen, waren 40,7% der böhmischen männlichen Konvertiten in der böhmischen Hauptstadt zur Welt gekommen. Während gleichermaßen nur 11% der ungarischen Juden in Wien aus Städten mit über 100.000 Einwohnern kamen, waren 35% der ungarisch-jüdischen Konvertiten in solchen Städten geboren worden. Jüdische Konvertiten in Wien kamen kaum aus mittleren Städten mit hoher jüdischer Bevölkerungsdichte. Die meisten dieser Städte gab es ja in Galizien, und aus dieser Provinz stammten wenig Konvertiten. Dichte jüdische Besiedelung, besonders in der eingeschränkten Atmosphäre eines größeren Marktfleckens oder einer Kleinstadt, wirkte leicht den Kräften entgegen, die in den großen Gemeinden mit geringer jüdischer Bevölkerung zur Konversion führten.

Großer jüdischer Anteil an der Bevölkerung wirkte auch innerhalb Wiens als Abschreckungsmittel. Juden, die das Judentum aufgaben, lebten vor ihrem Übertritt wahrscheinlich seltener in den jüdischen Bezirken als die übrigen Wiener Juden (Tabelle 6:8). Im Jahre 1910 zum Beispiel wohnten nur 17% der männlichen und 22% der weiblichen Konvertiten in der vorwiegend jüdischen Leopoldstadt. Die meisten der jüdischen Konvertiten lebten um 1900 und 1910 über die ganze Stadt verteilt. Die Tatsache, daß sie nicht in jüdischen Vierteln konzentriert waren, mag ihnen zuallererst die Gelegenheit zur Konversion geboten haben. Jüdische Nachbarschaft schuf eine Umwelt, in welcher vorwiegend Juden einander begegneten und heirateten. Wiener Juden, die entweder bewußt oder unbewußt nichtjüdische Nachbarn wählten, heirateten wahrscheinlich eher Nichtjuden und konvertierten aus diesem Grunde.

Tabelle 6:8
Wohnsitzverteilung männlicher und weiblicher Konvertiten (kombiniert), 1870–1910

	1880*		1890		1900		1910	
	m	w	m	w	m	w	m	w
	N = 12	N = 13	N = 42	N = 39	N = 238	N = 180	N = 251	N = 178
I	25,0%	46,2%	26,2%	25,6%	16,4%	13,9%	16,3%	13,5%
II	16,7	38,5	23,8	38,5	16,8	22,2	13,9	14,0
III–V, X	–	–	7,1	5,1	18,5	20,0	18,7	25,8
VI–VIII	–	7,7	14,3	7,7	12,2	12,2	15,5	14,6
IX	50,0	7,7	19,0	15,4	17,2	16,7	14,7	14,0
XI–XIX	8,3	–	9,5	7,7	17,6	13,9	19,9	13,5
XX	–	–	–	–	1,3	1,1	0,8	4,5
	100,0%	100,0%	100,0%	100,0%	100,0%	100,0%	100,0%	100,0%

* Im Jahre 1870 gab es zuwenig Konvertiten, als daß eine signifikante statistische Analyse möglich wäre.

Nach ihrem Übertritt wohnten jüdische Apostaten gewöhnlich weiterhin in ihrer alten Nachbarschaft. Von dem kleinen Prozentsatz, für den Nachweise vorliegen (96 von 1.037 in der Stichprobe,[51] zogen die meisten vor, in demselben Bezirk zu verbleiben, oft auch in denselben Häusern wie vor ihrem Übertritt. Drei Viertel der in den Bezirken I und II und zwei Drittel der in den Bezirken IX, XI–XII Ansäßigen blieben noch zehn und zwanzig Jahre nach ihrem Glaubensübertritt in derselben Umgebung.

War die Konversion erfolgreich?

Konvertiten versuchten ihre Bindungen an Judentum und jüdisches Volk zu verleugnen, doch brachten viele dieser Übertritte nur begrenzten Erfolg. Viele der übrigen Juden, Nichtjuden, Antisemiten, sogar die Konvertiten selbst betrachteten Übergetretene weiterhin als Juden. Trotz der Taufe blieben so prominente Konvertiten wie Heinrich Heine, Karl Marx, Benjamin Disraeli und Gustav Mahler im öffentlichen Bewußtsein Juden. Die nichtjüdische Gesellschaft vergaß die Herkunft jüdischer Konvertiten lange nicht, und nur im Verlauf von Generationen konnte ein Konvertit wirklich in der Gesellschaft aufgehen.[52]

Mit dem Anwachsen des rassischen Antisemitismus am Ende des 19. Jahrhunderts war es sicher, daß Konversion nicht länger eine Eintrittskarte in die europäische Gesellschaft liefern würde.[53] Auch getaufte Juden waren biologisch immer noch Angehörige der „minderwertigen" semitischen Rasse, denn das Taufwasser konnte niemals den Makel der jüdischen Geburt wegwaschen. Für viele potentielle Konvertiten wurde es Ehrensache, im Angesicht dieser neuen Art von antijüdischer Animosität jüdisch zu bleiben. Heinrich Berman, eine Figur aus Arthur Schnitzlers Roman „Der Weg ins Freie" (1907), betonte die Wirkungslosigkeit von Konversion diesem Antisemitismus gegenüber. Er sagt zu seinen Freunden:

> Dafür gesteh ich ihnen ja auch zu, daß ich mich trotz meiner vollkommenen Gleichgültigkeit gegen jegliche Religionsform nie und nimmer werde taufen lassen, selbst wenn es möglich wäre – was ja heute weniger der Fall ist als je – durch solch einen Trug antisemitischer Beschränktheit und Schurkerei für alle Zeit zu entrinnen.[54]

In einer vom Antisemitismus erfüllten Atmosphäre wurden sehr oft auch Konvertiten nicht von der Konversion überzeugt, daher behielten einige Wiener Konvertiten wie Mahler oder sogar Karl Kraus einiges von ihrer jüdischen Sensibilität, trotz der öffentlichen Verleugnung ihrer Herkunft. Die Katholikin Alma Mahler erinnerte sich, daß Weihnachten ihrem Manne „ nichts bedeutete". Obwohl ihn der katholische Mystizismus faszinierte und nicht der jüdische Glauben, verstand er, daß die anderen – und sogar er sich selbst – ihn für einen Juden hielten. Sie erinnert sich zurück:

> Seine Wahrhaftigkeit sagte ihm, daß seine Skepsis der jüdischen Religion gegenüber und seine Taufe keineswegs sein Judentum vergessen machen könnten. Dies wollte er auch nicht. Andererseits bat er mich immer wieder, ihm zu sagen, wann er zu stark gestikuliere, weil er dies als unkultiviert an anderen haßte.[55]

Mahler fühlt sich auf dreifache Wiese heimatlos: „. . . als Böhme unter den Österreichern, als Österreicher unter den Deutschen und als Jude in der ganzen Welt".[56]

Viele Konvertiten traten sogar wieder zum jüdischen Glauben über, wenn sie merkten, daß der Antisemitismus Konversion wertlos machte, oder erkannten, daß sie im Angesicht der antisemitischen Angriffe stolz auf ihre jüdische Herkunft waren. Der berühmteste dieser Heimkehrer war Arnold Schönberg, der als Antwort auf die jüdische Feindseligkeit, die er um sich entdeckte, langsam seine jüdische Identität wiederbestätigte. 1923 schrieb er zum Beispiel dem Maler Wassily Kandinsky:

Denn was ich im letzten Jahre zu lernen gezwungen wurde, habe ich nun endlich kapiert und werde es nicht wieder vergessen. Daß ich nämlich kein Deutscher, kein Europäer, ja vielleicht kaum ein Mensch bin (wenigsten ziehen die Europäer die schlechtesten ihrer Rasse mir vor), sondern daß ich Jude bin. Ich bin damit zufrieden[57]

Schönberg nahm das Judentum offiziell wieder an, als Hitler 1933 deutscher Reichskanzler wurde.

Nicht alle Rückkehrer verkündeten ihre erneute Zugehörigkeit zum Judentum so öffentlich wie Schönberg, aber eine beträchtliche Anzahl von getauften Juden trat am Ende des 19. Jahrhunderts wieder zum Judentum über. In einer Auswahl von 476 Proselyten zur jüdischen Religion aus den Jahren 1870, 1880, 1890, 1900 und 1910[59] waren 142 (30%) Juden, die sich vom Judentum getrennt hatten und nun zu ihrem Volk zurückkehrten. Etwa 45% waren katholisch, 20% protestantisch und 33% konfessionslos gewesen. Diese Gruppe bestand fast zu zwei Dritteln aus Männern und nur zu einem Drittel aus Frauen.

Aus derselben Auswahlgruppe kehrte ungefähr ein Viertel (26,1%) 1870 zum Judentum zurück und mehr als die Hälfte (51,9%) 1900 und 1910. Jene, die 1870 zurückkehrten, gerade drei Jahre nach der Emanzipation von 1867, scheinen ihr Judentum in einer Stimmung von großem Optimismus wiederbekräftigt zu haben. Sie hofften, daß die den Juden gewährten Bürger- und politischen Rechte die Notwendigkeit zum Glaubensübertritt erübrigen würden, um in die europäische Gemeinschaft einzutreten. Sie vereinigten sich wieder mit ihrem Volk, da sie fühlten, daß der jüdische Glaube nicht länger ein Hindernis für ihre Teilnahme an der Gesellschaft sein würde. Jene, die in den Jahren 1900 und 1910 zum Judentum zurückkehrten, hatten vermutlich erkannt, daß der Antisemitismus die Konversion wirkungslos machte, oder betrachteten es als Ehrensache im Angesicht des Angriffs.

Jene hingegen, die 1870 zum jüdischen Glaubensbekenntnis zurückkehrten, ware 1830, 1840 und 1850 Christen oder Konfessionslose geworden, als es wirklich unmöglich gewesen war, als Jude bestimmte Berufe auszuüben. Von den Rückkehrern des Jahres 1870 kamen 35% nach 20 Jahren und 78% nach 10 Jahren zurück. Die Rückkehrer zum Judentum nach 1890 waren im Gegensatz dazu nur kurze Zeit Nichtjuden gewesen. 1910 waren 29,3% ein Jahr lang oder noch kürzer Nichtjuden gewesen, 32,8% zwei bis fünf Jahre und 20,7% sechs bis zehn Jahre; nur wenige waren mehr als zehn Jahre Nichtjuden gewesen. Sie waren übergetreten, um ihre berufliche Karriere zu fördern, und kehrten zurück, als sie erkannten, daß antisemitische Schranken ihre Anerkennung immer noch verhinderten.

Die Männer in beiden Gruppen von Rückkehrern scheinen die jüdische Religion aufgegeben zu haben, um ihre berufliche Karriere voranzutreiben. Ein großer Teil der Rückkehrer waren Freiberufler (Tabelle 6:9). Schon 1870, als noch wenige Juden Freiberufler oder Staatsbeamte waren, übten 17% der Rückkehrer freie Berufe aus, und 9% waren Staatsbeamte. 1870 und 1900 war fast die Hälfte freiberuflich tätig. Zweifellos veranlaßten die Hindernisse, die man den Freiberuflern jüdischer Herkunft in den letzten Jahrzehnten vor dem Ersten Weltkrieg in den Weg legte, viele, zum Judentum zurückzukehren. Auch die Zahl der Angestellten unter den Rückkehrern zum Judentum stieg zwischen 1870 und 1910 deutlich an, aber dieser Anstieg hatte seine Ursache in der beruflichen Veränderung des Wiener Judentums in diesem Zeitabschnitt. Getaufte Jüdinnen, die zum Judentum zurückkehrten, kamen aus dem Mittelstand, und wahrscheinlich nahmen sie den jüdischen Glauben entweder wieder an, weil sie die Wirkungslosigkeit ihrer Konversion für die Aufnahme durch die Nichtjuden erkannten oder als Ehrensache im Angesicht des wachsenden Antisemitismus.

Tabelle 6:9
Berufsverteilung männlicher Konvertiten, die zum Judentum zurückkehrten, 1870–1910

	1870 N = 23	1880 N = 11	1890 N = 9	1900 N = 13	1910 N = 30
Staatsbeamte	8,7%	18,2%	–	7,7%	3,3%
Freiberufler	17,4	27,3	44,4%	46,2	23,3
Studenten	–	–	11,1	–	3,3
Fabrikanten	34,8	27,3	22,2	23,1	30,0
Kaufleute	4,3	9,1	22,2	23,1	30,0
Handwerker	30,4	9,1	–	–	6,7
Arbeiter	4,3	9,1	–	–	3,3
	100,0%	100,0%	100,0%	100,0%	100,0%

Zusammen mit der Memoirenliteratur zeigen die Statistiken, daß Konversion nicht immer die endgültige Trennung von allen Bindungen an das jüdische Volk und vollständiges Aufgehen in der nichtjüdischen Welt bedeutete. Vor dem Ersten Weltkrieg war die Atmosphäre in Wien einfach zu antisemitisch, zu feindselig den Juden gegenüber, als daß sie einen reibungslosen Übergang zur vollständigen Assimilation gestattet hätte. Einige weniger berühmte Konvertiten haben vielleicht leichter nichtjüdische Aufnahme gefunden als Mahler oder Schönberg, aber in Anbetracht der antisemitischen Umwelt, verbunden mit der geringen Zahl jüdischer Apostasie, bedeutete Konversion nicht das Ende jüdischen Lebens in Wien. Die Juden blieben weiterhin eine lebensfähige ethnische Gruppe in der Stadt. Sie fuhren fort, sich als Juden zu identifizieren, und errichteten ein starkes organisatorisches Gerüst, um das Überleben ihrer Gruppe zu sichern.

7. Organisationsstrukturen und jüdische Identität

Die Wiener Juden übten ähnliche Berufe aus, lebten in derselben Umgebung, gingen zusammen in die Schule und heirateten einander. Sie schufen auch ein ausgedehntes Netz jüdischer Organisationen, welches ihnen gestattete, vor allem mit anderen Juden Umgang zu pflegen. Durch dieses verschiedenartige Netz von Organisationen versorgten sich die Juden mit einer wirksamen Bremse gegen die vollständige Assimilation. Von der gesetzlich beauftragten Gemeinschaft – der *Israelitischen Kultusgemeinde* – und einer Menge wohltätiger und literarischer Gesellschaften bis zu den politischen Organisationen, die daheim und im Ausland für die jüdischen Rechte arbeiteten, wurde die Tatsache bekräftigt, daß die jüdische Gesellschaft nicht auf die religiöse Sphäre allein beschränkt war. Die in diesen Organisationen geschaffenen sozialen Verbindungen ermöglichten den meisten Wiener Juden, ein jüdisches Gesellschaftsleben zu genießen.

Jüdische Gemeinden haben immer Myriaden sozialer, philanthropischer und religiöser Gesellschaften hervorgebracht,[1] aber der antisemitische Druck im späten habsburgischen Wien verstärkte die Notwendigkeit eigener jüdischer Organisationen, um für jüdische Rechte zu kämpfen und die jüdische Identität tatkräftig zu verteidigen. Antisemitismus veranlaßte die Juden, sich über ihr Judentum klar zu werden, Bedeutung und Grenzen der Assimilation zu erkennen und neue Rechtfertigungen für fortdauernde jüdische Identität zu entdecken. Auf das schärfste geteilter Meinung in ihrer Antwort auf die antisemitische Herausforderung schufen Wiener Juden Organisationen, um auseinandergehende Auffassungen der Bedeutung des Judentums in der modernen Welt zu verdeutlichen und zu bekräftigen. Alle Splittergruppen – jene, die weiterhin an Assimilation glaubten, die politischen Zionisten und jüdischen Nationalisten, welche Assimilation ablehnten und nach jüdischer Wiedergeburt riefen, oder die Mitglieder von Verteidigungsorganisationen, die jüdischen Stolz vertraten, während sie den Antisemitismus bekämpften –, sie alle errichteten umfassende institutionelle Strukturen, um ihre eigene Version der jüdischen Identität in einer offen eingestandenen feindlichen Umwelt zu bestätigen.

Auf diese Weise dienten die jüdischen Organisationen einem doppelten Zweck, indem sie einerseits ein Forum für die Geltendmachung der jüdischen Identität schufen und andererseits Juden verschiedener politischer Überzeugung in den Stand versetzten, ein fast vollständig jüdisches Gesellschaftsleben zu führen. Jede Untergruppe der Wiener jüdischen Gemeinde – Reiche, Mittelständische und Arme, vor kurzem Eingewanderte und seit langem Ansässige, Integrationisten und jüdische Nationalisten – gründete ihre eigenen Institutionen, die ihr halfen, die eigene Art jüdischer Identität zu sichern und ein Forum für reichhaltigen Meinungsaustausch mit jüdischen Mitbürgern zu bieten.

Religiöse, wohltätige und soziale Organisationen

Die *Israelitische Kultusgemeinde* (IKG) leitete die religösen Angelegenheiten der Wiener jüdischen Gemeinde. Schon 1852 ermächtigte die österreichische Regierung die Gemeinde zur ausschließlichen Vertretung der religiösen, erzieherischen und philanthropischen Bedürfnisse der Juden in der Stadt. Gemäß den Statuten von 1867, die 1890 revidiert wurden, umfaßten die Funktionen der Gemeinde Errichtung und Erhaltung von Synagogen, Aufsicht über religiöse Belange, wie koscheres Essen, rituelle Bäder, Pessach-Matzes und Friedhöfe, Aufzeichnung jüdischer Geburten, Hochzeiten und Sterbefälle sowie Aufsicht über bestimmte jüdische Wohlfahrtseinrichtungen, einschließlich eines jüdischen Krankenhauses.[2] Obwohl das Gesetz zur freien Religionsausübung von 1868 nur eine Gemeinde in jeder Stadt erlaubte, kümmerte sich die *Israelitische Kultusgemeinde* nur um die religiösen Angelegenheiten der askenasischen Juden in Wien (jene aus Mittel- und Osteuropa). In Wien lebende Juden aus dem Ottomanischen Reich oder dem Balkan hatten ihre eigene „Türkische“ Gemeinde, die Gottesdienste für die paar tausend Juden sephardischer Abstammung abhielt.[3] Alle Juden in der Stadt gehörten zur *Gemeinde*, aber nur etwa ein Drittel aller Haushalte konnte die Steuern von 20–1.000 Kronen im Jahr zahlen, welche die Tätigkeiten der Gemeinde unterstützten.

Die Führung der IKG entstammte den reichsten und mächtigsten Kreisen der Wiener Judenschaft. Der Gemeinde dienstbar zu sein, schuf eine Quelle von Ehre und Ansehen für wohlhabende jüdische Kaufleute, Industrielle und Anwälte, die sich als die natürlichen Führer des Wiener Judentums betrachteten. Der Vorstand setzte sich vor 1890 aus zwanzig Männern zusammen, von 1890 bis 1902 aus vierundzwanzig, darnach aus sechsunddreißig; jene, die ihm angehörten, oft für Jahrzehnte, waren ältere, wohlhabende und häufig geadelte Männer.[4]

Da sie sich auf religiöse und wohltätige Angelegenheiten beschränken mußte, konnte die Gemeinde nicht einmal die gesellschaftlichen Bedürfnisse von Wiens wohlhabender Elite befriedigen. Von den frühesten Tagen der modernen jüdischen Ansiedlung in der Haupt- und Residenzstadt des Habsburgerreiches bestand eine Reihe von humanitären und karitativen Organisationen, welche den jüdischen Honoratioren die Gelegenheit boten, sich in der jüdischen Gemeinschaft auszuzeichnen und zugleich gesellschaftlich miteinander zu verkehren, während sie zur selben Zeit Wiens jüdischen Armen, Alten, Kranken und Verwaisten halfen, denen die Gemeinde nicht genügend Aufmerksamkeit schenken konnte. Wie in den meisten anderen jüdischen Gemeinschaften gab es eine Bestattungsgesellschaft *(Chevra Kadisha)*, Institutionen für die Blinden, Tauben, Zurückgebliebenen und Verwaisten, Stiftungen zur Versorgung armer Bräute mit Aussteuern und Ausstattung, bedürftiger Schulkinder mit Schuhen, Kleidung, Stipendien und Ferienheime, sowie gemeinnützige Wohlfahrtseinrichtungen zur Unterstützung der Armen. Die meisten dieser Organisationen erhielten Subventionen von der IKG.[5]

Jüdische Honoratioren Wiens versuchten auch die Leiden der verfolgten Juden zu lindern, ob sie in den österreichischen Provinzen Galizien und Bukowina lebten oder außerhalb der Doppelmonarchie in Rußland, Rumänien oder dem Mittleren Osten. Dieselben Männer, die den Gemeindevorstand bildeten, dienten auch als Direktoren solcher Organisationen wie *Verein zur Förderung der Handwerke unter den inländischen Israeliten*, welcher sich bemühte, jüdische Knaben im Gewerbe auszubilden, dem *Hilfsverein für die notleidende Bevölkerung in Galizien* und die *Israelitische Allianz zu Wien*, einer Abzweigung der französisch-jüdischen Wohltätigkeitsorganisation, der Alliance israélite universelle.[6] Die Wiener *Allianz* errichtete moderne Schulen in Galizien und half den verfolgten und verarmten Juden allerorts. Sie engagierte sich in diplomatischen Verhandlungen hinter den Kulissen für die Juden in Rumänien, Persien, Marokko und Bulgarien und unterstützte Pogromopfer in Rußland und in Österreich selbst. 1899 zum Beispiel stand sie den Opfern der antijüdischen Ausschreitungen bei, welche den Hilsner Ritualmordprozeß im böhmischen Polna begleiteten. Die *Allianz* versorgte auch die jüdischen Auswanderer nach Amerika mit Rat und finanzieller Hilfe.[7]

Wiens jüdische Elite gründete auch Vereinigungen, um die Lage armer Juden zu verbessern, die unter den wirtschaftlichen Folgen des antisemitischen Boykotts jüdischer Geschäfte in Wien selbst zu leiden hatten. Solche Organisationen, wie der *Verein zur Unterstützung jüdischer Handwerker und Kleingewerbetreibender*, der 1888 von Wilhelm Stiassny, Sigmund Taussig, Bela Taussig, Arthur Kuranda und anderen wohlhabenden Juden, die im IKG-Vorstand saßen, gegründet wurde, versah arme jüdische Handwerker mit Darlehen, Krankheits- und Todesfallvergünstigungen.[8] Zusätzlich gründete die Wiener Oberschicht den *Verein zur Hebung der Gewerbe in Wien und dessen Vororte* und den Verein für unentgeltlichen Arbeitsnachweis.[9]

Reiche Juden in der Stadt fanden sich auch aus sozialen und humanitären Gründen in zwei Zweigstellen der B'nai B'rith, der internationalen Bruderschaft, zusammen. Die Mitglieder von *Wien* (1895) und *Eintracht* (1903) betrachteten sich als Männer „aus den besten Kreisen der Wiener Judenschaft" und als „eine Phalanx ehrenhafter, intelligenter und gebildeter Juden, eine ethnische Gesellschaft". Beide Zweige verschrieben sich der Idee, daß man beides sein konnte, Jude und ein „moderner Mann". Da sich ihre Führung aus den gleichen Kreisen wie die IKG rekrutierte, versuchte die B'nai B'rith antijüdische Vorurteile einzudämmen, und zwar nicht durch öffentliche Aktion, sondern durch eine Haltung, die sie für ordentliches öffentliches jüdisches Betragen hielt.[10] Die B'nai B'rith unterstützte die Arbeit der oben erwähnten humanitären Organisationen und arbeitete unermüdlich für die jüdischen Opfer der russischen Pogrome, für jene Juden, die während der Balkankriege litten und für die verarmten Juden in der österreichischen Haupt- und Residenzstadt. *Eintracht* zum Beispiel leitete das Toynbeehalle-Siedlungshaus in der Brigittenau (XX), nachdem die ursprünglich zionistischen Direktoren 1904 dazu nicht mehr imstande waren. Beide Zweige unterstützten Vorlesungen über jüdische und allgemeine Themen, einschließlich Freuds früher Vorlesungen über die Traumdeutung.[11] 1911 gründete B'nai B'rith eine Jugendorganisation, *Jüdischer Jugendbund*, um den jungen Leuten aus der besseren jüdischen Gesellschaft Wiens ihre Wertvorstellungen einzuprägen.[12] Die B'nai B'rith bot sowohl eine Gelegenheit für weltliche Juden, ihr Judentum gründlich zu erfahren, als auch einen wesentlichen Rahmen, innerhalb dessen Mitglieder der Wiener jüdischen Elite vorwiegend miteinander Umgang pflegen konnten.

Wiens reichste und angesehenste Juden fanden sich nicht allein in ihrer humanitären und karitativen Tätigkeit für jüdische Glaubensgenossen. Juden aus dem Mittelstand und auch arme Juden schufen Organisationen, um weniger Glücklichen zu helfen und um miteinander gesellschaftlich zu verkehren. Weil sie vielleicht den herablassenden Ton der von der Prominenz geleiteten Wohlfahrtsorganisationen ablehnten, gründeten viele Juden überdies Selbsthilfeorganisationen, die ihren Mitgliedern Krankheits und Todesfallbeihilfen gewährten. Unter diesen Gesellschaften befand sich der *Kranken-, Witwen- und Waisenunterstützungsverein: Chesed Shel Emes* und der Wohltätigkeits- und Krankenunterstützungsverein: Mazmiah Jeschua.[13] Die Jahrzehnte vor dem Ersten Weltkrieg bezeugen das Anwachsen weiblicher Wohltätigkeitsorganisationen, die jüdischen Frauen aus dem Bürgerstand Gelegenheit boten, das Ideal des neunzehnten Jahrhunderts von weiblicher Nächstenliebe zu erfüllen. Diese Frauengruppen verschafften Nahrung, Kleidung, sogar Sommerlager für arme Schulkinder und bemühten sich um Ausbildung von Juden in den Arbeitervierteln der Stadt.[14] Auch bildeten Juden spezielle Interessengemeinschaften und *Tempelvereine*, um neue Synagogen zu errichten.

Neben den allgemeinen karitativen und sozialen jüdischen Organisationen in Wien bestand ein ausgedehntes Netz von Vereinigungen für Belange der Religion, Kultur und soziale Aufgaben der Einwanderer. Besonders jene aus Galizien fühlten sich verachtet und ausgeschlossen durch das germanisierte jüdische Establishment, und sie gründeten voll Stolz eine galizisch-jüdische Subkultur in Wien. Sogar reiche galizische Juden schlossen sich dieser separaten galizisch-jüdischen Gemeinschaft an.

Die Grundlage des Gemeinschaftslebens der Einwanderer war die *Landsmannschaft*, dieser Zusammenschluß von Menschen aus derselben Stadt oder Gegend, die man in allen Gebieten jüdischer Einwanderersiedlungen in Westeuropa und Amerika findet. *Landsmannschaften* besorgten Krankheits- und Todesfallbeihilfen für Mitglieder und, wichtiger noch, bildeten den Mittelpunkt sozialen Lebens für Leute aus derselben Stadt, wo sie herzliche Beziehungen zu alten Freunden und Nachbarn aufnehmen konnten. Sie mieden die offizielle Gemeinde und suchten finanzielle Hilfe und Gesellschaft größtenteils beieinander. Die meisten der Wiener Landsmannschaften bestanden aus galizischen Juden, doch gründeten viele ungarische und mährische Juden ebenfalls solche Organisationen.[15]

Jiddisch sprechende jüdische Einwanderer waren bei der Schaffung einer starken jiddischen Kultur in Wien nicht sehr erfolgreich. In deutschen Städten mit großem osteuropäischem Bevölkerungsanteil erschienen keine jiddischen Zeitungen, das traf auch auf Wien zu. Vielleicht ist die deutschsprachige Umwelt eine Erklärung für dieses Fehlen. Da Jiddisch sprachlich dem Deutschen nah verwandt war, hatten jiddisch Sprechende keine große Mühe, die deutschsprachige Presse zu lesen, hatten sie einmal die gotische Schrift erlernt. Überdies mißbilligten deutschsprechende Juden Jiddisch als Jargon und haben vielleicht jenen Schwierigkeiten in den Weg gelegt, die eine jiddische Presse gründen wollten.[16]

In diesem Zeitabschnitt schrieben jüdische Einwanderer in Wien aber auch keine große jiddische Literatur wie osteuropäische Einwanderer in New York, London und Paris. Organisationen wie *Jüdische Kultur* förderten Vortragsabende jiddischer Dichtung und Vorlesungen über jiddische Literatur,[17] aber abgesehen von diesen „Abenden" war das jiddische Repertoiretheater das einzige Zeichen aktiver öffentlicher jiddischer Kultur in Wien. In den letzten Jahren vor dem Ersten Weltkrieg spielten in Wien ein, manchmal zwei jiddische Theater die Klassiker der jüdischen Bühne. Die „Jüdische Bühne", eine Gruppe unter der Direktion von M. Stiegler, spielte im Hotel Stefanie in der Taborstraße, dem Herzen der Leopoldstadt, und bot regelmäßige Spielzeiten mit Stücken von Avrom Goldfadn, Jakob Gordin, Lateiner, Perez Hirschbein und anderen. Das *Jüdische Theater-Varieté* führte ähnliche Stücke in Jiddisch auf.[18]

Eingewanderte Juden in Wien richteten größere Aufmerksamkeit auf ihre religiösen Bedürfnisse denn auf jiddische Kultur. Galizische (und ungarische) Juden in Wien errichteten viele *Bethäuser*, in denen sie ihre Gottesdienste wie in ihrer alten Heimat abhielten. Diese Juden fanden die formellen Gottesdienste in den Gemeindetempeln ungemütlich. Auch reichere jüdische Einwanderer aus Galizien errichteten ihre eigenen Synagogen, die sowohl „polnisch" als auch vereinbar mit ihrer Mittelstands- und Oberschichtrespektabilität waren. Abgestoßen von den lauten orthodoxen Bethäusern und dem deutschen Ton der offiziellen IKG-Synagogen, beschlossen sie, ihren eigenen, anständigen, modernen Tempel zu errichten, in dem der Gottesdienst gemäß dem polnischen Ritus, das hieß mit polnischen Liedern, gehalten wurde. Der 1882 gegründete *Israelitische Bethausverein Beth Israel* versuchte eine Synagoge zu bauen, die „dem bedeutendsten Zweig des jüdischen Stammes in der Metropole des Reiches ein geistiges Heim" werden sollte. Ignaz Jolles vom Baukomitee versicherte der Wiener Judenschaft, daß diese „mit lichten, weiten Räumlichkeiten, hell und rein, mit schlichtem Comfort" ausgestattete Synagoge nicht der Schauplatz von Zelotismus sein würde noch „eine Festung zum Widerstand gegen die religiöse Aufklärung", sondern eine moderne, orthodoxe Synagoge für Gottesdienste, den polnisch-jüdischen Sitten und Gesängen entsprechend.[19] Nachdem er in den achtziger und neunziger Jahren von so reichen galizischen Juden in Wien wie Arthur Edler von Mises Geld bekommen hatte und 1891 und 1892 mit Hilfe der in Galizien geborenen Polemiker Saul Raphael Landau und Josef Samuel Bloch eine Lotterie durchführt hatte, baute der Verein eine Synagoge in der Leopoldstadt, in der Leopoldgasse 29, gerade rechtzeitig für die hohen Festtage von 1893.[20]

Galizische Juden in Wien gaben sich nicht mit religiösen und sozialen Organisationen zufrieden. Ihre Sprecher riefen zu politischer Agitation innerhalb der jüdischen Gemeinschaft auf, um die Mißachtung der „polnischen" Juden durch die germanisierte jüdische Elite zu bekämpfen und gleiche Repräsentation der *Ostjuden* bei den jüdischen Gemeindeangelegenheiten zu sichern. In einem Artikel der *Österreichischen Wochenschrift* schrieb ein Autor namens J. Grobtuch im April 1908: „In keiner anderen Weltstadt herrscht eine solche Animosität gegenüber galizischen Juden wie in Wien." Er appellierte an alle Juden in der Stadt, sich zu organisieren, um bessere Arbeitsbedingungen zu erringen. Grobtuch selbst schreckte vor direkter Konfrontation zurück; er verlangte nur mehr Arbeitsplätze für galizisch-jüdische Angestellte und Verkäufer, die von seiten der Antisemiten und „antisemitischen" Juden gleichermaßen diskriminiert wurden.[21]

Als Antwort auf Grobtuchs Vorschlag gab ein mit Dr. K. unterzeichneter Autor in S. R. Landaus jüdischer nationalistischer Wochenschrift *Neue National-Zeitung* zu, daß die Abneigung gegen polnische Juden in Wien, besonders in den Räumen der IKG, sehr heftig sei und nach einer Organisation der galizischen Juden verlange. Er war jedoch unzufrieden mit Grobtuchs Aversion gegen politische Aktionen. Im Gegenteil, so argumentierte er, eine galizische jüdische Organisation sollte sich im politischen Kampf engagieren, um selbstbewußte galizische Juden in den Gemeindevorstand zu wählen, damit dort die Vertretung der galizischen Juden gesichert würde. Er forderte die bereits bestehenden galizisch-jüdischen Organisationen, wie den 1876 gegründeten *Kaufmännischen Unterstützungsverein: Osten*, auf, Darlehen und Zuschüsse an galizische Juden zu gewähren und sich mit einer starken neuen Organisation aller Ostjuden in der Haupt- und Residenzstadt zu vereinigen.[22]

Zwei Jahre später, 1910, wurde der *Verband der östlichen Juden in Wien* gegründet, um „die Hebung des Gefühles der Zusammengehörigkeit unter den aus dem Osten stammenden Juden in Wien sowie die Wahrung und Förderung ihrer Interessen auf sozialem, materiellem und wirtschaftlichem Gebiete" zu erreichen. Die Organisation wandte sich an alle mit der gegenwärtigen Lage der osteuropäischen Juden in Wien Unzufriedenen, da die galizischen Juden der Verachtung tschechischer und ungarischer Juden ausgesetzt waren. Sie drängte ihre Mitglieder, sich an politischen Aktionen zu beteiligen, um diese Mißachtung zu überwinden. Die Vereinigung versuchte auch rechtlichen und finanziellen Beistand für arme Juden in der Stadt und verfolgte Juden in Osteuropa zu beschaffen. Vorwiegend betrachtete sie sich jedoch als Mittelpunkt galizisch-jüdischen Gesellschaftslebens in Wien.[23]

Eine Gruppe orthodoxer galizischer Juden organisierte sich, um die besonderen Interessen strenggläubiger galizischer Juden in der Stadt zu schützen. Im Oktober 1903 eröffnete diese Gruppe eine Zweigstelle von *Machzike Hadath* (Stärker des Glaubens), um die Orthodoxen zum Zweck politischer Aktionen zu einigen. *Machzike Hadath*, ursprünglich 1879 in Galizien gegründet, behauptete, daß Gemeindevorstand und jüdisches Establishment die Bedürfnisse der orthodoxen galizischen Juden übersahen. Zusätzlich zur Unterstützung der religiösen Bedürfnisse jüdischer Auswanderer auf dem Weg nach Amerika strebte *Machzike Hadath* nach Zusammenschluß der polnisch-jüdischen Gemeinschaft in der Haupt- und Residenzstadt.[24]

Politische Organisationen

Neben diesen karitativen und sozialen Organisationen schufen Wiener Juden politische Bewegungen, um für die persönlichen Rechte der Juden oder für jüdische nationale Gleichberechtigung zu kämpfen. Politischer und rassistischer Antisemitismus in der Reichshaupt- und Residenzstadt der Habsburger zwang die Juden nicht nur, sich Sorgen über ihre Lage zu machen, sondern auch die Ziele ihrer Assimilation neu zu überdenken. Als Ergebnis gründeten sie drei neue Bewegungen zur Auseinandersetzung mit dem Problem des Antisemitismus und erneuter Definition, was es bedeutete, Jude in Österreich zu sein. Die erste Reaktion der Wiener Juden war die Gründung der *Österreichisch-Israelitischen Union*, die versuchte, die jüdischen Rechte gegen die zunehmend heftiger werdenden Angriffe der österreichischen Antisemiten zu verteidigen. Als weitere Folge begründeten Wiener Juden den Zionismus, der trachtete, im Land Israel einen jüdischen Staat zu errichten, und jüdischen Nationalismus in der Diaspora, der Zionismus als utopische Schaumschlägerei betrachtete und die Anerkennung der jüdischen Nation innerhalb eines national-föderalistischen Österreichs forderte.

Diese drei politischen Bewegungen nahmen bezüglich der Eigenart jüdischer Identität grundlegend verschiedene Stellungen ein. Zionisten wie jüdische Nationalisten, von denen viele aus in hohem Grade assimilierten Familien kamen,[25] lehnten die eineinhalb Jahrhunderte alte Verpflichtung der Juden zur Assimilation ab. Sie stellten fest, daß Antisemitismus die Vergeblichkeit der Assimilationshoffnungen enthüllt hatte, und behaupteten, daß ein zäher, nachdrücklicher jüdischer Nationalismus die beste Antwort auf die antisemitische Herausforderung sein würde. Juden, die weiterhin Integration in die österreichische Gesellschaft ersehnten, setzten jüdisch-nationalistischen und zionistischen Separatismus herab und bekräftigten laut ihre österreichische Identität, aber der Antisemitismus im späten Habsburgerreich zwang alle, außer den extremsten Assimilanten, ihre jüdische Identität mit gleichem Stolz zu behaupten. Die Mitglieder der *Österreich-Israelitischen Union*, die sich gewiß selbst als patriotische Österreicher bezeichneten, waren von ausgeprägtem jüdischem Stolz und der Ahnung von gemeinsamem Ursprung und Schicksal des jüdischen Volks durchdrungen. Obwohl die Zionisten das Wiener Establishment und die ihm verbundene *Union* der Assimilation und des Verrats bezichtigten, ermutigte die aus den Führern der Wiener Judenschaft bestehende *Union* eine kräftige Verteidigung der jüdischen Identität im Angesicht der antijüdischen Feindseligkeit, auf die sie traf.

Die Integrationisten

In den Jahren nach der Emanzipation von 1867 suchten die Führer des Wiener Judentums die Integration der Juden in die österreichische, das heißt deutsch-österreichische Gesellschaft. Diese Oberschicht verfocht die Meinung, daß Judentum ein religiöses Bekenntnis sei, das in keiner Weise die volle Teilnahme an österreichischer Kultur und Gesellschaft behinderte. Während der zweiten Hälfte des neunzehnten Jahrhunderts verneinten Wiener jüdische Führer ebenso wie jüdische Wortführer im übrigen West- und Mitteleuropa, daß die Juden eine eigene Gruppen wären – oder sein wollten.[26] Adolf Jellinek, ein berühmter jüdischer Prediger von Wien bis zu seinem Tod im Jahre 1893, äußerte diese Ansicht sehr deutlich in der jüdischen Wochenschrift *Die Neuzeit*, einem Sprachrohr der IKG-Führung. 1884 schrieb Jellinek: „Im Großen und Ganzen aber stehen die Juden unter denselben ethnischen Einflüssen, wie alle übrigen Staatsangehörigen."[27] In einem kurz vor seinem Tod geschriebenen Artikel stellt er fest, „sie gehören einem und demselben Stamme an, bekennen sich zu denselben Glaubenssätzen, sind aber nimmermehr eine besondere Nation. Ein König ohne Land ist kein Herrscher, ein Stamm ohne selbständiges politisches und culturelles Leben kann nimmermehr als eine Nation erscheinen."[28]

Jellinek und andere Wiener jüdische Integrationisten verteidigten auch die enge Verbindung zwischen Juden und Liberalismus, der Kraft, die die Juden 1867 befreit hatte. Zum Beispiel bekräftigt ein Autor für *Die Neuzeit* im Jahr 1870, „. . . inniger Anschluß an den Rechtsstaat und die Idee des Liberalismus, die ihn beherrscht. Wir stehen und fallen mit dem modernen Staate . . ."[29] Juden dieser Art hofften optimistisch, daß alle Schranken zu Integration und Assimilation der Juden als Lohn für ihre Loyalität fallen würden. Juden würden als individuelle Menschen an einer rosigen österreichischen Zukunft teilhaben. Viele Juden fuhren fort, ihre Bestrebungen nach Integration zu bekräftigen, noch lange, nachdem die Antisemiten entschieden hatten, daß sie nicht in die europäische Gesellschaft paßten.

Antisemitismus ließ eine jüngere Generation Wiener jüdischer Integrationisten schlagartig aktiv werden. So wie sie sich zusammenfand, um die neue Bedrohung zu bekämpfen, verteidigte diese junge Gruppe auch einen neuen Stolz auf gemeinsame jüdische Herkunft. 1886 begründeten sie als Antwort auf den virulenten Antisemitismus der achtziger Jahre die *Österreich-Israelitische Union* (OIU). Sieben Jahre vor dem ähnlichen *Central-Verein deutscher Staatsbürger jüdischen Glaubens* gegründet, war die OIU eine Vereinigung, die sich ebenso wie ihre deutsche Schwester später von Zionismus und jüdischem Nationalismus distanzieren, aber immer ihre Treue dem mit hohen Grundsätzen und Nachdruck geführten Kampf gegen Antisemitismus und für Stärkung der jüdischen Identität beweisen würde.[30] Die *Österreich-Israelitische Union* setzte sich vor allem aus Geschäftsleuten und Industriellen derselben Kreise zusammen, die auch die Führung der IKG (ohne die Geadelten) versorgten. Sie identifizierte sich außerordentlich mit Habsburg-Österreich, während sie gleichzeitig ein großes Maß jüdischen Stolzes geltend machte.

Der erste Anstoß für Verteidigungsorganisationen dieser Art kam von Josef Samuel Bloch, einem Rabbiner aus Galizien, der in dem Wiener Vorort Floridsdorf (dem späteren XXI. Bezirk) wohnte. Bloch, ein lebhafter jüdischer Reichstagsabgeordneter aus Galizien, arbeitete unermüdlich gegen Antisemitismus. 1883 demütigte er öffentlich den Antisemiten August Rohling, Professor in Prag und Autor des Buches *Der Talmudjude*, einer bösartigen Neufassung von Eisenmengers antisemitischem Klassiker aus dem siebzehnten Jahrhundert *Entdecktes Judentum.* Bloch zwang Rohling, ihn auf Verleumdung zu klagen und dann seine Klage zurückzuziehen.[31]

Im folgenden Jahr gründete Bloch die Wochenzeitung *Österreichische Wochenschrift*, die bis nach dem Ersten Weltkrieg Anfang der zwanziger Jahre in seinem Besitz war und von ihm geleitet wurde. Bloch benützte diese vielgelesene Zeitung als Hauptwaffe gegen die Zwillingsfeinde, für die er Antisemitismus und Assimilation hielt.[32] Obwohl er sich später gegen den Zionismus wandte, wollte er mit seiner Zeitung doch nationale Gefühle seiner jüdischen Leser erwecken: „. . . alle Artikel waren von dem Hauch durchweht, um die Saiten der Seele national vibrieren zu lassen . . ." . . . „. . . und so in Allen, die jüdischen Blutes sind, das Bewußtsein des Zusammenhanges, das Empfinden und die Erkenntnis der unentrinnbaren Schicksalsgemeinschaft, zugleich aber auch den edlen Stolz zu wecken, den eine einzigartige, viertausendjährige, wenn auch leidensschwere, jedoch ruhmumstrahlte Vergangenheit einflößt."[33]

Bloch benützte seine Zeitung, um jüdisches Selbstbewußtsein zu stärken, jüdisches Wissen einzuprägen und „Verrat und Abfall" entgegenzuwirken. Die *Österreichische Wochenschrift* trachtete Kenntnis von Juden und Judentum zu verbreiten, innerhalb der Gemeinschaft, so hoffte man, auch in der Außenwelt.[34]

In der ersten Nummer der *Österreichischen Wochenschrift* rief Bloch die Juden auf, eine politische Organisation zu gründen, die sowohl dem Kampf gegen den Antisemitismus als auch der Stärkung des jüdischen Selbstgefühles dienen sollte.[35]

Am 4. März 1885 beschloß er zusammen mit einigen jungen Männern, eine Organisation ins Leben zu rufen:

> deren Aufgabe es sein soll, ein gemeinsames, zielbewußtes, politisches Handeln in allen, das *Judenthum* betreffenden Fragen herbeizuführen, auf die Verbesserung des Religionsunterrichtes, die Verbreitung der Kenntnis der jüdischen Geschichte innerhalb des Judenthums, auf die Hebung und Förderung des jüdischen Stammesbewußtseins Einfluß zu nehmen, gegen den rapid um sich greifenden ‚semitischen Antisemitismus' Front zu machen und alle jene Bestrebungen, welche darauf hinzielen, die confessionellen und Rassengegensätze zu verschärfen, nach Möglichkeit niederzuhalten.[36]

Am 24. April 1886 konstituierte sich formell die *Österreich-Israelitische Union.* Bloch dominierte die neue Vereinigung niemals. Wahrscheinlich war er wegen seines kampflustigen Charakters nie Präsident und bekleidete auch nie ein Amt. Jedoch verstand seinen Grundsätzen gemäß die *Union* ihre Mission darin, junge, entfremdete Juden der jüdischen Gemeinde zurückzugewinnen und einen beherzten Kampf gegen den Antisemitismus zu führen.

In den ersten Jahren des Bestandes der *Union* legten ihre Führer nicht so großes Gewicht auf die Verteidigungsaktivitäten, sondern mehr auf die Notwendigkeit, den assimilierten Juden wieder jüdisches Selbstbewußtsein beizubringen. Bei der Gründungsversammlung bekräftigte Dr. Sigmund Zins, die erste Aufgabe der OIU sei der Kampf gegen den Selbsthaß im jüdischen Lager. Er verpflichtete die OIU zum

... Kampf nach Innen gegen die schmachvolle Selbstpreisgebung und Erniedrigung und die Wiedergewinnung der beinahe uns ganz entfremdeten jüngeren Generation, für unsere ruhmreiche, vieltausendjährige Tradition.[37]

Obwohl die Statuten der OIU auch vorschrieben, daß die Organisation als Interessengruppe für jüdische Angelegenheiten im österreichischen Parlament agieren sollte, legten sie größeres Gewicht auf den Wunsch der jungen Vereinigung, die jüdische Ausbildung als erste Verteidigungslinie gegen Verdrossenheit unter den Jungen und gegen Antisemitismus in Wien verbessern. Außerdem wollte die OIU jüdische Gelehrsamkeit fördern und moderne religiöse Führer ausbilden. Der erste Programmpunkt ihrer Verteidigung bestand im Verringern der Mißverständnisse über die Juden durch Abhalten öffentlicher Diskussionen über jüdische Fragen.[38]

Obwohl die OIU jüdische Interessen verteidigen wollte, wiesen ihre Führer eilig darauf hin, daß die neue *Union* kein verstecktes separatistisches Programm hätte. Im Gegenteil, diese jungen Wiener Geschäftsleute bekräftigten ihre Ergebenheit zu Österreich und den Habsburgern. Dr. Zins erklärte bei der Gründungsversammlung der Union 1886:

Wir betonen die Pflichten der österreichischen Juden zu einem aufrichtigen *österreichischen Patriotismus* und zur politischen Verbrüderung mit den Völkern und Nationen, unter denen sie geboren und erzogen sind, und an deren Literatur sie sich vorzugsweise gebildet und an deren wirthschaftlichem und culturellem Leben sie participiren ...[39]

Trotzdem glaubten er und die anderen Führer der OIU fest daran, daß neben ihrer österreichischen Identität, sogar neben ihrer deutsch-, tschechisch- oder polnisch-österreichischen Identität noch Platz für sie sein würde, Juden zu sein. Dr. Zins bemerkte:

Wir finden, daß der Patriotismus und das Nationalgefühl der österreichischen Juden der verschiedenen Königreiche und Länder das jüdische Bewußtsein und die Wahrung desselben durchaus nicht ausschließen.

Es war immer noch die Pflicht der Juden, ihr eigenes Erbe zu erhalten und ihre Rechte gegen Angriffe zu schützen. Sie kämpften nicht um *Judenrecht*, erklärte Zins, sondern für die Menschenrechte der Juden.[40]

Als die Antisemiten ihren antijüdischen Kampf verstärkten und die antisemitischen Parteien ihre Machtpositionen ausbauten, wurde die Rolle der *Union* als Verteidigerin jüdischer Rechte und der Juden selbst vorrangig und deutlicher. In der ersten Ausgabe ihrer im Oktober 1889 erschienenen Monatsschrift veröffentlichte die *Union* ihren Kampfschrei:

Juden, schaaret Euch zusammen, seid einig in der Abwehr dieser verächtlichen Angriffe! Das ist das Losungswort der österr.isr. Union! Der Verein soll Euch ein Sammelpunkt werden, das Hauptquartier, von welchem aus die Vertheidigung unserer Stellung erfolgen soll. Der Verein will das Interesse am öffentlichen Leben unter den Glaubensgenossen erwecken, und unermüdlich darauf hinwirken, daß jeder Jude ein Kämpfer für die heilige Sache werde.[41]

Dieser Aufruf zur Tat von 1889 wurde mit den Jahren immer lauter.

In ihrer Aktivität gegen den Antisemitismus entfaltete die *Union* ähnliche Tätigkeiten wie der *Centralverein* in Deutschland. 1897 eröffnete die *Union* ein *Rechtsschutzbureau*, um sich in legalen Aktionen für die jüdischen Rechte einzusetzen und Beweise über jene zu sammeln, die jüdische Mitbürger oder das jüdische Volk in Zeitungen, Versammlungen oder repräsentativen Körperschaften im ganzen cisleithanischen Österreich angriffen.[42] Bei der zwölften Generalversammlung am 23. April 1898 erklärten Sprecher, daß sie das *Rechtsschutzbureau* errichtet hätten, damit die Juden, nicht länger imstande, im Angesicht des Antisemitismus zu schweigen, „laut und entschieden zu reden [beginnen] und alle gesetzlichen Mittel in Anwendung [zu] bringen [konnten], die uns zur Vertheidigung unserer Rechte zustehen".[43] Dieses Büro, Mittelpunkt aller OIU-Aktivität, bearbeitete Probleme wie Antisemitismus in der Presse, die Hilsner Ritualmordaffäre, antisemitische Tätigkeiten in Galizien, den Boykott, verschiedene Rechtsstreite, in die Juden verwickelt waren, wie auch den Kampf von Wiener Juden, die Heimat zu wechseln.[44]

Viele Leute in der *Union* stimmte die Notwendigkeit, für jüdische Rechte zu kämpfen, traurig, aber Maximilian Paul-Schiff, 1901 Präsident, verkündete: „Heute haben wir das volle Recht und die heilige Pflicht, in erster Linie an uns zu denken . . ."[45] 1903 versah die *Union* ihre Statuten endlich mit einer Zusatzklausel, die die vorherrschende Verteidigungshaltung der Vereinigung anerkannte. Diese Klausel besagte: „Der Verein macht sich zur Aufgabe, die allgemeinen und politischen Rechte der Juden zu wahren und den Angehörigen der jüdischen Konfession zu diesen Rechten zu verhelfen."[46]

Als die OIU 1910 ihr fünfundzwanzigjähriges Bestehen feierte, rühmte sie sich ihrer Errungenschaften auf politischem und der Verteidigung dienendem Gebiet. Das *Rechtsschutzbureau* hatte in 5.000 Fällen vermittelt, und der Verein hatte 7.000 Mitglieder aufzuweisen.[47] Die *Union* beglückwünschte sich, daß Juden nicht länger auf die erfolglosen Deutschliberalen angewiesen waren, sondern zu einem positiven Selbstvertrauen und Verteidigungswillen gefunden hatten. Während die Meinung vieler Unionsmitglieder gegenüber einer separaten jüdischen Vereinigung, die für jüdische Rechte kämpfte, irgendwie ambivalent blieb, und Sigmund Mayer, nach 1905 Präsident, den Verein sogar „eine Schande für das Land" nannte, fühlten die meisten, daß die antisemitischen Angriffe während des ausgehenden neunzehnten Jahrhunderts die unbeugsame Haltung der OIU rechtfertigten.[48]

Wiener Zionisten jedoch hielten die Führer der *Union* für eine Gruppe verräterischer Assimilanten. Während sie der *Union* zu ihren Verteidigungsaktivitäten, „für ihr patriotisch-jüdisches Werk",[49] gratulierten, beklagte die zionistische und jüdischnationale Presse, die Tätigkeit der *Union* zur Erhaltung jüdischer Eigenart sei in beschämender Weise unzureichend.[50] Die jüdische nationalistische *Neue National-Zeitung* sparte ihre übelsten Kommentare für OIU-Präsident Sigmund Mayer. Im Mai 1907 klagte sie, daß die OIU nur vorgäbe, jüdische Interessen zu vertreten; in Wirklichkeit wäre sie eine Clique von Karrieremachern, die nicht die echten Anliegen der Juden im Herzen hätten, sondern „persönliche Eitelkeit und Vereinsmeierei".[51] 1911 äußerte sich die Zeitung in einem Leitartikel: „. . . so ist auch Herr Sigmund

Mayer trotz seiner großen Fähigkeiten und seines eminenten Wissens nur eine jüdische Vereinsgröße, aber kein großer Jude geworden."[52] Die jüdischen Nationalisten stürzten sich auf die Tatsache, daß Mayers Sohn zum Christentum übergetreten war, um im Staatsdienst Karriere zu machen, als Beweis von Mayers Mangel an jüdischem Engagement.[53]

Mayer war tatsächlich ein Hauptvertreter der Assimilationsphilosophie gewesen, aber sogar er fühlte sich verpflichtet, zu den Juden zurückzukehren, als die antisemitische Bewegung ausbrach. In seinen Memoiren erinnert er sich:

> Ich hatte eigentlich schon ganz vergessen, daß ich Jude war. Jetzt brachten mich die Antisemiten auf diese unangenehme Entdeckung. Den Geburtsfehler konnte ich allerdings nicht ändern, aber es widersprach durchaus meiner Meinung und meiner Temperamente zu schweigen, wenn ich aus keinem anderen Grunde angegriffen wurde, als aus dem, daß mein Vater, Großvater usw., bis zu Abraham hinauf Juden gewesen, da mußte man doch antworten.[54]

Mayer fühlte sich in der jüdischen Atmosphäre beim ersten Besuch einer Versammlung der *Union* völlig fremd, aber die antisemitische Atmosphäre in Wien veranlaßte ihn zu einer aktiven Rolle. 1894 wurde er politischer Stratege und Leiter des *Rechtsschutzbureaus* der OIU, 1905 ihr Präsident. Er sah seine Rolle darin, daß „den Juden ein gewisses Sicherheitsgefühl und der Mut zum Widerstande eingeflösst wird".[55]

Ungeachtet der zionistischen Vorwürfe vollbrachte die *Österreich-Israelitische Union* mit ihren jüdischen Verteidigungsaktivitäten, reichhaltigen Vortragsreihen und ihrem nicht nationalistischen jüdischen Bewußtsein eine wichtige Rolle im sozialen und politischen Leben des jüdischen Wiens. Obwohl die Vereinigung den Zionismus oder jüdischen Nationalismus ablehnte und in Wahrheit die gefährlichen Konsequenzen beider Bewegungen für die österreichischen Juden fürchtete, versuchte sie, wie der *Centralverein* in Deutschland,[56] trotzdem, eine bestimmte Art von jüdischer Identität im Wien des Fin de siècle zu definieren. Weder zionistisch noch nationalistisch, noch so aggressiv-jüdisch, wie Bloch es vielleicht gewünscht hätte, rief die OIU nach einem hohen Maß jüdischen Selbstbewußtseins und Bestimmtheit unter Wiens assimilierten Mittelstands- und Oberschichtjuden, die bestürzt waren über die antisemitische Feindseligkeit, welche sie umgab.

Jüdische Universitätsstudenten beantworteten die antisemitische Krise ebenfalls durch Abwehr jüdischer Feindlichkeit und Bekundung jüdischen Selbstbewußtseins. Jüdische Studenten, die sich durch antisemitisches Rowdytum an der Universität von deutschen Studentenverbindungen ausgeschlossen sahen,[57] gründeten ihre eigenen kulturellen und sozialen Studentenvereine. Einige dieser Organisationen traten für radikale jüdisch-nationale Lösungen des Antisemitismus-Problems ein.[58] Alle boten einen Ausweg vor Beleidigung, Erniedrigung und Herausforderung und eine wichtige Institution, innerhalb derer jüdische Studenten zusammentreffen und ihre eigene Art selbstbewußten Judentums entwickeln konnten. Viele nicht-nationalistische Studenten wurden sich ihrer jüdischen Identität bewußter als sie es vielleicht gewesen wären, hätten die Antisemiten sie nicht gezwungen, fast ausschließlich nur miteinander Umgang zu pflegen.

Der *Jüdisch-Akademische Juristenverein* zum Beispiel, gegründet von jüdischen Jusstudenten, die vom *Deutsch-Akademischen Juristenverein* ausgeschlossen waren, sah seine Rolle darin, „... das Selbstbewußtsein der jüdischen Juristen zu stärken ...", die schreckliche Mißachtung seitens der deutschnationalen Antisemiten erlitten. Der *Akademische Verein jüdischer Mediziner* versuchte auf ähnliche Weise, die jüdischen Medizinstudenten an der Universität zu organisieren.[59] Die wichtigste der nichtnationalistischen Studentenverbindungen war jedoch die *Jüdisch-Akademische Lese-Halle.* Die Leseklubs an der Wiener Universität waren wichtiger Mittelpunkt akademischen kulturellen Lebens und hatten bis in die achtziger Jahre eine stattliche Anzahl jüdischer Mitglieder. Dann aber wurden diese Vereine mehr und mehr nationalistisch und antisemitisch und schlossen schließlich Juden von der Mitgliedschaft aus.[60] Verärgert darüber, daß man Juden von den sehr liberalen Vereinen fernhielt, bei deren Gründung sie mitgeholfen hatten, rief im Jahre 1893 *Kadimah*, die erste jüdische nationalistische schlagende Verbindung, zur Errichtung einer Lesehalle für jüdische Studenten auf, die „ein geistiger Mittelpunkt der jüdischen Studentenschaft [sein sollte], welche heute fast von allen Studentenvereinen ausgeschlossen sei". *Kadimah* hoffte, daß die *Lesehalle*, die jüdischen Angelegenheiten gegenüber neutral sein sollte, sich dem Kampf gegen den Antisemitismus anschließen würde.[61]

Im folgenden Jahr eröffnete die neue *Jüdisch-Akademische Lesehalle* mit einem Literatur- und einem Verteidigungsprogramm. Sie sah ihre Funktion darin, Juden als Forum für soziale und intellektuelle Gespräche zu dienen und „jüdisches Selbstbewußtsein" unter den Studenten zu pflegen. Indem sie offene politische Fragen vermied, bemühte sich die *Lesehalle*, ein neutrales Zentrum für alle Juden an der Universität zu sein, ein Mittelpunkt geistiger Anregung und jüdischer Geselligkeit.[62] Wie ihr deutsches Modell, bot die *Lesehalle* ein weites Feld an Vorträgen über jüdische und nichtjüdische Themen. Zum Beispiel sprach 1896 Rabbiner Moritz Güdemann über „das Judenthum und die Mission", Bernard Münz über Tolstoj und Sigmund Freud über die „Traumdeutung".[63] Die Lesehalle erhielt mehr Zuschüsse von der IKG als jede andere jüdische Studentengruppe.[64]

1896 kämpften jüdische Nationalisten und Nichtnationalisten um die Kontrolle der *Lesehalle.* Die von *Kadimah* angeführten Nationalisten versuchten erfolglos, den Leseraum in ein Instrument jüdisch-nationaler Politik umzuformen. Als Ergebnis dieses Streites änderte die *Lesehalle* ihren Namen in *Lese- und Redehalle jüdischer Hochschüler in Wien.* Sie blieb weiterhin die nationale Frage betreffend neutral[65] und schuf an der Universität einen Platz für jüdische Studenten, an dem sie vorwiegend mit anderen Juden beisammen sein und fühlen konnten, daß sie nicht allein waren im Angesicht der häufig ausbrechenden antisemitischen Gewalt.

Die Zionisten

Die *Österreich-Israelitische Union* verteidigte wohl das Selbstbewußtsein von Wiens jüdischem Mittelstand, aber sie stellte nie den Wunsch dieser Juden nach Assimilation und Integration in Frage. Indessen waren zwei neue Bewegungen entstanden, die das ganze Streben nach jüdischer Assimilation im neunzehnten Jahrhundert sehr wohl in Frage stellten. Zionisten, die für die Errichtung eines jüdischen Staates in Palästina arbeiteten, wie jüdische Nationalisten, welche nach jüdischer nationaler Autonomie in der Diaspora riefen, lehnten den Gedanken ab, daß Juden als Einzelpersonen in die europäischen Nationen integriert werden konnten oder sollten. Beide behaupteten, die Juden wären eine eigene Nation und zu einer unabhängigen nationalen Entwicklung berechtigt, entweder in ihrem eigenen Land oder in einer Art österreichischer Föderation. Beide Bewegungen wurden nicht von traditionell religiösen, sondern von jungen Juden geschaffen, von denen viele aus assimilierten Familien kamen und, vom antisemitischen Widerstand beeindruckt, zu jüdischem Volk und jüdischer Identität zurückkehren wollten.[66] Wiens jüdische Mittelstandsjugend lehnte die Assimilationsideologie der Elite ab und bemühte sich, eine neue Art von Judentum in der Habsburgermetropole durchzusetzen.

Zionismus trat erst nach der Publikation des Buches *Der Judenstaat* von Theodor Herzl als starke politische Bewegung in Erscheinung. Theodor Herzl war ein bekannter Wiener Journalist, Feuilletonredakteur der *Neuen Freien Presse* und ein assimilierter Jude.[67] Aber schon dreizehn Jahre vor Herzl gab es in Wien Zionismus. 1883 gründeten drei Universitätsstudenten, Nathan Birnbaum, Reuben Bierer und Maurice Schnirer, unter dem Einfluß von Peretz Smolenskins Ideen einer jüdischen nationalen Wiedergeburt und beleidigt durch den Ausschluß der Juden aus den deutschnationalen Studentenverbindungen *Kadimah* als jüdischen nationalistischen Klub an der Universität. Die neue Organisation gelobte, Antisemitismus zu bekämpfen, jüdisches Nationalbewußtsein zu wecken, Assimilation zu widerstehen und für die Besiedlung Palästinas zu arbeiten.[68] *Kadimah* bestand ursprünglich größtenteils aus osteuropäischen Juden (Birnbaum ausgenommen), nahm jedoch mehr und mehr westeuropäische Juden auf und entwickelte sich zu einer schlagenden Verbindung. Sie verteidigte jüdische Ehre durch Duelle mit den Antisemiten, die den jüdischen Namen beleidigten, zumindest vor der Erklärung der Antisemiten, Juden seien satisfaktionsunfähig.[69]

Der Zionismus, dem sich die Studenten von *Kadimah* verschrieben, erinnerte stark an die zionistischen Ziele der russischen Organisation *Zions Freunde* (Chowewe Zion), und in der Tat beteiligten sich *Kadimah*-Mitglieder an einer kleinen Zweigstelle von *Zions Freunde* in Wien, Admath Jeschurun.[70] Wie die *Zions Freunde* wollte *Kadimah* in Palästina eine Zufluchtsstätte für jene Juden einrichten, die in Europa unter Verfolgung litten, aber ihre Angehörigen waren nicht aktiv auf der Suche nach einem jüdischen Staat. Nathan Birnbaum, *Kadimahs* Ideologe, der später ein Jiddischist wurde und Führer der antizionistischen orthodoxen *Agudas Yisroel* in Lemberg,[71] verkündete diese Ziele in einer 1892 gehaltenen Rede, die er in seiner Zeitung *Selbstemancipation* abdruckte. Er behauptete, daß Zionismus

„die Anschauung [war], daß zu diesem Asyle und Sammelpunkte . . . nur *ein* Land der Welt sich eignet, die alte Volksheimat der Juden . . . Palästina“.[72]

Zionismus bedeutete den Mitgliedern von *Kadimah* mehr als Palästina; für sie war Zionismus der Kampf gegen Assimilationismus und für die Anerkennung jüdischer nationaler Identität. Assimilation, erklärte *Kadimah* in seiner Propaganda, war nationaler Selbstmord.[73] Ungeachtet der leeren Hoffnungen ihrer Befürworter hatte Assimilation antijüdisches Vorurteil nicht ausgerottet. In der ersten Nummer seiner Zeitung *Selbstemancipation* klagt Birnbaum bitter:

Ein Gefühl schmerzlicher, bitterer Enttäuschung beschleicht uns, wenn wir jetzt sehen müssen, wie eitel und nichtig unsere Hoffnungen waren auf ein endliches Aufhören der gegen uns herrschenden Vorurtheile, auf eine endliche sociale Gleichstellung mit unseren christlichen Mitbürgern. Alle die Mittel, die wir anwendeten, unter denen wir leben, anzupassen, reichten nicht aus, um das Gespenst des Judenhasses zu bannen, ja genügten nicht einmal, um ein Anwachsen dieses dämonischen Dranges in den europäischen Nationen an Intensität und Extensität zu verhindern.[74]

Es gab nur eine Lösung, sagte er: „Die Anlehnung an das Fremde hat uns nicht geholfen; versuchen wir nun, ob das selbstbewußte Vertrauen auf die eigene Kraft nicht bessere Früchte zeitigen wird! . . . so unternehmen wir es nun, unser Volk einer nationalen Zukunft wieder zuzuführen!“ Juden müssen alle Hoffnung in Assimilation aufgeben: „Das Unkraut der Assimilationssucht aus Haus und Schule ausjäten und dorthin den fruchtbaren Samen der Selbstwürdigung verpflanzen.“ Jüdischer Nationalismus sollte den todgeweihten Assimilationismus als neue jüdische Ideologie ersetzen.[75]

In einer Rede zur Feier von *Kadimahs* vierundzwanzigstem Semester im Jahr 1894 machte Isidor Schalit, ein aus Galizien stammendes Mitglied von *Kadimah*, in späteren Jahren Führer des österreichischen Zionismus, die Grenzen der Assimilation deutlich, die durch diese Gruppe gebildeter und kultivierter Juden festgelegt waren. Der Wunsch nach Assimilation, so führte er aus, war eine positive Kraft für jene Generation gewesen, die für die Befreiung gekämpft hatte, aber moderner Assimilationismus versuchte sich von Judentum loszureißen und sei daher unannehmbar. Die Juden sollten auf alle Fälle am kulturellen und öffentlichen Leben der Länder, in denen sie lebten, teilnehmen, „diese Assimilation darf aber nicht ausarten in ein sclavisch-unterwürfiges Nachahmen . . .“[76] Diese Zionisten betrachteten ihre Verpflichtung gegen den jüdischen Nationalismus in allgemeinen Kategorien. Im Gegensatz zu den Integrationisten wollten die ersten Zionisten als Juden an der modernen weltlichen Kultur teilhaben sowie ihren Beitrag leisten, und nicht als Einzelpersonen.

Kadimahs Beispiel folgend, gediehen andere schlagende und nichtschlagende Verbindungen an der Universität. Vereine wie *Unitas* und *Gamala* sehnten sich ebenfalls danach, Antisemitismus und Assimilationismus durch Pflege eines Gefühls der Zugehörigkeit zum jüdischen Volk zu bekämpfen.[77] Junge Wiener jüdische Männer und Frauen bildeten zionistische literarische Kreise. *Kadimah* selbst unterstützte zwei solcher kultureller Vereine, um Juden zum Studium von Hebräisch und jüdischer Geschichte zu ermutigen.[78] Auch junge Frauen beteiligten sich an der zionistischen Aktivität und gründeten den *Verein jüdischer junger Damen: Miriam* für die Besiedlung von Palästina und den *Literarischen Geselligkeitsverein jüdischer Mädchen: Moria. Moria* förderte das Studium jüdischer Geschichte, Literatur und der Rolle der Frauen in der jüdischen Vergangenheit und trug dazu bei, „an dem nationalen Werke der Wiedererweckung des gesunkenen jüdischen Stammesbewußtseins mitzuhelfen". Diese Frauen überließen den Bereich der Politik ihren Brüdern, Ehemännern und Vettern und versuchten, ein starkes Fundament für die jüdische nationale Bewegung zu schaffen. Um 1896 hatte der Verein vierzig Mitglieder und kam alle zwei Wochen zu Vorträgen über Anliegen der national gesinnten jüdischen Frauen zusammen.[79]

1892 gingen die Kadimah Alten Herren daran, eine lebensfähige politische zionistische Bewegung zu bilden. In seiner Zeitung verlangte Birnbaum die Gründung einer zionistischen Partei.[80] *Kadimah*-Aktivisten und Mitglieder von *Admath Yeschurun*, wie Schnirer, Brainen, Oskar Kokesch und S. R. Landau, konstituierten sich als *Zion: Verband der österreichischen Vereine für Colonisation Palästinas und Syriens*, einer Koalition österreichischer *Zions Freunde*-Gruppen. Im Mai 1893 errichteten sie mit anderen zusammen die Wiener Zweigstelle von Zion.[81] Die Vereinigung versuchte Geld aufzutreiben, um die neuen jüdischen Siedlungen in Palästina zu unterstützen, aber Birnbaum und *Kadimah* hatten mit ihrem Versuch, eine Massenpartei von Aktivisten zu schaffen, keinen Erfolg.

Herzls Größenwahn und utopische Vision waren nötig, um die politische zionistische Bewegung zu formen. Viele Jahre später beschrieb Isidor Schalit die Aufregung, die er und seine Kameraden von *Kadimah* beim Lesen von Herzls Aufruf zur Tat verspürten. Er rannte, vielleicht nicht im wahren Sinn des Wortes, aber sicherlich gefühlsmäßig zu Herzls Haus und rief:

> Herr Doktor, was Sie da geschrieben haben, ist unser Traum, der Traum vieler junger Menschen. Was wir durch alle Jahre hindurch gesucht, aber nicht gefunden haben, ist das Wort, das Sie jetzt aussprechen, der Judenstaat. Kommen Sie mit uns und führen Sie uns und wir wollen schaffen, was Menschen nur schaffen können.[82]

Mit den Mitgliedern von *Kadimah* bekam Herzl seine ersten Gefolgsleute in Wien und die erste Führung der jungen zionistischen Weltorganisation. Im Mai 1896 boten sich die Mitglieder von *Kadimah* und der übrigen zionistischen Gruppen Herzl offiziell als Mitarbeiter an dem neuen Unternehmen an.[83] Sie hatten endlich einen Führer gefunden.

Theodor Herzls Vision war einfach. In *Der Judenstaat* (1896) hatte er den Antisemitismus ein unlösbares Problem für die assimilierten Juden Europas genannt. Die einzige Lösung dieses Problems, sagte er, sei die Errichtung eines eigenen Staates für die Juden. Hätten die Juden einmal Europa verlassen, würde der Antisemitismus nachlassen und der Judenstaat in die Familie der Nationen aufgenommen werden.[84] Herzl gab sich mit einer passiven Rolle als Visionär nicht zufrieden. Er berief jährliche Zionistenkongresse ein und verbrachte die letzten acht Jahre seines Lebens bis zu seinem frühen Tod im Jahre 1904 mit vierundvierzig Jahren in Verhandlungen mit Königen und Sultans um eine Genehmigung für ein jüdisches Heimatland in Palästina. Politischer Zionismus war das Streben nach einer magischen Charter, die seinem utopischen Unternehmen internationale Anerkennung verleihen würde.[85]

Die Zionisten, welche Herzls Marschbefehl folgten, entwickelten einen ausgereiften jüdischen Nationalismus und verwarfen Assimilation als eine Lösung des jüdischen Problems. Sie fuhren aber unbewußt fort, wie die Assimilanten zu glauben, daß die Juden für die Rettung der Menschheit tätig waren. Aber anders als die Assimilanten sahen sie die Rolle der Juden in nationaler, nicht in individueller Beziehung. Adolf Böhm, der eine Zeitlang Präsident des zionistischen Zentralkomitees für Westösterreich war und später die klassische Geschichte der zionistischen Bewegung schrieb, behauptete, Zionisten lehnten in keiner Weise europäische Kultur ab, „sondern es ist nur die Erkenntnis, daß die Juden wieder eine Vollnation werden müssen . . .“ Nur als Nation im eigenen Land konnten die Juden die Stränge von dem dem Judentum innewohnenden Nationalismus und Universalismus wieder vereinigen, der Völkerfamilie beitreten und fruchtbare Beiträge zur europäischen Kultur leisten.[86]

Nachdem Herzl Europas Zionisten schlagartig in Bewegung gesetzt hatte, blühte politischer Zionismus in Wien. Zionismus und seine Lösung der jüdischen Frage wurden in Herzls Heimatstadt keineswegs allgemein akzeptiert, aber sie drangen tief in die junge Generation der Wiener mittelständischen Juden ein und gaben ihr ein neues Weltgefühl jüdischer Identität. Das Zentralbüro der zionistischen Organisation, das die internationalen zionistischen Angelegenheiten lenkte, befand sich von 1897 bis 1905 in Wien, bevor es ein Jahr nach Herzls Tod nach Deutschland verlegt wurde. So bestand für einige Zeit die Führung des Weltzionismus und des Wiener Zionismus aus denselben Männern,[87] die sich unermüdlich bemühten, Herzls diplomatische Aktivitäten zu unterstützen und den Wiener Juden zionistische Ideologie einzuimpfen. Sie eröffneten weiterhin Ortsgruppen von *Zion*, der offiziellen Vereinigung der politischen Zionisten, in ganz Wien. Einige Zweigstellen blieben solche nur dem Namen nach (z. B. jene auf der Landstraße), aber die meisten förderten abwechslungsreiche Programme und nahmen aktiv an zionistischer Agitation teil. Die größten *Zion*-Ortsgruppen waren *Wien* (die erste Gründung), *Leopoldstadt/Praterstraße, Fünfhaus* (im XV. Bezirk) und *Mariahilf/Neubau* (VI.–VII.). Mit 240 Mitgliedern war die Zweigstelle in den Bezirken VI und VII, dem Wohnort eines aufsteigenden jüdischen Mittelstands, die größte der Stadt.[88] Die Zionisten gründeten auch eigene Vereine für Frauen, wie den *Ersten zionistischen Frauenverein in Wien* und den *Zionistischen Frauenverein in Fünfhaus*, und für junge Mädchen den *Verein jüdischer Mädchen, Hadassah*, der Vorträge und Seminare unterstützte.[89]

Die Zionisten schufen erfolgreich eine Art alternativer Gemeinschaft für ihre Anhänger. Sie gründeten Klubs für hebräische Sprache, Schulvereine, Kreditverbände, Singvereine, Kindergärten, literarische Gesellschaften, Jugendgruppen und Sportklubs,[90] und sie boten diese Gesellschaften nicht nur dem assimilierten Mittelstand, sondern auch Wiens armen und aus dem niederen Mittelstand kommenden

Juden an. Die wichtigsten zionistischen Jugendverbände in Wien waren wahrscheinlich die Sportklubs, die *Turnvereine*, die den jüdischen Knaben die Möglichkeit zu Fußballspiel oder Turnen gaben, zionistische Propaganda zu hören und den zionistischen Traum von der „Normalisierung" des jüdischen Volkes durch körperliche Ertüchtigung zu erfüllen. Um 1913 bestanden sieben jüdische Sportklubs, die sich der körperlichen und nationalen Erneuerung der Juden angenommen hatten.[91] 1913 errichteten junge Zionisten auch einen Zweig von *Blau-Weiß*, der deutsch-jüdischen Jugendbewegung.[92]

Die Zionisten fanden ihren stärksten Anhang immer an der Wiener Universität. Wachsender Antisemitismus dortselbst zwang sogar nicht-nationalistische jüdische Studenten, eigene Gesellschaftsklubs zu bilden. In einer feindseligen Atmosphäre, in der Juden von der Gesellschaft ausgeschlossen und tätlich angegriffen wurden, gediehen Zionismus und jüdischer Nationalismus. Nach dem Vorbild von *Kadimah* und den anderen vor Herzl entstandenen Verbindungen wurde eine große Anzahl neuer zionistischer Klubs nach dem Erscheinen von *Der Judenstaat* eröffnet. Juden an den verschiedenen Fakultäten, Juden aus jeder österreichischen Provinz und Juden aus dem Ausland – sie alle bildeten ihre eigenen zionistischen Organisationen. Einige hielten sich für schlagende Verbindungen, die anderen nicht. In diesen Vereinen, wie *Bar Kochba* (von Galiziern gegründet), *Iwria* (Schlesier), *Erez Israel* (Rumänien) und der Vereinigung zionistischer Hochschüler[93] gab es zwanzig bis fünfzig Mitglieder. Zionistische Studenten riefen auch kulturelle Klubs wie *Jüdische Kultur* ins Leben, um intellektuelle Programme jiddischer und hebräischer Kultur zu bieten, und sie versuchten miteinander, zionistische Ideologie zu verbreiten, jüdisches Studium zu fördern, ein jüdisches Studentenheim zu errichten, eine Mensa und einen Vermittlungsdienst.[94] Alle zionistischen Vereinigungen erhielten finanzielle Hilfe von der IKG, doch wurde *Kadimah* mehr Unterstützung zuteil als den anderen nationalistischen Gruppen.[95]

Nicht damit zufrieden, nur die Mittelstandsjuden zu vereinigen, die eine Rückkehr zum Judentum suchten, bemühten sich die Wiener Zionistenführer, auch die traditionsgebundenen, armen Juden aus der Leopoldstadt und Brigittenau zu gewinnen, welche sie als die natürlichen Anhänger der zionistischen Idee betrachteten. Im Dezember 1900 ergriffen Wiener Zionistenführer die Initiative und errichteten eine jüdische Toynbee-Halle, ein soziales Hilfswerk nach dem Muster der Arnold Toynbee-Häuser in London, das den armen Juden der Brigittenau (XX. Bezirk) und der nahen Leopoldstadt Vorträge, Kurse, Konzerte und Geselligkeit – alles mit zionistischem Beigeschmack – anbot. Die zionistischen Oganisatoren, die alle aus dem Bürgertum stammten, unternahmen diese Aufgabe im Geiste der *noblesse oblige*, aber sie wollten Wiens armen Juden aufrichtig helfen, sie durch Einführung in europäische und jüdische Kultur besser machen und für den Zionismus gewinnen.[96] Dr. Leon Kellner, der Vorsitzende des Toynbee-Halle-Komitees, bemerkte bei der Eröffnung der Halle: „Der Zweck und Inhalt der jüdischen Toynbee-Halle bestehe darin, daß die Wohlhabenden und die Intelligenz den Armen und weniger Gebildeten einige Stunden im Tage widmen, die diese für den Kampf des nächsten Tages moralisch und geistig stärken sollen."[97] Die Zionisten hofften, den Armen ein jüdisches Gemeinschaftsgefühl als Alternative zu Arbeitercafés anbieten zu können.

Um ihren Zweck zu erreichen, offerierte die jüdische Toynbee-Halle in der Brigittenau ein reichhaltiges Programm an Vorträgen und Kursen für Hunderte von jüdischen Handwerkern, Angestellten, Hausierern und Hausfrauen. In einer Woche des Februar 1901 zum Beispiel hielten zionistische Studenten und andere Vortragende Lesungen über die Bibel, die wirtschaftlichen Bedingungen der Juden, die Lage der Juden im vorchristlichen Italien, Schulhygiene, Juden und Wucher, Lessings Drama *Nathan der Weise* und Astronomie. Die Halle veranstaltete Konzerte, Sonntagsausflüge, Kurse in Hebräisch, Französisch, Englisch, Stenographie und Buchhaltung. Die Mädchen von *Hadassah* und *Moria* servierten jeden Abend Tee und Gebäck. 1903 war die Anzahl der Vorträge gestiegen, sie beinhalteten verschiedene Themen, wie Frauen in Kunst und Literatur, moderne jüdische Dichtung, die weltliche jüdische Dichtkunst des Mittelalters, zionistische Denker wie Ahad Ha'am und Theodor Herzl, literarische Größen wie Heinrich Heine, Shakespeare und Dickens, österreichisches Recht, Kinderkrankheiten und Duelle.[99]

Das erste Direktorium der Toynbee-Halle bestand aus Zionisten, jüdischen Nationalisten und ein paar Mitgliedern des IKG-Vorstands, wie Gustav Kohn. 1904–1905 zwangen finanzielle Schwierigkeiten die Zionisten, B'nai B'rith die Kontrolle der Toynbee-Halle zu übergeben.[100] Zusammen mit einem zweiten Haus, das zu Ende 1905 in Fünfhaus (XV. Bezirk) errichtet wurde, bot die Toynbee-Halle weiterhin eine reichhaltige Auswahl an Vorträgen über jüdische und nichtjüdische Kultur sowie über praktische Dinge. 1910 veranstaltete die Toynbee-Halle 103 Vorträge, 23 Konzerte, 22 Bibelabende und Kurse für Englisch, Gesang und Stenographie, alle außergewöhnlich gut besucht. Sie bot auch eigene Programme für Kinder und verschaffte Kleidung und medizinische Betreuung für die Notleidenden.[101]

Die zionistische Führung versuchte auch jüdische Arbeiter, Verkäufer und kleine Handelsangestellte für ihre Sache zu gewinnen. Schalit erinnerte sich, daß ihn 1897 oder 1898, als er Herausgeber der zionistischen Wochenzeitung *Die Welt* war, Herzl mit der Aufgabe betraute, Zionismus unter den jüdischen Arbeitern zu verbreiten. Da es unter den Wiener Proletariern nur wenige Juden gab, agitierten die Zionisten unter kleinen Angestellten und versuchten bereits bestehende Vereine jüdischer Angestellter in das zionistische Lager zu ziehen. 1899 gründeten die Zionisten die Vereinigung jüdischer Handlungsgehilfen und Privatbeamten.[102]

In diesem Bemühen, kleine Angestellte zu organisieren, sahen sich die Zionisten der Hauptströmung einer Konkurrenz von Sozialisten des linken Flügels und Arbeiterzionisten gegenüber, die in jenen Jahren ebenfalls in Wien aktiv waren. *Poale Zion* (Zionistische Arbeiter), eine Gruppe, die unter jüdischen Arbeitern in Osteuropa für ein jüdisches Heimatland agitierte, versuchte ihre Version des Zionismus unter den jüdischen Verkäufern Wiens zu verbreiten, besonders in den Jahren zwischen 1900 und 1903, als Ber Borochov, der führende Kopf von *Paole Zion*, in Wien lebte. Sie versuchten, die jüdischen Armen den Sozialdemokraten abzuwerben und behaupteten, daß die Sozialisten sich nicht bemühten, die Lage der Juden zu verbessern. Sie boten praktische Anreize für den Anschluß an die Arbeiterzionisten durch die Einrichtung freier Stellenvermittlungen, Kursen für Hebräisch, Stenographie und Buchhaltung. Viele Vereine zionistischer Angestellter und Verkäufer wurden gegründet und zerfielen wieder; andere blieben bestehen. 1903 gab es sechs solcher Organisationen, jede mit vierzig bis hundert Mitgliedern. Im Oktober 1905 vereinten sich der *Allgemeine jüdische Arbeiterverein* und der *Verein jüdischer Handelsangestellter* zu einer lokalen Zweigstelle der internationalen Poale Zion.[103]

Wien war auch die Heimstätte frommer Zionisten, Nichtzionisten und sogar antizionistischer Aktivität für jüdische Besiedlung Palästinas. 1912 konstituierten sich die gläubigen Zionisten als Zweig der internationalen *Mizrachi*, der religiösen zionistischen Organisation, und 1914 eröffnete die *Mizrachi*-Jugend eine Ortsgruppe in der Stadt.[104] 1899 schlossen sich Zionisten und Nichtzionisten zusammen, um *Karmel* zu bilden, eine Handelsgesellschaft für die Produkte der jüdischen Siedlungen in Palästina.[105] 1904 versuchte der *Gemeinde*-Vorstand selbst, bis auf Oskar Marmorek aus Antizionisten bestehend, zionistische Bemühungen durch Errichtung einer nichtzionistischen Siedlungsgesellschaft zu untergraben. In Zusammenarbeit mit verschiedenen Wiener Rabbinern und Mitgliedern der OIU, wie Bloch und Zins, ermutigte diese Organisation die Ansiedlung (russischer) Juden in Palästina, stand aber im Gegensatz zu Herzls politischer Bewegung, einen Judenstaat zu gründen.[106]

Die Territorialisten, die irgendwo in der Welt eine jüdische Heimat zu finden hofften, fanden schließlich auch in Wien Anhänger. 1906 gründeten viele ehemalige Zionisten und jüdische Nationalisten eine Zweigstelle der Jüdischen Territorial Organisation (JTO), einer Gruppe, die sich 1905 von der zionistischen Weltorganisation getrennt hatte, als es dieser nicht gelang, die Errichtung eines provisorischen Heimatlandes in Uganda zu fördern. Entsetzt über die große Anzahl der Pogrome in Rußland wollten die jüdischen Territorialisten ein Heimatland – irgendein Heimatland – für die Juden finden. Viele wichtige Nichtzionisten, wie Josef Bloch, der Herausgeber der *Österreichischen Wochenschrift*, wurden Mitglieder des Wiener Zweigs der JTO.[107]

Die große Anzahl der zionistischen Vereinigungen deutet nur ungenügend das Ausmaß an, in dem Zionismus auf die Wiener Juden während dieser Periode wirkte. Viele dieser Vereine bestanden vielleicht nur dem Namen nach oder als Sprachrohr für ein paar streitlustige Männer und Frauen. Dennoch beweist die Anzahl der Wiener Juden, die der zionistischen Weltorganisation den offiziellen Mitgliedsbeitrag – den „Schekel"[108] – entrichteten, daß Zionismus sicherlich eine Kraft war, mit der man in der Wiener jüdischen Gemeinde rechnen mußte, obwohl die Mehrzahl der Wiener Juden keine Zionisten waren. 1902 gab es 872 Schekelzahler in Wien, das bedeutete eine Steigerung von 14% gegenüber den 762, die 1899 ihren Beitrag an die zionistische Bewegung geleistet hatten. In Wien gab es mehr Schekelzahler als in ganz Böhmen, Bukowina, Mähren, Ungarn und Frankreich. Allerdings verblaßte deren Anzahl im Vergleich zu jener, die sich in Rußland und Galizien, wo der Zionismus am populärsten war, oder sogar in Deutschland offiziell mit ihm identifizierten.[109] Trotzdem bekannten sich in Wien mehr Juden zum Zionismus als in anderen deutschen Gebieten Österreichs, wie Prag, wo Juden größere Anerkennung durch die deutsche Elite fanden als in Wien.[110]

Zionismus fand vorwiegend bei den jungen Juden Wiens Anklang. Obwohl die Liste der Schekelzahler keinen Hinweis auf den Beruf enthielt, bezeichneten sich 11% der zionistischen Mitglieder in Wien als Studenten, ebenso mögen andere Studenten gewesen sein. Überdies konnten nur 25% (215) der männlichen Schekelzahler in der Liste der Wahlberechtigten der IKG gefunden werden.[111] Jene, die den Schekel zahlten, konnten sicherlich auch die IKG-Steuern aufbringen, aber um in den Wählerlisten aufzuscheinen, mußten IKG-Mitglieder mindestens dreißig Jahre alt sein und wenigstens drei Jahre geleistet haben.[112] Wahrscheinlich waren viele Wiener Schekelzahler im Alter von zwanzig oder dreißig Jahren.

Unglücklicherweise ist nicht festzustellen, ob Zionismus unter den Reichen oder den Armen größeren Anklang fand. Vielleicht fanden arme Wiener Juden den Zionismus ungeheuer attraktiv, konnten sich aber die Bezahlung des Schekels sowie die offizielle Mitgliedschaft bei der Bewegung nicht leisten. Alle Schekelzahler gehörten dem geachteten Mittelstand an, und die Gliederung ihrer Berufe war für diese Juden typisch (Tabelle 7:1). Die meisten Schekelzahler, die auf der Liste der Wahlberechtigten der IGK aufscheinen, die älteren Zionisten aus dem Mittelstand, waren Freiberufler, Kaufleute und Handwerker. Anscheinend machte Zionismus auf Staatsbeamte keinen Eindruck.

Tabelle 7:1
Berufsverteilung der Wiener Juden, die im Jahr 1902 an die Zionistische Weltorganisation den Schekel entrichteten

	(N = 214)
Staatsbeamte	1,4%
Freiberufler	15,4
Fabrikanten	8,4
Kaufleute	47,7
Handelsangestellte	9,8
Handwerker	13,6
Arbeiter	–
„Mit unabhängigem Einkommen" (Rentiers)	2,8
	100,0%

Zionismus entdeckte seine größte Stärke in der Umgebung des neuen jüdischen Mittelstands, auf dem Alsergrund (IX. Bezirk) und in Mariahilf/Neubau (VI.–VII. Bezirk).[113] Ebenso wie die Stärke der zionistischen Organisation in den Bezirken VI.–VII. lag, lebten hier auch die meisten Besitzer zionistischer Mitgliedskarten. Nur 8% aller Wiener Juden wohnten in Mariahilf/Neubau, aber 17,4% aller eingeschriebenen Zionisten hatten ihren Wohnsitz in diesen beiden Bezirken. Dementsprechend hatten nur 12% aller Juden Wohnungen auf dem Alsergrund gemietet, aber 16,2% der Zionisten lebten im IX. Bezirk. Sicherlich sympathisierten viele arme Juden der Leopoldstadt (II) oder Brigittenaus (XX) mit dem Zionismus, konnten aber den Schekel nicht entrichten. Obwohl 36% aller Wiener Juden in der Leopoldstadt lebten, wohnten daher nur 27,4% aller Schekelzahler in diesem Bezirk. Die Stärke des Zionismus in dieser neuen jüdischen Umgebung hatte großen Einfluß auf die Richtung jüdischer Wiener Gemeindepolitik zu Beginn des zwanzigsten Jahrhunderts (Tabelle 7:1).

Jüdischer Nationalismus in der Diaspora

Viel ungewöhnlicher als das Anwachsen des Zionismus war das Auftauchen eines jüdischen Nationalismus im Wien des Fin de siècle, der die Diaspora als Mittelpunkt hatte. Diese Bewegung behauptete, die Juden könnten zusammen mit Deutschen, Ungarn, Tschechen, Polen und Südslawen als eine der Nationen Österreich-Ungarns anerkannt werden. Gleich dem Zionismus lehnten die jüdischen Nationalisten Assimilation ab und verlangten eine Selbstbestätigung des Judentums. Anders aber als die Zionisten, die eine natürliche Entwicklung des jüdischen Nationalismus nur auf dem Boden Palästinas sahen, wünschten die Diaspora-Nationalisten nationale Entwicklung innerhalb eines föderalistisch-nationalen Österreich. Sie hofften leidenschaftlich, daß ihre Vision territorialer nationaler Autonomie für alle Nationen, einschließlich der Juden, unter den schützenden Flügeln eines starken übernationalen Österreich den heftigen Nationalitätenstreit endlich beenden würde, der das politische Hauptanliegen der Doppelmonarchie war.

Jüdischer Nationalismus der Diaspora konnte nur in einem Vielvölkerstaat entstehen, in dem der Streit zwischen den Nationalitäten um einen Anteil an politischer Macht auf der Tagesordnung stand.[114] Der ungarische Nationalismus war durch den Ausgleich von 1867, der den Ungarn die Kontrolle über ihre eigenen Angelegenheiten gewährte, etwas besänftigt worden, aber Tschechen, Polen, Ruthenen, Slowaken, Slowenen, Serben, Kroaten, Italiener, Rumänen und Deutsche kämpften alle um größere politische Unabhängigkeit von der österreichischen Zentralregierung. Die Lage der Juden war besonders schwierig. In den Jahren nach 1870 hatten sich die Juden mit den Deutsch-Österreichern identifiziert, aber das Anwachsen des Antisemitismus und eines exklusiv-elitären Nationalismus nach 1880 schloß sie von allen nationalen Gruppen Österreichs aus.[115] Während jüdische Führer weiterhin beteuerten, Juden könnten gute Deutsche (oder Polen) sein, verweigerten die Deutschen, Tschechen, Polen und die anderen den Juden leidenschaftlich die Mitgliedschaft in ihren nationalen Gruppen. In den späten neunziger Jahren war der Ausschluß der Juden aus allen nationalen Lagern so gut wie abgeschlossen, und die Juden blieben, wie ein Historiker beschrieb, die einzigen *Österreicher* in Österreich.[116]

Das Anwachsen des jüdischen Diaspora-Nationalismus hing mit dem Ausschluß der Juden aus allen nationalen Lagern zusammen, in einem multinationalen politischen System, in dem Nationalbewußtsein dringend erforderlich war. Viele junge Juden gelangten zu der Erkenntnis, die einzige Lösung des jüdischen Problems sei nachdrückliche Behauptung jüdischer Nationalität, und die Forderung, den Juden nicht einen Anteil an politischer Macht, aber Anerkennung ihrer Legitimität als Nation in Österreich zu gewähren. Dieser jüdische Nationalismus war eine im ganzen Reich verbreitete Bewegung. Sie war am stärksten in den Mittelpunkten des jüdischen Lebens, in Galizien und der Bukowina verbreitet, aber auch in Wien stellte sie eine herrschende Kraft dar, besonders unter Universitätsstudenten.[117]

Vielleicht könnte man sagen, Zionismus und Diaspora-Nationalismus seien inzestuöse Bewegungen in Wien gewesen. Sicherlich arbeiteten ihre Anhänger oft für gemeinsame Ziele zusammen. *Kadimah*, die 1883 an der Universität gegründete zionistische Organisation, war der erste Ausdruck eines jüdischen Nationalismus. Das Anwachsen des politischen Zionismus und die betonte Verpflichtung der österreichischen Zionisten zu *Gegenwartsarbeit*, einer Aufgabe, jüdisches Nationalbewußtsein in der Diaspora zu wecken,[118] beschleunigten die Entwicklung des Nationalismus in der Diaspora. Um Rekruten für den Zionismus zu gewinnen, verbündeten sich die österreichischen Zionisten mit den Diaspora-Nationalisten zu gemeinsamer Agitation für die Anerkennung der jüdischen Nation in Österreich. Viele der Diaspora-Nationalisten waren ehemalige Zionisten, hatten sich aber aus verschiedenen philosophischen und persönlichen Gründen von Herzl und seiner Bewegung getrennt.

Das Hauptargument in der Polemik der jüdischen Nationalisten bestand darin, daß Juden keine Deutschen, Tschechen, Polen oder Versionen dieser Gruppen seien, sein konnten und niemals wünschen würden, es zu sein. Daher wiesen die jüdischen Nationalisten Assimilation als „eine veraltete Mode des vorigen Jahrhunderts" und als „großen Fehler" zurück.[119] Richard Rappaport, Führer des *Jüdischen Volksvereins*, einer nichtzionistischen jüdisch-nationalistischen Gruppe, lehnte die Ansicht der Assimilanten ab, daß die Juden nur eine religiöse Gruppe seien, und behauptete:

> Die Juden sind nicht nur eine Confessionsgemeinschaft, sondern durch ihre Abstammung, ihre Tausendjährige Geschichte, ihre Cultur . . ., und vor allem durch ihr eigenes Gefühl, eine Nation.[120]

Er bestätigte wiederholt in seiner Zeitung *Jüdisches Volksblatt:* „Die Juden sind ein Volk, wollen und müssen es bleiben."[121]

Der klassische Ausdruck der jüdischen nationalen Beweisführung erschien 1907 aus der Feder des Zionisten Heinrich York-Steiner in Blochs *Österreichischer Wochenschrift:*

> Wir Juden sind von Nationalität weder Deutsche noch Tschechen, auch keine Franzosen oder Engländer. Wer das Gegenteil behauptet, täuscht sich oder andere; er rückt uns Juden in ein falsches Licht und schädigt unseren Charakter.

Während ein deutscher Jude vielleicht sprechen, denken, sogar deutsch fühlen mochte, betonte York-Steiner, sei *er* ein Jude deutscher Kultur, kein Deutscher, sondern ein Jude.[122]

Als Folge ihres Glaubens an jüdische nationale Identität führten jüdische Nationalisten den Kampf nicht für die Gleichberechtigung der Juden als Einzelpersonen, sondern für die Gleichberechtigung der Juden als Nation.[123] Indem er auf ein Ende jüdischen Vertrauens in traditionelle politische Verbündete drängte, forderte ein Wortführer eine jüdische politische Partei, die für jüdische nationale Rechte kämpfen sollte. Er sagte: „Neun Zehntel der österreichischen Juden sind bei allen Spaltungen und bei aller sonstigen Unklarheit heute wenigstens so weit klar, daß sie ihre staatsbürgerlichen Rechte als *Juden*, aber nicht als Deutsche, Tschechen, Polen usw., fordern können und müssen."[124] Die 1902 von jüdischen Nationalisten gegründete *Jüdische Volkspartei* vermied chauvinistischen Nationalismus, gelobte aber, jüdische nationale Rechte zu sichern und Gleichberechtigung der Juden mit den anderen Völkern Österreichs zu fordern. Um diese Gleichberechtigung zu erhalten, befürwortete die Partei die Annahme eines allgemeinen Stimmrechts mit proportionaler Vertretung der Minderheitsgruppen für Wahlen in den österreichischen Reichsrat. Die Partei versuchte auch jüdisches Nationalbewußtsein zu stärken, jüdische Ausbildung zu verbessern und den assimilationistischen Führern die Kontrolle über die Israelitische Kultusgemeinde, die sie dominierten, zu entwinden. Schließlich verbürgte sich die *Jüdische Volkspartei*, die Notlage der jüdischen Armen zu lindern, indem sie Kreditvereine und kostenlose Stellungsvermittlungen einrichtete sowie Büros, die sich mit den Problemen der Arbeiter im allgemeinen und mit denen der Lehrlinge im besonderen beschäftigten.[125]

Das fernere Ziel der Diaspora-Nationalisten war die Einführung einer nationalen Selbstbestimmung für das jüdische Volk in einer zukünftigen österreichischen Föderation autonomer Nationalitäten. Hermann Kadisch umriß die Forderungen nach jüdischer Selbstbestimmung sehr deutlich in seinem 1912 geschriebenen Buch *Jung-Juden und Jung-Österreich.* Kadisch erkannte, daß nationale Autonomie, die auf Territorium beruhte, für die über die Länder verstreuten Juden unpraktisch war. Nationale Autonomie, verlangte er, sollte sich auf die persönliche Zugehörigkeit stützen. Überdies erkannte Kadisch sehr realistisch das Bedürfnis der Juden nach einer Fortdauer des monarchischen Systems, zu einer Zeit, als andere österreichische Nationalitäten mehr als bloße nationale Autonomie verlangten. Er drängte auf Errichtung eines größeren österreichischen *Völkerstaates*, einer Union autonomer nationaler Gruppen, mit einer starken Zentralregierung, die liberale Bürgerrechte garantieren würde. In diesem Völkerstaat würde keine Nation dominieren, und Juden würden weiterhin dem großen Ganzen loyal gegenüberstehen und gleichzeitig ihrer eigenen nationalen Identität treu bleiben können.[126]

Da er sich der utopischen Beschaffenheit dieser Ziele bewußt war, legte Kadisch kurzfristige Forderungen ebenfalls vor. Wie Richard Rappaport verlangte er allgemeines (männliches) Wahlrecht mit proportionaler Vertretung für die nationalen Minderheiten, einschließlich der Juden. Unter dem Einfluß der Zionisten forderte er die offizielle Anerkennung des Hebräischen als Nationalsprache der Juden und seine Gleichberechtigung bei Ämtern und Gericht. Auch wünschte er die Eröffnung von Abteilungen für jüdische Geschichte, Literatur und Hebräisch an den Universitäten von Wien, Prag, Lemberg, Krakau und Czernowitz, die Gründung einer nationalen Föderation der jüdischen Gemeinden und bestimmte Maßnahmen zur Unterstützung der jüdischen Armen.[127]

Bei diesen Forderungen wurden die jüdischen Nationalisten zweifellos von den österreichischen Marxisten Karl Renner und Otto Bauer beeinflußt; sie hatten 1899 eine Theorie der nationalen Autonomie aufgestellt, die für die besondere Gruppierung der politischen Kräfte in Österreich ausgearbeitet worden war. Auf dem Parteitag der österreichischen Sozialdemokraten in Brünn sprach sich Renner für eine Umwandlung der Doppelmonarchie in eine Föderation von Mitgliedsnationen aus. Diese „Nationen", nicht auf der Grundlage von Landes-, sondern eher auf der Basis von persönlicher Zugehörigkeit bestimmt, sollten vorwiegend nationale Anliegen behandeln, die Zentralbehörden hingegen Außenpolitik, Militär und Finanz wahrnehmen.[128] Zwar schlossen Renner und Bauer die Juden von diesem Programm kategorisch aus, aber die über die ganze Monarchie verstreuten jüdischen Nationalisten konnten nichtterritoriale Autonomie sehr leicht attraktiv finden. Jüdische Nationalisten wurden auch von Simon Dubnow beeinflußt, einem russischen jüdischen Historiker, der die theoretische Untermauerung einer Bewegung für die nationale kulturelle Selbstbestimmung der Juden in Rußland schuf.[129]

Durch Bestätigung einer eigenen jüdischen nationalen Identität in Österreich versuchten jüdische Nationalisten ebenso wie ihre assimilierten Eltern einen haltbaren Weg in die österreichische Gesellschaft zu finden. Sie glaubten naiverweise, daß die anderen Nationalitäten, einschließlich der Antisemiten unter ihnen, für eine jüdische nationale Stellung empfänglicher wären als für die frühere jüdische Strategie der individuellen Anpassung. Wie der Assimilationismus zuvor könnte jüdischer Nationalismus zur Integration in das österreichische Gemeinwesen beitragen.[130] In ihrer Zustimmung zum Weiterbestehen des Habsburg-Österreich behielten überdies die Diaspora-Nationalisten die jüdische Tradition der Treue zum Staatsgebilde der Habsburger bei. Sie sahen keinen Konflikt darin, daß sie zugleich moderne kultivierte Menschen, jüdische Nationalisten und gute Österreicher waren, die zu einer rosigen Zukunft Österreichs beitrugen.[131] Während die anderen Völker lautstark nach Unabhängigkeit oder voller territorialer Autonomie schrien, klammerten sich die jüdischen Nationalisten an die Hoffnung auf ein starkes einiges Österreich. Dank ihrer neuen Ideologie konnten die Juden weiterhin die „einzigen Österreicher in Österreich" sein.

Jüdische nationalistische Agitation wurde wie jede nationalistische Agitation in Österreich in den Jahren, die dem 1907 eingeführten allgemeinen männlichen Stimmrecht zu Parlamentswahlen vorangingen, immer stärker. In den zwei oder drei Jahren vor der Wahl veranstalteten die verbündeten Nationalisten und Zionisten einen öffentlichen Feldzug für nationale Selbstbestimmung und Anerkennung der jüdischen Nation. Als die Regierung 1907 nationale Autonomie ablehnte, kämpften sie für eine Vertretung der Minderheiten (und der Juden) im neuen Parlament. Gleichzeitig versuchten sie die Kontrolle der *Israelitischen Kultusgemeinde* deren integrationistischen Führer zu entreißen. In beiden Kämpfen bestätigten sie ihre neue Art jüdischer Identität, die im Widerspruch zu jener der älteren Führer der jüdischen Gemeinde stand. Im Konflikt über parlamentarische und jüdische Gemeindewahlen verschärften beide Seiten ihre Argumente und ihr Verständnis für die Bedeutung des Judentums im späten Habsburg-Wien.

8. Das Ringen um die Vormacht: Jüdische Nationalisten gegen Assimilation

Zionisten und jüdische Nationalisten auf der einen und Mitglieder der jüdischen Elite auf der anderen Seite gerieten nicht nur ihrer verschiedenartigen Auffassung des Judentums wegen aneinander, sondern auch deshalb, auf welche Weise diese Auffassung im öffentlichen Leben durchzusetzen sei. Daraus ergaben sich zwei Streitpunkte: einer über die politische Haltung der Juden während der hitzigen Reichsratswahlen von 1907, den ersten, die aufgrund des allgemeinen männlichen Stimmrechts abgehalten wurden, der andere war ein Machtkampf um die Kontrolle der Israelitischen Kultusgemeinde selbst. In beiden Fällen zwangen der Antisemitismus in der Wiener Politik und zionistisch-jüdisch-nationalistische Angriffe die Führer der Wiener Judenschaft, ihre Ansichten über jüdische Assimilation zu überdenken. Die möglichen antijüdischen Konsequenzen des allgemeinen männlichen Stimmrechts und das zionistische Angebot für die Kontrolle der Gemeinde veranlaßten die Wiener jüdischen Honoratioren, eine neue Fassung selbstbewußten jüdischen Verhaltens in der Reichshaupt- und Residenzstadt der Habsburger zu formulieren.

Die Reichsratswahlen von 1907

Während der Agitation, die der Annahme des allgemeinen männlichen Stimmrechts vorausging, drängten jüdische Nationalisten und Zionisten erfolglos auf ihre Fernziele jüdische Selbstbestimmung und proportionale Vertretung der nationalen Minderheiten und der Juden im Reichsrat. Schon 1905 hatte Benno Straucher, ein jüdischer Abgeordneter aus der Bukowina, nationale Wahlkurien, einschließlich einer jüdischen Kurie, als die einzige Lösung des Nationalitätenstreits verlangt.[1] Im Falle der Annahme solcher Kurien würde jede der österreichischen Nationalitäten als Gesamtheit eine bestimmte Anzahl von Kandidaten wählen, die ihre nationalen Interessen im *Reichsrat* zu vertreten hätten, und die Nationalitäten würden das Gefühl haben, im österreichischen Reichsrat entsprechend repräsentiert zu sein. Am 12. Dezember 1905 forderten die jüdischen Nationalisten noch entschiedener nationale Selbstbestimmung und „für das jüdische Volk die nationale Gleichberechtigung mit den anderen österreichischen Volksstämmen".[2] Zur selben Zeit versuchten die österreichischen Zionisten die jüdische nationale Bewegung zu kontrollieren und begannen, für jüdische nationale Selbstbestimmung in Österreich zu agitieren. Im Jänner 1906 verlangte Isidor Schalit, nach Herzls Tod Führer der österreichischen Zionisten, die Institutionalisierung der nationalen Autonomie in Österreich und die Anerkennung der jüdischen Nationalität. In einer offiziellen politischen Erklärung bekräftigten die österreichischen Zionisten den Vorrang der Arbeit für Palästina, stellten aber fest, „in Österreich insbesondere besitzen daher auch die Staatsbürger jüdischer Nationalität ein unantastbares Recht zum Schutz und zum Ausbau ihres nationalen Lebens innerhalb der Staatsgrenzen . . ."[3]

1906 begannen Zionisten und jüdische Nationalisten für ihr gemeinsames Ziel zu arbeiten. Im Jänner forderte eine inoffizielle Koalition der beiden Bewegungen proportionelle Vertretung und eine jüdische Kurie, besonders in Galizien und der Bukowina, für die kommenden Wahlen.[4] Im folgenden Monat besuchte Schalit den Innenminister Graf Bylandt-Rheidt, um in aller Form nationale Selbstbestimmung, Verhältniswahlen und eine Judenkurie zu erbitten. Der Minister teilte Schalit mit, daß die Regierung unter keinen Umständen nationale Wahlkurien einführen werde. Bylandt-Rheidt versuchte auch, Schalit davon abzubringen, weiterhin proportionelles Minderheitswahlrecht zu verlangen, da dies nur jene stärken würde, die den Juden Übles wollten.[5] Bei einer Versammlung in Krakau im Juli 1906 bildeten Zionisten und jüdische Nationalisten ihre Allianz in der jüdischen Nationalen Partei, die weiterhin Selbstbestimmung für die Juden und andere österreichische Völker forderte.[6]

Da sowohl nationale Selbstbestimmung wie Minderheitskurien von der Regierung abgelehnt wurden, konzentrierten jüdische Nationalisten und Zionisten ihre Anstrengungen auf die Wahl von Männern, die sich persönlich verpflichtet hatten, das jüdische Volk im österreichischen Reichsrat zu vertreten. Für die Wahlen von 1907 stellte die jüdische Nationale Partei Kandidaten in Galizien, der Bukowina und in jenen Teilen Wiens auf, in denen mögliche jüdische Wahlblöcke bestanden. Isidor Schalit selbst wurde vom fünften Wiener Wahlbezirk aufgestellt, einer Sektion der Leopoldstadt mit einer beträchtlichen jüdischen Einwohnerschaft. Die Partei forderte die Juden auf:

> Wählt daher nur Männer, die nach ihrem Fühlen und Denken *jüdisch*, die von Liebe zu ihrem Volk und dem Bewußtsein ihrer großen Aufgabe durchdrungen sind, die auf Grund eines jüdischen Programmes kandidieren und sich verpflichten, nur einem jüdischen Klub beizutreten.[7]

Der Wahlkampf von 1907 verschaffte jüdischen Nationalisten und Zionisten eine ausgezeichnete Gelegenheit, ihre Ideen einer jüdischen Wiedergeburt unter den österreichischen Juden zu verbreiten. Besonders die Zionisten betrachteten diese Wahl, bei der alle Männer wahlberechtigt waren, als Mittel zur Stärkung ihrer Führerschaft im jüdischen nationalen Lager.[8] Obwohl die zionistische Weltorganisation weder Geld noch Energie in Wahlpolitik verschleudern wollte, erwarteten die österreichischen Zionisten unter Isidor Schalits Führung einiges aus der politischen Auseinandersetzung zu gewinnen. Schalit versuchte David Wolfssohn, den skeptischen Präsidenten der zionistischen Weltorganisation, davon zu überzeugen, daß durch die Arbeit für die Wahl engagierter jüdischer Nationalisten in den österreichischen

Reichsrat die Zionisten für den Zionismus werben könnten und, wichtiger noch, sich selbst fest als die berechtigten Führer im jüdischen Nationalstreit etablieren könnten.[9] Mit ihren größeren organisatorischen Mitteln fiel es den Zionisten leicht, die jüdische National-Partei zu dominieren.

Die zionistische Wahlpropaganda betonte das Judentum der zionistischen Kandidaten und verurteilte die übrigen jüdischen Kandidaten wegen ihres Mangels an jüdischem Selbstbewußtsein. In Wien stellten zionistische Zeitungen Schalit als einen Mann vor, der stolz war, Jude zu sein, als einen Mann, der für die jüdische Ehre eintreten und die Juden *qua* Juden im Reichsrat repräsentieren würde.[10] Die zionistische Presse, besonders die zionistische *Jüdische Zeitung*, beschrieb die anderen Kandidaten als nicht genügend jüdisch, um die Juden zu vertreten. Diese Zeitung bezeichnete Dr. Gustav Kohn, einen Vizepräsidenten der *Gemeinde*, als gemeinen Reaktionär, als einen Gegner einer Wahlreform, sogar innerhalb der IKG, und, noch herabsetzender, einen senilen alten Mann mit einem deutschen Herzen, der nichts von jüdischen Angelegenheiten verstehe. Die Zionisten prangerten Dr. Julius Ofner, den sozialpolitischen Kandidaten, als einen Mann an, der vollkommen bar jeden jüdischen Selbstbewußtseins sei und gefühlsmäßig deutsch. Das Beste, das man über ihn sagen konnte – meinten die Zionisten –, sei, daß er nicht konvertiert hatte.[11]

Obwohl er sich nicht zur jüdischen Nationalpartei bekannte, verlangte der Wiener jüdische Nationalist Saul Raphael Landau ebenfalls die Wahl jüdischer Abgeordneter, die den bloßen Gedanken an Assimilation verwerfen und besonders jüdische Interessen vertreten würden. Ohne einen eigenen bevorzugten Kandidaten lehnte Landau alle Kandidaten ab, die von der Leopoldstadt und von dem größtenteils jüdischen Kaisektor der Inneren Stadt aufgestellt worden waren. Im besonderen griff Landau Dr. Julius Ofner an, da dieser Kandidat trotz seiner jüdischen Herkunft ein erklärter Deutschnationaler war. „Es ist doch urdrollig, wie Dr. Ofner in den Versammlungen vor polnischen und ungarischen Juden sein Deutschtum beteuert . . ." Obwohl er die Notwendigkeit jüdischer nationaler Kandidaten betonte und Schalits Kandidatur begrüßte, fürchtete Landau realistischerweise, daß die Wiener Wählerschaft noch nicht bereit war, jüdische nationale Vertreter zu akzeptieren.[12]

Der zionistische Kandidat hatte in Wien keinen Erfolg. Von 9.398 abgegebenen Stimmen erhielt Schalit 529 und verlor in der Leopoldstadt gegen Julius Ofner.[13] Seine Niederlage war sicher die Folge ungenügender Planung, Mangel an Wahlstrategie und der Unpopularität seines Anliegens unter den Wählern. Dennoch beglückwünschten sich die Zionisten zu ihrem Versuch, „die assimilatorische Politik der Juden in Österreich für immer zunichte zu machen", und vertrauten auf ihren endgültigen Sieg.[14] Sie zeigten sich sehr erfreut über die Wahl von vier jüdischen nationalen Abgeordneten aus Galizien und der Bukowina – Adolf Stand, Benno Straucher, Arthur Mahler und Heinrich Gabel –, die sich am 18. Juni 1907 als jüdischer Parlamentsklub konstituierten. Der Klub gelobte für „Rechte, Interessen und Wohlergehen" aller österreichischen Juden zu wirken, nicht nur der eigenen Wähler, die offizielle Anerkennung jüdischer Nationalität und jiddischer Sprache zu erstreben und Angriffe gegen Juden und Judentum im Reichsrat und ganz Österreich zu bekämpfen.[15] Saul Raphael Landau war ursprünglich auch begeistert über die Bildung des jüdischen Klubs durch Männer, die „nur Juden, ganze Juden: Vertreter des *jüdischen* Volkes, Kämpfer für das jüdische Volk" waren. In fast messianischen Tönen pries Landau die Errichtung dieses Viermann-Parlamentsklubs als neues Kapitel österreichischer und jüdischer Geschichte.[16]

Vier Jahre später versuchten Zionisten und jüdische Nationalisten wieder erfolglos, jüdische nationalistische Abgeordnete in den Reichsrat zu bringen. In Wien verlor der zionistische Kandidat Robert Stricker in der Leopoldstadt gegen Julius Ofner. Von den vier Mitgliedern des jüdischen Klubs wurde nur einer, Benno Straucher, wiedergewählt.[17]

Nach ihrem zweiten Mißerfolg beschlossen die Wiener Zionisten, die Leopoldstadt, „der Kernpunkt jüdischen Lebens in Wien", wirkungsvoller zu organisieren. Sie gründeten den *Jüdischen Volksverein für die Leopoldstadt*, um unter den Juden des zweiten Bezirks zu werben. Das Programm der neuen Organisation wiederholte die bekannten Forderungen der jüdischen Nationalisten und Zionisten – nationale Selbstbestimmung, wirtschaftliche Hilfe für die Juden durch Vollbeschäftigung, Aufhebung von Gesetzen, die jüdische Handwerker benachteiligten, Kreditvereine und Sorge um jüdische Kultur und Selbstgefühl. Unter dem Vorsitz Robert Strickers, dem Führer der Wiener Zionisten in der Zwischenkriegszeit, versuchte der *Verein*, die Leopoldstädter Juden zum Zionismus zu bekehren.[18]

Während die Zionisten nach jüdischen Kurien und jüdischen nationalen Vertretern im österreichischen Reichsrat strebten, bekämpften Mitglieder des Wiener jüdischen Establishment diese Tätigkeit heftig. Da sie die politischen und wirtschaftlichen antisemitischen Konsequenzen des jüdischen Nationalismus fürchteten, forcierten sie ihre harte Opposition sowohl gegen die Anerkennung der jüdischen Nationalität wie gegen die Wahl anerkannter jüdischer nationaler Kandidaten. Die Juden anders als Österreicher zu bezeichnen, würde, so fürchteten sie, der erste Schritt zur Beschneidung jüdischer Rechte sein. In einem Artikel etwa, der die Möglichkeit nationaler Kurien bei den mährischen Landtagswahlen von 1905 erörterte, erinnerte die Monatsschrift *Österreichisch-Israelitische Union* ihre Leser, „daß eine Judenkurie bei den derzeitigen Strömungen in Österreich eine Pariakurie wäre".[19] Die Unionsführer befürchteten, daß eine Judenkurie in Mähren oder anderswo die Antisemiten nur freuen würde, die fest daran glaubten, daß die Juden eine eigene Gruppe seien. Sie meinten:

> Die Ausnahmestellung, welche den Juden durch eine besondere Wahlkurie zugewiesen würde, wäre die erste Befriedigung des antisemitischen Sehnens und Verlangens. Mit der Anerkennung der Juden als Nationalität würde ihre bisherige staatsbürgerliche Stellung eine grundstürzende Verschiebung erfahren.[20]

Die jüdischen Führer befürchteten vor allen Dingen die schrecklichen wirtschaftlichen Folgen der Bildung nationaler Kurien. Sie waren von ihrer Vermutung überzeugt, daß die Deutschen, Tschechen, Polen und die übrigen die Juden eilig von den freien Berufen und bestimmten Zweigen der Wirtschaft ausschließen würden, sobald man sie als eigene Nation betrachtete.[21] Die OIU betrachtete die Errichtung jüdischer Kurien als Schlag in das Gesicht der vergangenen 150 Jahre jüdischer Geschichte und erklärte: „Zum politischen und wirtschaftlichen Selbstmorde aber sind wir nicht zu haben"; sie machte erfolgreich ihren Einfluß gegen solche Kurien geltend.[22]

Die Wiener Notabeln sahen sich jedoch bei der strittigen Frage nationaler Vertreter für die Wahl von 1907 einem größeren Dilemma gegenüber. Sie rechneten damit, daß das allgemeine männliche Stimmrecht das Schwinden der Liberalen verursachen würde, die nur auf die *Haute Bourgeoisie* wirkten, und den Sieg jener Partei bedeuten würde, die den Massen Linderung ihrer wirtschaftlichen Not versprachen, das heißt, der Sozialdemokraten, die sich an das Industrieproletariat und der antisemitischen Christlichsozialen, die sich an die Kleinbürger wandten, welche von wirtschaftlichem Liberalismus und kapitalistischer Ausbreitung bedroht waren. In einem aufgrund allgemeinen Stimmrechts gewählten Reichsrat würde eine große Anzahl politischer Antisemiten das Gefühl haben, die Juden ungehindert verdammen zu dürfen. Sicherlich wünschten jüdische Führer Reichsratsabgeordnete, die antisemitische Angriffe abwehren würden, aber um 1907 konnten sich Juden nicht länger auf die Liberalen verlassen, und keine andere Partei konnte es sich leisten, durch öffentliche Verteidigung der Juden Stimmen zu verlieren.[23] Der Antisemitismus des Wahlkampfes, die Gegebenheiten der österreichischen Demokratie und der Druck der jüdischen Nationalisten zwangen die jüdischen Führer, jüdische Kandidaten zu unterstützen, welche möglicherweise unklare „jüdische Interessen" vertraten und, so hoffte man, die Juden gegen Antisemitismus verteidigen würden.

Dem jüdischen Establishment fiel es schwer, zu dieser Entscheidung zu gelangen. Seine politische Einstellung war zur Zeit der Emanzipation von 1867 festgelegt worden. Trotz ihres fast allgemeinen Engagements für den politischen Liberalismus beschlossen zu jener Zeit jüdische Honoratioren, Juden sollten an österreichischer Politik als Einzelpersonen, nicht als Juden teilnehmen. Am Vorabend der Juniwahlen von 1870 forderte *Die Neuzeit*, die mehr oder weniger die Meinung des IKG-Vorstands wiedergab, ihre Leser auf, zur Wahl zu gehen und die bürgerlichen Rechte wahrzunehmen, aber ohne eine starke jüdische Front zu zeigen. „Der Jude als Staatsbürger braucht nicht mit dem Juden in der Synagoge ein gemeinsames politisches Interesse und Programm zu haben."[24] Die Herausgeber der *Neuzeit* tadelten einen jüdischen Kandidaten für den Reichstag, der sich an jüdische Wähler mit jüdischem Anliegen richtete; sie erinnerten ihre Leser: „Wir wollen keine jüdische Politik, keine Landtagsdeputierten aus Glaubensgenossenschaften . . ." Sie verkündeten stolz ihre österreichische Identität, befürchteten, daß dieser Mann bedauerlicherweise die Bedeutung religiöser Freiheit mißverstand,[25] und verließen sich auf die Liberalen, ihre Interessen zu schützen.

Trotz der wachsenden Stärke der Antisemiten in den Wahlen der achtziger und der neunziger Jahre weigerte sich das jüdische Establishment, die Notwendigkeit jüdischer Politik oder jüdischen Stimmrechts anzuerkennen. Während es auf eine beherzte Verteidigung jüdischer Rechte gegen den Antisemitismus hoffte, wollte es die Tatsache einer jüdischen Frage in der Politik nicht zugeben. Die Herausgeber der *Neuzeit* bestätigten 1890: „Die Juden sind bei uns Österreicher, sind stolz darauf, Österreich ihr Vaterland zu nennen, sie halten treu zu Kaiser und Reich und werden in der Vaterlandsliebe von keinem Theile der Bevölkerung überboten."[26] Die jüdischen Führer offenbarten jedoch ein gewisses Maß an Ambivalenz hinsichtlich der Frage der jüdischen Verteidigung. Sie drückten ihre Enttäuschung darüber aus, daß die meisten jüdischen Abgeordneten sich nicht für jüdische Angelegenheiten einsetzten, und applaudierten Josef Samuel Bloch zu seiner kraftvoller Widerlegung der antisemitischen Anspielung im Reichsrat. *Die Neuzeit* forderte wiederholt Blochs galizischen Bezirk zu seiner Wiederwahl auf.[27]

Während der gesamten neunziger Jahre verharrte das ganze jüdische Wiener Establishment, von der IKG bis zur OIU, in seiner Verehrung der deutschliberalen Partei und ihrer Nachfolger, trotz der Tatsache, daß die Liberalen die Juden im Stich gelassen hatten. Jüdische Führer, selbst überzeugte Liberale, glaubten einfach, Juden des Mittelstands hätten keine Alternative. Sie konnten nicht für die antisemitischen Christlichsozialen oder für die bürgerfeindlichen Sozialdemokraten stimmen. Daher beschwor die Presse des Establishments die Juden Wiens, und in der Tat von ganz Österreich, liberale Kandidaten zu wählen, in der naiven Hoffnung, diese würden für jüdische Rechte im Reichsrat einstehen. In den neunziger Jahren glaubten sogar Bloch und die *Österreichisch-Israelitische Union*, die selbstbewußtesten Mitglieder des jüdischen Establishments, für Wien sei der Liberalismus am besten; sie unterstützten liberale Kandidaten für den Reichsrat, von denen die meisten den Juden gleichgültig gegenüberstanden. Obwohl die *Union* mit Dr. Heinrich Jacques, dem liberalen Vertreter der Inneren Stadt in den späten achtziger und frühen neunziger Jahren, nicht sehr glücklich war, da er sich nicht besonders im Kampf gegen den Antisemitismus engagierte, unterstützte sie ihn dennoch in den Wahlen von 1891.[28] In der Nachwahl von 1892, in der Jacques nach seinem Tod ersetzt werden sollte, drängte die *Österreichische Wochenschrift* ihre Leser, für den früheren Liberalen, den Demokraten Ferdinand Kronawetter zu stimmen. Obwohl sie erkannte, daß Kronawetter an jüdischen Angelegenheiten nicht interessiert war, unterstützte ihn die *Österreichische Wochenschrift*: „Nicht vom Standpunkte des Judentums aus treten wir ein für den Dr. Kronawetter, sondern vom Wiener Standpunkt aus . . ."[29] Im Oktober 1892 bezeichnete ihn die Zeitung: „Er ist ein idealer Politiker, ein Optimist von reinstem Wasser, ein Schwärmer, wenn man will, ein Menschheitsretter – was verschlägt's! Just so einen brauchen wir in unserer schwarzseherischen Zeit."[30] In den Wahlen von 1897 unterstützte die OIU die progressiven Kandidaten Ferdinand Kronawetter, Constantin Noske, Julius Ofner und Carl Wrabitz, obwohl die *Österreichische Wochenschrift* bitterlich beklagte, daß diese jüdischen Abgeordneten kein Rückgrat haben, um jüdische Interessen zu vertreten.[31]

In den Wahlen von 1907 war die *Österreich-Israelitische Union* in der Frage der Wahl jüdischer Vertreter gespalten. In der Aufregung, die den Maiwahlen vorausging, versuchten zwei verschiedene Splittergruppen der *Union*, die Organisation in widersprüchliche Richtungen dieser strittigen Frage zu stoßen. Eine Gruppe, offensichtlich von Bloch inspiriert, aber von Sigmund Fleischer geleitet, forderte die Wahl von Kandidaten, die sich für die Vertretung jüdischer, wenn auch nicht jüdisch-nationalistischer Interessen verbürgten. Sigmund Fleischer erkannte realistisch die Notwendigkeit einer neuen politischen Strategie für die österreichischen Juden. Wohl befürchtete er, das allgemeine Wahlrecht würde nur die Antisemiten und die Linken stärken, jedoch erkannte er, daß die Juden keine Hilfe von den liberalen Parteien erwarten konnten. Die Juden müßten ihre Taktik ändern, meinte er, „nicht aus einem Wechsel unserer Gesinnungen, sondern aus der durch das allgemeine Wahlrecht bedingten Verschiebung der politischen Machtverhältnisse . . ."[32] Daher müßten sich die Juden, fast gegen ihren Willen, einigen und jüdische Abgeordnete für den Reichsrat wählen, sagte Fleischer.

Da man uns nicht mehr als Deutsche, Tschechen, Polen jüdischer Konfession gelten läßt, sondern uns als eine besondere, von unseren christlichen Mitbürgern unterschiedene Bevölkerungsklasse ansieht, sind wir gezwungen, das in Wahrheit zu sein, als was man uns bisher fälschlich bezeichnet hat: eine selbständige politische Gruppe. Als solche haben wir tatsächlich die Möglichkeit, uns geltend zu machen und uns eine kraftvolle, energische Vertretung im neuen Parlament zu schaffen.[33]

Infolgedessen empfahl Fleischer in bestimmten Bezirken Wiens, in Galizien und der Bukowina der jüdischen Mehrheit, jüdische Kandidaten wiederzuwählen, Männer, die sich nicht schämten, Juden zu sein, „sondern . . . *Volljuden*, die jederzeit bereit sind, für die gleichen Rechte ihrer Glaubens- und Volksgenossen tapfer und rücksichtslos in die Schranken zu treten".[34]

Im Februar 1907 – Fleischers Splittergruppe dominierte immer noch – unterstützte das von der OIU gesponserte „Zentral-Wahlkomité zur Wahrung jüdischer Interessen bei den Reichsratswahlen" liberale Kandidaten, die sich selbst für die Vertretung „spezifisch-jüdischer Interessen" verbürgten, das heißt, den antisemitischen Angriffen begegnen würden. In der Kaisektion der Inneren Stadt unterstützte das Wahlkomitee Wilhelm Anninger, einen ehemaligen OIU-Präsidenten und Gründer ihres *Rechtsschutzbureaus*. Anninger, so glaubte das Komitee, würde die Geschäftsleute und Juden des Bezirks am besten vertreten. Er war sowohl ein Selfmademann wie ein „*Jude* mit allen Fasern seines Herzens" und ein „kampfbereiter Jude".[35] Schwieriger war für die *Union* die Entscheidung, für wen sie in der Leopoldstadt eintreten sollte. Widerwillig unterstützte sie Joseph Bloch, in der Angst, die vier jüdischen Kandidaten des Bezirks – Bloch, Ferdinand Klebinder (Altliberaler), Dr. Julius Ofner (Sozialpolitiker) und Dr. Isidor Schalit (Zionist) – würden die jüdischen Stimmen spalten und das Mandat einem Christlichsozialen zufallen.[36]

Bloch befürwortete seine eigene Kandidatur eifrig in seiner Zeitung. Ein Mann von großer Eitelkeit, stellte er sich dar als jemand von großem parlamentarischem Geschick, als bester „jüdischer"Kandidat. Er bezeichnete sich als harten und erprobten Kämpfer für jüdische Rechte und erinnerte seine Leser daran, wie er allein in den achtziger und neunziger Jahren jüdische Ehre im Reichsrat verteidigt hatte. Seine Ansicht von der Bedeutung, ein „jüdischer" Kandidat zu sein, unterschied sich deutlich von jener der Zionisten und jüdischen Nationalisten. Während diese ausdrücklich von der Anerkennung der jüdischen Nation in Österreich sprachen, betonte Bloch seine Gegnerschaft zu der Zentrifugalkraft des Nationalismus, die ein geliebtes Österreich auseinanderriß. Obwohl er feststellte, daß die Juden weder Deutsche noch Polen waren, schien er sie auch nicht als Mitglied einer eigenen Nation zu sehen. In seinen Augen gab es keinen Gegensatz zwischen seiner Vision eines übernationalen Österreich und der selbstbewußten Bestätigung des Judentums. Er präsentierte sich als den einzigen, der die Interessen einer Leopoldstädter Wählerschaft wirklich vertreten konnte.[37]

Im April war es offensichtlich, daß Bloch seine Kandidatur zurückziehen mußte, da ihn die Sozialdemokraten im Falle einer Nachwahl niemals unterstützen würden. Als alternativen Kandidaten wählte das Zentral-Komitee der OIU Dr. Gustav Kohn, einen Vizepräsidenten der Israelitischen Kultusgemeinde. Bloch, seine Zeitung und seine Anhänger priesen Kohn als unermüdlichen Arbeiter für die jüdische Sache. Viel weniger reizbar als Bloch, versprach Kohn eine feste Haltung gegen den Antisemitismus einzunehmen und jüdisches Leben anzuregen.[38] Gleichzeitig zog sich Anninger vom Wettlauf in der Inneren Stadt zurück, und die OIU unterstützte für die Wahl in diesem Bezirk Kamillo Kuranda, den Sohn Ignaz Kurandas, einen liberalen Politiker und ehemaligen Präsidenten der IKG.[39]

Die Kandidaten der Gruppe Fleischers erhielten die freundliche Unterstützung der Herausgeber der *Wahrheit*, die nach dem Eingehen der *Neuzeit* mehr oder weniger die Meinung des IKG-Vorstandes vertrat. Im Glauben, „besonders jüdische Interessen gibt es nicht und kann es nicht geben" und daß die beste jüdische Verteidigung eine gesunde Rechtsordnung sei, wollte *Die Wahrheit* trotzdem Reichsratsabgeordnete als Verteidiger der Juden sehen. Sie bat ihre Leser dringend, Kandidaten zu wählen, die sich für jüdische Anliegen einsetzen würden, das heißt Kamillo Kuranda in der Inneren Stadt und Gustav Kohn in der Leopoldstadt.[40] Sie empfahl die Wahl des Juden Kohn, nicht des „Un-Juden" Ofner, und meinte,

> daß die jüdischen Wähler des inneren Kreises in der Leopoldstadt, denen die Zukunft ihrer Kinder, ihre Anhänglichkeit an Religion und Stamm nicht gleichgültig ist, die die Ehre der Wiener Kultusgemeinde vor gehässigen Anwürfen zu schützen sich berufen fühlen und auf das Wohl der gesamten Wiener Judenschaft bedacht sind, sich nicht von den unjüdischen Phrasen Dr. Ofners und seiner Anhänger betören lassen, sondern den als freisinnig und jüdisch denkenden Mann bewährten Landesschulrat Dr. Gustav Kohn zur Wahrung ihres jüdischen Standpunktes und zur Wahrnehmung ihrer allgemeinen Interessen als Staatsbürger am 14. Mai ihre Stimme geben werden.[41]

In der Sorge, eine gespaltene jüdische Wählerschaft würde ein Mandat für einen Sozialdemokraten oder Christlichsozialen bedeuten, hoffte *Die Wahrheit*, Ofner würde sich aus dem Kampf zurückziehen.[42]

Anfang Mai 1907 entwanden Sigmund Mayer und sein Kreis die Kontrolle über die *Union* jenen, die „jüdische" Vertreter in den Reichsrat wählen wollten. Sie überzeugten – oder manipulierten – die OIU, liberale oder progressive Kandidaten zu unterstützen, die nicht im besonderen mit jüdischen Anliegen befaßt waren. Obgleich sie die Gefahren eines allgemeinen männlichen Stimmrechtes für die österreichische Judenschaft erkannten, blieb diese alte Garde ihrer Hoffnung treu, daß nur liberale Kandidaten jüdische Rechte in Österreich verteidigen konnten oder sollten.

Mayer war ein Mann in den Siebzigern, aufgewachsen in der Blütezeit der jüdisch-liberalen Partnerschaft und nicht imstande, die Wirklichkeit des politischen Lebens in Österreich zu akzeptieren, das von Antisemitismus und ausschließlichem Nationalismus beherrscht wurde. In einem klassischen Ausspruch jüdischen Glaubens an Liberalismus und Österreich betonte er:

Wie sind nicht nur Juden, wir sind vor allem und zwar sehr gute Staatsbürger. Ja, ich möchte glauben, daß speziell wir Juden in Österreich von allen die besten Österreicher sind. Denn während die Nationalen, Slawen oder Deutsche nur ein nationales, die Klerikalen ein klerikales, die Feudalen ein feudales, die Sozialisten ein sozialistisches Österreich wollen, wollen wir Juden ein Österreich *sans phrase*.[43]

Unter Mayers Leitung übertrug die OIU ihre Loyalität auf einen der liberalen Kandidaten, Dr. Julius Ofner, einen Mann jüdischer Herkunft, der als Sozialpolitiker in der Leopoldstadt kandidierte. Im Gegensatz zu Fleischers Argumenten bezeichnete Mayer Ofner unerschrocken als den besten Schirmherr der Juden, gerade weil „. . . er . . . kein spezifischer Judenvertreter ist".[44]

Wütend über den Wandel in der Politik der *Union*, behauptete Bloch in seiner Zeitung, die Unterstützung für Ofner sei von einer Gruppe hartnäckiger Assimilanten eingefädelt worden, die den Antrag bei einer Versammlung durchgepeitscht hatten, bei der nur wenige der Anwesenden ordentliche OIU-Mitglieder gewesen waren. Die „Coterie" habe zweihundert falsche Mitglieder mitgebracht, um zu seinen Gunsten zu stimmen. Unterstützung für Ofner, verkündete Bloch, sei eine Absage an all das, wofür die OIU stand.[45] *Die Wahrheit* stimmte Blochs Darstellung fragwürdiger Handlungsweisen zu. Mit der Behauptung, der Präsident der *Union*, Maximilian Paul-Schiff, wolle Gustav Kohn deshalb nicht unterstützen, weil er sich über einige unwichtige Fragen in der IKG nicht einigen konnte, drückte *Die Wahrheit* ihre Überzeugung aus, daß eine kleine Clique nicht-jüdischer Juden ihre Ansichten der ganzen Organisation gesetzwidrig aufgezwungen hätte.[46]

Die *Union* bestritt natürlich jede Verfehlung. Nach den Wahlen, bei welchen Kuranda und Ofner Mandate erhielten, versuchte sie angesichts der gegen sie gerichteten Angriffe, ihre Unterstützung für Ofner zu rechtfertigen. Sie behauptete herausfordernd, daß Ofner „Geist von unserem Geiste" sei.[7] Ob die Anklagen richtig waren oder nicht, ist nicht festzustellen. Vielleicht benahm sich die OIU einfach realistisch, wenn sie für einen Berufspolitiker eintrat und nicht einfach für einen Juden, der für den Reichsrat kandidierte. Sogar Bloch gab zu, daß sich Ofners und Kohns Politik nicht grundlegend voneinander unterschieden.[48] Auf jeden Fall blieben jene erfolglos, die versucht hatten, die Union in eine gewisse separatistische Politik zu steuern.

Bloch für sein Teil – stets der stolze Jude – begrüßte den 1907 gewählten jüdischen Klub im Reichsrat. Zwar ignorierte er dessen jüdisch-nationales Programm, zu dem er im Gegensatz stand, zeigte sich aber erfreut, daß selbstbewußte Juden nun jüdische Ehre im Reichsrat verteidigen konnten. Am 21. Juni 1907 schrieb er:

Die Juden haben getan, was in diesen Blättern so oft verlangt wurde, sie haben nun Vertreter der Judenheit ohne Nebenrücksichten, ohne Nebengedanken, ohne Nebenziel. Sie sind stolz auf diese Vertretung und können es sein.

Bloch lobte Straucher, Mahler, Gabel und Stand wegen ihrer modernen progressiven Politik, ihres jüdischen Selbstbewußtseins und ihres Mutes. Er wünschte ihnen Glück und hoffte, daß alle Juden auf den törichten Assimilationismus verzichten würden.[49]

Israelitische Kultusgemeindewahlen

Viel wichtiger als der Wahlkampf von 1907 war für die Neudefinition der jüdischen Identität der erbitterte Kampf zwischen Zionisten und jüdischen Nationalisten auf der einen und dem jüdischen Establishment auf der anderen Seite um die Kontrolle der jüdischen Gemeinschaft. In diesem Streit der Gruppen nahmen ihre entgegengesetzten Definitionen der Bedeutung des Judentums und der Grenzen der Assimilation in der Habsburgermetropole feste Form an. Obwohl die Zionisten bis 1932 keine Mehrheit im Gemeindevorstand gewinnen konnten, beschleunigte ihre Polemik ein Überdenken der Bedeutung des Judentums und zwang das jüdische Establishment zu einer stärkeren Geltendmachung der jüdischen Identität.

Um jüdisches Selbstbewußtsein zu wecken und Führer des Weltjudentums zu werden, schwor die internationale zionistische Bewegung 1898, die organisierten jüdischen Gemeinden Europas zu „erobern".[50] In Wien, dem Geburtsort des modernen politischen Zionismus, begannen die Zionisten sofort mit ihrer Bewerbung um die Kontrolle der IKG. In jeder folgenden Gemeindewahl, alle zwei Jahre zum Austausch eines Drittels des Vorstands abgehalten, bemühten sich die Zionisten, manchmal zusammen mit den Nationalisten und anderen unzufriedenen Gruppen, unermüdlich um ihre Wahl in den Vorstand.

Die zionistische Polemik der Jahre von 1898–1912[51] wiederholte ständig drei Grundthemen. Erstens behaupteten die Zionisten, die Führer der IKG seien „Assimilanten", die durch ihr sklavisches Nachäffen der europäischen Kultur ihr eigenes Volk vergäßen und sich des Verrats schuldig machten. Die Führerschaft solcher Männer konnte nur zur Zerstörung des jüdischen Volkes führen. Zum Beispiel beschuldigten 1900 Zionisten den Vorstand, eine der „traurigsten Caricaturen eines jüdischen Rathes" zu sein. Als Geschöpf des Liberalismus und der Assimilation wollten sie „ja mit dem Judenthum nichts zu thun haben".[52] Ebenso beschrieben die Zionisten nach ihrer Niederlage von 1908 die Gemeindeführer: „Börseaner, Bankdirektoren, Fabrikanten, Großkaufleute drängten sich um die Urne, ein Paradeaufmarsch von Elementen, die dem Judentume innerlich und äußerlich schon längst entfremdet sind."[53] Nach jeder Niederlage interpretierten die Zionisten die erhaltenen Stimmen als Protest gegen „das alte System der Assimilation".[54]

Als Teil ihrer Anschuldigung, Vorstandsmitglieder stünden jüdischen Anliegen gleichgültig gegenüber, wiesen Zionisten eifrig darauf hin, daß viele Kinder der Gemeindeführer zum Christentum konvertiert hätten. 1904 behauptete der Architekt Oskar Marmorek, Zionistenführer bis zu seinem Selbstmord im Jahr 1909, daß „fast die ganze kommende Generation vor oder gar schon hinter dem Taufbecken ist".[55] Die Zionisten betonten wiederholt den Zusammenhang zwischen Assimilation und der Preisgabe des jüdischen Volkes. Im Wahlkampf von 1906 schrieb die *National-Zeitung* in einem Leitartikel:

die alte, altliberale, fanatisch assimilatorische Clique verfügt über keine Menschen mehr. Ein Teil ist weggestorben, der andere weggetauft und der Rest ist zu kompromitiert, um noch in Betracht gezogen zu werden.[56]

Das zweite Thema der zionistischen Polemik gegen die *Gemeinde* war die Behauptung, die IKG sei eine durch und durch undemokratische und plutokratische Institution. Zionistische Wortführer diskriminierten die vereinbarten Regeln, die zwei Drittel der Wiener Judenschaft vom Entscheidungsprozeß ausschlossen. Besonders zogen sie über das Zweiklassen-Wahlsystem her, das den Reichen ungerechte Vorteile bot. Diesem System gemäß, das 1900 von der IKG eingeführt worden war, wahrscheinlich um eine zionistische Übernahme zu verhindern,[57] wählten alle 12.000 berechtigten IKG-Wähler vierundzwanzig Mitglieder in den Vorstand, während jene Männer, die über 200 Kronen im Jahr zahlten, noch zusätzliche zwölf Vorstandsmitglieder wählten. 1908 beschuldigte Egon Zweig die Gemeindeoligarchie mit besonderer Heftigkeit. In einer Rede mit dem Titel „Wahlrechtsraub in der Seitenstettengasse" (die Gasse in der Inneren Stadt, in der die Gemeindeämter lagen) attackierte er die strengen Wohnsitzbestimmungen, die Entrechtung der Frauen und die besondere Kurie für die Reichen.[58] Als die Zionisten verloren, beschuldigte die *Jüdische Zeitung* die Führer der IKG des „Wahlrechtsraubs" und machte die plutokratische Wahlstruktur für den Sieg der Assimilanten verantwortlich.[59]

Da sie zweifellos glaubten, das allgemeine Wahlrecht bei den jüdischen Gemeindewahlen würde automatisch zu ihrem eigenen Sieg zu führen, versprachen die Zionisten im Falle ihrer Wahl, Demokratie in der Seitenstettengasse einzuführen.[60] In ihrer Wahlpropaganda verlangten die Zionisten allgemeines, gleiches und direktes Wahlrecht für Wiener jüdische Männer bei den IKG-Wahlen. Auch forderten sie vollständige Neugestaltung des Steuerfestsetzungssystems und ein Herabsetzen der Mindeststeuer von 20 auf 10 oder 5 Kronen. Im Bemühen schließlich, mehr Wähler zu gewinnen, forderten sie öffentliche Vorstandssitzungen, Pensionen und Versicherungen für Angestellte der *Gemeinde* und Reorganisation der Wohlfahrtseinrichtungen.[61] Zum Beispiel verlangten 1902 die Zionisten zusammen mit den jüdischen Nationalisten und den vereinten oppositionellen Tempelvereinen:

Wer für Beseitigung des Classensystems, für gleiches Recht aller Cultussteuerträger, wer gegen die Verelendung und den Untergang des jüdischen Mittelstandes, wer für eine moderne . . . Armenverwaltung, . . . wer für eine gute jüdische Erziehung unserer Jugend, wer für die Hebung des jüdischen Selbstbewußtseins, wer für eine mannhafte zielbewußte jüdische Volksvertretung ist . . .

für ihre Kandidatenliste am 23. November zu stimmen.

Schließlich versprachen die Zionisten im Falle ihrer Wahl die Bildung einer jüdischen Gemeinschaft, die wahrhaft jüdisch sein würde. Sie verbürgten sich für die Errichtung einer kraftvollen *jüdischen Volksgemeinde* anstatt der kraftlosen Israelitischen Kultusgemeinde. Sie wünschten sich eine *Gemeinde*, die jüdische nationale Identität vertreten und auf diese Weise allen jüdischen Bedürfnissen, nicht nur den religiösen Bedürfnissen einer kleinen, steuerzahlenden Elite, dienen würde.[3] Obwohl die Zionisten zugaben, daß ein jüdischer Staat ihr endgültiges Ziel sei, waren sie als selbsternannte Vertreter jüdischen Geistes und jüdischer Zukunft entschlossen, jüdisches Nationalbewußtsein unter der Wiener Judenschaft zu verbreiten. Sie verbürgten sich, unter ihrer Führerschaft würde die jüdische Gemeinschaft „eine wirtschaftliche, körperliche und geistige Hebung der Juden" ermutigen, durch Einrichtung jüdischer *Volkshäuser*, Büchereien und Wohnsiedlungshäuser sowie mit Hilfe wirtschaftlicher Bemühungen den antisemitischen Boykott zu mildern.[64] Der jüdische Nationalist Saul Raphael Landau, der die zionistischen Kandidaten aus persönlichen Gründen nicht unterstützte, wiederholte die Notwendigkeit, die „deutsch-liberal-assimilatorische" Israelitische Kultusgemeinde durch eine echte jüdische *Gemeinde* zu ersetzen.

Gleichzeitig mit ihrem Angriff auf die Gemeindeführer boten die Zionisten Wiener jüdischen Wählern die Gelegenheit, Zionisten in den IKG-Vorstand zu wählen. 1898 hatten die Zionisten zu wenig Zeit, um eine Kandidatenliste vorzubereiten, aber in jeder der alle zwei Jahre abgehaltenen Wahlen drängten die Zionisten, manchmal in Allianz (1900–1904) mit den jüdischen Nationalisten und den „oppositionellen" Tempelvereinen (orthodox oder vielfach galizisch), die Gemeindemitglieder, für ihre Kandidatenliste zu stimmen. Die Führer des Weltzionismus Isidor Schalit, Adolf Böhm, Eisig Torczyner , Oskar Marmorek und Egon Zweig schienen regelmäßig auf der Liste der zionistischen Kandidaten auf. In den Jahren 1900, 1902 und 1904 schienen auch prominente nicht-zionistische Mitglieder des IKG-Establishments selbst auf der zionistischen Liste auf.[66]

Vor dem ersten Weltkrieg erhielten die Zionisten bei den IKG-Wahlen nie ein Mandat. Ihre Kandidatenliste konnte nicht genügend Stimmen gewinnen, um den Gemeindevorstand zu übernehmen.[67] Dennoch waren die Zionisten in ihrem Bemühen keinesfalls erfolglos, Wiener Juden des Mittelstandes für ihre antiassimilatorischen nationalen Ansichten zu interessieren. 1900 wurde Isidor Gewitch, Vorsitzender des Leopoldstadt-Praterstraße-Zweiges von *Zion*, als Ersatzmitglied in den Gemeindevorstand gewählt.[68] 1906 erhielten zwei zionistische Kandidaten, Isidor Schalit und Adolf Brecher, genügend Stimmen, um eine Nachwahl zu erzwingen, die sie später verloren.[69] Zusätzlich gelang es Oskar Marmorek 1904, zum Unbehagen der zionistischen Führung, sich in die offizielle Liste zu drängen.[70] 1912 wählten nervös gewordene Vorstandsmitglieder der *Gemeinde* zwei Zionisten, Robert Stricker und Dr. Jakob Ehrlich, zusätzlich auf die offizielle Liste und in der Folge in den Gemeindevorstand.[71]

Deutlicher als diese verhältnismäßig unbedeutenden Siege war das Ausmaß, in dem der Zionismus auf jene Wiener Juden wirkte, die wohlhabend genug waren, die 20 Kronen jährliche Mindeststeuer zu entrichten. Obwohl die Wahlbeteiligungen an den Gemeindewahlen notorisch gering war (etwa 4.000 der 12.000 Wahlberechtigten stimmten ab), erhielten die zionistischen Listen bei jeder Wahl zwischen 25% und 45% aller abgegebenen Stimmen an die zionistisch-nationalen Kandidaten.

1906 erhielten sie 42% der Stimmen, aber zwei Jahre später, 1908, nur 22%. 1910 erholten sie sich und bekamen 34% der Stimmen.[72]

Die Zionisten hatten ihre Stärke nicht in den älteren Bezirken jüdischer Ansiedlungen wie der Inneren Stadt oder der Leopoldstadt, in denen reiche jüdische Kaufleute den Zionismus verdammten und die Armen nicht wahlberechtigt waren, sondern in den neuen Bezirken jüdischer Konzentrierung, in Gegenden, die als Wohnstatt für die neue Generation Wiener Juden dienten. Bemerkenswerterweise gewannen sie oft entscheidende Mehrheiten, zumindest 40% der Stimmen in Mariahilf-Neubau (Bezirke VI–VII), den Bezirken mit den meisten Shekelzahlern und der stärksten Ortsgruppe von *Zion*. Zweitens gewannen die Zionisten viele Stimmen auf dem Alsergrund (IX. Bezirk). Die zionistischen Kandidaten erhielten die meisten ihrer Stimmen in diesen beiden Bezirken. Während 1902 nur 30% der Wähler in diesen Bezirken jüdisch-national/zionistisch wählten,[73] stimmten um 1906 zwischen 50% und 60% der Wähler sowohl in Mariahilf-Neubau wie auf dem Alsergrund und Währing (XVIII) für die Zionisten. In diesem Jahr gewannen die Zionisten 42% der Gesamtstimmen, aber eine absolute Mehrheit von 65% in Mariahilf-Neubau, 52% in Währing und Döbling (XIX) und etwa 45% auf dem Alsergrund, der Landstraße (III) und der Leopoldstadt.[74] Andererseits erhielten sie nur wenige Stimmen in der Inneren Stadt. Vor dem Krieg erreichten die Zionisten niemals ihren Höchststand von 1906. 1908 erhielten sie in keinem Bezirk die absolute Mehrheit, sondern gewannen nur 11% der Stimmen in der Inneren Stadt, 42% der Stimmen in Mariahilf-Neubau und 25% der Stimmen auf dem Alsergrund. 1910 gelang es ihnen, die Hälfte der Stimmen in Mariahilf-Neubau zu erlangen, 43% auf dem Alsergrund und 41% in Währing und Döbling.[75]

Der Vorstand der *Gemeinde* und seine Anhänger waren bestürzt über die Heftigkeit der zionistischen Denunziation und das Ausmaß, in dem es Zionisten gelang, Unterstützung innerhalb der *Gemeinde* aufzutreiben. Vor dem zionistischen Versuch, die *Gemeinde* zu „erobern", war die Unterstützung für den Vorstand der IKG mehr oder weniger allgemein gewesen, zumindest unter den Wahlberechtigten, von denen sich aber nur wenige die Mühe machten, zur Wahl zu gehen.[76] Wenn auch einzelne Männer oder besondere Politiker manchmal Opposition erregten, so war dies loyale Opposition, die das System der IKG als Ganzes unterstützten. Zum Beispiel war Bloch ein Gegner Emanuel Baumgartens, der dem IKG-Vorstand angehörte, und machte 1889 gegen ihn kräftig in seiner Zeitung Stimmung. Aber seine Zeitung war voll des Lobes für andere Mitglieder des IKG-Vorstands, Männer wie Gustav Kohn, Heinrich Klinger und Alfred Stern. Bloch behauptete: „. . . es zeigt sich eine vollkommene Harmonie und ein gegenseitiges Vertrauen zwischen den Wählern und Mitgliedern des Cultusvorstandes."[77]

Die Anhänger der IKG sahen sich nach 1898 einer heißen zionistischen Agitation gegenüber und antworteten auf alle gegen sie erhobenen Anschuldigungen, indem sie die Zionisten ihres Benehmens wegen anprangerten, das ebenso rüpelhaft und verabscheuungswürdig wie das der Antisemiten war. 1900 beschuldigte das Zentrale Wahlkomitee, bestehend aus der OIU, dem *Politischen Volksverein* und den vereinten Tempelvereinen, die Zionisten, den „dummen Kerl" in der gleichen Art zu manipulieren wie die demagogischen antisemitischen Massenparteien: durch Versprechungen von Leistungen für die Armen, Versand von Wahlpropaganda durch die Post, kurz, sich wie eine moderne politische Partei zu benehmen. Sie vermuteten, die Zionisten würden dem gemeinen Volk noch mehr versprechen als Dr. Lueger, der Vorsitzende der Christlichsozialen Partei.[78]

In den folgenden Jahren setzten die Führer des Establishments wiederholt zionistische Taktik mit antisemitischer Taktik gleich. 1902 brandmarkte die *Österreich-Israelitische Union* die zionistischen Anschuldigungen der Korruption in der Seitenstettengasse als kindisch und schamloses Waschen von Schmutzwäsche in der Öffentlichkeit.[79] Die *Österreichische Wochenschrift* schrieb:

Das liest sich so, als ob die Verwaltung der Wiener israelitischen Cultusgemeinde den unsauberen Händen feiler Banden von Beutejägern und Profitmachern ausgeliefert wäre. Männer, die in ehrenvoller, hingebender, opferreicher und selbstloser Arbeit im Dienste der jüdischen Sache grau geworden, deren Charakter Ehrfurcht einflößt, deren Name selbst bei den Gegnern Verehrung genießt, werden plötzlich vor aller Welt der Corruption und Bestechlichkeit angeklagt. Im unreellen Wettbewerb mit den antisemitischen Vorbildern hat man die Methode ihres politischen Kampfes auch darin sich zu eigen gemacht.[80]

1908 behaupteten die Unterstützer der IKG, der Gebrauch von Beschimpfungen und anderen „antisemitischen" Taktiken durch die Zionisten würde nur den Antisemiten selbst in die Hände arbeiten. Sie befürchteten, antisemitische Redner würden schadenfroh die Beleidigungen wiederholen, die von den Zionisten gegen das jüdische Establishment vorgebracht wurden. Nach den Wahlen drückte die *Österreichische Wochenschrift* wiederum ihre Verärgerung über die „christlich-sozialen Kampfmethoden" der zionistischen Opposition aus.[81]

Aus Furcht vor dem Verlust der Macht verteidigten die Anhänger der *Gemeinde* weiterhin oligarchische Kontrolle der IKG. Sie kleideten ihre Argumente in konservative wirtschaftliche Terminologie. Schon vor der zionistischen Herausforderung hatte *Die Neuzeit* die Kontrolle der IKG-Angelegenheiten durch die reichsten Männer der *Gemeinde* verteidigt. In einem klassischen konservativen Argument wies *Die Neuzeit* darauf hin, daß nur die Reichsten genügend Freizeit hätten, um sich um Einrichtungen der Gemeinde zu kümmern, und daß man nur ihnen vertrauen konnte, über Parteipolitik oder internen Streitigkeiten zu stehen, guten Ton anzugeben und die Juden wirklich zu vertreten.[82] Während 1898 die OIU dafür eingetreten war, Vorstandsmitglieder sollten nicht nur aus Wiens reichsten Familien kommen,[83] verteidigte sie 1902 auf dem Höhepunkt des Wahlkampfes in *Die Neuzeit* plutokratische Kontrolle. Obwohl kritisch gegenüber den neuen Bestimmungen, die es den reichsten Männern in der Gemeinschaft ermöglichte, zwölf zusätzliche Vorstandsmitglieder zu wählen – Regeln, die in jenem Jahr als Vorbeugungsmaßnahme gegen eine mögliche Übernahme der *Gemeinde* durch die Zionisten gedacht war –, tröstete *Die Neuzeit* nichtsdestoweniger ihre Leser durch die Äußerung, Wiens reichste Juden seien unermüdliche Arbeiter, die sich eine leidenschaftslose Verwaltung jüdischer Gemeindeangelegenheiten leisten konnten.[84]

Indem sie gegen die zionistische Forderung nach Demokratie in der IKG eintraten, behaupteten die Verfechter des Systems, allgemeines Stimmrecht bei den IKG-

Wahlen wäre unnötig, absurd, traditionslos und falsch. Sie stellten kategorisch fest, daß in jüdischer Gemeindepolitik kein Platz für Demokratie wäre. 1906 zum Beispiel bemerkte ein Autor der Monatsschrift der OIU, allgemeines Stimmrecht für den Reichstag sei sinnvoll, da jedermann zumindest indirekte Steuern an die Regierung zahle. Da arme Juden keine indirekten Steuern an die *Gemeinde* abführten, hätten sie kein gesetzliches Recht zu wählen.[85] Taktlos wie er war, drückte Bloch das aus, was auch in den Gedanken anderer Unterstützer der OIU vorhanden sein mußte: es gab kein Beispiel für Demokratie in der jüdischen Gemeinschaft.[86]

Anhänger der IKG widersetzten sich dem allgemeinen Wahlrecht in der Annahme, dies würde nur zum wirtschaftlichen Abstieg der *Gemeinde* führen.[87] Ein von allen, einschließlich der armen Juden gewählter Vorstand würde wahrscheinlich leichtfertig wie verrückt Geld ausgeben. Sogar schon im Jahre 1893, als Sigmund Fleischer, ein Mitglied der OIU, niedrigere Gemeindesteuern und allgemeines Wahlrecht bei den Gemeindewahlen gefordert hatte, bekämpfte Bloch derartige Demokratie bei der *Gemeinde* heftig. Er fürchtete, daß allgemeines Wahlrecht nur ein beispielloses Austrocknen der finanziellen Quellen der *Gemeinde* zur Folge haben würde.[88]

Die Honoratioren der IKG wollten die *Gemeinde* nicht demokratisieren, aber um ihre Rolle als rechtmäßige Führer der jüdischen Gemeinschaft zu sichern, waren sie nicht erhaben darüber, viele andere spezielle Punkte des zionistischen Programms zu borgen. Das Zentrale Wahlkomitee befürwortete regelmäßig verbesserte jüdische Wohlfahrtseinrichtungen, religiösen Unterricht und niedrigere Mindeststeuern. 1904 forderte das Komitee die Herabsetzung der Mindeststeuer auf 10 Kronen, Hilfe für jene, die unter den verheerenden Auswirkungen des antisemitischen Boykotts zu leiden hatten, und Einführung eines freien Wettbewerbs für Verträge bei der IKG.[89] 1908 verlangte es eine Überprüfung des IKG-Vorstands, neue Methoden der Steuerbewertung und die Verbesserung jüdischen Religionsunterrichts.[90] Einige dieser Reformen hatten OIU und *Politischer Volksverein* schon vor der zionistischen Herausforderung vorgeschlagen. 1896 verlangte Hermann Fialla, der Vorsitzende des *Politischen Volksvereins*, einer Organisation, die gegen Antisemitismus und für die Reform der IKG kämpfte, eine weniger oligarchische *Gemeinde*, einen repräsentativeren Vorstand, geringere Mindeststeuern und kraftvollere Führung.[91] In diesem Jahr forderte die *Österreich-Israelitische Union* ebenfalls einen erweiterten Gemeindevorstand, geringere Mindeststeuern und stärkeres Interesse für jüdische Erziehung und jüdisches Selbstbewußtsein in der IKG.[92] Doch weder Fiallas Gruppe noch die OIU stellten die Führung jemals in Frage, und sie unterstützten immer einen Kandidaten des inneren Kreises.[93]

Da sie phantastische zionistische Experimente fürchteten, stellten sich die Mitglieder des Zentralen Wahlkomitees selbst als die wahren Reformer dar. Sie forderten die Annahme einer „Gesundheitsreform" durch „Männer", die frei sind von jedem Machtgelüste, die bei Annahme eines Mandates nur vor dem *einen* Wunsch beseelt sind: Die Wiener Kultusgemeinde immer mehr auszugestalten.[94] Mit der Behauptung, die Zionisten wollten nur zerstören, warfen sie sich in die Rolle von Männern, die an einer langsamen Reform interessiert waren, an einer nicht-revolutionären Verbesserung jüdischer Gemeindeverwaltung. Ihr Interesse für die Reform betreffend gab es natürlich eine gewisse Unaufrichtigkeit. Während es sein Programm entwickelte, unterstützte das Zentrale Wahlkomitee weiterhin Kandidaten, die Jahrzehnte dem IKG-Vorstand angehört hatten, ohne irgendeinen Reformeifer gezeigt zu haben.

Das Hauptargument der Anhänger des IKG-Systems war, nur sie seien jüdisch genug, um Wiener jüdische Interessen zu vertreten. Ebenso wie die Zionisten die Honoratioren der IKG wegen ihres ungenügenden jüdischen Identitätsbewußtseins angegriffen, so attackierte die Wiener jüdische Führung die Zionisten wegen ihrer Unwissenheit über den Judaismus. Die zwei Gruppen unterschieden sich hinsichtlich ihrer Definition des Judentums, indem die Zionisten für eine nationale Definition eintraten und die Wiener jüdische Führung für eine religiöse, aber jede Gruppe war eifrig bemüht, die andere wegen ihres Mangels, genügend jüdisch zu sein, anzugreifen. In der Wahl von 1900 zum Beispiel, dem ersten wirklichen Zusammenstoß zwischen Zionisten und Establishment, verurteilte ein Autor der *Österreichischen Wochenschrift* jene, die „sich euphemisch Zionisten nennen", als selbstgefällige Karrieremacher, nur daran interessiert, die IKG zu zerstören, nicht, sie wiederherzustellen, und, vor allem, uninteressiert an religiösen Angelegenheiten zu sein.[95] 1910, als die Zionisten den Sohn Wilhelm Stiassnys, eines prominenten Mitglieds des IKG-Vorstands während dreier Jahrzehnte, beschuldigten, er habe konvertiert, um Karriere im Staatsdienst zu machen, wies ein Autor für Blochs Zeitung gebührend darauf hin, daß Dr. Sigmund Stiassny ein guter und loyaler Jude wäre, der *Kaddish* (das Totengebet) für seinen Vater gesagt hatte, während die zionistischen Kandidaten Hebräisch etwa so gut wie Hieroglyphen verstanden.[96] Das zentrale Wahlkomitee legte seine Liste der reichsten Männer vor, als die besten Juden und besten Hüter jüdischer Interessen, die während vieler Jahre im Vorstand der IKG gewesen waren.

In den letzten Jahren vor dem Ersten Weltkrieg trieben die Zionisten das Wiener jüdische Establishment dazu, jüdisches Selbstwertgefühl deutlich zu artikulieren. Um den zionistischen Kampf gegen sie zu entschärfen, forderten jüdische Honoratioren ein stolzes Bekenntnis zu jüdischer Identität und verwendeten dazu sogar die Terminologie der Zionisten. Ihre Versuche, sich als standhafte Juden darzustellen, war Beweis für den Erfolg der Zionisten, stärkeres Bewußtsein der jüdischen Identität in der gesamten jüdischen Gemeinschaft zu entfachen. 1904 verlangte das Zentrale Wahlkomitee eine jüdische (nicht israelitische) *Gemeinde*, die sich mit jüdischen Werten befaßte und über *jüdisches Solidaritätsgefühl* verfügte. Indem es die Sprache der Zionisten verwendete, vertrat das Komitee „Hochhaltung und Befestigung der Würde des Judentums, zur Belebung und Kräftigung unseres Stammesbewußtseins".[97] 1908 erklang ihre Wahlplattform wie ein Echo des zionistischen Geistes:

> Es ist die heilige Pflicht des Vorstandes, durch geeignete Maßnahmen auf dem Gebiet des Kultus und Unterrichts das jüdische Bewußtsein unserer Jugend zu stärken und die unheilvolle Abfallsbewegung einzudämmen.[98]

Da sich das Zentrale Wahlkomitee nicht damit zufriedengab, nur eine Gegenoffensive zu führen, bemühte es sich, einzelne Zionisten auf die „offiziellen" Listen zusätzlich zu wählen, um den zionistischen Feldzug abzuschwächen. Nur 1912 brachte das Zentrale Wahlkomitee zwei Zionisten auf die offiziellen Listen, in der Hoffnung, inneren Frieden und Einigung zu schaffen. Zu jener Zeit gaben sie Robert Stricker ein Mandat auf sechs Jahre und Dr. Jakob Ehrlich ein Ersatzmandat auf zwei Jahre.[99]

Nach den Wahlen von 1912 lobte Dr. Oswald Byk in der Zeitung *Die Österreichische Wochenschrift* den Kompromiß und meinte, die Verantwortung für die Macht würde die Zionisten zähmen. „Wir wollen hoffen, daß die zionistische Partei keinen Lueger besitzt". Und er flehte, die Zionisten mögen nicht Agitatoren sein, sondern eine verantwortungsvolle innere Opposition, Katalysatoren für die Diskussion neuer Ideen.[100] Nicht alle Beobachter stimmten zu; einige befürchteten sogar eine zionistisch beeinflußte, überaus stürmische Diskussion in der Seitenstettengasse. Aber die meisten Anhänger der *Gemeinde* atmeten voll Erleichterung auf, daß das schlimmste der internen Auseinandersetzungen vorübergegangen war und Juden nun miteinander gegen den gemeinsamen Feind, den Antisemitismus, vorgehen konnten.[101]

Zionisten und jüdische Nationalisten hatten bei ihren Versuchen, die Mehrheit der Wiener Juden davon zu überzeugen, daß die zionistische Definition des Judentums richtig sei, keinen Erfolg. Indem sie aber eine öffentliche Diskussion über die Art der jüdischen Identität im Österreich des Fin-de-siècle beschleunigten, hatten sie dennoch Erfolg. Sie trieben die etablierte Elite dazu, über die Bedeutung des Jüdischseins in einer feindlichen Welt nachzudenken. Die zionistische Herausforderung und die antisemitischen Angriffe zwangen die meisten Juden in Wien, bewußter jüdisch zu sein. In der Vorkriegszeit wirkte die jüdisch-nationalistische und zionistische Perspektive nur auf ein Drittel der Wiener Judenschaft. In den dreißiger Jahren war die Mehrheit der Wiener Juden Zionisten, und Zionismus war an die Stelle der assimilatorischen Ideologie des neunzehnten Jahrhunderts getreten. Die ersten Schritte zur Ablösung dieser Ideologie waren im letzten Jahrzehnt vor dem Ersten Weltkrieg getan worden.

9. Schlußbemerkung

Die jüdische Assimilation im Wien – und vermutlich auch in anderen europäischen Großstädten – des neunzehnten Jahrhunderts war eindeutig eine Gruppenerscheinung. Die Juden akkulturierten sich, d. h., sie paßten sich kulturell an die größere umgebende Kultur und Gesellschaft an, übernahmen das Kulturverständnis und den Lebensstil der deutsch-österreichischen Gesellschaft, doch taten sie all das in Gemeinschaft mit anderen Juden. Auf diese Weise verliehen sie dem gesamten Vorgang der Assimilation eine besondere jüdische Note. Dies hatte zur Folge, daß die Juden – statt in der größeren Gesellschaft aufzugehen – nun ihre eigenen Gesellschaftsformen und neue Verhaltensweisen entwickelten, die sie – sich selbst gegenüber wie auch gegenüber der Außenwelt – nach wie vor als Juden kennzeichneten. Darüber hinaus vermieden die Juden, da ja die Assimilation ein Gruppenstreben war, die strukturelle Assimilation und damit auch ihr Verschwinden als identifizierbare ethnische Gruppe. Dadurch, daß sie gemeinsam in den gleichen Wohngebieten lebten, gemeinsam die gleichen Schulen besuchten, miteinander Freundschaften schlossen und einander heirateten, kurz: dadurch, daß sie vorzugsweise nur immer wieder mit Juden verkehrten, sicherten die Juden Wiens ihr Überleben als jüdische Volksgruppe in der Hauptstadt des Habsburgerreiches. Gleichzeitig schufen sie aber auch die Mechanismen und Strukturen, die es ihnen ermöglichten, sich zu behaupten und den Fortbestand ihrer Existenz in Zeiten und in Situationen zu rechtfertigen, in denen eine solche Rechtfertigung erforderlich war.

Diesen Assimilationsprozeß begleiteten hochfliegende Erwartungen und tiefsitzender Zweifel und Sorgen. Zweifellos hofften die Wiener Juden darauf, von den Nichtjuden sowohl als Österreicher als auch als Juden gesellschaftlich akzeptiert zu werden. Sie wußten aber auch, daß die Antisemiten, die im letzten Jahrzehnt vor dem Ersten Weltkrieg einen wichtigen Teil des Wiener und gesamtösterreichischen politischen Spektrums bildeten, verbissen daran arbeiteten, ihnen diese Akzeptanz zu verweigern. Die Rassen-Antisemiten beharrten in ihrer Auffassung, die Juden seien volksfremd und andersartig, unfähig zur Annahme irgendeiner europäischen Identität, und daher auch nicht wert, Mitglieder der europäischen Gesellschaft zu werden – ja, sie seien sogar geschworene Feinde eben dieser Gesellschaft. Andere Antisemiten wieder waren wohl bereit, Juden zu akzeptieren, doch nur um den Preis, daß diese aufhörten, Juden zu sein. Die Juden Wiens waren nicht bereit, sich völlige Akzeptanz um den Preis der Aufgabe ihres Judentums zu erkaufen, waren aber ebensowenig bereit, auf Akzeptanz durch die Nichtjuden um ihres Judentums willen zu verzichten. Mit diesem Dilemma setzten sie sich so auseinander, daß sie ein Fortbestehen ihrer jüdischen Existenz entweder durch die hergebrachten Methoden aller Integrationssuchenden oder aber durch neue zionistische oder jüdisch-nationale Ideologien zu rechtfertigen suchten. Ob sie sich aber nun anzupassen versuchten oder aber ihre nationale Identität laut proklamierten, die Juden Wiens hofften jedenfalls, der Antisemitismus würde allmählich schwinden und sie würden so schließlich als österreichische Juden allgemein akzeptiert werden.

Jedenfalls aber hat Österreich sie nie akzeptiert. Nach dem Ersten Weltkrieg wuchs die Judengemeinde Wiens auf über 200.000 Mitglieder an.[1] Gleichzeitig aber blühte auch in der Ersten Republik der Antisemitismus. Die Forderung nach Beseitigung der Juden wurde besonders lautstark erhoben, nachdem Hitler 1933 in Deutschland an die Macht gekommen war und in Österreich 1934 der Ständestaat eingeführt wurde. Es ist möglich, daß sich die Antisemiten der dreißiger Jahre in Österreich den Juden gegenüber schlimmer verhielten als ihre Gesinnungsgenossen in Deutschland. Nach dem Anschluß Österreichs an das Deutsche Reich im Jahr 1938 hatten es die Juden Wiens sehr eilig, Österreich zu verlassen, und der für „Auswanderungsangelegenheiten" verantwortliche SS-Obersturmbannführer Adolf Eichmann war ihnen dabei gerne behilflich. Alle, denen es nicht gelang, sich ein entsprechendes Visum zu verschaffen, wurden während des Zweiten Weltkrieges in die Vernichtungslager verschleppt.[2] Damit war Österreich praktisch „judenrein". Dennoch fuhren antisemitische Kreise im Nachkriegsösterreich fort, die nun gar nicht mehr vorhandenen Juden anzugreifen und zu verunglimpfen.

Der letztliche „Erfolg" der Nationalsozialisten und der Untergang der Judenheit in Österreich darf aber nicht den Blick auf die Leistungen der Juden Wiens im neunzehnten Jahrhundert verstellen. Diese waren bestrebt, sowohl eine jüdische als auch eine europäische Identität herauszubilden, und sie waren ehrlich davon überzeugt, daß ihnen dies schließlich auch gelingen würde. Die Gegebenheiten im Österreich dieser Ära mögen nicht dazu angetan gewesen sein, dieses Ziel zu erreichen, doch das konnten die Juden Wiens nicht wissen. Mehr noch: ob sie nun von den österreichischen Antisemiten akzeptiert wurden oder nicht, eines steht fest: die Juden im Wien zu Ende der Habsburgerherrschaft waren ohne Zweifel Deutsch-Österreicher, die sich gleichzeitig unbeirrbar ihrer Zugehörigkeit zum jüdischen Volkstum bewußt waren.

Anhang I

Quellen und statistische Methode

Bei den meisten Untersuchungen über die Sozialstruktur und Sozialmobilität vergangener Gesellschaften bedient man sich der entsprechenden Original-Volkszählungsunterlagen, aus denen sich weit mehr Einzelheiten über das persönliche, Familien- und Gesellschaftsleben entnehmen lassen, als aus den veröffentlichten, zusammengefaßten Volkszählungsergebnissen. Bedauerlicherweise wurden beim Brand des Justizpalastes im Jahr 1927 die handschriftlichen Volkszählungsunterlagen für Wien aus den Jahren vor dem Ersten Weltkrieg mit Ausnahme jener für das Jahr 1857 zerstört. Glücklicherweise aber erwiesen sich Aufzeichnungen über Geburten und Eheschließungen für das vorliegende Buch als ausgezeichnete Quellen. Diese Matrikeln wurden von der organisierten Wiener Judenheit, also von der Israelitischen Kultusgemeinde (IKG) geführt. die in den Jahren von 1794 bis 1938 die offizielle Beurkundung aller Geburten, Todesfälle, Eheschließungen und Glaubensübertritte der Juden Wiens vornahm. Obschon die Totenregister so gut wie keine hier verwertbaren Daten enthielten, fanden sich dafür in den Heiratsmatrikeln wichtige Informationen, wie Angaben über Beruf und Wohnsitz sowohl des Bräutigams als auch der Braut und darüber hinaus oft auch noch der beiden Väter der Heiratenden. In den Geburtsmatrikeln fanden sich ähnliche Angaben über die Eltern der Neugeborenen. Aus diesen beiden Quellen erstellte ich zwei Querschnitts-Datenbasen – eine von 947 männlichen und weiblichen jüdischen Heiratenden, die andere von 1.387 jüdischen Vätern und Müttern. Diese Proben ergaben sich aus der Auswertung jeder vierten von der IKG für Wien registrierten Geburt und Eheschließung in den Jahren 1869 oder 1870, 1880, 1890, 1900 und 1910.

Um entsprechende Angaben über die wohlhabenderen Steuerzahler der Wiener jüdischen Gemeinde zu erlangen, stellte ich meine Datenbasis aus den Steuermatrikeln der Israelitischen Kultusgemeinde zusammen. Die jüdischen Gemeindesteuervorschreibungen hatten die Form alphabetisch geordneter Karteien, wobei für jeden IKG-Steuerzahler eine eigene Karte angelegt wurde. Diese Steuerkartei wurde für den gesamten Zeitraum von 1855 bis 1931 genau und regelmäßig geführt. Durch Wasserschäden, die sich bei der wiederholten Übersiedlung der Archive während des Zweiten Weltkrieges und danach ergeben hatten, sind nur noch die Karteikarten von „Ko“ bis „Q“ erhalten. Die statistische Probe aus den Steuermatrikeln schließt auch 2.609 Haushaltsvorstände ein, was etwa einem Drittel der in den noch vorhandenen Matrikeln für irgendeinen Zeitraum zwischen 1855 und 1914 geführten IKG-Steuerzahler entspricht. Diese Aufzeichnungen repräsentieren zwar die unteren und ärmeren Schichten der Wiener Judenheit (deren Angehörige meist von der Zahlung der Kultussteuer befreit waren) nur sehr unzulänglich, enthalten aber dafür Angaben über den geographischen Ursprung (Heimatgemeinde bzw. Ort des ursprünglichen Heimatrechts), Beruf und Berufswechsel, Wohnort und Wechsel des Wohnortes, vorübergehenden Aufenthalt und Vermögen eines wesentlichen Teiles der Wiener jüdischen Gemeinde.

Schülerverzeichnisse und andere schriftliche Urkunden der Wiener Gymnasien lieferten das Quellenmaterial für das Kapitel über Erziehung, Bildung und Assimilation. In diesen immer noch in den einzelnen Gymnasien aufbewahrten Materialien finden sich Eintragungen über die Religion, den Geburtsort, den Beruf des Vaters, die Anschrift und über allfällige Stipendien jedes einzelnen Schülers. Für die vorliegende Studie entwickelte ich eine Datenbasis, bestehend aus 1.857 jüdischen Gymnasiasten und Schülerinnen eines Mädchen-Lyzeums. Diese stellt die Gesamtheit der jüdischen Studierenden an drei Wiener Gymnasien und einem Mädchen-Lyzeum in den Jahren 1890/91 und 1910/1911 dar. Bei den drei für diese Untersuchung herangezogenen Gymnasien handelt es sich um solche mit vorwiegend jüdischen Schülern, deren Datenmaterial noch vollständig vorhanden und leicht einzusehen war: das Franz-Josephs-Gymnasium in der Inneren Stadt, das Erzherzog-Rainer-Gymnasium in der Leopoldstadt (II) und das Maximilian-Gymnasium auf dem Alsergrund (IX). Um über jüdische Mädchen im Mittelschulalter vergleichbare Daten heranzuziehen, stützte ich mich auf die Schülerlisten und Archivbestände des Mädchen-Lyzeums Eugenie Schwarzwald in der Inneren Stadt (I) aus den Jahren 1890/91 und 1910/11. Da heutzutage so gut wie keine reinen Mädchen-Gymnasien mehr bestehen, werden die Unterlagen dieses Lyzeums im Archiv des Stadtschulrates der Stadt Wien aufbewahrt. 15,1% der gesamten Probe (281) besuchten das Gymnasium in Wien I, 42,9% (796) das in Wien II, 29,7% (551) das Gymnasium in Wien IX und 12,3% (229) das Mädchen-Lyzeum. Trotz zwischen den Jahren 1890 und 1910 ständig steigenden Schülerzahlen blieb die prozentuale Verteilung zwischen den vier Schulen in diesem Zeitraum nahezu unverändert.

Die Analyse der Übertritte von Juden zum Christentum stützt sich auf die Untersuchung zweier aus getauften Juden bestehenden Populationsproben. Die eine wurde den Matrikeln der Israelitischen Kultusgemeinde über den Glaubensübertritt ehemaliger Mitglieder, die andere den Taufbüchern von neun von mir ausgewählten römisch-katholischen Wiener Pfarren entnommen. Da jüdische Konvertiten verpflichtet waren, ihre ursprüngliche Glaubensgemeinschaft, ihre neue Kirche, und darüber hinaus auch noch die städtischen Behörden entsprechend zu informieren, konnte die Israelitische Kultusgemeinde detaillierte und verläßliche Aufzeichnungen führen, aus denen unter anderem das Alter, der Geburtsort, der Familienstand (ledig, verheiratet, geschieden), der Beruf und die Wohnadresse aller zu entnehmen sind, die die jüdische Glaubensgemeinschaft verließen. Leider standen diese Urkunden nur für die Jahre nach 1890 zur Verfügung. Aus den Aufzeichnungen über jeden zweiten Konvertiten der Jahre 1890, 1900 und 1910 erstellte ich eine statistische Probe, die 721 Personen umfaßte. Um dieses Material durch entsprechende Daten aus den Jahren vor 1890 zu ergänzen, zog ich die Taufbücher katholischer Pfarren heran, die ähnliche Angaben enthalten und darüber hinaus auch noch Auskunft über den Beruf des Vaters des Getauften geben. So sammelte ich die Personaldaten aller Juden (N = 316), die in den Jahren 1870, 1880, 1890, 1900 und 1910 in Pfarren der Inneren Stadt, der Leopoldstadt und des Alsergrunds, also den Stadtteilen Wiens mit der größten jüdischen Bevölkerungsdichte, das Sakrament der Taufe empfangen hatten. Für die Innere Stadt verwendete ich die Taufbücher der Pfarren St. Stephan, St. Michael bei den P. P. Barnabiten, Zu unserer lieben Frau bei den Schotten und von St. Peter. In der Leopoldstadt nahm ich Einsicht in die Taufregister der Pfarren St. Leopold, St. Johann von Nepomuk und St. Josef bei den P. P. Karmelitern. Für den Alsergrund bezog ich mein Material aus den Taufbüchern der Pfarren der Votivkirche und Maria-Verkündigung bei den P. P. Serviten in der Rossau (Rossauerkirche). Am beliebtesten bei den Juden, die sich taufen lassen wollten, war die Schottenkirche. Aus der Gesamtzahl wurden für die Jahre 1890 bis 1910 alle zweimal vorkommenden Namen eliminiert; so entstand eine Stichprobe von 1.037 Konvertiten. Leider ist es mir nicht gelungen, die Probe mit Material über Konvertiten zu den beiden in Österreich vertretenen evangelischen Kirchen (A. B. und H. B.) zu ergänzen, was teils durch den Wirrwarr von Verwaltung und Kompetenzen, teils durch urlaubsbedingte Abwesenheit der zuständigen Archivare während meiner Forschungsaufenthalte in Österreich zu erklären ist. Allerdings fällt diese Lücke nicht besonders ins Gewicht, denn die große Mehrzahl der Übertritte vom mosaischen Glauben zu einer der beiden evangelischen Kirchen erfolgte erst nach 1890 und ist daher in den Annalen der Israelitischen Kultusgemeinde hinreichend dokumentiert.

Anhang II

Die jüdischen Organisationen Wiens

Humanitäre und karitative Organisationen

Achwah: „Jüdische Brüder" zur Ausspeisung unbemittelter Juden
Aktionscomité zur Unterstützung hilfsbedürftiger Hausierer in Wien
Allgemeiner Krankenunterstützungsverein: „Montefiore"
Allgemeiner Studentenunterstützungsverein in Wien
Allgemeiner Unterstützungsverein „Menschenliebe"
Allgemeines oesterreichisch-israelitisches Taubstummen-Institut
Armenanstalt der israelitischen Cultusgemeinde in Wien
Baron Hirsch Stiftung
Bildungs- und Unterstützungsverein: „Ansche Dath wu Zedek"
B'nai B'rith „Wien"
Chewra Kadischa: Verein für fromme und wohltätige Werke
Die Brüder: Verein zur Bekleidung armer Schulkinder (XX)
Einheit
Einheit (B'nai B'rith)
Erster oesterreichischer Hilfsverein für kranke zugereiste Juden in Wien
Erster oesterreichischer Rechtsschutzverein für Hausierer in Wien
Erster Wiener isr. humanitärer Heirats-Ausstattungs-Verein „Hachnasath Kalah"
Erstes Wiener israelitisches Reconvalescentenheim für arme jüdische Frauen und Kinder
Erster Wiener Lehrmädchenhort
Fides (Kleidungsbeihilfe für Kinder)
Geselligkeitsverein Rananna
Geselligkeitsverein „Flott Wien"
Hilfsverein für die notleidende jüdische Bevölkerung in Galizien
Humanitärer Geselligkeitsverein „Benei Zion"
Humanitärer Geselligkeitsverein „Rudolfsbund"
Humanitärer Geselligkeitsverein „Societas"
Humanitärer Geselligkeitsverein „Treubund" (zur Bekleidung armer Kinder)
Humanitärer Verein „Bikur Cholim"
Humanitärer Verein „Greisenschutz"
Humanitärer Verein „Kinderschutz" zur Erhaltung einer Ferienkolonie
Humanitärer Verein „Marpe Lanefesche" (Seelenheil)
Humanitärer Verein Thorath-Chesed zur Unterstützung armer Talmudschüler
Humanitärer Verein „Tiferes Bachurim"
Humanitärer Verein „Tischgesellschaft"
Humanitärer Verein zur Unterstützung jüdischer Kurbedürftigen

Israelitische Allianz zu Wien
Israelitischer Hilfsverein „Maskil el Dal"
Israelitischer Hilfsverein für die westlichen Bezirke Wien „Nachlos Jeschurun"
Israelitischer Humanitätsverein zur Ausstattung heiratsfähiger Mädchen
Israelitischer Humanitätsverein in dem X. Bezirke
Israelitischer Jünglingsverein „Tiferes Bachurim"
Israelitische Kinderbewahranstalt
Israelitischer Kindergarten in Wien
Israelitischer Wohltätigkeits- und Krankenunterstützungsverein: „Mazmiach Jeschua"
Israelitischer Wohltätigkeitsverein für den III. Bezirk
Jüdischer Bildungs- und Geselligkeitsverein für den XVI. und XVII. Bezirk
Jüdischer Bildungs- und Unterstützungsverein „Schomrei Hadath"
Jüdischer Bildungsverein „Raschi"
Jüdischer Judenbund (B'nai B'rith)
Jüdischer Mittelschulverein
Jüdischer Schulverein für den IX. Bezirk
Jüdischer Schulverein im X. Wiener Gemeindebezirk
Kaiser Franz Josef Ferienheim
Kaufmännischer Unterstützungsverein „Osten"
Kinderheim
Kreditinstitut für jüdische Gewerbetreibende und Beamte
Krankenunterstützungsverein „Ansche Emmes"
Krankenunterstützungsverein „Chesed Shel Emes"
Krankenunterstützungsverein „Gomle Chesed"
Krankenunterstützungsverein „Lewias Chen"
Krankenunterstützungsverein „Oseh Chesed"
Krankenunterstützungsverein „Tomech Lechaloim"
Krankenunterstützungsverein „Selbsthilf"
Krankenunterstützungs- und Leichenverein „Chewra Bikur Cholim"
Kranken-, Witwen- und Waisenunterstützungsverein „Chesed Shel Emes"
Landstraße Freunde
Leopoldstädter Kinderschutz
Leopoldstädter Krankenunterstützungsverein „Nächstenliebe"
Liga zur Bekämpfung des Mädchenhandels
Mädchenunterstützungsverein
Mädchen-Waisenhaus
Stefaniebund
Talmud Thorah Verein
Theodor Schwarz Tischgesellschaft
Theresien-Kreuzer Verein zur Unterstützung armer israelitischer Schulkinder
Unterstützungsverein Brigittenau
Unterstützungsverein Collegialität
Unterstützungsverein jüdischer Hochschüler aus Galizien in Wien
Unterstützungsverein „Pikuach Nefesch Maskil el Dal"
Unterstützungsverein „Tomech Ewionim" für arme jüdische Zugereiste
Verein „Achwah" (rituelle Volksspeisehalle)
Verein „Chonen Dalim"
Verein „Esrath Israel"
Verein für das israelitische Blinden-Institut

Verein für israelitische Feriencolonien „Gomlei Chesed"
Verein für unentgeltlichen Arbeitsnachweis
Verein für unentgeltliche Arbeitsvermittlung an jüdische Hochschüler
Verein jüdische Toynbee-Halle
Verein Kinderfreunde von Ottakring und Hernals
Verein oesterreichisches Seehospiz
Verein zur Ausspeisung armer israelitischer Schulkinder für den XII., XIII., XIV., XV. Bezirk
Verein zur Ausspeisung armer israelitischer Schulkinder für den XVI. und XVII. Bezirk
Verein zur Beförderung der Handwerke unter den inländischen Israeliten
Verein zur Bekleidung armer alter Männer (israelitischer Confession)
Verein zur Erhaltung einer isr. Kinderbewahr-Anstalt
Verein zur Errichtung von Volksküchen nach israelitischem Ritus
Verein zur Errichtung jüdischer Jugend- und Volksbibliotheken
Verein zur Hebung der Gewerbe in Wien und dessen Vororte
Verein zur Gründung und Erhaltung von Heimstätten für verkrüppelte, schwache, und reconvalescente Kinder jüdischer Confession
Verein zur Rettung verlassener jüdischer Kinder
Verein zur unentgeltlichen Verpflegung Brustleidender auf dem Lande
Verein zur Unterstützung armer kranker Israeliten
Verein zur Unterstützung armer Mediziner
Verein zur Unterstützung israelitischer Handwerker und Kleingewerbetreibender
Verein zur Unterstützung mittelloser israelitischer Studierender in Wien
Verein zur Versorgung hilfsbedürftiger Waisen der israelitischen Kultusgemeinde
Volksküchenverein nach jüdischem Ritus in der Brigittenau
Witwen und Waisenfonds: Verein Montefiore
Wohltätigkeitsverein: Frauenhort
Zentralstelle für das jüdische Armenwesen
Zentralstelle für jüdische Wanderarmenvorsorge in Oesterreich
Zwanglos (Kleidungsbeihilfe für Kinder)
II. Leopoldstädter Volksküche (nach israelitischem Ritus)

Humanitäre und karitative Frauenvereine

Brigittenauer Israelitischer Frauenwohltätigkeitsverein
Floridsdorfer Israelitischer Frauenwohltätigkeitsverein
Frauenhort
Hietzinger Israelitischer Frauenwohltätigkeitsverein
Israelitischer Frauenwohltätigkeitsverein
Israelitischer Frauenwohltätigkeitsverein für Hausarme
Israelitischer Frauenwohltätigkeitsverein in VI und VII
Israelitischer Frauenwohltätigkeitsverein in der Josefstadt (VIII)
Israelitischer Frauenwohltätigkeitsverein für den XVI. und XVII. Bezirk
Israelitischer Frauenwohltätigkeitsverein in Wieden und Margarethen
Israelitischer Frauenwohltätigkeitsverein in XVIII
Israelitischer Frauenwohltätigkeitsverein in Döbling
Israelitischer Frauenwohltätigkeitsverein in Alsergrund
Israelitischer Frauenwohltätigkeitsverein „Providenzia"
Jüdischer Frauenwohltätigkeitsverein „Zuflucht"
Leopoldstädter Israelitischer Frauenwohltätigkeitsverein

Mädchenunterstützungsverein
Mariahilf Israelitischer Frauenwohltätigkeitsverein
(Polnischer) Israelitischer Frauenwohltätigkeitsverein für Hausarme in Wien
Schutzdamencomité für das Israelitische Mädchen-Waisenhaus

Verschiedene unpolitische Organisationen

Allgemeiner Oesterreich-israelitischer Bund
Bureau für jüdische Statistik in Oesterreich
Cantoren Bildungs-Anstalt
Commandit-Gesellschaft Karmel
Gesellschaft für Sammlung und Conservierung von Kunst und historischen Denkmälern des Judenthums
Israelitischer Literaturverein Mendelssohn
Jüdisches Bildungsheim
Jüdisches Museum
Komité zur Pflege und Förderung der modernen jüdischen Literatur
Verband der östlichen Juden in Wien
Verband der Religionslehrer an den österr. Mittelschulen
Verein für jüdische Geschichte und Literatur
Verein Hasomir: Verein zur Pflege ostjüdischer Kunst und Literatur
Verein Jehuda Halevy
Verein jüdisches Studentenheim
Verein zur Unterstützung der Colonisation Palästinas
Versammlung jüdischer Architekten

Landsmannschaften

Geselligkeitsverein Ung. Broder
Humanitärer Geselligkeits-Verein der Holleschauer
Humanitärer Geselligkeits-Verein der Pohrlitzer in Wien
Humanitäts- und Geselligkeits-Verein der Triescher
Humanitärer Verein der Eisenstädter
Humanitärer Verein der Frauenkirchener
Humanitärer Verein der Groß-Meseritscher in Wien
Humanitärer Verein der Mattersdorfer
Humanitärer Verein der Tarnower in Wien
Humanitäts-Verein der Trebitscher
Humanitärer Unterstützungsverein der Kolomeaer und Umgebung in Wien
Krankenunterstützungs-Verein der Lemberger in Wien
Krankenunterstützungs-Verein der Brodyer in Wien
Die Tarnopoler
Die Szeniczer
Verein der Rzeszower

Synagogenvereine bzw. religiöse Organisationen

Achdus Israel, Bethaus-Verein in II
Adass Jisroel, Bethaus-Verein in II

Auhel Jacob, Bethaus-Verein in II
Beth Israel: Syn.-Verein nach polnisch-jüdischem Ritus
Bethaus-Verein Freundschaft und Brüderlichkeit
Beth Hamidrasch Ohel Abraham
Beth Hachneseth, Bethaus-Verein in III
Bethaus-Verein in II
Bene Brith, Bethaus-Verein in XX
Brigittenauer Bibelschule
Chasidim, Bethaus-Verein in II
Chewra Beth Hatfila, Bethaus-Verein in IX
Edelsinn, Bethaus-Verein in XVI
Israelitischer Bethaus-Verein in II
Israelitischer Bethaus-Verein Am Volkert in II
Israelitischer Bethaus-Verein in III
Israelitischer Bethaus-Verein Emunas Awes
Israelitischer Bethaus-Verein in IX (Bet Hatefilah)
Israelitischer Religionslehrerverein, Esra
Israelitischer Tempel-Verein für Wieden und Margarethen
Israelitischer Tempel- und Schulverein in VI
Israelitischer Tempelverein für die beiden Gemeindebezirke Mariahilf und Neubau
Israelitischer Tempelverein für Josefstadt
Israelitischer Tempelverein für den X. Gemeindebezirk
Israelitischer Tempelverein für den XIX. Bezirk
Israelitischer Tempelverein für den XI. Bezirk
Israelitischer Tempelverein für Vöslau
Liwias Chen, Bethausverein in II
Machasike Tora in Wien
Machzike Ha-Dath
Mikdosch M'at Bethausverein in II
Leopoldstädter Bethausverein Montefiore in II
Oesterreichisch-ungarischer Cantoren-Verein
Polnisch-jüdischer Bethausverein „Bichur Chomim" in XX
Schomer Israel: Tempelverein nach poln.-jüd. Ritus in III
Schönlatern Bethaus-Verein in I
Tempelverein in I
Torath-Emet in III
Thora Ez Chaim in II
Verein der Sabbatfreunde: Schomrei Shabbat
Verein Tifilas Neurim in II
Verein zur Wahrung der Interessen des orthodoxen Judenthums

Nicht-nationalistische politische Organisationen

Israelitisch-politischer Verein: Gleichheit
Israelitischer Wählerverein (VI und XVII)
Jüdischer Wählerverein
Oesterreich-Israelitische Union
Politischer Volksverein

Zionistische Organisationen

1. *Politische Zionisten*
   „Zion": Verband der oestereichischen Vereine für Colonisation Palästinas und Syriens
   Einzel Verein „Wien" des Verbandes „Zion"
   Innere Stadt „Zion" (I)
   Leopoldstadt-Praterstraße „Zion" (II)
   Landstraße „Zion" (III)
   Wieden-Margarethen „Zion" (IV – V)
   Mariahilf-Neubau „Zion" (VI – VII)
   Josefstadt „Zion" (VIII)
   Alsergrund „Zion" (IX)
   Favoriten „Zion" (X)
   Rudolfsheim-Fünfhaus „Zion" (XIV, XV)
   Wien-Döbling „Zion" (XIX)
   Erster zionistischer Frauenverein
   Wiener zionistischer Frauenverein
   Frauenortsgruppe „Zion"
   Verein zionistischer Frauen und Mädchen in Fünfhaus
   Humanitärer Verein „Bikur Cholim", Erster zionistischer Frauenverein
   Verein jüdischer Mädchen, Hadassah
   Literarischer Geselligkeitsverein jüdischer Mädchen, Moria
   Verein jüdischer junger Damen, Mirjam
   Wiener zionistische Vereinigung
   Verband jüdischer Frauen für Kulturarbeit in Palästina
   Zionistisches Centralcomité für West-Oesterreich
   Zionistisches Distriktscomité für Inner-Oesterreich
   Jüdischer Volksverein für die Leopoldstadt

2. *Religiöse Zionisten*
   Misrachi
   Misrachi Jugendbund
   Verein orthodoxer Zionisten

3. *Sozialistische Zionisten*
   Achwah: Bildungs- und Unterstützungsverein der jüdischen Arbeiter und Privatangestellten
   Allgemeiner jüdischer Arbeiterverein
   Brigittenau Verein jüdisch-jugendlicher Arbeiter
   Jüdisch-nationaler Arbeiterverein
   Jüdischer Verein jugendlicher Arbeiter
   Klub zionistischer Arbeiter
   Poalei Zion
   Verein jüdischer Handelsangestellter
   Verein Poalei Zion

4. *Zionistische Turn- und Sportvereine*
   Erster Wiener jüdischer Turnverein
   Ha-Koach Sportklub
   Jüdischer Turnverein in Döbling

Jüdischer Turnverein in der Leopoldstadt
Jüdischer Turnverein in X
Jüdischer Turnverein in XVII: „Massada"
Maccabi
Turnverein Zion (Fünfhaus)

5. Andere zionistische Organisationen
Admath Jeschurun (Vorläufer von „Zion")
Benai Zion
Blau-Weiß
Hebräischer Konversations-Klub
Jüdischer Bürgerverein „ITO" in Wien
Jüdischer Gesangsverein
Los- und Spar-Verein Leopoldstadt-Praterstraße
Macabäa
Safah Berurah: Hebräischer Sprach- und Sprech-Verein
Verein für Hebräische Sprache und Kultur
Vereinigung jüdischer Handlungsgehilfen und Privatbeamten
Zionistischer Volksverein

Jüdisch-nationalistische Organisationen

Allgemeiner jüdischer Arbeiterverein
Bildungs- und Unterstützungsverein der jüdischen Arbeiter und Privatangestellten: Achwah
Jordania: Vereinigung jüdischer Handelsangestellter; Verein von Beamten und Handelsangestellten
Jüdische Kultur
Jüdische National-Partei
Jüdischer Volksverein
Jüdischer Volksverein für die Leopoldstadt
Jüdischer Volksverein für den IX. Bezirk
Jüdischer Volksverein für den XVI. und XVII. Bezirk
Verein Beth Ha'am: Jüdisches Volksheim
Verein israelitischer Fleischselcher und Fleischverkäufer
Verein jüdischer Handelsangestellter
Verein jüdischer jugendlicher Arbeiter in Brigittenau

Zionistische und jüdisch-nationalistische Studentenverbindungen

Akademischer Verein „Gamala"
Akademischer Verein „Jüdische Kultur"
Bar Giora: Vereinigung jüdischer Hochschüler aus den südslavischen Ländern
Bar Kochba: Vereinigung jüdischer Hochschüler aus Galizien
Chejruth: Vereinigung poale-zionistischer Hochschüler
Esperanza
Herzl Klub
Iwria
Jüdisch-Akademische Ferialverbindung Emuna
Jüdischer National-Studentenchor

Jordania
Judäa
Kadimah
Leo Pinsker
Libanonia
Ness Zionah
Russisch-jüdischer wissenschaftlicher Verein Zion
Unitas
Verband der jüdisch-akademischen Verbindungen
Verband der jüdisch-nationalen Finken an den Wiener Hochschulen
Verein Erez-Israel der jüdisch-rumänischen Hochschüler zu Wien
Verein ehemaliger zionistischer Hochschüler
Verein jüdischer Toynbeehalle
Verein zionistischer Hochschüler Theodor Herzl
Verein zionistischer Studenten
Vereinigung zionistischer Hochschüler
Vereinigung absolv. Handels- und Exportakademiker: „Neure Yehuda"
Vereinigung jüdischer Hochschüler zur Pflege der jüdischen Sprache und Kultur, „Hat'chijah"
Zephira

Nicht-nationalistische Studentenverbindungen und Vereine

Akademischer Verein jüdischer Mediziner
Akademischer Verein jüdischer Frauen
Jüdisch-Akademische Lesehalle
Jüdisch-Akademischer Juristenverein
Jüdisch-Akademischer Philosophenverein
Jüdisch-Akademischer Techniker-Verband
Lese- und Redehalle jüdischer Hochschüler
Theologischer Verein
Unterstützungsverein jüdischer Mediziner
Verein jüdischer Hochschüler: Mensa Academica Judaica
Verein jüdischer Hörer der Hochschule für Bodenkultur
Verein jüdischer Veterinär-Mediziner: Libanonia

Anmerkungen

1. Einführung

1 Allgemeine Werke Wiener Kultur und ihre modernistische Entwicklung betreffend siehe *Carl E. Schorske,* Fin-de-siècle Vienna: Politics and Culture (New York 1980); *William M. Johnston,* The Austrian Mind: An Intellectual and Social History 1848–1938 (Berkeley, Calif., 1972); deutsch: Österreichische Kultur und Geistesgeschichte. Gesellschaft und Ideen im Donauraum 1848–1938. Wien–Köln–Graz, [2]1980; *Allan Janik* und *Stephen Toulmin,* Wittgensteins Vienna (New York, 1973); und *William J. McGrath* Dionysian Art and Populist Politics in Austria (New Haven, 1974).

2 *Carl E. Schorske,* „Politics and the Psyche in fin-de-siècle Vienna: Schnitzler and Hofmannsthal", American Historical Review 66, Nr. 4 (1961), S. 940.

3 *William A. Jenks,* Vienna and the Young Hitler (New York 1960), S. 222. Jenks zitiert Hitler: „Wien war und bleibt für mich die härteste, aber auch die gründlichste Schule meines Lebens."

4 Zusätzlich zu den allgemeinen Werken über Wiener Kultur siehe *Hans Kohn,* Karl Kraus, Arthur Schnitzler, Otto Weininger: Aus dem jüdischen Wien der Jahrhundertwende (Tübingen, 1962); *Solomon Liptzin,* Germany's Stepchildren (Philadelphia, 1944); idem, Richard Beer-Hofmann (New York, 1936); idem Arthur Schnitzler (New York 1932); *Lucy Davidowicz,* „Arnold Schönberg: A Search for Jewish Identity"; in: The Jewish Presence: Essays on Identity and History (New York, 1977), S. 32–45; *Frederic V. Grundfeld,* Prophets without Honour: A Background to Freud, Kafka, Einstein and Their World (New York, 1979); und *Josef Fraenkel, Hg.,* The Jewish of Austria: Essays on Their Life, History and Destruction (London, 1967). Für eine ausgezeichnete Erörterung der Bedeutung jüdischer Teilnahme an deutscher Kultur im allgemeinen siehe *Peter Gay,* „Encounter with Modernism", und „The Berlin Jewish Spirit", in seinem Freud, Jews and Other Germans: Master and Victims in Modernist Culture (Oxford–New York, 1978), S. 93–168 und 168–188.

5 *Jakob Wassermann,* Mein Weg als Deutscher und Jude (Berlin, 1921), S. 102.

6 *Friedrich Heer,* „Judentum und ‚österreichischer Genius'"; in: Land im Strom der Zeit (Wien, 1958), S. 295.

7 *Kohn,* S. 12.

8 In seinen Memoiren behauptet Stefan Zweig, eines der Mitglieder von Jung-Wien, Juden hätten eine Lücke ausgefüllt, die durch die kulturelle Indifferenz der Aristokraten und des Kleinbürgertums entstanden war; siehe *Stefan Zweig,* Die Welt von gestern: Erinnerungen eines Europäers (Stockholm, 1944), S. 37–44. Viele Gelehrte wiesen darauf hin, daß die Tatsache, daß Juden sowohl Kosmopoliten seien als sich am Rande der traditionellen Gesellschaft befinden, sie befähigte, moderne Kunst zu schaffen: siehe zum Beispiel *Kohn,* S. 4. *István Deak,* Weimar Germany's Left-Wing Intellectuals: A Political History of the Weltbühne and its Circle (Berkeley, Calif., 1968) behauptete ähnliches über Juden in der Weimarer Republik.

9 Siehe zum Beispiel *Max Grundwald,* Vienna (Philadelphia, 1936), S. 417, wo Grundwald, ein Wiener Rabbiner, erklärt, „nirgends assimilieren sich die Juden so sehr wie in Wien". Siehe auch *N. H. Tur-Sinai,* „Viennese Jewry", in: *Fraenkel,* S. 315; *Hugo Gold,* Geschichte der Juden in Wien: Ein Gedenkbuch (Tel Aviv, 1966), S. 36. Die Vorstellung, daß assimilierte Juden *die* Juden wären,

ist sicherlich auch in Arbeiten enthalten, wie *Dennis B. Klein*, Jewish Origins of the Psychoanalytic Movement (New York, 1981), S. 1–8.

10 *Milton Gordon,* Assimilation in American Life: The Role of Race, Religion and National Origins (New York, 1964), S. 71, 77.

11 Ibid., S. 69–70, 80–81.

12 *Arthur Ruppin,* The Jewish of Today, Übers. Margery Bentwich (New York, 1913), S. 98. Ruppin schrieb umfassend über jüdische Urbanisierung. Siehe seine Soziologie der Juden (Berlin, 1930); The Jewish Fate and Future, Übers. E. W. Dickes (London, 1940); „Die Juden als Staatsbewohner", in: *Alfred Nossig,* Hg., Jüdische Statistik (Berlin, 1903), S. 424–429; und Artikel in ZDJS.

13 *Ruppin,* Jews of Today, S. 98–99, 174, 185–191, 206.

14 *Ruppin,* Jewish Fate and Future, S. 244.

15 *Arthur M. May,* Vienna in the Age of Franz Josef (Norman, Oklahoma, 1966); *Heinrich Rauchberg,* Die Bevölkerung Österreichs auf Grund der Ergebnisse der Volkszählung vom 31. December 1890 (Wien, 1895), S. 136; idem, „Der Zug nach der Stadt", Statistische Monatsschrift (Wien) 19 (1893), S. 149.

16 *Grundwald,* Vienna, S. 292–295, 406–409; *Wolfgang Häusler,* „Toleranz, Emanzipation und Antisemitismus: Das österreichische Judentum des bürgerlichen Zeitalters (1782–1918)", in: *Anna Drabek et al.,* Das Österreichische Judentum: Voraussetzungen und Geschichte (Wien–München, 1974), S. 97–103; *Hans Tietze,* Die Juden Wiens: Geschichte-Wirtschaft-Kultur (Leipzig-Wien, 1933), S. 181–228; *Sigmund Mayer,* Die Wiener Juden 1700–1900: Kommerz, Kultur, Politik (Wien–Berlin, 1917), S.309–335; *Theodor Haas,* Die Juden in Mähren: Darstellung der Rechtsgeschichte und Statistik unter besonderer Berücksichtigung des 19. Jahrhunderts (Brünn, 1908), S. 22; idem, „Statistische Betrachtungen über die jüdische Bevölkerung Mährens in Vergangenheit und Gegenwart", in: *Hugo Gold,* Hg., Die Juden und Judengemeinden Mährens in Vergangenheit und Gegenwart (Brünn, 1929), S. 594.

17 Über den Wiener Antisemitismus siehe *John Boyer*, Political Radicalism in Late Imperial Vienna: Origins of the Christian Social Movement 1848–1897 (Chikago–London), 1981); *Peter G. J. Pulzer,* The Rise of Anti-Semitism in Germany and Austria (New York, 1964); *Andrew G. Whiteside,* The Socialism of Fools: Georg Ritter von Schönerer and Austrian Pan-Germanism (Berkeley, Calif., 1975); *Kurt Skalnik,* Dr. Karl Lueger: Der Mann zwischen den Zeiten (Wien–München, 1954); *Paul Molisch,* Geschichte der deutsch-nationalen Bewegung in Oesterreich von ihren Anfängen bis zum Zerfall der Monarchie (Jena, 1926); *Carl E. Schorske,* „Politics in an new Key: An Austrian Triptych", Journal of Modern History 39 (1967), S. 343–386, *Dirk van Arkel*, „Antisemitism in Austria" (Ph. D. Dissertation, Universität Leiden, 1966).

18 *Vicki Baum,* Es war alles ganz anders: Erinnerungen (Berlin–Frankfurt–Wien, 1962), S. 21, 44. Viele Memoirenschreiber erwähnen das Judentum ihrer Großeltern, aber geben keinen Hinweis auf irgendeinen jüdischen Inhalt in ihrem eigenen Leben.

19 *Arnold Höllriegel* (Richard Arnold Bermann), „Die Fahrt auf dem Katarakt (Autobiographie ohne einen Helden)") (unveröffentlichte Memoiren, Leo Baeck Institut, s. d.), S. 25.

20 *Gertrude Berliner,* „From My Family: Fiction and Truth" (unveröffentlichte Memoiren, Leo Baeck Institut, 1958), S. 5. Die Bedeutung nichtjüdischer Dienstmädchen für die Einführung von Juden in christliche religiöse Ausübungen und nichtjüdische Sitten im allgemeinen ist noch zu untersuchen.

21 *Toni Cassirer,* „Aus meinem Leben mit Ernst Cassirer" (unveröffentlichte Memoiren, Leo Baeck Institut, 1949–1950), S. 4.

22 *Arthur Schnitzler,* Jugend in Wien: Eine Autobiographie (Wien–München–Zürich, 1968), S. 19.

23 Ibid., S. 59

24 *Martin Freud,* „Who was Freud?", in: *Fraenkel,* S. 204. *Klein,* S. 45, 59–60; *Ernest Jones,* The Life and Work of Sigmund Freud (Harmondsworth, Eng., 1961), S. 121, 125, 139, 146; *Reuben M. Rainey,* „Freud as Student of Religion: Perspectives on the Background and Development of his Thought" (Ph. D. Dissertation, Columbia University, 1971), S. 115; und die Arbeiten über Freuds Judentum (in Anm. 29 angeführt).

25 *Ernst Waldinger,* „Darstellung einer jüdischen Jugend in der Wiener Vorstadt", in: *Fraenkel,* S. 273–275.

26 *Elias Canetti,* The Tongue Set Free: Remembrance of a European Childhood, Übers. Joachim Neugroschel (New York, 1979), S. 86.
27 *Zweig,* S. 142.
28 *Schnitzler,* S. 175.
29 *Martin Freud,* S. 204, 207; *Jones,* S. 287, 422; *Rainey,* S. 114–117; Klein behauptet sogar, Freud habe sich im psychoanalytischen Kreis mit Nichtjuden nicht wohl gefühlt, S. 93. Die wissenschaftliche Erforschung von Freuds Judentum ist umfassend. Siehe besonders *Marthe Robert,* From Oedipus to Moses: Freud's Jewish Identity, Übers. Ralph Manheim (Garden City, N. Y., 1976); *David Bakan,* Sigmund Freud and the Jewish Mystical Tradition (Princeton, N. J., 1958); *John Murray Cuddihy,* The Ordeal of Civility: Freud, Marx, Levi-Strauss, and the Jewish Struggle with Modernity (New York, 1974); *Ernst Simon,* „Sigmund Freud, the Jew" LBIYB 2 (1957), S. 270–305; und *Willy Aron,* „Notes on Sigmund Freud's Ancestry and Jewish Contacts", YIVO Annual for Jewish Social Science 11 (1956/57), S. 286–295.
30 Wie zitiert in *Robert*, S. 35; *Rainey,* S. 98.
31 *Theodor Herzl,* Der Judenstaat, 11. Auflage (Berlin, 1936), S. 61.
32 *Arthur Schnitzler,* My Youth in Vienna, Übers. Catherine Hutter, (New York, 1970), S. 6–7.
33 *Schnitzler,* Jugend in Wien, S. 158.
34 Ibid., S. 158, 19.
35 *Zweig,* S. 86.
36 *Jones,* S. 462. Klein behauptet auch (S. 54–55), daß der Antisemitismus in Wien Freud veranlaßte, sein Judentum stolz zu bekennen, aber das Freuds Stolz auf keinen Fall nur defensiv war.
37 Wie zitiert in *Jones*, S. 573.
38 *Klein,* S. 56–58, 62; *Robert,* Kapitel 2, *Jones,* S. 49; *Rainey,* S. 98, 117–120. Klein geht so weit, zu behaupten, daß Freuds jüdischer Stolz den Grundstein für die Psychoanalyse gelegt hätte (S. 62).
39 *Jones,* S. 285, Anm. 650. Die Bedeutung von Freuds Verbindung zu B'nai B'rith ist in *Klein*, Kap. 3, näher ausgeführt.
40 Wie zitiert in *Jones*, S. 650.
41 Siehe Standardwerke über Wiener Judenschaft: *Grundwald*, *Mayer*, *Tietze* und *Häusler*; siehe auch *Gustav Fall*, Die rechtliche Stellung der Juden in Österreich (Wien 1892).
42 *Aryeh Tartakower,* „Jewish Migratory Movements in Austria in recent Generations", in: *Fraenkel,* S. 289.
43 Die Geburts-, Heirats- und Sterbeurkunden der Wiener Juden von 1784–1938 werden in den gegenwärtigen Büros der *Israelitischen Kultusgemeinde* in Wien 19, Bauernfeldgasse 4, aufbewahrt. Die IKG-Steuerunterlagen sind Teil eines umfangreichen Archivs der Wiener jüdischen Gemeinde, welches dank der Hellsichtigkeit des Gemeindevorstands den Zweiten Weltkrieg überstanden hat. Das IKG-Archiv befindet sich in den Zentralarchiven für die Geschichte des jüdischen Volkes in Jerusalem. Das Archiv hat etwa 450 Meter Regale und enthält genügend Material für Hunderte von Monographien über die Juden von Wien. Die Steuerunterlagen sind die Akten AW 805/1–25. Die Einschreibungsunterlagen für die Gymnasien befinden sich in gebundenen Bänden (Hauptkatalogen) in den Gymnasien selbst. Unterlagen über die Übertritte wurden in der IKG aufbewahrt und befinden sich in gebundenen Bänden für die Periode nach 1890 im IKG-Büro in Wien. Für Details über diese Quellen und Erklärungen der Techniken von Stichprobenerhebungen siehe Anhang I.

2. *Die Entstehung des Wiener Judentums*

1 Der Verlauf der Verstädterung in Europa wurde noch nicht entsprechend erforscht. Die grundlegende Studie der Urbanisierung im neunzehnten Jahrhundert ist wahrscheinlich immer noch *Adna F. Weber*, The Growth of Cities in the Nineteenth Century: A Study in Statistics (1899; Neudruck Ithaca, New York, 1963). Neuere Studien über städtisches Wachstum in Deutschland und Österreich schließen auch *Wolfgang Köllmann* ein, „The Process of Urbanization in Germany at

the Height of the Industrialization Period", Journal of Contemporary History 4 (1969), S. 59–76; idem, „Zur Bevölkerungsentwicklung ausgewählter deutscher Großstädte in der Hochindustrialisierungsperiode", Jahrbuch für Sozialwissenschaft 18 (1967), S. 129–144; und *William Hubbard*, „Der Wachstumsprozeß in den österreichischen Großstädten, 1869–1910; eine historisch-demographische Untersuchung", Kölner Zeitschrift für Soziologie und Sozialpsychologie 16 (1973), S 386–418.

2 Zur Geschichte des Heimatrechts in Österreich siehe *L. Spiegel,* „Das Heimatrecht und die Gemeinden", Schriften des Vereines für Sozialpolitik 112 (1907), S. 7–49; Öst. Stat., N. F. 2:1, S. 7; *Heinrich Rauchberg,* Die Bevölkerung Österreichs auf Grund der Ergebnisse der Volkszählung vom 31. Dezember 1890 (Wien, 1895), S. 149–152, 164–170; und *Stephen Sedlaczek*, Die k.-k. Reichshaupt- und Residenzstadt Wien: Ergebnisse der Volkszählung vom 31. December 1880 (Wien, 1887), S. 17. Trotz Liberalisierung der Gesetze das Heimatrecht betreffend im Jahre 1910 war es immer noch schwierig, die Heimat zu wechseln.

3 Öst. Stat., N. F. 2:1, S. 7*. 1910 lebten aufgrund der Liberalisierung der Heimatrechtgesetze mehr Menschen (67%) in den Gemeinden, in denen sie Recht auf ständigen Wohnsitz hatten.

4 *Heinrich Rauchberg,* „Die Heimatverhältnisse der Bevölkerung Österreichs nach den Ergebnissen der Volkszählung vom 31. December 1890", Statistische Monatsschrift (Wien) 18 (1892), S. 351–352; idem, Bevölkerung, S. 157, Öst. Stat. 32:2, S. VII.

5 Für den Historiker der Habsburgzeit ist es ein Problem, daß fast alle Städte mehr als einen Namen haben. Die österreichische Verwaltung hinterließ für die meisten Orte deutsche Namen, aber die ursprünglichen tschechischen, polnischen oder ungarischen Namen wurden häufig verwendet. Nach dem Ersten Weltkrieg kehrten die Nachfolgestaaten entweder zu den nichtdeutschen Namen zurück oder bedachten – um sprachliche Einheit bemüht – zusätzliche einen alten Ort mit einem neuen Namen. Dieses Buch wird die meisten deutschen Namen so weit als möglich für alle Kleinstädte und Städte verwenden, und zwar deshalb, weil diese Namen für die behandelte Periode historisch richtig waren und weil die Juden, der Mittelpunkt dieser Untersuchung, fast immer die deutschen Namen benützten. Ferner wird dieses Buch für die ungarischen Städte, Kleinstädte und Landkreise sowohl die deutschen wie die ungarischen Namen verwenden, um dem ungarischen Ausgleich Gerechtigkeit widerfahren zu lassen.

6 *Heinrich Rauchberg,* „Der Zug nach der Stadt", Statistische Monatsschrift (Wien) 19 (1893), S. 125–126.

7 Die aus militärischen Gründen durchgeführten Erhebungen bis 1857 zählen nur die *einheimische* Bevölkerung auf, das ist jene Bevölkerung, die in einer bestimmten Gemeinde das Heimatrecht besaß. Von 1869 an zählten alle Erhebungen die anwesende Bevölkerung aller Orte. Siehe *Rauchberg*, Bevölkerung, S. 149, und „Die Heimatsverhältnisse", S. 345. Die erste genaue Volkszählung war jene von 1890. *Adna Weber*, die diese Volkszählung sehr schätzte, nannte sie eine „Kombination von amerikanischer Genialität in der Art elektrischer Rechenmaschinen und deutscher Gründlichkeit und Vollkommenheit bei der Auswertung der Resultate", was „ein statistisches Dokument schuf, das weit über allen anderen Volkszählungen stand". (S. 94).

8 *Hubbard,* S. 386; *Rauchberg,* „Der Zug nach der Stadt", S. 137–138.

9 Bevölkerung und Viehstand von Böhmen, Bukowina, Dalmatien, etc. nach der Zählung vom 31. Dezember 1869 (Wien, 1871), IV (Galizien), S. 2–9; Öst. Stat., N. F. 2:1, S. 157.

10 Ibid.

11 Bevölkerung und Viehstand . . . 1869, XI (Niederösterreich), S. 2–13: Öst. Stat. N. F. 2:1, S. 33*; SJSW (1910), S. 25. Siehe Tabelle 2:1 betreffend Bevölkerung von Wien 1857–1910.

12 Publications statistiques hongroises 27 (1900), S. 64–86; Ungarisches statistisches Jahrbuch (1900), S. 13. 1880 war Budapest die am neuntschnellsten anwachsende Stadt in Europa. *Josef Körösi,* Die Hauptstadt Budapest im Jahre 1881; Resultate der Volksbeschreibung und Volkszählung, 3 Bde. (Berlin, 1881–1883), I, S. 3–4.

13 Betreffend die jüdische Auswanderung nach Übersee siehe *Wladimir Kaplun-Kogan*, Die jüdische Wanderbewegung in der neuesten Zeit (1880–1914) (Bonn, 1919); *Jacob Lestschinsky,* „Die jüdische Wanderung, ihre Ursachen und ihre Regelung", Archiv für Wanderungswesen 1 (1928/29, S. 127–131, 168–172 und 2 (1929/30), S.20–25; idem, Jewish Migration for the Past Hundred Years (New York, 1944); *Mark Wischnitzer*, To Dwell in Safety: The Story of Jewish Migration since 1880

(Philadelphia, 1948); *Samuel Joseph,* Jewish Immigration to the United States from 1881 to 1910 (New York, 1914); und *Moses Rischin*, The Promised City: New York's Jews 1870–1914 (1962; Neudruck New York, 1970).

14 Die einzige Arbeit über die jüdische Urbanisierung stammt von *Arthur Ruppin*. Betreffend seine Arbeiten siehe Kap. 1, Anm. 12.

15 Die Maigesetze von 1882 und nachfolgende, durch den Zaren erlassene Gesetze versuchten die Juden aus bäuerlichen Gebieten zu vertreiben, indem sie neue jüdische Ansiedlungen in Dörfern verboten. Siehe *Simon Dubnow*, History of the Jews of Russia and Poland from the Earliest Times to the Present Day, 3 Bde., Übers. I Friedländer (Philadelphia, 1916–1920).

16 *Ruppin,* „Die Juden als Stadtbewohner", in: *Alfred Nossig,* Hg. Jüdische Statistik (Berlin, 1903), S. 426–427); idem, The Jews of Today, Übers. Margery Bentwich (New York, 1913), S. 102.

17 *Jakob Thon,* Die Juden in Oesterreich (Berlin, 1908), S. 19. Nachkriegsanalogien betreffend siehe *Jacob Lestschinsky*, „The Jews in the Cities of the Republic of Poland", YIVO Annual of Jewish Social Science 1 (1946), S. 156–177.

18 Zum Beispiel: 1900 bildeten die Juden 27,7% der Bevölkerung von Lemberg, 28,1% der Bevölkerung von Krakau und 31,9% der Bevölkerung von Czernowitz. In Brod waren 68,6% der Bevölkerung Juden, und in Sadagora in der Bukowina bestanden 76,2% der Einwohner aus Juden. Aus Juden bestanden 45% der Bevölkerung in Bezirkshauptstädten, wie Tarnopol, Stanislau und Zloczow. Siehe Öst. Stat., 63:1, S. 78–79, 98–99, 108–109, 124–125; k.-k. Statistische Central-Commission, Gemeinde-Lexikon der im Reichsrathe vertretenen Königreiche und Länder, 1900, 14 Bde. (Wien, 1903–1908), IX, Böhmen, X, Mähren, XI, Schlesien, XII, Galizien und XIII, Bukowina.

19 Publications stastistiques hongroises 27 (1900), S. 84–85.

20 Bevölkerung und Viehstand . . . 1857, „Nieder-Österreich", S. 2–3; Öst. Stat., 63:1, S. 48–49; *Thon*, S. 7–8.

21 Betreffend die Geschichte der Juden in Wien während der Toleranzperiode siehe *Ludwig Bato*, Die Juden im alten Wien (Wien, 1928); und *Nikolaus Vielmetti*, "Vom Beginn der Neuzeit bis zur Toleranz", in: *Anna Drabek et al.,* Das österreichische Judentum: Voraussetzungen und Geschichte (Wien–München, 1974), S. 59–82. Dieser Zeitabschnitt wird auch in den Standardgeschichtswerken über die Wiener Judenschaft behandelt, eingeschlossen *Max Grundwald*, Vienna (Philadelphia, 1936); *Hugo Gold,* Geschichte der Juden in Wien: Ein Gedenkbuch (Tel Aviv, 1966); *Sigmund Mayer,* Die Wiener Juden 1700–1900: Kommerz, Kultur, Politik (Wien–Berlin, 1917); *Hans Tietze,* Die Juden Wiens: Geschichte–Wirtschaft–Kultur (Leipzig–Wien, 1933); und *Gerson Wolf*, Geschichte der Juden in Wien 1156–1876 (1876; Neudruck Wien 1974).

22 *Israel Jeiteles,* Die Kultusgemeinde der Israeliten in Wien mit Benützung des statistischen Volkszählungsoperatus vom Jahre 1869 (Wien, 1873), S. 42.

23 *Akos Löw,* „Die soziale Zusammensetzung der Wiener Juden nach den Trauungs- und Geburtsmatrikeln, 1784–1848" (Ph. D. Dissertation, Universität Wien, 1952), S. 161–163.

24 Bezogen auf das gesamte Reich war das Wachstum der jüdischen Bevölkerung ebenfalls stärker als das Wachstum im allgemeinen. Tatsächlich wuchs die jüdische Bevölkerung Österreichs zwischen 1857 und 1869 um 32,4% an, während die Gesamtbevölkerung nur um 10,2% expandierte (*Gustav Schimmer,* Die Juden in Österreich nach der Zählung vom 31. December 1880 (Wien, 1881), S. 4). Zum Teil wurde dieser Unterschied durch die Tatsache verursacht, daß bei früheren Erhebungen die Zahl der Juden bedeutend geringer geschätzt wurde, besonders in Galizien, wo die überwältigende Mehrheit der österreichischen Juden lebte. Zwischen 1869 und 1880 betrug der jüdische Zuwachs 22,3%, die allgemeine Wachstumsrate hingegen 9,7%. Zwischen 1880 und 1890 waren jüdische und allgemeine Wachstumsrate mit 13% etwa gleich. Siehe Öst. Stat., 32:1, S. XVII.

25 *Thon,* S. 4; *Leo Goldhammer,* Die Juden Wiens: Eine statistische Studie (Wien–Leipzig, 1927), S. 10. Eine interessante Erörterung des Verhältnisses von natürlichem Wachstum und Einwanderung bei der Ausweitung österreichischer Städte findet sich bei *Hubbard*, „Wachstumsprozess".

26 Wien im allgemeinen betreffend siehe Öst. Stat., 32:2, S. X–XIII; *Rauchberg,* „Der Zug nach der Stadt", Tabelle X, S. 143. Im neunzehnten Jahrhundert waren im Durchschnitt 40% der Einwohner mitteleuropäischer Großstädte in diesen geboren. 1880 waren 43% der Bevölkerung von Bu-

dapest in dieser Stadt zur Welt gekommen. Siehe *Körösi*, Budapest . . . 1881, II, S. 16. Juden betreffend, siehe die folgende Erörterung.

27 *Rauchberg,* Bevölkerung, S. 105, 133–136; idem, „Der Zug nach der Stadt", Tabelle X, S. 143. Prag, Brünn und Lemberg zogen zum Beispiel nur Auswanderer aus Böhmen, Mähren respektive Galizien an. Auf jeweils 1000 Einwohner Prags kamen 1890 406, die in der Stadt geboren wurden, 126 in den umliegenden Gebieten und 420 im übrigen Böhmen, so daß 1890 95% von Prags Einwohnerschaft aus Böhmen bestand. Brünns Bevölkerung bestand zu 94% aus Mähren und jene von Lemberg zu 94% aus Galiziern. Auch Budapest bestand zum größten Teil um 1890 aus Ungarn (91%); siehe *Josef Körösi* und *Gustav Thirring*, Die Hauptstadt Budapest im Jahre 1891; Resultate der Volksbeschreibung und Volkszählung, 3 Bde. (Berlin, 1894–1898), II, S. 13–14.

28 Eine Untersuchung der Herkunft der Wiener Einwanderer, siehe *Rauchberg*, Bevölkerung, S. 134.

29 Die meisten der folgenden Untersuchungen befassen sich mehr mit Bräutigamen als mit Vätern, da die Heiratsurkunden genauere Daten boten als die Geburtsurkunden.

30 Bevölkerung und Viehstand . . . 1857. Diese Volkszählung schloß auch die ungarische Bevölkerungszahl ein, da sie vor dem Ausgleich von 1867 durchgeführt wurde, durch den Österreich und Ungarn in inneren Angelegenheiten unabhängig geworden waren, einschließlich der Volkszählungen.

31 *Anson G. Rabinbach,* „The Migration of Galician Jews to Vienna, 1857–1880", Austrian History Yearbook 11 (1975), S. 44–54, meint, daß die stärkste Einwanderungswelle von Galizien zwischen 1857 und 1869 eintraf, und daß die Periode von 1880–1910 einen allmählichen Rückgang der Einwanderungen von Juden aus Galizien in die Reichshauptstadt brachte. In Gegensatz dazu zeigen meine Erkenntnisse ein Anwachsen der jüdischen Einwanderung nach Wien in dieser Periode. Rabinbach hat keine grundlegenden Quellen benützt, und es scheint, daß seine Folgerungen nicht stimmen. Siehe *Marsha L. Rozenblit*, „A Note on Galician Jewish Migration to Vienna", Austrian History Yearbook (in Vorbereitung).

32 1766 befahl Maria Theresia den böhmischen und mährischen Juden die Aufzeichnung ihrer Geburten und Beschneidungen. 1784 erweiterte ihr Sohn Joseph II. diesen Befehl auf Wien. Siehe *Julius Rosenfeld*, Die Matrikelführung der Israeliten in Österreich nach den bestehenden staatlichen Vorschriften (Wien, 1913).

33 *Löw,* S. 179. Löw muß sich irgendwie verrechnet haben, denn seine Zahlen ergeben nicht 100%.

34 *Peter Schmidtbauer,* „Zur sozialen Situation der Wiener Juden im Jahre 1857", Studia Judaica Austriaca 6 (1978), S. 62. Schmidtbauer bearbeitete ein Beispiel der jüdischen Bevölkerung der Inneren Stadt und der Leopoldstadt, ein Beispiel, das für 46,9% der im Jahre 1857 in Wien lebenden Juden steht.

35 In seiner Studie der Volkszählung von 1869 fand Jeiteles (S. 56–57) heraus, daß von den in Wien lebenden Juden 3,4% Wiener waren, 11,3% Böhmen, 20,9% Mähren, 13% Galizier und 46,3% Ungarn. Jeiteles übernahm diese Zahlen eher von der Anzahl der jüdischen Familien als von der Anzahl der Einzelpersonen in Wien.

36 Über Bevölkerungsbewegung in amerikanischen Städten wurde viel geschrieben. Siehe zum Beispiel *Michael Katz*, The People of Hamilton, Canada West: Family and Class in a Mid-Nineteenth-Century City (Cambrigde, Mass., 1975), S. 20–21, 122, 127–131; *Stephan Thernstro,* The Other Bostonians: Poverty and Progress in the American Metropolis, 1880–1970 (Cambridge Mass., 1975), Kap. 2; Peter Knights, „Population Turnover, Persistence and Residential Mobility in Boston", in: *Stephan Thernstrom* und *Richard Sennet*, Hg., Nineteenth-Century Cities: Essays in the New Urban History (New Haven, 1969), S. 258–274. In einem der amerikanischen historischen Gesellschaft im Dezember 1979 übergebenen Schriftstück berichtet William Hubbard von großer Bevölkerungsbewegung in Graz im neunzehnten Jahrhundert.

37 *Thomas Kessner,* The Golden Door: Italian and Jewish Immigrant Mobility in New York City 1880–1915 (New York, 1977), S. 142, 147–148.

38 In seiner Studie über Hamilton, Ontario, fand *Michael Katz*, S. 127–131, heraus, daß die Anzahl der seßhaften Reichen viel höher war als jene der weniger Begüterten.

39 In Hamilton behielt von Jahrzehnt zu Jahrzehnt nur etwa ein Drittel der Bevölkerung den Wohnsitz in der Stadt (*Katz*, S. 122).

40 Die jüdische Vorliebe für Auswanderung von Familien wurde in der Literatur über Massenauswan-

derung von Juden in die Vereinigten Staaten behandelt. Siehe zum Beispiel *Samuel Joseph*, S. 127–132; *Lestschinsky*, Jewish Migration, S. 8. Die galizischen Juden, die während des Ersten Weltkrieges nach Österreich flohen, kamen ebenfalls mit ihren Familien. Siehe *Aryeh Tartakower*, „Jewish Migratory Movements in Austria in Recent Generations", in: *Josef Fraenkel*, The Jews of Austria: Essays in Their Life, History and Destruction (London, 1967), S. 291.

41 *Rauchberg*, Bevölkerung, S. 101–102, 111; idem, „Der Zug nach der Stadt", S. 130, 138; idem, „Heiratsverhältnisse", S. 353; *Weber*, S. 276–278.

42 Öst. Stat., 63:1, S. II, 3; 63:2, 55.

43 Die Regionen der österreichischen Provinzen, die in Tabelle 2:7 angeführt werden, sind jene von der k.-k. Statistischen Central Commission offiziell festgelegten; siehe zum Beispiel Öst. Stat. 32:2, S. VII Anm. Siehe ibid. eine Liste, die Bezirke jeder Region betreffend. Was Ungarn anbelangt, so sind die hier angeführten Regionen im Ungarischen Statistischen Jahrbuch enthalten, das Ungarn genau in sieben Regionen, entlang der Hauptflüsse, teilt: das linke Donauufer, das rechte Donauufer zwischen Donau und Theiß, das rechte Theißufer, das linke Theißufer zwischen Theiß und Marosch, Siebenbürgen sowie Fiume und Kroatien-Slawonien. Um jüdische Heimatorte in diesen Provinzen und Regionen zu plazieren, verwende ich das Allgemeine Ortschaften-Verzeichniss der im Reichsrathe vertretenen Königreiche und Länder, bearbeitet auf Grund der Ergebnisse der Volkszählung vom 31. December 1900 (Wien 1902) und das Gemeinde-Lexikon der im Reichsrathe vertretenen Königreiche und Länder, bearbeitet auf Grund der Ergebnisse der Volkszählung vom 31. December 1900 (Wien 1903–1908) der k.-k. Statistischen Central-Commission. Das Allgemeine Ortschaften-Verzeichnis verzeichnete die Bevölkerung jeder Gemeinde in Österreich, und das Gemeinde-Lexikon gliederte die Bevölkerung jeder Gemeinde in Religionen auf. Für ungarische Gemeinden benützte ich Publication statistiques hongroises (1900).

44 Zahlen über regionale Herkunft der Allgemeinbevölkerung von *Rauchberg*, Bevölkerung, S. 119; idem, „Heimatverhältnisse", S. 385–386.

45 Ibid.

46 *Rauchberg*, Bevölkerung, S. 129.

47 *Rauchberg*, Bevölkerung, S. 119; idem, „Heimatverhältnisse", S. 385–386.

48 *Rauchberg*, Bevölkerung, S. 135; „Der Zug nach der Stadt", S. 148.

49 Beruhend auf Zahlen aus dem Gemeinde-Lexikon . . . 1900, X, Mähren.

50 Beruhend auf Zahlen aus dem Gemeinde-Lexikon . . . 1900, XII, Galizien.

51 Beruhend auf Zahlen aus dem Ungarischen Statistischen Jahrbuch (1900) und Publications statistiques hongroises, n. s. 1 (1900).

52 *Rauchberg*, Bevölkerung, S. 91, 136, 146–147; idem, „Der Zug nach der Stadt", S. 149, 169; *Weber*, S. 158–220; *Köllmann*, „The Process of Urbanization", S. 59–61; *E. A. Wrigley*, Population and History (New York, 1969), S. 146–202.

53 *Wrigley*, Kap. 5.

54 Bevölkerungsdichte der österreichischen Juden berechnet nach Zahlen aus dem Gemeinde-Lexikon . . . 1900.

55 Bevölkerungsdichte der ungarischen Juden berechnet nach Zahlen aus dem Ungarischen statistischen Jahrbuch (1900) und Publications statistiques hongroises, n. s. 1 (1900).

56 Ibid.

57 Ibid.

58 Siehe Gemeinde-Lexikon . . . 1900, XII, Galizien

59 Ibid., IX, Böhmen.

60 *Theodor Haas*, Die Juden in Mähren: Darstellung der Rechtsgeschichte und Statistik unter besonderer Berücksichtigung des 19. Jahrhunderts (Brünn, 1908), S. 7, 14; idem, „Statistische Betrachtungen über die jüdische Bevölkerung Mährens in Vergangenheit und Gegenwart (Brünn, 1929), S. 593.

61 *Haas*, Die Juden in Mähren, S. 22–23, 29, 56; idem, „Statistische Betrachtungen", S. 594; *Leo Goldhammer*, „Die Juden Mährens", in: *Hugo Gold*, Hg., Die Juden und Judengemeinden Mährens, S. 598–599.

62 *Ruth Kestenberg-Gladstein*, „The Jews between Czechs and Germans in the Historic Lands, 1848–1918", in: The Jews of Czechoslovakia, 2 Bde. (Philadelphia, 1968), I, S. 27–37.

63 *Körösi*, Budapest . . . 1881, II, S. 31–32; *Körösi* und *Thirring*, Budapest . . . 1891, II, S. 14–16; *Josef J. Barton*, Peasants and Strangers: Italians, Rumanians, and Slovaks in an American City, 1890–1950 (Cambridge, Mass., 1975), S. 27–34.

64 *Livia Rothkirchen*, „Slovakia: I. 1848–1918", in: The Jews of Czechoslovakia, I, S. 77–78.

65 Ibid., S. 80. Rothkirchen bemerkt, daß Deutsch die Alltagssprache der meisten westslowakischen Juden war, obwohl die Antisemiten die Juden beschuldigten, für ausgedehnte Madjarisierung zu arbeiten.

66 *Aryeh Sole*, „Subcarpathian Ruthenia: 1918–1938", in: The Jews of Czechoslovakia, I, S. 126–127.

67 *Haas*, Mähren, S. 54–55; *Kestenberg-Gladstein*, S. 32–34, 43–47.

68 *Kestenberg-Gladstein*, S. 40.

69 Ibid., S. 44; *Gary B. Cohen*, The Politics of ethnic Survival: Germans in Prague, 1861–1914 (Princeton, 1981), S. 82, 235, 237–242.

70 *Raphael Mahler*, „The Economic Background of Jewish Emigration from Galicia to the United States", YIVO Annual of Jewish Social Science 7 (1952), S. 255; *Kaplun-Kogan*, S. 5; *Siegfried Fleischer*, „Enquete über die Lage der jüdischen Bevölkerung Galiziens", in: *Nossig*, Hg., Jüdische Statistik, S. 209–231. Die letzte Arbeit wurde im Auftrag der Österreich-Israelitischen-Union, einer Wiener jüdischen Schutzorganisation, nach den Progomen von 1898 in Galizien durchgeführt.

71 *Fleischer*, S. 217–218; *A. Korkis*, „Zur Bewegung der jüdischen Bevölkerung in Galizien", in: *Nossig*, Hg., Jüdische Statistik, S. 311; Bevölkerung und Viehstand . . . 1869, IV, (Galizien); Öst. Stat., 63:1, S. XXXIII. Teil dieses raschen Anwachsens der jüdischen Bevölkerung waren einfach zunehmend genaue Erhebungszahlen der Juden in Galizien.

72 *Piotr S. Wandycz*, The Lands of Partitioned Poland, 1795–1918 (Seattle–London, 1974), S. 223; *Fleischer*, S. 214–218.

73 *Fleischer*, S. 219–220; *Korkis*, S. 313; *Kaplun-Kogan*, S. 8–10; *Wandycz*, S, 220–226; *Mahler*, S. 259–260, *Rabinbach*, S. 50–52; *Max Rosenfeld*, „Die jüdische Bevölkerung in den Städten Galiziens 1881–1910", ZDSJ 9, Nr. 2 (Februar 1913), S. 19–20; „Calicia", in: Encyclopedia Judaica (1970), XVI, 1329.

74 *Fleischer*, S. 209; *Max Rosenfeld*, „Bewegung der jüdischen Bevölkerung in Galizien von 1895–1910", ZDSJ 9, Nr. 12 (Dezember 1913), S. 173, schätzt, daß zwischen 1902 und 1911 152.590 Juden Galizien verließen, um in die Vereinigten Staaten zu fahren.

75 Österreichische (i. e. galizische) Auswanderung nach Amerika sprang von etwa 7.000 im Jahre 1898 auf 11.000 im Jahre 1899 und 17.000 im Jahre 1900 und verblieb bei dieser jährlichen Rate bis zum Ersten Weltkrieg (Rischin, S. 270). Siehe auch Joseph, S. 109–112.

76 Erforscher der Massenauswanderungen von Juden nach Amerika haben auch festgestellt, daß sowohl die Religionsgelehrten wie die Chassiden, die die verderblichen Folgen der amerikanischen Freiheit auf die religiösen Vorschriften fürchteten, dazu neigten, in Osteuropa zu bleiben. Siehe zum Beispiel *Irving Howe*, World of Our Fathers (New York–London, 1976), S. 27. Die schärfste Beschreibung der Wirkung Amerikas auf die religiösen Bräuche bot *Abraham Cahan* in seinem Roman The Rise of David Levinsky (New York–London, 1917).

77 *Rothkirchen*, S. 74–75; „Hungary", Encyclopedia Judaica (1970), VIII, 1095.

78 Obwohl städtische Reformer Städte oft als unerfreulich für die Arbeiterklasse angesehen hatten, bot die Stadt den Armen tatsächlich jede Art von Vorteilen. Siehe *Hsi-Huey-Lang*, „Lower-Class Immigrants in Wilhelmine Berlin", Central European History 3 (1970), S. 94–111.

79 *Josef Wechsberg*, The Vienna I Knew: Memories of a European Childhood (Garden City, New York, 1979), S. 137.

80 *George Clare*, Last Waltz in Vienna: The Rise and Destruction of a Familiy 1842–1942 (New York, 1982), S. 86; *P. G. J. Pulzer*, „The Austrian Liberals and the Jewish Question, 1867–1914", Journal of Central European Affairs 23 (1963), S. 123–133; *Lucy Dawidowicz*, The Golden Tradition: Jews Life and Thought in Eastern Europe (New York, 1967), S. 70; *Kestenberg-Gladstein*, S. 32–34, 43–45; *Hans Kohn*, „Before 1918 in the Historic Lands", in: The Jews of Czechoslovakia, I, S. 17–18.

81 *Isidor Schalit*, maschingeschriebene Erinnerungen an Kadimah, CZA, A 196/19, S. 31. Zu einer gründlichen Erörterung der Deutschorientierung der Prager Juden siehe *Gary B. Cohen*, Politics of Ethnic Survival, und idem, „Jews in German Society: Prague, 1860–1914", Central European History 10 (1977), S. 28–54.

81 *Pulzer,* „The Austrian Liberals“, S. 131–142, *Walter B. Simon,* „The Jewish Vote in Austria“, LBIYB 16 (1971), S. 97–121; *William A. Jenks,* „The Jews in the Habsburg Empire, 1879–1918“, LBIYB 16, (1971), S. 155–162; *Robert Kann,* „German-Speaking Jewry during Austria-Hungary's Constitutional Era (1867–1918'), Jewish Social Studies 10 (1948), S. 239–356; und die Standardwerke über die Wiener Judenschaft, die in Kap. 2 angeführt werden (Anm. 21).

83 *Dawidowicz,* S. 34.

84 *Werner Cahnmann,* „Adolf Fischhof and His Jewish Followers“, LBIYB 4 (1959), S. 116: *A. J. P. Taylor,* The Habsburg Monarchy, 1809–1918: A History of the Austrian Empire and Austria-Hungary (1948; Neudruck Chikago–London, 1976), S. 17; Bemerkungen eines Zeitgenossen siehe *Sigmund Mayer*, MONOIU 19, Nr. 5 (Mai 1907), S. 15.

85 Die IKG-Steuerlisten bezeichnen nur den Ort, an dem jedes Mitglied Heimatrecht besaß, und nicht, wo er oder sie geboren wurden.

86 *Rauchberg,* Bevölkerung, S. 126; idem, „Der Zug nach der Stadt“, S. 146, 149; *Weber*, Kap. 4.

87 Die Größe der Geburtsorte in Wien lebender Juden wurde nach dem Gemeinde-Lexikon . . . 1900, Allgemeines Ortschaften-Verzeichnis . . . 1900 und Publications statistiques hongroises, n. s. 1 (1900) bezeichnet. Die folgende Erörterung basiert auf einer Analyse der zwei Querschnittbeispiele, aber gilt gleichermaßen für die reicheren IGK-Mitglieder.

88 Nach dem Gemeinde-Lexikon . . . 1900, IX, Böhmen und X, Mähren, berechnet.

89 *Tohn,* S. 19.

90 Die jüdische Bevölkerung der Geburtsorte aus Gemeinde-Lexikon . . . 1900, IX, Böhmen und X, Mähren.

91 Ibid., XII, Galizien.

92 Die Abneigung deutscher oder anderer westlicher Juden gegen die Ostjuden verkörpern jüdische Gemeinden in Westeuropa und Amerika. Siehe als Beispiel *Rischin*, S. 95–111; *Howe,* S. 229–233; *Paula Hyman,* From Dreyfus to Vichy: The Remaking of French Jewry, 1906–1939 (New York, 1979), S. 115–152; und *Jack L. Wertheimer*, Unwelcome Strangers: East European Jews in Imperial Germany (New York–Oxford, 1987), S. 123–175; *Steven E. Aschheim,* Brothers and Strangers: The East European Jew in German and German Jewish Consciousness (Madison, Wisconsin und London, 1982).

93 *Clare,* S. 31.

94 Ibid., S. 67.

95 Siehe zum Beispiel J. Grobtuchs Forderung nach einer Verbindung galizischer Juden in Wien, OW (17. April 1908), S. 292–293, und die Antwort auf seine Forderung in NNZ (29. Mai 1980), S. 3–4.

96 NNZ (10. Juni 1910), S. 1–2.

97 OW (18. November 1892), S. 859. Siehe auch Jahresberichte des Israelit. Bethaus- Verein Beth Israel, CAHJP, AW 1423/1.

98 Unter den in jüdischen Geburtenregistern aufscheinenden Müttern und Vätern war sogar noch ein höherer Prozentsatz in der gleichen Provinz geboren. Juden aus dem Geburtenbeispiel hatten oft schon in der Provinz geheiratet, bevor sie nach Wien zogen.

99 *Thon,* S. 4, stellt fest, daß die Juden Westösterreichs, i. e. Böhmens und Mährens, „durch ihren ganzen sozialen Charakter wesentlich mit den deutschen Juden übereinstimmten“.

3. Vom Händler zum Angestellten

1 *Sigmund Mayer,* Ein jüdischer Kaufmann 1831 bis 1911: Lebenserinnerungen (Leipzig, 1911), S. 148.

2 Ibid., S. 158–159, 162.

3 *Sigmund Mayer,* „Das ökonomische Entstehen und Entwicklung der Wiener Judenschaft“, MONOIU 15, Nr. 2/3 (Februar/März 1903), S. 28, 24–30 (=CAHJP, AW 2863/2); idem, Ein jüdischer Kaufmann, S. 199–200.

4 *Arnold Höllriegel,* „Die Fahrt auf dem Katarakt (Autobiographie ohne einen Helden)" (unveröffentlichte Memoiren, Leo Baeck Institut, s. d.), S. 14.

5 *Carl E. Schorske,* „Politics in a New Key: An Austrian Triptych", Journal of Modern History 39 (1967), S. 367.

6 Um die Vorliebe der Wiener Juden für bestimmte Berufe analysieren und die einmalige Einteilung des jüdischen Arbeitskräftepotentials besser erklären zu können, habe ich die Berufe nach Kategorien eingeteilt und nicht nach Wirtschaftszweigen oder sozialem Status. Dieses Schema gleicht in gewissem Ausmaß jenem, das *Peter M. Blau* und *Otis D. Duncan* in The American Occupational Structure (New York, 1967) benützten. Ich verwendete nicht die von der k.-k. Statistischen Central-Commission vorgenommene Einteilung des Arbeitskräftepotentials in die verschiedenen Wirtschaftszweige (Industrie, Handel, etc.), da diese Einteilung die starken Änderungen in der Vorliebe der Juden für bestimmte Berufe im Dunkeln läßt. Die österreichischen Kategorien werden später verwendet, jedoch zu dem Zweck, um Juden mit Wienern im allgemeinen zu vergleichen. Ich habe nicht die von amerikanischen Sozial-Historikern verwendeten Skalen gesellschaftlicher Mobilität benützt, da sie sich für die Beurteilung beruflicher Veränderung unter den Wiener Juden als unbrauchbar erwiesen. Betreffend eine Besprechung und Kritik dieser Skalen siehe S. 58–61. Die Erörterung des jüdischen Berufswechsels basiert auf dem Beispiel der jüdischen Bräutigame und nicht auf dem der jüdischen Väter, da die Heiratsurkunden vollständigere Daten als die Geburtsregister enthielten.

7 Als Beispiel siehe *Mayer*, Ein Jüdischer Kaufmann, S. 476.

8 Als Beispiel siehe *Christian Wilhelm von Dohm*, Über die bürgerliche Verbesserung der Juden (Berlin–Stettin, 1781–1783).

9 *Gunther Chaloupek*, „Der unvollendete Boom: Die Entwicklung der Wiener Wirtschaft in der Ära des Liberalismus", in: Verein für Geschichte der Stadt Wien, Wien in der liberalen Ära (Wien, 1978), S. 31–43; *Ivan T. Berend* und *György Ranki*, Economic Development in East-Central Europe in the Nineteenth and Twentieth Centuries (New York, 1974); *Herbert Matis,* Österreichische Wirtschaft 1848–1913: Konjunkturelle Dynamik und gesellschaftlicher Wandel im Zeitalter Franz Josef I. (Berlin, 1972); *Heinrich Benedikt,* Die wirtschaftliche Entwicklung in der Franz-Joseph-Zeit (Wien, 1958); *Hans Mayer,* Hg., Hundert Jahre österreichischer Wirtschaftsentwicklung, 1848–1948 (Wien, 1949); *Eduard März,* Österreichische Industrie- und Bankpolitik in der Zeit Franz Josephs I. (Wien, 1968); *Geoffrey Drage,* Austria-Hungary (London, 1909); *Richard Rudolph,* Banking and Industrialization in Austria-Hungary: The Role of Banks in the Industrialization of the Czech Crownlands, 1873–1914 (Cambridge–New York, 1976), *David Good,* The Economic Rise of the Habsburg Empire, 1750–1914 (Berkeley, California, 1984).

10 Tatsächlich stellten zu Ende des neunzehnten Jahrhunderts Juden einen beträchtlichen Anteil aller Medizin- und Jusstudenten an der Universität. Im Wintersemester 1900 umfaßten Juden 22,8% der Jusstudenten, 39,6% der Medizinstudenten und 18,2% der Philosophiestudenten (Öst. Stat., 70:3, S. 2–5). 1890 hatten Juden 48,7% der Medizinstudenten gebildet (Öst. Stat., 35:4, S. 2–5).

11 „Die jüdischen Ärzte in Wien und Österreich", von Medians, OW (9. September 1898), S. 654–655; *George Clare,* Last Waltz in Vienna: The Rise and Destruction of a Family, 1842–1942 (New York, 1982), S. 21–23.

12 *Arthur Schnitzler,* Professor Bernhardi: Komödie in fünf Akten (Berlin, 1912).

13 Infolge des Bevölkerungswandels gibt der von Jahrzehnt zu Jahrzehnt alle Gemeinden umfassende Berufswechsel nicht die Summe des Berufswechsels aller Personen wieder. Viele Erforscher der sozialen Mobilität verfolgen die Einzelpersonen daher von einer Volksabstimmung zu der anderen. Siehe zum Beispiel *Michael Katz*, The People of Hamilton, Canada West: Family and Class in a Mid-Nineteenth-Century City (Cambridge, Mass., 1975) und *Stephan Thernstrom*, The Other Bostonians: Poverty and Progress in the American Metropolis, 1880–1970 (Cambridge, Mass., 1973). Unter den Wiener Juden kann der individuelle Werdegang nur bei den steuerzahlenden Mitgliedern der IKG verfolgt werden.

14 Beispiele aus den IKG-Steuerlisten, CAHJP, AW 805/1–25.

15 Ibid.

16 *Monika Glettler,* Die Wiener Tschechen um 1900: Strukturanalyse einer nationalen Minderheit in der Großstadt (München–Wien, 1972), S. 61–62, 64.

17 *Moses Rischin*, The Promised City: New York's Jews 1870–1914 (1962; Neudruck New York, 1970), S. 51–75, 272; *Thomas Kessner*, The Golden Door: Italian and Jewish Immigrant Mobility in New York City 1880–1915 (New York, 1977), S. 33–34, 37–38, 59–70, 109–111, 117–118, 125–126. Eine klassische Erklärung dieser sozialen Mobilität siehe *Abraham Cahans* Roman The Rise of David Levinsky (New York–London, 1917).

18 Siehe *Thernstrom*, Anhang B, S. 289–302; *Kessner*, S. 50–51; beide beruhen auf *Alba Edwards*, „A Social-Economic Grouping of the Gainful Workers of the United States", Journal of the American Statistical Association 28 (1933), S. 377–387.

19 CAHJP, AW 805/10, 805/4.

20 Eine gründliche Kritik der normalen sozialen Mobilität siehe *Katz*, S. 9, 71–74.

21 *Katz*, S. 53, 142, Anhang II; idem, „Occupational Classification in History", Journal of Interdisciplinary History 3 (1972), S. 63–88. Katz hat eine sechsstufige Aufstellung von Berufen im neunzehnten Jahrhundert entwickelt, in der Stufe I aus Kaufleuten und Freiberuflern besteht, Stufe II aus Angestellten und niederen Beamten und kleinen Einzelkaufleuten; Stufe III aus gelernten Handwerkern; Stufe IV aus Berufen von geringem Ansehen, eingeschlossen Hausierer und angelernte Arbeiter; Stufe V besteht aus Arbeitern von niedrigem Status, wie Hilfsarbeitern; Stufe VI besteht aus nicht Einzuordnenden, wie Studenten, Frauen, Pensionisten.

22 *Katz*, The People of Hamilton, S. 81, 139–140, 156.

23 Da mir viele der notwendigen Details fehlten, um die verschiedenen Einzelkaufleute oder Handwerker in verschiedenen Gruppen zu plazieren, zerlegte ich Katz's Skala in vier Stufen: „Hoher Status", gebildet aus Kaufleuten, Freiberuflern, Fabriksbesitzern höheren Staatsbeamten und höheren Führungskräften; „Mittlerer Status", bestehend aus Angestellten, Verkäufern, Handelsagenten und niedrigeren Staatsbeamten; „Handwerker" und „Niederer Status", gebildet aus Handwerksgehilfen, Hausierern, Hilfsarbeitern und Dienstboten.

24 In nordamerikanischen Städten gelang es den Reichen auch besser als den anderen, ihren sozialen Status zu erhalten. Siehe *Katz*, The People of Hamilton, S. 149, 155–159.

25 Im Detail in Öst. Stat., 66:1, S. II–X beschrieben und in allen Erhebungsunterlagen und in SJSW verwendet. Katz fordert auch die Erforschung des Arbeitskräftepotentials auf horizontaler Ebene. Siehe *Katz*, The People of Hamilton, S. 51; und idem, „Occupational Classification", S. 81–82.

26 *Katz*, The People of Hamilton, S. 52, fand auch heraus, daß Hamilton, Ontario, eine Handelsstadt, eine großen Anteil gelernter und ungelernter Arbeiter hatte.

27 Öst. Stat., 66:2, S. 7–29 zeigt die Anzahl der Wiener in jedem Zweig, den ich „Industrie I" und „Industrie II" nenne.

28 Öst. Stat., 33:1, S. XXIV–XXV.

29 Öst. Stat., 66:2, S. 29–37, 60–62.

30 Öst. Stat., 66:2, S. 62–64; N. F. 3:2, S. 44–45, 132.

31 Eine genaue Beschreibung dieses Schemas siehe Öst. Stat., 66:1, S. X–XI. Die Art der Heirats- und Geburtsregister verlangte gewisse Korrekturen dieses Schemas, um die Juden behandeln zu können. Ich habe eine eigene Kategorie „Handwerker" geschaffen, da die Quellen nicht spezifizierten, ob ein Handwerker Meister war und daher selbständig, oder Geselle und daher Arbeiter. Ferner habe ich die beiden letzten österreichischen Kategorien „Tagelöhner" und „Mithelfende Familienangehörige" entfernt, da Geburts- und Heiratsregister nicht angeben, ob Bräutigame oder Väter in diesen Stellungen tätig waren.

32 Betreffend die soziale Mobilität in einer deutschen Stadt des neunzehnten Jahrhunderts siehe *David F. Crew*, Town in the Ruhr: A Social History of Bochum, 1860–1914 (New York, 1979), S. 78–86. Crew behauptet. es habe in Deutschland weit weniger soziale Mobilität gegeben als in amerikanischen Städten derselben Zeit. Siehe *William Hubbards* in Vorbereitung befindliche Studie über soziale Mobilität in Graz. Amerikanische Mobilität betreffend, siehe *Thernstrom*; *Katz*, The People of Hamilton; *Kessner; Sidney Goldstein*, Patterns of Mobility, 1910–1950: The Norristown Study (Philadelphia, 1958); *Humbert S. Nelli*, Italians in Chicago, 1880–1930 (New York, 1970), und *S. S. Lipset* und *Reinhard Bendix*, Social Mobility in Industrial Society (Berkeley, Cal., 1959).

33 In Boston z. B., fand *Thernstrom* (S. 152) heraus, war die jüdische soziale Mobilität doppelt so hoch wie die jeder anderen religiösen oder ethnischen Gruppe in der Stadt. Ein besonders interessanter Vergleich jüdischer und italienischer sozialer Mobilität in New York siehe *Kessner*.

34 *Kessner*, S. 167–174; *Thernstrom*, S. 149, 168–173.

35 Siehe Aufruf des Jüdischen Handlungsgehilfen-Verbands in JZ (26. September 1913), S. 6; JZ (8 Oktober 1913). In Wien gab es viele Organisationen jüdischer Angestellter. Ein Verzeichnis siehe Anhang II.

36 Aufruf des Vereins jüdischer Handelsangestellter: Achwah an die Hutfabrikanten, die Diskriminierung jüdischer Büroangestellter einzustellen, Die Welt 6, Nr. 35 (1902).

37 JZ (13. August 1909), S. 2.

4. Die vorwiegend jüdischen Wohnbezirke Wiens

1 *Stanley Lieberson*, Ethnic Patterns in American Cities (New York, 1963), S. 6, 10, 189.

2 *Deborah Dash Moore*, At Home in America: Second Generation New York Jews (New York, 1981), S. 4, 5, 61–62.

3 *Hans Bobek* und *Elisabeth Lichtenberger*, Wien: Bauliche Gestalt und Entwicklung seit der Mitte des 19. Jahrhunderts (Graz, 1966); *Franz Baltzarek*, *Alfred Hoffmann* und *Hannes Stekl*, Wirtschaft und Gesellschaft der Wiener Stadterweiterung, Bd. V, in: *Renate Wagner-Rieder*, Hg., Die Wiener Ringstraße: Bild einer Epoche (Wiesbaden, 1975); *Arthur J. May*, Vienna in the Age of Franz Joseph (Norman, Okla., 1966); *Carl E. Schorske*, „The Ringstrasse, Its Critics, and the Birth of Urban Modernism", in: Fin-de-siècle Vienna: Politics and Culture (New York, 1980), S. 24–115.

4 *Bobek* und *Lichtenberger*, S. 86, 94, 103, 113, 118; *Gunther Chaloupek*, „Der unvollendete Boom: Die Entwicklung der Wiener Wirtschaft in der Ära des Liberalismus", in: Verein für Geschichte der Stadt Wien, Wien in der liberalen Ära (Wien, 1978), S. 34–35.

5 *Bobek* und *Lichtenberger*, S. 91–92, 117; *Eugen von Philippovich von Philippsberg*, Wiener Wohnungsverhältnisse (Berlin, 1894), S. 16–26; *Peter Feldbauer* und *Gottfried Pirhofer*, „Wohnungsform und Wohnungspolitik im liberalen Wien", in: Wien in der liberalen Ära, S. 156; *Charles O. Hardy*, The Housing Problem of the City of Vienna (Washington, D. C., 1934), S. 10–18; und *Felix Czeike* und *Walter Lugsch*, Studien zur Sozialgeschichte von Ottakring und Hernals (Wien, 1955), S. 44–67.

6 *Bobek* und *Lichtenberger*, S. 86, 116.

7 *Schorske*, S. 53–54.

8 Ibid., S. 60; *Baltzarek*, *Hoffmann* und *Stekl*, S. 293–299, 305–306, 332–336.

9 Der relative Reichtum der Bezirke kann durch Berechnung des perzentuellen Anteils der im Hause lebenden Dienstboten an der Bevölkerung jedes Bezirkes bestimmt werden. Berechnungen beruhen auf SJSW (1901), S. 67–68. Dienstboten bildeten zwischen 3% und 9% der Einwohnerschaft in den meisten Wiener Bezirken, aber im I. Bezirk machten sie 22,6% der Einwohnerschaft aus, im IV. Bezirk 12,4%. Eine Erörterung betreffend den Zusammenhang der Anzahl der Diener mit dem Reichtum einer Familie siehe *Michael Katz*, The People of Hamilton, Canada West: Family and Class in a Mid-Nineteenth Century City (Cambridge, Mass., 1975), S. 28.

10 *Bobek* und *Lichtenberger*, S. 90, 95–96, 105–106.

11 *Chaloupek*, S. 37; *May*, S. 37–38.

12 *Bobek* und *Lichtenberger*, S. 86–90, 97, 104, 109, 112–116.

13 Basierend auf dem Prozentsatz der Einwohnerschaft, die im Haus lebende Diener waren. 1900 bildeten Dienstboten 8% bis 9% der Bevölkerung dieser Bezirke, während sie in den meisten anderen Bezirken nur 2% bis 3% ausmachten (SJSW [1901], S.67–68).

14 *Bobek* und *Lichtenberger*, S. 92–93, 102, 117.

15 Ibid.; S. 88–89, 91–92, 105–106, 109.

16 *Gary B. Cohen*, The Politics of Ethnic Survival: Germans in Prague, 1861–1914 (Princeton, N. J., 1981), S. 136, stellte fest, daß trotz Fehlens einer jüdischen Nachbarschaft die Juden in Prag in Wohnhäusern lebten, die fast vollständig jüdisch waren. Juden waren voll akzeptierte Teilnehmer am deutschen öffentlichen Leben der böhmischen Hauptstadt, aber sie lebten mit ihren jüdischen Mitbürgern. Siehe auch idem, „Jews in German Society: Prague 1860–1914", Central European History 10 (1977), S. 49. Leider macht das Fehlen der Erhebungsurschrift es unmöglich, festzu-

stellen, ob Juden in „jüdischen“ Wohnhäusern lebten. Für 1857, dem einzigen Jahr, für das eine Erhebungsurschrift vorhanden ist, fand *Peter Schmidtbauer*, „Zur sozialen Situation der Wiener Juden im Jahre 1857“, Studia Judaica Austriaca 6 (1978), S. 59, daß viele Juden tatsächlich in Häusern mit jüdischer Mehrheit lebten, besonders in der Leopoldstadt.

17 *Ernest W. Burgess*, „Residential Segregation in American Cities“, Annals of the American Academy of Political and Social Science 140 (1928), S. 105–115; in: *Robert E. Park*, *Ernest W. Burgess* und *Roderick D. McKenzie*, The City (Chikago, 1925), S. 47–62; *Louis Wirth*, The Ghetto (Chikago–London, 1928, 1956); *Paul Frederick Cressey*, „Population Succession in Chicago, 1898–1930“, American Journal of Sociology 44 (1938), S. 59–69.

18 *Moore*, S. 30–32.

19 *Wade Clark Roof*, *Thomas L. Van Valey* und *Daphne Spain*, „Residential Segregation in Southern Cities: 1970“, Social Forces 55, Nr. 1, (September 1976), S. 59–71; *Sam E. Warner* jr., Streetcar Suburbs: The Process of Growth in Boston, 1870–1900 (1962; Neudruck New York, 1973), S. 46.

20 *Lieberson*, S. 45 und passim.

21 *Nathan Kantrowitz*, Ethnic and Radical Segregation in the New York Metropolis: Residential Pattern among White Ethnic Groups, Blacks and Puerto Ricans (New York, 1973), bes. S. 3–9, 34–52; *A. Gordon Darroch* und *Wilfred G. Marston*, „The Social Bases of Ethnic Residential Segregation: The Canadian Case“, American Journal of Sociology 77 (1971), S. 491–510; *Karl E. Taeuber* und *Alma F. Taeuber*. Negroes in Cities: Residential Segregation and Neighborhood Change (Chikago, 1965); idem, „The Negro as an Immigrant Group: Recent Trends in Racial and Ethnic Segregation in Chicago“, American Journal of Sociology 69 (1964), S. 347–382; *Avery M. Guest* und *James A. Weed*, „Ethnic Residential Segregation: Patterns of Change“, American Journal of Sociology 81 (1976), S. 1088–1111.

22 Der Ungleichheitsindex mißt den Prozentsatz eines Bevölkerungsanteils, der weiterziehen müßte, um ähnliche Wohnsitzverteilungen wie der andere Bevölkerungsteil zu erreichen. Die Skala reicht von Null bis Hundert, wobei Null vollständige Integration anzeigt und Hundert vollständige Segregation. Eine Punktezahl von 70 ist sehr hoch. Die Formel für den Index ist

$$D = \sum_{i=1}^{n} \frac{x_1 - y_1}{2}$$

wobei x die Proportion eines Bevölkerungsteils in einem Volkszählungssprengel ist und y die Proportion des anderen Teils in demselben Sprengel, und der Index (D) ist die Summe der absoluten Werte der Differenz des Prozentsatzes der beiden Bevölkerungsteile jedes Erhebungssprengels, geteilt durch zwei. Der Index wird in Lieberson, S. 30, untersucht: siehe auch *Otis D. Duncan* und *Beverly Duncan*, „A Methodological Analysis of Segregation Indexes“, American Sociological Review 20 (1955), S. 210–217; und *Taeuber* und *Taeuber*, Negroes in the Cities, S. 195–245.

23 *Moore*, S. 31, entdeckte, daß der Ungleichheitsindex für New Yorker Juden von 40 im Jahre 1920 auf 60 im Jahre 1930 und 1940 anstieg. *Kantrowitz*, S. 29, fand, daß der Ungleichheitsindex für New Yorker Juden und andere Gruppen der Stadt von 50 bis 60 reichte.

24 *Kantrowitz*, S. 25, fand, daß der Schwarz/Weiß-Ungleichheitsindex in New York im Jahre 1960 80 war.

25 Der Index wäre wahrscheinlich höher, wenn Bevölkerungszahlen für kleinere Gebiete als Bezirke vorhanden wären. Soziologen erkennen die Notwendigkeit, den Ungleichheitsindex bei kleineren Bevölkerungseinheiten zu bestimmen. Siehe z. B. *Roof*, *Van Valey* und *Spain*, S. 64.

26 1880 betrug der jüdisch/nichtjüdische Ungleichheitsindex in Wien 43,2;. 1890 war er 48,5; 1900 45,3 und 1910 44,2. Der Index wurde aufgrund der Bevölkerungszahlen errechnet, die in SJSW (1901), S. 50–51, aufscheinen, und in SJSW (1911), Endblatt; *Stephan Sedlaczek*, Die k.-k. Reichshaupt- und Residenzstadt Wien: Ergebnisse der Volkszählung vom 31. December 1880 (Wien, 1887), Teil II, S. 110–115, 126–127; idem, Die definitiven Ergebnisse der Volkszählung vom 31. December 1890 in der k.-k. Reichshaupt- und Residenzstadt Wien (Wien, 1891), Teil II, S. 50–53, 63–65.

27 SJSW (1901), S. 50.

28 Siehe die Standardwerke über die Wiener Judenschaft, die im Kap. 2, Anm. 21 angeführt sind, und *Adalbert Klaar*, Die Siedlungsformen Wiens (Wien, 1971), S. 51.

29 *Arthur Schnitzler*, Jugend in Wien: Eine Autobiographie (Wien–München–Zürich, 1968), S. 20.

30 Siehe z. B. *May*, S. 39, der die Leopoldstadt mit dem „Ghettoviertel einer osteuropäischen Kleinstadt" verglich.

31 *Sigmund Mayer*, Ein jüdischer Kaufmann 1831 bis 1911: Lebenserinnerungen (Leipzig, 1911), S. 463. In der Zwischenkriegszeit betrachtete man die Wiener Leopoldstadt so sehr als Judenghetto, daß sie die Wiener „die Mazzesinsel" nannten. Siehe *Ruth Beckermann*, Hg., Die Mazzesinsel: Juden in der Wiener Leopoldstadt 1918–1938 (Wien–München, 1984).

32 Vor dem Ersten Weltkrieg wurde jüdische Wohltätigkeit nicht zentral überwacht, daher wurden die Unterlagen über Ausgaben für karitative Zwecke nicht allgemein in den Archiven der IKG aufbewahrt. Ich fand in der Wiener Sammlung der CAHJP drei Wohltätigkeitsverzeichnisse: Centralstellung für das Armenwesen, 1894–1903, (AW 1890), Armenwesen, 1893–99 (AW 1899) und Armenamt, 1896–1914 (AW 1897). Die Erörterung der Wohnverhältnisse mittelloser Juden gründet sich auf die Adressen der in diesen Akten gefundenen Männer und Frauen. Diese Wohltätigkeitsverzeichnisse sind uneinheitlich und als Quelle nicht so ergiebig wie die anderen benützen Vorlagen.

33 1896 zahlten etwa 10.000 jüdische Männer Steuern an die Israelitische Kultusgemeinde (Israelitische Cultusgemeinde Wien, Verzeichnis der im Gemeindegebiete wohnhaften Wähler für die Neuwahl des Cultus-Vorstandes im Jahre 1896, CAHJP, AW 48/1). Multipliziert man diese Zahl mit 5, um auch die Familienangehörigen zu erfassen, so konnten nur 50.000 der 145.000 Wiener Juden zu Ende des neunzehnten Jahrhunderts die IKG-Steuer aufbringen.

34 *Czeike* und *Lugsch*, S. 15, 33.

35 *N. Chameides*, „Das Reservoir der armen jüd. Bevölkerung Wiens", Die Wahrheit (6. Februar 1903), S. 5.

36 *Thomas Kessner*, The Golden Door: Italian and Jewish Immigrant Mobility in New York City 1880–1915 (New York, 1977), S. 158–159; *Jeffrey S. Gurock*, When Harlem was Jewish 1870–1930 (New York, 1979), S. 27–28, 36–39.

37 Die IKG errichtete eine neue Kurie höherbesteuerter Wähler am 4. Dezember 1900 (CAHJP, AW 50/3, 51/5). Die 1900-Liste der höherbesteuerten IKG-Mitglieder ist in der Israelitischen Cultusgemeinde Wien, Verzeichnis der im Wiener Gemeindegebiet wohnhaften höherbesteuerten Wähler für die Neuwahl des Cultusvorstandes und der Vertrauensmänner im Jahre 1900, CAHJP, AW 50/10, enthalten.

38 Die Adressen wurden von einer Auswahl jedes fünften berechtigten IKG-Wählers der 1986-IKG-Wahlen eingetragen, und jedes fünften IKG-Mitglieds, das im Jahr 1900 über 200 Kronen zahlte. Adressen stammen vom Verzeichnis der im Wiener Gemeindegebiete wohnhaften Wähler . . . 1896, CAHJP, AW 48/1, und dem Verzeichnis der im Wiener Gemeindegebiete wohnhaften höherbesteuerten Wähler . . . 1900, CAHJP, AW 50/10.

39 Glücklicherweise verzeichneten die IKG-Listen sowohl die Adressen aller Steuerzahler als auch die neuen Adressen der Steuerzahler, die den Wohnsitz änderten.

40 Die Reichen hatten ebenfalls eine weitaus geringere Durchzugsrate. Siehe Kap. 2, Anm. 36–39.

41 Verzeichnis der im Wiener Gemeindegebiete wohnhaften Wähler . . . 1896 und Verzeichnis der im Wiener Gemeindegebiete wohnhaften Wähler für die Wahlen in den Kultusvorstand und der Vertrauensmänner im Jahre 1906, CAHJP, AW 48/1 und 53/1.

42 Verzeichnis der im Wiener Gemeindegebiete wohnhaften Wähler . . . 1896, S. 86 (CAHJP, AW 48/1); Verzeichnis der im Wiener Gemeindegebiete wohnhaften Wähler . . . 1906, S. 156 (CAHJP, AW 53/1).

43 Jüdisch/tschechischer Ungleichheitsindex beruht auf jenen, deren Umgangssprache böhmisch oder mährisch war, und jenen, deren Religion die jüdische war; Zahlen angeführt in SJSW (1901), S. 50–51, 54.

44 SJSW (1901), S. 60. Die Bestimmung der genauen Anzahl von Tschechen in Wien ist problematisch. Sicher ist die wirkliche Zahl höher als die Zahl derer, die Tschechisch als ihre Umgangssprache angaben. Geburt in Wien und Anpassung an die deutsche Sprache verdunkeln die Anzahl der in der österreichischen Hauptstadt ansäßigen Tschechen. Dieses Problem betreffend siehe

Monika Glettler, Die Wiener Tschechen um 1900: Strukturanalyse einer nationalen Minderheit in der Großstadt (München–Wien, 1972), S. 29–31.

45 *Glettler*, S. 44, 54, 56–57; SJSW (1900), S. 54. Glettlers Zahlen sind etwas höher als die in SJSW.

46 *Glettler*, S. 54, 56–57.

47 *Hans Kohn*, „Before 1918 in the Historic Lands", in: The Jews of Czechoslovakia, 2 Bde. (Philadelphia, 1968), I, S. 17–18: *Ruth Kestenberg-Gladstein*, „The Jews between Czechs and Germans in the Historic Lands, 1848–1918", in: The Jews of Czechoslovakia, I, S. 32–34, 43–45; *Joseph Wechsberg*, The Vienna I Knew: Memories of a European Childhood (Garden City, N. Y., 1979), S. 148; *Cohen*, „Jews in German Society", S. 37.

48 In New York City zum Beispiel wohnten die deutschen Juden „Uptown" und die Ostjuden „Downtown". Siehe *Moses Rischin*, The Promised City: New York's Jews 1870–1914 (1962; Neudruck New York, 1970), S. 76–111; *Moore*, S. 21.

5. Bildung, Beweglichkeit und Assimilation

1 *Stefan Zweig*, Die Welt von gestern: Erinnerungen eines Europäers (Stockholm, 1944), S. 46

2 Ibid.

3 Siehe Tabelle 5:1. Betreffend den Anteil der Wiener jüdischen Bevölkerung siehe Tabelle 2:1.

4 Zweig selbst behauptet, daß für viele jüdische Bürger Geld nur ein Sprungbrett zu wirklichem Ansehen und intellektueller Karriere bedeutete (Zweig, S. 27) Er geht in seiner Behauptung zu weit, aber begriff die Tatsache des jüdischen Strebens nach Bildung im neunzehnten Jahrhundert.

5 Es gibt keine befriedigende Arbeit über mitteleuropäische Ausbildung. In Englisch siehe *James E. Russel*, German Higher Schools: Their History, Organization and Methods of Secondary Education in Germany (New York, 1899); *Frederick E. Bolton*, The Secondary System of Germany, International Education Series, 47 (s. e., s. n.). Beide Bücher gehen zurück auf *Friedrich Paulsen*, Geschichte des gelehrten Unterrichts auf den deutschen Schulen und Universitäten vom Ausgang des Mittelalters bis zur Gegenwart, 2. rev. Aufl. (Leipzig, 1896–1897). *Wilhelm Löwy*, Das Unterrichtswesen in Wien, Bd. II, Mittel- und Hochschulen (Wien, 1891) ist für die Geschichte gewisser spezieller Gymnasien brauchbar. Information über die klassengebundene Art der Ausbildung siehe *Russel*, S. 171.

6 Obwohl die meisten Soziologen annehmen, daß Bildung zu größerer Assimilation führt, gibt es wenig empirische Forschung auf diesem Gebiet. Siehe *Steven Martin Cohen*, „Socioeconomic Determinants of Interethnic Marriage and Friendship", Social Forces 55, (1977), S. 997–1010; und *Selma Berrol*, „Education and Economic Mobility: The Jewish Experience in New York City, 1880–1902", American Jewish Historical Quartely 65 (1975/76), S. 257–271.

7 Betreffend die Rolle der Ausbildung durch Gymnasien und Universität bei der Assimilation der deutschen Juden siehe *Monika Richarz*, Der Eintritt der Juden in die akademischen Berufe: Jüdische Studenten und Akademiker in Deutschland (Tübingen, 1974).

8 *Russel*, S. 74, 122; *Ernst Springer*, „Das Mittelschulwesen", in: 100 Jahre Unterrichts-Ministerium 1848–1948; Festschrift des Bundesministeriums für Unterricht in Wien (Wien, 1948), S. 115.

9 *Robert Kann*, A History of the Habsburg Empire, 1526–1918 (Berkeley, Calif., 1974), S. 351.

10 Curricula aus den Jahrbüchern der Gymnasien, zum Beispiel VII. Jahresbericht über das k.-k. Franz-Joseph-Gymnasium in Wien (I), 1880/81 (Wien, 1881), S. 58–63; Jahresbericht des k.-k. Sophien-Gymnasiums in Wien II, für das Schuljahr 1909/10 (Wien, 1910), S. 46; Jahresbericht des kais.-kön. Obergymnasiums zu den Schotten in Wien am Schlusse des Schuljahres 1896 (Wien, 1896), S. 91–97. Einen Vergleich mit preußischen Schulen siehe bei *Russel*, S. 123.

11 Siehe z. B. VII. Jahresbericht über das k.-k. Franz-Joseph-Gymnasium in Wien (I), 1880/81, S. 58–63.

12 Siehe z. B. Jahresbericht des kais. kön. Obergymnasiums zu den Schotten in Wien . . . 1896, S. 91–97, *Bolton*, S. 189.

13 *Jakob Katz,* Out of the Ghetto, The Social Background of Jewish Emancipation, 1770–1870 (Cambrigde, Mass., 1973), S. 162–164; *Raphael Mahler,* A History of Modern Jewry 1780–1815 (New York, 1971), S. 229–233.
14 *Katz,* S. 64–71.
15 *Mahler,* S. 152–172; *Katz,* S. 66–68, 124–131; *Michael A. Meyer,* The Origins of the Modern Jew: Jewish Identity and European Culture in Germany, 1749–1824 (Detroit, 1967), S. 11–56.
16 Betreffend den jüdischen Anteil an der Einwohnerschaft jedes Wiener Bezirkes siehe Tabelle 4:2.
17 *William J. McGrath,* Dionysian Art and Politics in Austria (New Haven, 1974), S. 27–33.
18 *Löwy,* S. 7.
19 *McGrath,* S. 27–32.
20 Alphonse de Rothschild war einer der Schüler, die 1896 am Theresianum die Matura ablegten, welche zum Universitätsstudium berechtigte. Siehe Jahresbericht des Gymnasiums der k.-k. Theresianischen Akademie in Wien, 1895/96 (Wien, 1896), S. 93.
21 Siehe Tabelle 2:1.
22 Beruht auf den Bevölkerungszahlen in Tabelle 2:1.
23 Curricula aus den Jahrbüchern verschiedener Wiener Realschulen, einschließlich Zweiter Jahresbericht über die k.-k. Staatsrealschule im IX. Wiener Gemeindebezirk, 1905/06 (Wien, 1906), S. 20–22; XI. Jahresbericht der II. k.-k. Staatsrealschule im II. Wiener Gemeindebezirke, veröffentlicht am Schlusse des Schuljahres 1913/14 (Wien, 1914), S. 48–51. Über preußische Realschulen siehe *Russel*, S. 127–128.
24 Öst. Stat. N. F. 8:2, S. 48–55. Schon 1875 bildeten Juden 45% der Schülerschaft in den deutschsprachigen Gymnasien Prags, Österreichisches statistisches Jahrbuch (1875), V, S. 32–37. In Prag besuchten Juden selten die tschechischen Schulen. 1910 waren nur 3,8% der Schüler in diesen Gymnasien Juden (Öst. Stat., N. F. 8:2, S. 52–55).
25 Öst. Stat. 70:3, S. 38–41. Zahlen für 1910 siehe Öst. Stat., N. F. 8:2, S. 56–59. In Lemberg besuchte kein Jude das ruthenisch-sprachige Gymnasium.
26 *Peter Hanak,* Hg., Magyarország története, 1890–1918 (Geschichte Ungarns), 2 Bde. (Budapest, 1978), II, S. 881–883. Ich möchte István Deák gerne für diese Information danken.
27 *Russel,* S. 190, 192, 427; *Bolton,* S. 33.
28 *Bolton,* S. 29; *Springer,* S. 120.
29 SJSW (1900), S. 397 Anm. Der Unterricht an preußischen Gymnasien war ziemlich ähnlich; siehe *Russel*, S. 152. Siehe unten eine Erörterung der Schulgeldbefreiung.
30 Diese Schulen wurden ausgewählt, da sie ausgezeichnete Einschreibunterlagen aus dem neunzehnten Jahrhundert besaßen. Das Franz-Joseph-Gymnasium ist nun das Bundesgymnasium I, Stubenbastei 6–8; das Erzherzog-Rainer Gymnasium ist nun das II. Bundesgymnasium, II, Wohlmuthgasse 3; und das Maximilian-Gymnasium ist nun das Bundesgymnasium IX, Wasagasse 10. Eine Besprechung der Auswahltechniken siehe Anhang I.
31 Öst. Stat., 3:2, S. 32–33; 35:4, S. 30–31; 70:3, S. 32–33.
32 Ibid.
33 *Russel,* S. 152.
34 Leider geben viele der untersuchten Unterlagen nicht an, ob der Schüler Schulgeldbefreiung erhielt oder nicht. Besonders das Wasagasse-Gymnasium auf dem Alsergrund vermerkte finanzielle Hilfe nicht auf den Schülerlisten. Nichtsdestoweniger stimmt diese Statistik mit dem Wiener Durchschnitt überein.
35 Um den Beruf der Väter nicht-jüdischer Schüler festzustellen, nahm ich eine Kontrollauswahl jedes vierten nicht-jüdischen Schülers an den Gymnasien der Inneren Stadt und der Leopoldstadt und jedes dritten nicht-jüdischen Schülers am Gymnasium des Alsergrunds der Jahre 1890/91.
36 Auch in Deutschland, fand David Drew, hatte das Gymnasium die Aufgabe, „nicht soziale Beweglichkeit, sondern vielmehr Fortbestand des Status zu bewirken“. Siehe *David Drew,* Town in the Ruhr: A Social History of Bochum, 1860–1914 (New York, 1979), S. 94. Kinder aus dem Arbeiterstand besuchten nur selten das Gymnasium (S. 93–94).
37 Da die Unterlagen der Gymnasien nur den Geburtsort und nicht den Ort der Heimat angaben, ist es unmöglich, herauszufinden, ob die in Wien geborenen Kinder jüdischer Zuwanderer nach Wien

ein Gymnasium besuchten und welche Gruppe Wiener Juden ihren Söhnen am ehesten höhere Bildung zukommen ließ.
38 Siehe Tabellen 2:5 und 2:10.
39 Andere Gymnasien betreffend siehe z. B. V. Jahresbericht über das k.-k. Staatsgymnasium in Wien, IV. Bezirk, für das Schuljahr 1889/90 (Wien, 1890), S. 46–48; XXV. Jahresbericht über das k.-k. Elisabeth-Gymnasium in Wien für das Schuljahr 1909/10 (Wien, 1910), S. 27–30; Jahresbericht des k.-k. Staatsgymnasiums im XIX. Bezirke für das Schuljahr 1895/96 (Wien, 1896), S. 51–55.
40 Jahresbericht des Gymnasiums der k.-k. Theresianischen Akademie in Wien 1895/96 (Wien, 1896), S. 77–81.
41 Jahresbericht des k.-k. Obergymnasiums zu den Schotten am Schlusse des Schuljahres 1911/12, (Wien, 1912), S. 74; Jahresbericht des k.-k. Obergymnasiums zu den Schotten in Wien am Schlusse des Schuljahres 1896 (Wien, 1896), S. 114–118.
42 SJSW (1910), S. 390.
43 Vierter Jahresbericht des k.-k. Staatsgymnasiums im XIII. Bezirke in Wien, 1903/04 (Wien, 1904), S. 14–16.
44 Zwölfter Jahresbericht des k.-k. Staatsgymnasiums in Hernals, 1885/86 (Wien, 1886), S. 47–49; Zweiundzwanzigster Jahresbericht des k.-k. Staatsgymnasiums im XVII. Bezirke von Wien (Hernals), 1895/96 (Wien 1896), S. 49–51.
45 Achter Jahresbericht des k.-k. Staatsgymnasiums im XII. Bezirke von Wien (Unter-Meidling), 1890/91 (Wien, 1891), S. 39–43; Achtundzwanzigster Jahresbericht des k.-k. Carl-Ludwig-Gymnasiums in Wien XII für das Schuljahr 1910/11, (Wien, 1911), S. 46–48.
46 Öst. Stat., 28:4, S. 80–99.
47 SJSW (1910), S. 412–425; *Monika Glettler,* Die Wiener Tschechen um 1900: Strukturanalyse einer nationalen Minderheit in der Großstadt (München–Wien, 1972), S. 65–66.
48 Für 1890 siehe Öst. Stat., 35:4, S. 114–125.
49 *Bolton,* S. 277–297; *Russel,* S. 129–132.
50 Jahresbericht des Mädchen-Lyzeums am Kohlmarkt in Wien der Frau Dr. phil. Eugenie Schwarzwald . . . veröffentlicht am Schlusse des Schuljahres 1905/06 (Wien, 1906), S. 16; Jahresbericht des Cottage-Lyzeums XIX, 1912–1913, (Wien, 1913), S. 48.
51 Betreffend Curricula siehe z. B. Jahresbericht des Mädchen-Lyzeums . . . Eugenie Schwarzwald . . . 1905/06, S. 42; Jahresbericht des Cottage-Lyzeums XIX, 1912/13, S. 24; Neunter Jahresbericht des öffentlichen Mädchen Lyzeums im IX. Bezirke, 1914/15 (Wien, 1915), S. 18. Für preußische Mädchen-Lyzeen siehe *Russel,* S. 131, und *Bolton,* S. 295–297.
52 *Bolton,* S. 286, 292, 295–297, 187–263.
53 Zehnter Jahresbericht der gymnasialen Mädchenschule des Vereines für erweiterte Frauenbildung am Schlusse des Schuljahres 1902 (Wien, 1902), S. 1–2; 19. Jahresbericht des Mädchen-Obergymnasiums . . . des Vereins für erweiterte Frauenbildung am Schlusse des Schuljahres 1910/11 (Wien 1911), S. 13; I. Jahresbericht des Vereines für realgymnasialen Mädchenunterricht (Wien VIII), 1912/13 (Wien, 1913), S. 3–4.
54 Österreichisches Städtebuch (1897), VII, S. 89.
55 Unterlagen im Hauptkatalog des öff. Mädchen-Lyzeums Eugenie Schwarzwald, 1890/91 und 1910/11, Stadtschulrat der Stadt Wien. Zu den Auswahltechniken siehe Anhang I.
56 Eine Erörterung der Rolle weltlicher Erziehung bei der Ablenkung von Juden von gemeinschaftlichen Zielen siehe *Cohen,* S. 998.
57 *Arthur Schnitzler,* Jugend in Wien: Eine Autobiographie (Wien–München–Zürich, 1968), S. 81
58 *Sigmund Mayer,* Ein jüdischer Kaufmann 1831–1911: Lebenserinnerungen (Leipzig, 1911), S. 101.
59 *Zweig,* S. 47.
60 *Arnold Höllriegl,* „Die Fahrt auf dem Katarakt" (unveröffentlichte Memoiren, Leo Baeck Institut, s. d.), S. 13.
61 *Zweig,* S. 55–79.
62 Ibid. S. 60.
63 *Schnitzler,* S. 82
64 Eine interessante Behandlung des Themas der jüdischen Anerkennung des christlichen Charak-

ters der Wiener Schulen siehe „Der christliche Charakter der öffentlichen Schulen", Neuzeit 26, Nr. 2, (2. Juli 1886), S. 251-252.

65 *Schnitzler,* S. 50.

66 *Höllriegel,* S. 14.

67 Ibid., S. 35 und passim.

68 *Schnitzler,* S. 78.

6. Mischehen und Glaubensübertritt

1 *Marshall Sklare,* America's Jews (New York, 1971), S. 202–203; *Fred Solomon Sherrow*, „Patterns of religious intermarriage among American College Graduates" (Ph. D. Dissertation, Columbia University, 1971), S. 71.

2 *Milton Gordon,* Assimilation in American Life: The Role of Race, Religion and National Origins (New York, 1964), S. 80–81. Siehe auch *Arthur Ruppin*, The Jewish Fate and Future, Übers. E. W. Dickes (London, 1940), S. 114.

3 Vor dem neunzehnten Jahrhundert waren die einzigen Ausnahme dieser Verallgemeinerung die spanischen Gesetze der limpieza de sangre, der Einheit des Blutes, die im fünfzehnten und sechzehnten Jahrhundert erlassen wurden, um Abkömmlinge jüdischer Konvertiten von bestimmten Stellungen fernzuhalten. Siehe *Yosef Hayim Yerushalmi*, From Spanish Court to Italian Ghetto: Isaac Cardoso, A Study in Seventeenth Century Marranism and Jewish Apologetics (New York, 1971), S. 12, 14–16.

4 *Leo Goldhammer,* Die Juden Wiens: eine statistische Studie (Wien–Leipzig, 1927), S. 17; *Arthur Ruppin,* The Jews of Today, Übers. Margery Bentwich (New York, 1913), S. 166; *Jakob Thon,* „Taufbewegung der Juden in Österreich", ZDSJ 4, Nr. 1 (Jänner 1908), S. 7.

5 SJSW (1910), S. 50.

6 *Gary B. Cohen,* The Politics of Ethnic Survival: Germans in Prague, 1861–1914 (Princeton, N. J., 1981), S. 80; und idem, „Jews in German Society: Prague, 1860–1914", Central European History 10 (1977), S. 47–48. In Prag wurde 1881 nur eine Ehe zwischen Jude und Nichtjude geschlossen, und auch 1911 waren es nur dreißig. In Budapest hingegen vermählten sich 1900 11,8% der jüdischen Männer und 13,5% der jüdischen Frauen, die eine Ehe eingingen, mit Nichtjuden. Publication statistiques hongroises, n. s. 7 (1900–1902), S. 30–31.

7 *Arthur Ruppin,* Soziologie der Juden, 2 Bde. (Berlin, 1930), I, S. 211. Über amerikanische Judenschaft siehe *Sherrow*, S. 7; *Steven Martin Cohen*, „Patterns of Interethnic Marriage and Friendship in the United States" (Ph. D. Dissertation, Columbia University, 1974), S. 51, 92, 177.

8 In seiner Arbeit über Mischehe in den Vereinigten Staaten behauptet Steven Martin Cohen auch, daß „Überlebenskampf-Ideologie", Konzentrierung des Wohnsitzes und Organisationsstrukturen als wichtige „Bremsen" bei Heiraten zwischen Angehörigen verschiedener Volksgruppen oder Religionen dienten (S. 15–20, 292).

9 Soziologen stellten auch ein Fehlen einer stärkeren Wechselbeziehung zwischen höherem sozialen Status und jüdischer Mischehe im heutigen Amerika fest. Sherrow zum Beispiel entdeckte, daß die Mischehenrate der Kinder von Freiberuflern und von Arbeitern in einer 1961 aufgestellten Auswahl jüdischer College-Absolventen gleich war (S. 118–119). Siehe auch *Steven Martin Cohen*, S. 172, 205–212.

10 *Sklare,* S. 201.

11 In ihrer Rolle als Registrationsstelle aller Juden betreffenden Heiraten erfaßte die IKG auch Eheschließungen zwischen Juden und konfessionslosen Partnern. Von den 894 Heiraten in der Auswahl, die ich von diesen Aufzeichnungen nahm, bestanden 24 (2,7%) aus jüdischen Bräuten und konfessionslosen Bräutigamen und 30 (3,4%) aus jüdischen Bräutigamen und konfessionslosen Bräuten – Proportionen, die zeigen, daß die IKG tatsächlich alle Mischehen erfaßte. Da die veröffentlichten Statistiken nicht den sozialen Hintergrund der Mischehen schließenden Paare erwähnten, basiert die Erörterung hier auf diesen 54 Männern und Frauen.

12 *Goldhammer,* S. 29. Das österreichische Staatsgrundgesetz vom 25. Mai 1868 erlaubte allen Personen über vierzehn Jahren die freie Wahl der Religionsausübung. Kinder unter sieben Jahren konvertierten automatisch mit ihren Eltern; Kinder zwischen sieben und vierzehn Jahren konnten nicht übertreten. Siehe Anmerkung in der Abteilung „Konfessionsänderungen" in jeder SJSW; z. b. 1896, S. 341.

13 *Jakob Thon,* Die Juden in Österreich (Berlin, 1908), S. 9.

14 Ibid., S. 76, 78; *Gary B. Cohen,* Politics of Ethnic Survival, S. 78, 80; idem, „Jews in German Society", S. 48. Die Tatsache, daß in der deutschen Gesellschaft Prags die Juden als Juden und Gleichberechtigte anerkannt wurden, erklärt wahrscheinlich das praktisch Nichtvorhandensein von Konversion in der böhmischen Hauptstadt.

15 *N. Samter,* Judentaufen im 19. Jahrhundert mit besonderer Berücksichtigung Preussens (Berlin, 1906), S. 77, 146–147.

16 *Guido Kisch,* Judentaufen: eine historisch-biographisch-Psychologisch-soziologische Studie, besonders für Berlin und Königsberg (Berlin, 1973), S. 22-24; *Samter,* S. 78–79; *Jakob Thon,* „Taufbewegung", S. 7–9: *Goldhammer,* S. 31–32.

17 *Jacob Katz,* Out of the Ghetto: The Social Background of Jewish Emancipation, 1770–1870 (Cambridge, Mass., 1973), S. 106–107.

18 Ibid., S. 110.

19 Ibid., S. 115–119; *Michael A. Meyer,* The Origins of Modern Jew: Jewish Identity and European Culture in Germany, 1749–1824 (Detroit, 1967), S. 70–75.

20 Über den Vater von Marx siehe *Saul K. Padover,* „The Baptism of Marx's Family", Midstream 24, Nr. 6 (Juni/Juli 1978), S. 36–44. Heines Übertritt wird bei *Meyer,* S. 172–173, besprochen.

21 *A. Menes,* „The Conversion Movement in Prussia during the First Half of the 19th Century", YIVO Annual of Jewish Social Science 6 (1951), S. 187–205. Menes schätzt (S. 191), daß zwischen 1812 und 1846 in Preußen 3.171 Juden übergetreten sind. Für das ganz frühe neunzehnte Jahrhundert gibt es keine verläßlichen Statistiken. *Katz,* S. 121–122, zitiert Friedländers Behauptung, daß in den fünf bis acht Jahren vor 1811 in Berlin 50 Juden aus einer Gemeinde von 450 Familien konvertiert hatten.

22 Siehe besonders *Uriel Tal,* Christians and Jews in Germany: Religion, Politics, and Ideology in the Second Reich, 1870–1914, Übers. Noah Jonathan Jacobs (Ithaca, N. Y. und London, 1975), bes. S. 33; *Samter,* S. 4–13; *Kisch,* S. 21–37.

23 *Sigmund Mayer,* Ein jüdischer Kaufmann 1831 bis 1911: Lebenserinnerungen (Leipzig, 1911), S. 159.

24 *Alma Mahler,* Gustav Mahler: Erinnerungen und Briefe (Amsterdam, 1940), S. 58–59.

25 Ibid., S. 125. Seltsamerweise ignorieren Mahlers englische Biographen Alma Mahlers Aussage.

26 *George Clare,* Last Waltz in Vienna: The Rise an Destruction of a Family, 1842–1942 (New York, 1982), S. 21–22.

27 *Mayer,* S. 158–159.

28 *Julius Braunthal,* Victor und Friedrich Adler: Zwei Generationen Arbeiterbewegung (Wien, 1965), S. 17–20.

29 Wie in ibid., S. 20 Anm. zitiert.

30 *Wilma Abeles Iggers,* Karl Kraus: A Viennese Critic of the Twentieth Century (Den Haag, 1967), S. 179–180, 214–215; *Frank Field,* The last Days of Mankind: Karl Kraus and His Vienna (New York, 1967), S. 7, 23: *Harry Zoon,* Karl Kraus (New York, 1971), S. 17, 23 Anm.; *Robert Wistrich,* „Karl Kraus: Jewish Prophet or Renegade", European Judaism (Juni 1975), S. 32–38; *Hans Kohn,* Karl Kraus, Arthur Schnitzler, Otto Weininger: Aus dem jüdischen Wien der Jahrhundertwende (Tübingen, 1962), S. 12.

31 OW 19, Nr. 16 (18. April 1902), S. 253–255, und Nr. 17 (25. April 1902), S. 273–275.

32 Z. B. Die Welt 9, Nr. 19 (1905) enthielt eine Liste der vom Judentum Ausgetretenen von März bis Mai 1905.

33 „Die Judentaufen in Wien und Galizien", NNZ (17. Juli 1908), S. 5–6; „Los von Juda", JV (21. Juli 1905), S. 1–2, sind nur zwei Beispiele dieses Themas.

34 JV (31. Oktober 1902), S. 1

35 JV (24. Oktober 1902), S. 1

36 In Preußen ließen sich im frühen neunzehnten Jahrhundert auch viele Juden der unteren Schichten taufen (*Menes*, S. 190).

37 Siehe den Streit in ZDSJ von 1914 zwischen *Maximilian Paul-Schiff*, „Die statistischen Ziffern für Austritte aus dem Judentum und Mischehen"", ZDSJ 10, Nr. 3 (März 1914), S. 46–48; und *Horator*, „Die statistischen Ziffern für Austritte aus dem Judentum und Mischehen", ZDSJ 10, Nr. 7/8 (Juli/August 1914), S. 116–118.

38 Siehe die Erörterung unten und Anm. 49.

39 SJSW (1885), S. 164–165; SJSW (1896), S. 344–345; SJSW (1906), S. 367–374.

40 Ibid. z. B. wurden 52% der Frauen, die das Judentum 1906 verließen, Katholiken, im Gegensatz zu nur 36,5% der männlichen Konvertiten dieses Jahres.

41 Diese Stichprobe wurde aus zwei weiteren Stichproben zusammengesetzt, eine aus den Unterlagen über Übertritte, die von der IKG für die Jahre 1890, 1900 und 1910 aufbewahrt wurden, die andere aus neun ausgesuchten katholischen Pfarrbezirken in der Leopoldstadt (II), der Inneren Stadt und dem Alsergrund (IX) 1870, 1880, 1890, 1900 und 1910. Betreffend die Technik der Stichprobenerhebung und die Standorte dieser Pfarrbezirke siehe Anhang I. Es war notwendig, diese Erhebung durchzuführen, da die meisten veröffentlichten Statistiken keine Mitteilung über den sozialen Hintergrund der Konvertiten machten.

42 Das Geschlecht zweier Konvertiten konnte nicht festgestellt werden, da ihre Vornamen unleserlich oder nicht angegeben waren.

43 Diese Zahlen stimmen mit den veröffentlichten Statistiken überein. Sie z. B. SJSW (1896), S. 344–345, und SJSW (1906), S. 367–374.

44 Diese Zahlen gleichen vollkommen jenen in den veröffentlichten Statistiken, ibid.

45 1906 war das einzige Jahr, in dem SJSW eine berufliche Einteilung der jüdischen Konvertiten vornimmt (S. 372–373), und seine Zahlen differieren etwas mit meinen Feststellungen. Von den 364 jüdischen Männern, die in jenem Jahr übertraten, waren 3% Staatsbeamte, 18,7% Freiberufler, 11% Studenten, 11,5% Kaufleute, 26,1% Handelsangestellte, 3,6% Handwerker oder Industrielle, 12,4% Arbeiter und 13,7% ohne Beruf. In den offiziellen Statistiken scheinen deutlich mehr Konvertiten aus der Arbeiterklasse auf als in den Unterlagen, die ich benützte.

46 Einer der Konvertiten von 1910, Sam Nuchim aus Brody, Galizien, war „Talmudist", ein Talmudforscher. Entweder war Nuchim sarkastisch, oder er trat aus echter religiöser Überzeugung über.

47 Siehe *Marsha L. Rozenblit*, „The Assertion of Identity-Jewish Student Nationalism at the University of Vienna before the First World War", LBIYB 27 (1982), S. 171–186.

48 *John Boyer*, Political Radicalism in Late Imperial Vienna: Origins of the Christian Social Movement 1848–1897 (Chikago–London, 1981), S. 40–121.

49 Das Beispiel wurde aus den IKG-Unterlagen über Proselyten zum Judentum jener Jahre zusammengestellt. Diese Stichprobe enthielt alle Konvertiten zum Judentum im Erhebungsjahr.

50 *Ruppin*, The Jews of Today, S. 186, 188. Ruppin ging natürlich viel zu weit mit seiner Behauptung, daß Wien eine „Metropole von Konvertiten" sei (S. 186).

51 Adressen von Konvertiten, die in Lehmanns Allgemeinem Wohnungs-Anzeiger nebst Handels- und Gewerbe-Adressbuch für die k.-k. Reichshaupt- und Residenzstadt Wien und Umgebung für 1881, 1890, 1900 und 1910 gefunden wurden. Namensgleichheit erschwerte das Aufspüren beträchtlich.

52 *Peter Gay*, „Encounter with Modernism: German Jews in Wilhelmine Culture", in: *Freud*, Jews and Other Germans: Masters and Victims in Modernist Culture (Oxford–New York, 1978), S. 78; idem, „The Berlin Jewish Spirit: A Dogma in Search of some Doubts", in: ibid., S. 174.

53 Über rassischen Antisemitismus siehe *George L. Mosse*, Toward the Final Solution: A History of European Racism (New York, 1978); idem, The Crisis of German Ideology: Intellectual Origins of the Third Reich (New York, 1964); *Tal*, S. 259–289; *Geoffrey G. Field*, Evangelist of Race: The Germanic Vision of Houston Stewart Chamberlain (New York, 1981). Die klassische Aussage über den rassischen Antisemitismus wurde von *Houston Stewart Chamberlain* getan, in: Die Grundlagen des neunzehnten Jahrhunderts, 2. Auflage (München, 1900).

54 *Arthur Schnitzler*, Der Weg ins Freie (Berlin, 1908), S. 139.

55 *Alma Mahler*, S. 125–126, 35.

56 Ibid., S. 135.

57 *Arnold Schönberg,* Briefe, ausgewählt und herausgegeben von Erwin Stein (Mainz, 1958), S. 90.
58 *Lucy Dawidowicz,* „Arnold Schönberg: A Search for Jewish Identity" in: The Jewish Presence: Essays on Identity and History (New York, 1977), S. 32–45.
59 Siehe Anmerkung 49.

7. Organisationsstrukturen und jüdische Identität

1 Siehe *Salo W. Baron*, The Jewish Community, 3 Bde. (Philadelphia, 1942); *Harriet Pass Freidenreich,* The Jews of Yugoslavia: A Quest for Community (Philadelphia, 1979); oder *Paula Hyman*, From Dreyfus to Vichy: The Remaking of French Jewry, 1906–1939 (New York, 1979). Die meisten ethnischen Gruppen bilden ein Netzwerk freiwilliger Organisationen. In Wien bildeten auch die Tschechen viele Vereine, die ihren sozialen und politischen Bedürfnissen entgegenkamen. Siehe *Monika Glettler*, Die Wiener Tschechen um 1900: Strukturanalyse einer nationalen Minderheit in der Großstadt (München–Wien, 1972).
2 *Gustav Adolph Schimmer,* Statistik des Judenthums in den im Reichsrathe vertretenen Königreichen und Ländern (Wien, 1873), S. 16–20; *Israel Jeiteles,* Die Kultusgemeinde der Israeliten in Wien mit Benützung des statistischen Volkszählungsoperatus vom Jahre 1869 (Wien, 1873), S. 85–96; Neuzeit (25. April 1890), S. 161–162; (2. Mai 1890), S. 171–172.
3 *N. M. Gelber,* „The Sephardic Community in Vienna", Jewish Social Studies 10 (1948), S. 359–396; *Mordche Schlome Schleischer,* „Geschichte der spaniolischen Juden in Wien" (Ph. D. Dissertation, Wiener Universität, 1934?); *M. Papo,* „The Sephardi Community of Vienna", in: *Josef Fraenkel,* Hg., The Jews of Austria: Essays on Their Life, History and Destruction (London, 1967), S. 327–346: *Adolf von Zemlinszky,* Geschichte der türkisch-israelitischen Gemeinde zu Wien: von ihrer Gründung bis heute nach historischen Daten (Wien, 1888).
4 Siehe z. B. Gemeindevorstände von 1868, 1880, 1888, 1896 und 1904 in: Neuzeit (13. Dezember 1867), S. 579–580; (10. Jänner 1868), S. 16; (13. Jänner 1888); „Wahlergebnisse 1896", CAHJP, AW 48/7; „Konstituierung des neuen Vorstandes, 1896", CAHJP, AW 48/10; „Konstituierung des neuen Vorstandes, 1904", CAHJP, AW 52/12; OW 13, Nr. 48 (27. November 1896), S. 956. Die lange Amtsdauer der IKG-Vorstandsmitglieder geht aus einem Vergleich der Vorstandsmitgliederlisten jener Jahre hervor. Gustav Kohn, zum Beispiel, wurde 1884 in den Vorstand gewählt (Neuzeit, 5. Dezember 1884) und befand sich 1904 immer noch im Gemeindevorstand. In den meisten jüdischen Gemeinden Europas waren die Vorstandsmitglieder wohlhabende Kaufleute, Industrielle oder Anwälte. Siehe zum Beispiel *Freidenreich*. S. 79–81.
5 „Unterstützungen und Subventionen, 1895", CAHJP, AW 901/10; „Unterstützungen und Subventionen, 1905", CAHJP, AW 901/110. Ein vollständiges Verzeichnis jüdischer Wohltätigkeitsorganisationen in Wien siehe Anhang II. Statuten und Jahresberichte dieser Vereine in CAHJP, AW.
6 „Statuten des Vereines zur Beförderung der Handwerke unter den inländischen Israeliten in Wien, 1888", CAHJP, AW 2189/4; „Bericht des Vereins zur Beförderung der Handwerke unter den inländischen Israeliten, 1910", CAHJP, AW 2190/1; Berichte dieser Organisation aus den Jahren 1880, 1890 und 1905 in AW 2191/30, 38, 50. Über die Gründung der Allianz siehe *Zosa Szajkowski*, „Conflicts in the Alliance isrealite universelle, and the Founding of the Anglo-Jewish Association, the Vienna Allianz, and the Hilfsverein", Jewish Social Studies 19 (1957), S. 29–50.
7 „Statuten der israelitischen Allianz zu Wien, 1873", CAHJP, AW 2824, und Jahresberichte der Allianz in AW 2828.
8 OW 4, Nr. 5 (4. Februar 1887), S. 71; OW 9, Nr. 23 (13. Juni 1892), S. 402; OW 8, Nr. 16 (17. April 1891); Neuzeit (18. August 1899), S. 330–331; U. O. B. B. Humanitätsverein „Wien", Festschrift zur Feier des fünfundzwanzigsten Bestandes, 1895–1920 (Wien, 1920), S. 107.
9 „IX. Jahres-Bericht des Vereines zur Hebung der Gewerbe in Wien, 1899", CAHJP, AW 2882; OW 8, Nr. 21 (29. Mai 1891), S. 381; Nr. 47 (27. November 1891), S. 873; Neuzeit (28. April 1899), S. 171–172. Diese beiden Zeitungen berichteten regelmäßig über alle Wiener jüdischen Wohlfahrtseinrichtungen.

10 U. O. B. B., Humanitätsverein „Wien“, Festschrift, S. 23–24, 29–30, 33; Festschrift anläßlich des fünfundzwanzigjährigen Bestandes des israelitischen Humanitätsvereines „Eintracht“ (B'nai B'rith) Wien, 1903–1928 (Wien 1928), S. 11, 13; „Zwecke und Ziele der Vereinigungen B'nai B'rith“, und „Was Wir Wollen“, Vierteljahres-Bericht für die Mitglieder der österreichisch-israelitischen Humanitätsvereine „B'nai B'rith“ 1, Nr. 1 (Oktober 1897), S. 1–2, 3–7; „Betrachtungen über den Stand der B'nai B'rith am Ende des Jahrhunderts“, Vierteljahres-Bericht . . . „B'nai B'rith“ 2, Nr. 4 (Dezember 1899), S. 139.

11 U. O. B. B., Humanitätsverein „Wien“, Festschrift, S. 80–85, 107; Festschrift . . . des Humanitätsvereines Eintracht (B'nai B'rith), S. 17–24; Vierteljahres-Bericht . . . „B'nai B'rith“ 2, Nr. 4 (Dezember 1899), S. 155–157, 160–165; Zweimonats-Bericht für die Mitglieder der österreich-israelitischen Humanitätsvereine „B'nai B'rith“ 14, Nr. 1 (Jänner 1911), S. 21–23, 31–34. Eine Untersuchung der Bedeutung von B'nai B'rith für Sigmund Freud siehe bei *Dennis B. Klein*, Jewish Origins of the Psychoanalytic Movement (New York, 1981), S. 69–102.

12 „Die Gründung des jüdischen Jugendbundes in Wien“, Zweimonats-Bericht „B'nai B'rith“ 14, Nr. 3 (März 1911), S. 146–147.

13 Statuten und Jahresberichte der meisten Wiener jüdischen Wohlfahrtsvereine sind im CAHJP, AW, zu finden. Die Aktenzahlen dieser beiden Organisationen sind 2257, 2887, 2888. Ein vollständiges Verzeichnis jüdischer Wohlfahrtsorganisationen in Anhang II.

14 Statuten und Jahresberichte weiblicher philanthropischer Organisationen in CAHJP, AW 2216, 2232, 2235, 2236, 2253, 2267, 2297, 2361, etc. Siehe auch OW 18, Nr. 4 (27. Jänner 1911), S. 63, betreffend die Beschreibung einiger Aufgaben dieser Vereine.

15 CAHJP, Wiener Sammlung, enthält die Statuten der Landsmannschaften von Austerlitz (AW 2331, 2332), Brody (AW 2294, 2295), Frauenkirchen (AW 2334, 2335), Eisenstadt (AW 2325, 2326), Holleschau (AW 2338, 2339, 2340), Lemberg (AW 2312), Mattersdorf (AW 2289, 2290), Schaffa (AW 2270), Tarnow (AW 2305, 2306), Trebitsch (AW 2337, 2338) und Triesch (AW 2345, 2346, 2347). Eine Untersuchung der Rolle der Landsmannschaften in der Pariser jüdischen Gemeinde siehe bei *Hyman*, S. 79–81.

16 In den frühen achtziger Jahren wurde eine jüdische Zeitung, der Wiener Israelit, auf Deutsch in hebräischer Schrift herausgegeben. Die Zeitung war jedoch nicht in Jiddisch.

17 JV (26. Mai 1905); OW 22, Nr. 18 (5. Mai 1905), S. 284; JZ (7. Februar 1908), S. 7; (6. März 1908), S. 8. Über lebendiges jiddisches Kulturleben in New York siehe *Irving Howe*, World of Our Fathers (New York–London, 1976), S. 417–459.

18 Das Jiddische Theater inserierte wöchentlich in JZ und OW.

19 OW 9, Nr. 49 (2. Dezember 1892), S. 885–886; Nr. 47 (18. November 1892), S. 859; Nr. 7 (12. Februar 1892), S. 118; Neuzeit (18. Dezember 1891), S. 493; Statuten des israelitischen Synagogen-Vereines Beth-Israel nach polnisch-jüdischem Ritus in Wien, 1906, CAHJP, AW 1421/1; VIII. und IX. Jahresbericht des israelit. Bethaus-Vereines Beth-Israel für die Jahre 1889 und 1890, CAHJP, AW 1423/1.

20 X. und XI. Jahresbericht des israelit. Bethaus-Vereines Beth Israel für die Jahre 1891 und 1892, CAHJP, AW 1423/1, S. 1–7; Neuzeit (18. Dezember 1891), S. 492–493; OW 9, Nr. 7 (12. Februar 1892), S. 118; Nr. 45 (4. November 1892), S. 813; OW 10, Nr. 10 (10. März 1893), S. 175–176; Neuzeit (10. März 1893), S. 93–94; (8. September 1893), S. 359; (15. September 1893), S. 368–370.

21 *J. Grobtuch,* Eine Organisation der galizischen Juden in Wien“, OW 25, Nr. 16 (17. April 1908), S. 292–293.

22 Dr. K., „Zur Organisation der galizischen Juden in Wien“, NNZ, (29. Mai 1908), S. 3–4.

23 NNZ (10. Juni 1910), S. 1–2; (24. Juni 1910), S. 4

24 OW 20, Nr. 46 (13. November 1903), S. 735; Die Welt (4. Dezember 1903), S. 13; NNZ (3. Mai 1907), S. 10; (10. Mai 1907), S. 10; (26. Juli 1907), S. 10; Statuten des Vereines Machsike Hadath in Wien, 1907, CAHJP, AW 1424; Encyclopedia Judaica (1970), XI, S. 730–731.

25 Theodor Herzl, der Begründer des politischen Zionismus, hatte in seiner Wohnung sogar einen Christbaum. Siehe *Almos Elon*, Herzl (New York, 1975), S. 174. Ein interessantes Beispiel darüber, wie Zionisten ihre eigene assimilatorische Vorgeschichte empfanden, siehe bei *Isidor Schalit*, „Erinnerungen“ von Kadimah (Manuskript), CZA, A 196/19, S. 14.

26 Eine Untersuchung der integrationistischen Haltung der französischen und deutschen Judenschaft siehe bei *Hyman*, S. 1–11. *Michael R. Marrus*, The Politics of Assimilation: A Study of the French Jewish Community at the Time of the Dreyfus Affair (Oxford, 1971); und *Ismar Schorsch*, Jewish Reactions to the German Anti-Semitism, 1870–1914 (New York, 1972), S. 1–3.
27 Neuzeit (22. August 1884), S. 313–314.
28 Neuzeit (10. März 1893), S. 113.
29 Neuzeit (13. Mai 1870), S. 209–211; siehe auch Neuzeit (22. August 1884), S. 313–314.
30 Über die jüdische Identität des Centralvereins siehe *Schorsch*, S. 117, 135–148.
31 *Joseph S. Bloch*, Erinnerungen aus meinem Leben (Wien–Leipzig, 1922), S. 59–141. Alle historischen Standardwerke über das Wiener Judentum befassen sich mit der Bloch-Rohling-Affäre, vgl. *Max Grundwald*, Vienna (Philadelphia, 1936), S. 430–437; *Hans Tietze*, Die Juden Wiens: Geschichte–Wirtschaft–Kultur (Leipzig–Wien, 1933), S. 243–245.
32 *Bloch*, S. 176–187. Bloch wählte den Titel Österreichische Wochenschrift in bewußtem Gegensatz zu Heinrich Friedjungs Zeitschrift Deutsche Wochenschrift, die nach Blochs Meinung deutschen Nationalismus unter den Juden verbreitete. Bloch forderte, die Juden sollten sich selbst als Österreicher erklären (S. 190). Die Zeitung änderte ihren Namen mehrmals und wurde nach 1896 häufig Dr. Blochs Wochenschrift oder Dr. Blochs Österreichische Wochenschrift genannt.
33 *Bloch*, S. 190–191.
34 Ibid., S. 193; OW 1, Nr. 5 (21. November 1884), S. 1.
35 OW 1, Nr. 1 (15. Oktober 1884), S. 1–3; *Bloch*, S. 197.
36 OW 2, Nr. 14 (10. April 1885), S. 1; *Bloch*, S. 197–199.
37 OW 3, Nr. 17 (30. April 1886), S. 193–195.
38 Statuten des Vereines Österreichisch-Israelitischer Union in Wien, 1886, CAHJP, AW 2862, OW 3, Nr. 17 (30. April 1886), S. 193–195, *Bloch*, S. 201–202.
39 OW 3, Nr. 17 (30. April 1886), S. 193–195.
40 Ibid.
41 MITOIU 1, Nr. 1 (Oktober 1889), S. 2–3; MITOIU 8, Nr. 81 (Mai 1896), S. 4.
42 MITOIU 6, Nr. 69 (März 1895), S. 2; OW 15, Nr. 17 (29. April 1898), S. 322–324; MITOIU 10, Nr. 105 (Mai 1898), S. 3–11: Über die Verteidigungsaktivitäten des Centralvereins in Deutschland siehe *Schorsch*, S. 123–135; und *Jehuda Reinharz*, Fatherland or Promised Land: The Dilemma of the German Jew, 1893–1914 (Ann Arbor, Mich., 1975), S. 59–89.
43 MITOIU 10, Nr. 105 (Mai 1898), S. 3.
44 MONOIU 13, Nr. 5/6 (Mai/Juni 1901), S. 1–18; MONOIU 22, Nr. 2 (Februar 1910), S. 1–3; MONOIU 15, Nr. 5 (Mai 1903), S. 6; MONOIU 17, Nr. 5 (Mai 1905), S. 1–20; *Sigmund Mayer*, Ein jüdischer Kaufmann 1831–1911: Lebenserinnerungen (Leipzig, 1911) Kap. 8. Die Verteidigungsaktivitäten der OIU wurden ebenfalls regelmäßig in OW besprochen.
45 *Maximilian Paul-Schiff*, „Die Aufgaben der Österreichisch-Israelitischen Union", MONOIU 13, Nr. 11 (November 1901), S. 3
46 MONOIU 15, Nr. 2/3 (Februar/März 1903), S. 9–10; CAHJP, AW 2863/2.
47 MONOIU 22, Nr. 2 (Februar 1910), S. 1–3; MONOIU 22, Nr. 6/7, (Juni/Juli 1910), S. 9.
48 MONOIU, Festschrift zur Feier des 25-jährigen Jubiläums der Österreich-Israelitischen Union, 17. April 1910, S. 3–6, 31; MONOIU 22, Nr. 5 (Mai 1910), S. 5, 9–10.
49 OW 1, Nr. 4 (14. November 1884), S. 6.
50 JZ (29. April 1910), S. 1–2.
51 NNZ (10. Mai 1907), S. 7–8.
52 NNZ (15. Dezember 1911).
53 NNZ (10. Mai 1907), S. 8.
54 *Mayer*, S. 289.
55 Ibid., S. 308, 309–346, Zitat auf S. 342.
56 *Schorsch*, S. 117, 135–148, 195–209.
57 Über den Antisemitismus an der Universität siehe *Peter G. J. Pulzer*, The Rise of Political Anti-Semitism in Germany and Austria (New York, 1964), S. 251–257; *Andrew G. Whiteside*, The Socialism of Fools: Georg Ritter von Schönerer and Austrian Pan-Germanism (Berkeley, Calif., 1975), S. 43–63, 93, 99–101 und passim. Die jüdische Presse berichtete regelmäßig über antisemiti-

sche Gewalttätigkeiten an der Universität. Siehe z. b. JZ (23. Mai 1912), S. 1–2; (27. Juni 1913), S. 2–3; (11. Juli 1913), S. 1.

58 Untersuchung der jüdisch-nationalen und zionistischen Organisationen, siehe unten.

59 Briefe des Jüdisch-Akademischen Juristenvereins und des Akademischen Vereins jüdischer Mediziner, 1912, in denen Unterstützung von der IKG verlangt wurde, CAHJP, AW 1536/5; OW 28, Nr. 46 (12. November 1911), S. 759–760. Jüdische Studenten an der Universität organisierten sich ebenfalls, um eigene Mensen und Studentenheime zu gründen und dadurch den antisemitischen Angriffen zu entkommen. Siehe Statuten des Vereins jüdischer Studentenheime in Wien, 1909, CAHJP, WA 2340 (2341) und JZ (26. Juni 1912) und (28. März 1913).

60 *William J. McGrath,* Dionysian Art and Populist Politics in Austria (New Haven, 1974), S. 33–82, 167–172, verfolgt den wachsenden Deutsch-Nationalismus dieser Gruppe. Ein Blick auf die Mitgliedsliste des Lesevereins der deutschen Studenten zeigt, daß viele Mitglieder in den 1870er Jahren Juden waren, während es 1909 unter ihnen keinen Juden mehr gab. Siehe Jahresbericht des Lesevereins der deutschen Studenten Wiens über das Vereinsjahr 1871-72 (Wien, 1872), S. 13–14; Jahresbericht des Lesevereins der deutschen Studenten . . . 1877-78 (Wien, 1878), S. 17–20; Jahresbericht des Lese- und Redevereins der deutschen Hochschüler in Wien „Germania" über das Studienjahr 1908/09 (Wien, 1909), S. 39–42.

61 OW 10, Nr. 11 (17. März 1893), S. 201; Jahresbericht der Jüdisch-Akademischen Lesehalle in Wien für das Verwaltungsjahr 1894/95, CAHJP, AW 1787; *Schalit,* „Erinnerungen" von Kadimah, S. 28, in: CZA, A 196/19.

62 Jahresbericht der Jüdisch-Akademischen Lesehalle . . . 1894/95, CAHJP, AW 1787; OW 11, Nr. 39 (28. September 1894), S. 755; Nr. 46 (16. November 1894), S. 884–885, 894; Nr. 49 (7. Dezember 1894); OW 13, Nr. 29 (17. Juli 1896), S. 572.

63 OW 13, Nr. 6 (7. Februar 1896); Nr. 18 (1. Mai 1896), S. 360; Nr. 24 (12. Juni 1896), S. 482.

64 „Erteilung von Subventionen an Studenten-Vereinigungen 1907", CAHJP, AW 1536/1. Für 1908 siehe AW 1536/2, für 1909 AW 1536/3, für 1911 AW 1536/4 und für 1912 AW 1536/5. In den meisten dieser Jahre erhielt der Leseverein 600 Kronen von der IKG.

65 OW 13, Nr. 45 (6. November 1896), S. 895–896; Nr. 46 (13. November 1896); OW 15, Nr. 4 (28. Jänner 1898), S. 72; Jahresbericht der Lese- und Redehalle jüdischer Hochschüler in Wien über das Vereinsjahr 1900, S. 6, 8, in: CAHJP, AW 1788/1; *Schalit,* „Erinnerungen" von Kadimah, S. 29, 60, in: CZA, A 196/19. Schalit spricht von einem nationalistischen Sieg, aber seine Begründung ist zu undeutlich, als daß eine solche Behauptung erhärtet werden könnte, und andere Beweise deuten an, daß sich die Lese- und Redehalle von nationalistischer Politik fernhielt.

66 Eine Untersuchung der Rolle des Zionismus als nachemanzipatorische jüdische Ideologie siehe bei *Stephen M. Poppel,* Zionism in Germany, 1897–1933: The Shaping of a Jewish Identity (Philadelphia, 1977).

67 *Adolf Böhm,* Die zionistische Bewegung, 2 Bde. 2. verb. Auflage (Tel Aviv, 1935–1937); *Walter Laqueur,* A History of Zionism (New York, 1972). Über Herzls Leben und Werk siehe *Elon,* Herzl; *Alex Bein,* Theodor Herzl: Biographie (Wien, 1934).

68 Statuten von Kadimah, Jänner 1883, CZA, Z1/1; *Schalit,* „Erinnerungen" von Kadimah, S. 10, in: CZA, A 196/19; *Dr. Schnirer,* „Stenographische Aufnahme der Festreden am Kommers zur Feier des 100. Semesters der Akademischen Verbindung Kadimah", S. 7–1, in: CZA, A 196/19. Siehe auch *Böhm,* I, S. 135–137; *Harriet Z. Pass* (Freidenreich), „Kadimah; Jewish Nationalism in Vienna before Herzl", Columbia University Essays in International Affairs: The Dean's Papers (1969), S. 122–125; *Berthold Feiwel,* „Die Universität", Die Welt (25. Juni 1897), S. 4–6; *H. Schoeps,* „Modern Heirs of the Maccabees – The Beginnings of the Vienna Kadimah, 1882–1897", LBIYB 27 (1982), S. 155–170.

69 *Schalit,* „Erinnerungen"" von Kadimah, S. 14, 65–75, in: CZA, A 196/19; Pass, S. 128–131.

70 *Schalit,* „Erinnerungen" von Kadimah, S. 61, in: CZA, A 196/19; *Schnirer,* „Stenografische Aufnahme der Festreden", S. 13, in: CZA, A 196/19. Über die Zionsfreunde siehe *Laqueur,* S. 75–83.

71 Über Birnbaums „Konversion" zum Jiddischismus und religiöser Orthodoxie siehe *Emanuel S. Goldsmith,* Architects of Yiddishism at the Beginning of the Twentieth Century (Rutherford, N. J., und London, 1976), S. 99–119.

72 SE (1. Februar 1892), S. 27–28.

73 Kadimah-Flugblatt (undatiert), CZA, Z1/1; *Schnirer,* „Stenographische Aufnahme der Festreden", S. 20, in: CZA, A 196/19 und in der ganzen Kadimah-Propaganda.
74 SE (1. Februar 1885), zweite Seite (unnumeriert).
75 Ibid.
76 OW 11, Nr. 46 (16. November 1894), S. 895.
77 OW 11, Nr. 42 (19. Oktober 1894), S. 815; Nr. 44 (2. November 1894), S. 857; Nr. 44 (9. November 1894), S. 876.
78 Kadimah-Mitglieder gründeten Safah Berurah: Hebräischer Sprach- und Sprechverein, und Morgenröthe, um das Studium hebräischer Sprache und jüdischer Geschichte zu fördern. Siehe SE (30. November 1892), S. 211; (19. Dezember 1892), S. 200; (15. September 1893), S. 7.
79 Miriam wurde 1885 errichtet und Moria 1892. Siehe OW 2, Nr. 37 (29. September 1885), S. 6; OW 9, Nr. 8 (19. Februar 1892), S. 135; Nr. 11 (11. März 1892), S. 187–188; OW 13, Nr. 3 (17. Jänner 1896), S. 57; SE (1. Februar 1892), S. 33; (4. März 1892), S. 61; (4. April 1892), S. 59–60.
80 SE (23. Februar 1892), S. 39–41; (4. März 1892), S. 52–54; (7. April 1892), S. 57–58; *Böhm,* I, S. 137.
81 SE (15. Mai 1892), S. 93; (19. September 1892), S. 175; (7. Juni 1892); (30. November 1892), S. 210–211; (19. Dezember 1892); (1. Juni 1893), S. 4–5; (1. Oktober 1893), S. 6; Neuzeit (11. August 1893), S. 318; Statuten des Zion: Verband der österreichischen Vereine für Colonisation Palästinas und Syriens, 1892, in: CAHJP, AW 2884.
82 *Schalit,* „Erinnerungen" von Kadimah, S. 80, in: CZA, A 196/19.
83 „Aufruf des Öst. Verbandes ‚Zion' und der österreichischen Studentenverbindungen nach dem Erscheinen des Judenstaat sowie Adresse an Herzl, Mai 1896", CZA, Z1/7; Kadimah-Flugblatt, CZA, Z1/1.
84 *Theodor Herzl,* Der Judenstaat (Leipzig-Wien, 1896).
85 Über Herzls diplomatische Bemühung siehe *Laqueur*, S. 96–135; *Bein*, Kap. 7–14; *Elon,* Kap. 9–19.
86 *Adolf Böhm,* „Verständigung" (s. d.), S. 3–8, in: CZA, A 141/18. In der Mitte des neunzehnten Jahrhunderts behaupteten jüdische Integrationisten – die die Reformbewegung geschaffen hatten, welche versuchte, den Judaismus seiner nationalen Komponente zu entkleiden – auch, daß Juden und Judaismus für die Rettung der Menschheit tätig waren. Siehe *David Philipson*, The Reform Movement in Judaismus, verb. Auflage (New York, 1931); und *Max Wiener*, Jüdische Religion im Zeitalter der Emancipation (Berlin, 1933).
87 Die Welt (29. September 1899), Anhang, S. 1; Böhm, I, S. 222-223; CZA, Z1.
88 „Statistik des österreichischen Verbandes ‚Zion', 1901", CZA, Z1/6. und Verzeichnis der zionistischen Vereine in Wien in CZA, Z1/375. Siehe auch Zion (20. Juni 1903), S. 6–7.
89 Ibid. Ein vollständiges Verzeichnis der zionistischen Organisationen siehe in Anhang II.
90 Regelmäßige Berichte aller hebräisch-sprachigen Klubs, Kreditvereine und literarischen Gesellschaften erschienen in Die Welt, JZ, und NNZ.
91 JZ (2. Mai 1913), S. 5. Berichte über die Aktivitäten der verschiedenen Sportvereine erschienen regelmäßig in JZ, Die Welt und OW. Eine Übersicht jüdischer Sportklubs siehe bei *Eric Juhn*, „The Jewish Sport Movement in Austria", in: *Fraenkel,* S. 161–164.
92 JZ (11. April 1913), S. 5; (2. Mai 1913), S. 5: OW 30, Nr. 17 (25. April 1913), S. 311. Eine Untersuchung über den Einfluß der völkischen Ideologie auf die jüdische Jugendbewegung siehe bei *George L. Mosse*, „The Influence of the Volkish Idea on German Jewry", in: idem, Germans and Jews: The Right, the Left, and the Search for a ‚Third Force' in pre-Nazi-Germany (New York, 1970), S. 77–115.
93 Zion (20. Juni 1903), S. 6; „Statistik des österreichischen Verbandes Zion", CZA, Z1/6; „Erteilung von Subventionen an Studenten-Vereinigungen, 1907", CAHJP, AW 1536/1. Ein vollständiges Verzeichnis zionistischer Studentenvereine in Anhang II. Über ihre Aktivitäten wurde in Die Welt, JZ und OW regelmäßig berichtet.
94 OW 23, Nr. 44 (2. November 1906), S. 747; OW 27, Nr. 46 (18. November 1910), S. 762; NZ (23. März 1906), S. 6; JZ (25. Februar 1910); (28. März 1913); (27. Mai 1910).
95 „Erteilung von Subventionen an Studenten-Vereinigungen, 1907", CAHJP, AW 1536/6. Kadimah

erhielt mehr Geld als jede andere zionistische Gruppe. 1907 erhielt sie 420 Kronen, während die anderen zwischen 100 und 250 Kronen bekamen.

96 Die Welt (19. Oktober 1900), S. 1–3; (7. Dezember 1900), S. 12–13; Eine jüdische Toynbee-Halle in Wien (Wien, 1901), S. 1–23. Über die Londoner Toynbee Halle siehe *Allan F. Davis*, Spearheads for Reform: The Social Settlement and the Progressive Movement, 1890–1914 (New York, 1967), S. 3–8.

97 Die Welt (7. Dezember 1900), S. 13.

98 Ibid. (22. Februar 1901), S. 13.

99 Ibid. (3. April 1901), S. 28–30; (12. April 1901), S. 10–12; (26. April 1901), S. 12; (20. Februar 1903), S. 4–6; (27. Februar 1903), S. 9.

100 Die Welt (26. April 1901), S. 12; (1. Juli 1904), S. 13–14; Wahrheit (10. November 1905), S. 7–8.

101 OW 27, Nr. 7 (18. Februar 1910), S. 131–132; „Die jüdische Toynbee-Halle in Wien im Jahre 1910", Zweimonatsbericht für die Mitglieder der österreich-israelitischen Humanitätsvereine „B'nai B'rith" 14, Nr. 6 (November/Dezember 1911), S. 272–276.

102 *Isidor Schalit*, „Zur Geschichte der zionistischen Arbeiterbewegung: Aus meinen Erinnerungen" (Manuskript), S. 5–7, in: CZA, A 196/23.

103 Zion (20. Juni 1903), S. 7; Die Welt (15. Dezember 1899), S. 10; (17. August 1900), S. 8; (18. Jänner 1901), S. 7; (15. Februar 1901), S. 12; (31. Mai 1901), S. 14; (15. August 1902), S. 9; 12. September 1902), S. 10; (1. Jänner 1904), S. 17; 28. Oktober 1904), S. 11; 4. November 1904), S. 12; (18. November 1904), S. 13; 13. Oktober 1905), S. 11; (17. November 1905), S. 17; JV (6. Februar 1903), S. 4. Ein vollständiges Verzeichnis in Anhang II. Über Ber Borochov und Paole Zion siehe bei *Laqueur*, S. 270–277.

104 OW 29, Nr. 50 (13. Dezember 1912), S. 851; OW 31, Nr. 8 (20. Februar 1914), S. 122; JZ (3. Jänner 1913).

105 OW 16, Nr. 27 (7. Juli 1899), S. 507.

106 „Jüdischer Kolonisationsverein, Konstituierende Versammlung . . . 1904", CAHJP, AW 2857; Die Welt (18. November 1904), S. 12; (25. November 1904), S. 11–12; OW 21, Nr. 47 (18. November 1904), S. 12; (25. November 1904), S. 11–12; OW 21, Nr. 47 (18. November 1904), S. 757.

107 Wahrheit (21. Dezember 1906), S. 7–8; (8. Februar 1907), S. 7; OW 24, Nr. 7 (15. Februar 1907), S. 118–119; OW 26, Nr. 7 (12. Februar 1909), S. 116; OW 30, Nr. 16 (18. April 1913); Nr. 25 (20. Juni 1913), S. 456–457. Über ITO im allgemeinen siehe *Laqueur*, S. 414.

108 Die Verzeichnisse der Schekelzahler sind für 1899 und 1902 erhalten. Siehe „III. Zionistenkongreß (1899); Schekelzahlerliste", CZA, Z1/440; „VI. Zionistenkongreß (1902); Schekelzahlerliste", CZA, Z1/443. Die folgende Untersuchung der Schekelzahler basiert auf dem Verzeichnis von 1902. Vor dem Ersten Weltkrieg war der „Schekel" eine deutsche Mark oder 1,20 österreichische Kronen (*Böhm*, I, S. 214).

109 „Ausweis über die Schekelbewegung im II. Congressjahre (1898)", CZA, Z1/375. Der Zionismus fand die größte Unterstützung in Ost-, nicht in Westeuropa. 1898 spendeten russische Zionisten (52.789) über 30.000 Gulden. Innerhalb Österreich-Ungarns lebten 60% der erklärten Zionisten in Galizien.

110 Trotz der Anwesenheit solch bedeutender zionistischer Ideologen wir Robert Weltsch und Hugo Bergmann war Zionismus vor dem Ersten Weltkrieg in Prag niemals populär. Siehe *Gary B. Cohen*, The Politics of Ethnic Survival: Germans in Prague, 1861–1914 (Princeton, N. J., 1981), S. 227.

111 Verzeichnis der im Wiener Gemeindegebiet wohnhaften Wähler für die Wahlen in den Cultusvorstand und der Vertrauensmänner im Jahre 1900, CAHJP, AW 50/1. Um die Schekelzahler herauszufinden, wurden die Verzeichnisse der Wahlberechtigten herangezogen, da die IKG-Steuerunterlagen nur von Ko bis Q erhalten geblieben sind. Ungefähr 14% der erklärten Zionisten waren Frauen und daher auf den Wahllisten nicht zu finden.

112 *Jeiteles*, S. 95; „Wahlkundmachung . . . 1902", CAHJP, AW 51/5.

113 Adressen der Schekelzahler in CZA, Z1/440 und 443.

114 Über den Nationalitätenstreit siehe *C. A. Macartney*, The Habsburg Empire 1790–1918 (New York, 1969); *Oscar Jászi*, The Dissolution of the Habsburg Monarchy (1929; Neudruck Chikago–London, 1961); *Arthur J. May*, The Habsburg Monarchy 1867–1914 (1951; Neudruck New York,

1968); *A. J. P. Taylor,* The Habsburg Monarchy, 1809–1918: A History of the Austrian Empire and Austria-Hungary (1948; Neudruck Chikago–London, 1976); und *Robert A. Kann*, The Multinational Empire: Nationalism and National Reform in the Habsburg Monarchy 1848–1918, 2 Bde. 1950; Neudruck New York, 1964; deutsch: Das Nationalitätenproblem der Habsburgermonarchie, 2 Bde., Wien–Köln–Graz, 1984); *Adam Wandruszka* und *Peter Urbanitsch*, Hrsg., Die Habsburger Monarchie, 1848–1918, Bd. III, Die Völker des Reiches (Wien, 1980).

115 Siehe Arbeiten über Antisemitismus, zitiert im Kap. 1, Anm. 17.

116 *Werner J. Cahnmann,* „Adolf Fischhof and his Jewish Followers", LBIYB 4 (1955), S. 116; siehe auch *Robert Kann*, „German Speaking Jewry during Austria-Hungary's Constitutional Era (1867–1918)", Jewish Social Studies 10 (1948), S. 239–256; *P. G. J. Pulzer,* „The Austrian Liberals and the Jewish Question, 1867–1914", Journal of Central European Affairs 23 (1963), S. 131–142: *Walter B. Simon,* „The Jewish Vote in Austria", LBIYB 16 (1971), S. 97–121; *William A. Jenks*, „The Jews in the Habsburg Empire, 1879–1918", LBIYB 16 (1971), S. 155–162.

117 Über jüdischen Nationalismus in Österreich siehe *Kurt Stillschweig*, „Die nationalitätenrechtliche Stellung der Juden im alten Österreich", Monatsschrift für Geschichte und Wissenschaft des Judentums 81 (1937), S. 321–340; idem, „Zur neueren Geschichte der jüdischen Autonomie", ibid., 83 (1939), S. 509–532; idem, „Nationalism and Autonomy among Eastern European Jewry", Historia Judaica 6 (1944), S. 27–68.

118 *Stillschweig,* „Nationalism and Autonomy", S. 35–40: *Böhm*, I, S. 320–349.

119 JV (14. März 1902), S. 3–4; *Hermann Kadisch,* Jung-Juden und Jung-Österreich (Wien, 1912), S. 5–6.

120 JV (10. Jänner 1902), S. 1; OW 19, Nr. 3 (17. Jänner 1902), S. 42.

121 *Richard Rappaport,* „Was Wollen Wir", JV (10. April 1903), S. 1–2.

122 OW 24, Nr. 27 (5. Juli 1907), S. 440–441.

123 JV (10. Jänner 1902), S. 2–3; Neuzeit (19. November 1897), S. 476.

124 „Die Notwendigkeit einer jüdischen Volkspolitik", JV (28. April 1905), S. 2–3; *Kadisch,* S. 12.

125 „Programm der jüdischen Volkspartei", JV (10. Jänner 1902), S. 1; OW 19, Nr. 3 (17. Jänner 1902), S. 42; Statuten des jüdischen Volksvereins, CAHJP, AW 2883.

126 *Kadisch,* S. 10, 18–20, 27–28.

127 Ibid., S. 20–25, 28–31.

128 Über Karl Renner siehe *Kann*, The Multi-national Empire, II, S. 155–167; *Karl Renner*, Der Kampf der österreichischen Nationen um den Staat (Leipzig–Wien, 1902); *Böhm,* I, S. 334–347; *Robert S. Wistrich*, „Marxism and Jewish Nationalism: The Theoretical Roots of Confrontation", Jewish Journal of Sociology 17 (1975), S. 43–54; und idem, Socialism and the Jews: The Dilemmas of Assimilation in Germany and Austria-Hungary (Rutherford, N. J., und London und East Brunswick, N. J., 1982), S. 298–348, bes. 302–305.

129 *Simon Dubnow,* Nationalism and History: Essays on Old and New Judaism (Philadelphia, 1958).

130 Siehe Behauptungen in JV (10. Jänner 1902), S. 1.

131 JV (13. Februar 1903), S. 1–2; (28. April 1905), S. 2–3; *Kadisch*, S. 13.

8. Das Ringen um die Vormacht

1 Die Welt (8. Dezember 1905), S. 1–2; (15. Dezember 1905), S. 8.

2 JV (15. Dezember 1905), S. 4–5.

3 NZ (19. Jänner 1906), S. 1–3; „Programm der zionistischen Partei der Juden in Österreich" (s. d.), CZA, Z2/433; „Programm der zionistischen Partei in Österreich" (s. d.), CZA, A 196/17; „An Österreichs Judenschaft", CZA, Z2/433; *Adolf Böhm*, Die zionistische Bewegung, 2 Bde., 2. verb. Auflage (Tel Aviv, 1935–1937), I, S. 331–332.

4 Die Welt (19. Jänner 1906), S. 16; (26. Jänner 1906), S. 10–11; NZ (9. Jänner 1906), S. 1; (16. Jänner 1906), S. 1; (19. Jänner 1906), S. 1–3.

5 NZ (20. Februar 1906); Wahrheit (23. Februar 1906), S. 3; Neue Freie Presse (18. Februar 1906), S. 6, Zeitungsausschnitt in: Schalits Nachlaß, CZA, A 196/17.

6 JZ (10. Mai 1907), S. 2; „Thesen des Krakauer Partei-Congress, 1. Juli 1906“, CZA, A 141/19 I; „Stenographisches Protokoll des Zionistentages am 1. Juli 1906 in Krakau“, CZA, A 141/19 I.
7 JZ (10. Mai 1907), S. 2; *Böhm*, I, S. 342–343.
8 Siehe z. B. *Adolf Böhm*, „Zionismus und Nationalpolitik in Österreich“, Selbstwehr (Prag, 21. April 1911), Zeitungsausschnitt in CZA, A 141/18.
9 Schalits Brief an Wolfssohn, März 1907, CZA, Z2/433. Als Schalit um finanzielle Unterstützung für den Wahlkampf bat, verweigerte dies Wolfssohn mit der Begründung, es wäre eine zu große Belastung der zinostischen finanziellen Mittel (Brief von Wolfssohn an Schalit, s. d., aber nach Schalits Brief an Wolfssohn, 15. April 1907, CZA, Z2/433).
10 JZ (10. Mai 1910), S. 3.
11 JZ (10. Mai 1910), S. 4–5.
12 NNZ (19. April 1907), S. 1–2; (26. April 1907), S. 1–2, Zitat S. 2. Landau war ein früher Anhänger Herzls und Herausgeber der zionistischen Wochenschrift Die Welt gewesen, hatte sich aber 1898 aus persönlichen und politischen Gründen von den politischen Zionisten getrennt. Siehe *Saul Raphael Landau*: Sturm und Drang im Zionismus: Rückblick eines Zionisten vor, mit und um Theodor Herzl (Wien, 1937).
13 Öst. Stat., 84:2, S. 2.
14 JZ (5. Juni 1907), S. 2, 4.
15 JZ (20. Juni 1907); *Böhm,* I, S. 343–344.
16 NNZ (14. Juni 1907), S. 1–2; (21. Juni 1907), S 4–6.
17 JZ (12. April 1912), S. 2–3; NNZ (30. Juni 1911). 1911 gab es achtzehn Juden im Reichsrat: Straucher (Jüdisch-nationale), Kuranda und Ofner (Liberale), sieben im polnischen Klub und acht Sozialdemokraten. Siehe OW 28, Nr. 25 (23. Juni 1911), S. 413.
18 JZ (22. September 1911), S. 1; (29. September 1911), S. 2–4; (6. Oktober 1911), S. 1; (20. Oktober 1911); (3. November 1911); (17. November 1911); (1. Dezember 1911), S. 3–4.
19 „Der mährische Ausgleich und die Juden“, MONOIU 17, Nr. 12 (Dezember 1905), S. 3.
20 „Die Agitation für die jüdische Kurie“, MONOIU 18, Nr. 1 (Jänner 1906), S. 1–2.
21 Ibid., S. 2; „Der mährische Ausgleich“, MONOIU 17. Nr. 12 (Dezember 1905), S. 1–2.
22 „Die Agitation“, MONOIU 18, Nr. 1 (Jänner 1906), S. 2–3; Wahrheit (23. Februar 1906), S. 3; *Sigmund Mayer,* Ein jüdischer Kaufmann 1831–1911: Lebenserinnerungen (Leipzig, 1911), S. 348–350.
23 *Walter Simon,* „The Jewish Vote in Austria“, LBIYB 16 (1971), S. 103–106, 112–113; *Peter G. J. Pulzer,* The Rise of Political Anti-Semitism in Germany and Austria (New York, 1964), S. 199–218.
24 Neuzeit (3. Juni 1870), S. 245–247; (30. Dezember 1870), S. 605–607. Die Beteuerung der Loyalität zu den Liberalen kehrte in den Artikeln der Neuzeit ständig wieder.
25 Neuzeit (1. Juli 1870), S. 291–293; (3. Juni 1870), S. 245–247.
26 Neuzeit (14. Februar 1890), S. 62.
27 Neuzeit (13. Februar 1891), S 62–63; (8. Mai 1891), S. 186; (23. Oktober 1891), S. 412–413; (6. November 1891), S. 431–432.
28 MITOIU 3, Nr. 10 (Februar 1891), S. 10–11.
29 OW 9, Nr. 28 (8. Juli 1892), S. 477–478; Nr. 32 (5. August 1892), S. 585–586.
30 OW 9, Nr. 41 (7. Oktober 1892), S. 735–736.
31 MITOIU 9, Nr. 94 (März 1897), S. 1–2; OW 14, Nr. 12 (19. März 1897), S. 242–243; Nr. 42 (15. Oktober 1897), S. 847; Neuzeit (19. März 1897).
32 „Die Juden und das allgemeine Wahlrecht“, MONOIU 18, Nr. 12 (Dezember 1906), S. 1.
33 Ibid., S. 2.
34 Ibid. Siehe auch „Die Vertretung der Juden im neuen Parlament“, MONOIU 19, Nr. 1 (Jänner 1907), S. 1–4; und *Dr. Alexander Mintz*, „Die politische Lage der Juden“, MONOIU 18, Nr. 11 (November 1906), S. 1–11.
35 „Jüdische Reichsratskandidaturen in Wien“, MONOIU 19, Nr. 2 (Februar 1907), S. 1–4.
36 Ibid., S. 4; OW 24, Nr. 9 (1. März 1907), S. 140–144.
37 OW 24, Nr. 7 (15. Februar 1907), S. 105; Nr. 8 (22. Februar 1907), S. 121–127; Nr. 11 (15. März 1907), S. 181–182; Nr. 13 (29. März 1907), S. 213–217; Nr. 14 (5. April 1907), S. 229–230; Nr. 15 (12. April 1907), S. 245.

38 OW 24, Nr. 16 (19. April 1907), S. 261–262; Nr. 17 (26. April 1907), S. 277–278; Nr. 18 (3. Mai 1907), S. 293–295.
39 OW 24, Nr. 17 (26. April 1907), S. 277–278; „Die jüdische Reichsratskandidaturen in Wien", MONOIU 19, Nr. 4 (April 1907), S. 1–3.
40 Wahrheit (22. März 1907), S. 3–4; (19. April 1907).
41 Wahrheit (10. Mai 1907), S. 3–4.
42 Wahrheit (26. April 1907), S. 2–3; (3. Mai 1907), S. 3–4.
43 MONOIU 19, Nr. 5 (Mai 1907), S. 15. In seinen Memoiren erwähnt Mayer nicht die Debatte über die Unterstützung der OIU für Ofner, aber bemerkt, daß er erfreut über die Unterstützung der Union für Kamillo Kuranda (Innere Stadt) war, denn: „seine Stellung zur Judenfrage ist mir persönlich gewiß sympathisch; er ist ein Assimilant alten Schlages" (S. 353).
44 MONOIU 19, Nr. 5 (Mai 1907), S. 1–2, 15–19.
45 OW 24, Nr. 19 (10. Mai 1907), S. 310–312.
46 Wahrheit (10. Mai 1907), S. 3–4.
47 MONOIU 19, Nr. 5 (Mai 1907), S. 2; „Die Österreichisch-Israelitische Union an die jüdische Wählerschaft", MONOIU 19, Nr. 6/7 (Juni/Juli 1907), S. 1–13.
48 OW 24, Nr. 20 (17. Mai 1907), S. 326–327.
49 OW 24, Nr. 25 (21. Juni 1907), S. 405–406; Wahrheit (15. November 1907), S. 3–6.
50 *Böhm*, I, S. 201.
51 Die Wahlen von 1914 fanden wegen des in diesem Herbst ausgebrochenen Ersten Weltkrieges nicht statt.
52 Die Welt (16. November 1900), S. 2.
53 JZ (27. November 1908), S. 2–3.
54 Die Welt (30. November 1900), S. 1; (7. Dezember 1900), S. 2–4.
55 Die Welt (4. November 1904), S. 6–7; (21. Oktober 1904), S. 7. Siehe auch Die Welt (16. November 1900), S. 2–4; NNZ (18.September 1908), S. 5.
56 NZ (9. Oktober 1906), S. 1–2.
57 „Wahlkundmachung . . . 1900", CAHJP, AW 50/3; „Wahlkundmachung . . . 1902", CAHJP, AW 51/5.
58 JZ (12. Juni 1908), S. 1–2; siehe auch JZ (17. September 1908); (20. November 1908).
59 JZ (27. November 1908), S. 2–3.
60 Die Welt (9. November 1900), S. 6; (16. November 1900), S. 2–4; (28. Oktober 1898), S. 10–11; (2. Dezember 1898), S. 2–3; (1. Juni 1900), S. 6–7; NZ (27. April 1907), S. 6; (11. Mai 1906); (3. August 1906).
61 Die Welt (28. Oktober 1898), S. 10–11; (25. November 1898), S. 9; (2. Dezember 1898), S. 2–3; (10. Oktober 1902), S. 5–7; (21. Oktober 1904), S. 7; (4. November 1904), S. 6–7; JZ (30. Oktober 1908), S. 1–2; (18. November 1910), S. 1–3; (25. November 1910), S. 2; (11. Oktober 1912), S. 1–2; JV (14. November 1902), S. 1; NZ (27. April 1906), S. 6; (11. Mai 1906), S. 1–2.
62 „An die jüdischen Wähler in die israelitische Cultusgemeinde", Flugblatt 1902, in: CAHJP, AW 51/7.
63 JZ (30. Oktober 1908), S. 1–2; (18. November 1910), S. 1–3; (25. November 1910), S. 2; (11. Oktober 1912), S. 1–2; Die Welt (9. November 1900), S. 6; (16. November 1900), S. 2–4; (10. Oktober 1902), S. 5–7; JV (14. November 1902), S. 1; (21. November 1902).
64 Die Welt ((23. November 1900), S. 1–3; (10. Oktober 1902), S. 5–6; JZ (30. Oktober 1908), S. 1–2; (11. Oktober 1912), S. 1–2; JV (14. November 1902), S. 1.
65 NNZ (18. September 1908), S. 5; (30. Oktober 1908), S. 3; (20. November 1908), S. 1–4; (27. November 1908), S. 7–8.
66 Listen der Kandidaten siehe Die Welt (23. November 1900); OW 17, Nr. 48 (30. November 1900), S. 853–854; Die Welt (21. November 1902); JV (21. November 1902), S. 1; JZ (23. Oktober 1908); (22. November 1910); (25. November 1910), S. 1; (15. November 1912), S. 2.
67 „Wahlprotokolle 1900", CAHJP, AW 50/8; „Wahlprotokolle 1902", CAHJP, AW 51/9; „Wahlprotokolle 1904", CAHJP, AW 52/9; „Wahlprotokolle 1906", CAHJP, AW 53/10; „Wahlprotokolle 1908", CAHJP, AW 54/12; „Wahlprotokolle 1910", CAHJP, AW 55/8; und Berichte in; Die Welt (30. November 1900), S. 1–2; (7. Dezember 1900), S. 2; (28. November 1902), S. 4–7.

68 „Wahlprotokolle 1900", CAHJP, AW 50/8; Die Welt (30. November 1900), S. 2; (7. Dezember 1900), S. 2.
69 „Wahlprotokolle 1906", CAHJP, AW 53/10.
70 Brief S. Krenbergers an das zionistische Aktionskomitee, 23. November 1904, CZA, Z1/256. Anscheinend hat sich Marmorek selbst, ohne Genehmigung der Partei, auf die offizielle Liste gesetzt. Siehe auch Die Welt (2. Dezember 1904), S. 9.
71 JZ (15. November 1912), S. 2; OW 29, Nr. 46 (15. November 1912), S. 770; Wahrheit (15. November 1912), Titelseite. Der jüdische Nationalist Saul Raphael Landau betrachtete diesen Kompromiß als Verrat. Siehe NNZ (8. November 1912), S. 1–2; (22. November 1912), S. 3; und (20. Dezember 1912), S. 3–6.
72 „Wahlprotokolle 1902", CAHJP, AW 51/9; „Wahlprotokolle 1906", CAHJP, AW 53/10; „Wahlprotokolle 1910", CAHJP, AW 55/8; Die Welt (28. November 1902), S. 4–7; JZ (2. Dezember 1910).
73 „Wahlprotokolle 1902", CAHJP, AW 51/9.
74 „Wahlprotokolle 1906", CAHJP, AW 53/10.
75 „Wahlprotokolle 1908", CAHJP, AW 54/12; „Wahlprotokolle 1910", CAHJP, AW 55/8.
76 Zum Beispiel: 1870 wählten 559 Gemeindemitglieder; 1880 wählten 633 und 1890 876; siehe „Wahlprotokolle 1870", CAHJP, AW °47; „Wahlprotokolle 1880", CAHJP, AW 3086; „Wahlprotokolle 1890", CAHJP, AW 3096.
77 OW 6, Nr. 45 (22. November 1889); Nr. 46 (29. November 1889), S. 842–843; OW 3, Nr. 33 (26. November 1886), S. 549–552; OW 9, Nr. 2 (8. Jänner 1892), S. 28; OW 14, Nr. 9 (26. Februar 1897), S. 173–174; OW 21, Nr. 2 (8. Jänner 1904), S. 17; Nr. 16 (15. April 1904), S. 249–250.
78 OW 17, Nr. 48 (30. November 1900), S. 853–854; Nr. 50 (14. Dezember 1900), S. 890. Auf glänzende Weise stellt *Carl E. Schorske* eine Verbindung zwischen dem Ton der Zionisten und dem der Wiener Antisemiten her: „Politics in an New Key: An Austrian Triptych", Journal of Modern History 39 (1967), S. 343–386.
79 MONOIU 14, Nr. 12 (Dezember 1902), S. 1–3.
80 OW 19, Nr. 45 (7. November 1902), S. 723–726.
81 OW 25, Nr. 40 (2. Oktober 1908), S. 697–698; Nr. 47 (20. November 1908), S. 813–814; Nr. 48 (27. November 1908), S. 838–839; Wahrheit (27. November 1908), S. 5.
82 Neuzeit (28. November 1884); S. 451–452.
83 MITOIU 10, Nr. 106 (Oktober 1898), S. 3.
84 Neuzeit (24. Jänner 1902).
85 OW 23, Nr. 50 (14. Dezember 1906), S. 856–857; OW 24, Nr. 2 (11. Jänner 1907), S. 22; OW 25, Nr. 47 (20. November 1908), S. 813–814; MONOIU 18, Nr. 11 (November 1906), S. 15; Die Wahrheit (30. November 1906), S. 4–5.
86 OW 25, Nr. 47 (20. November 1908), S. 813–814.
87 OW 19, Nr. 47 (21. November 1902), S. 759; OW 23, Nr. 50 (14. Dezember 1906), S. 856–857; OW 24, Nr. 2 (11. Jänner 1907), S. 22; MONOIU 18, Nr. 11 (November 1906), S. 14; Wahrheit (30. November 1906), S. 4–5.
88 OW 10, Nr. 42 (20. Oktober 1893), S. 826–828.
89 „Vereinigte Wahlkomitè; Programm", CAHJP, AW 52/4; Wahrheit (25. November 1904), S. 3–5.
90 OW 25, Nr. 47 (20. November 1908), S. 816–817; Wahrheit (20. November 1908), S. 5; „Kandidaten-Aufstellung: Zentralkomitee für die Kulturvorstands-Wahlen 1910", CAHJP, AW 55/2. In diesem Jahr nahm die OIU am Zentralen Wahl-Komitee nicht teil, sondern stellte ihr eigenes, ähnliches Programm vor, in: MONOIU 20, Nr. 11 (November 1908), S. 3–6.
91 OW 13, Nr. 39 (25. September 1896), S. 765–769; OW 15, Nr. 43 (4. November 1898), S. 798. Siehe auch OW 16, Nr. 18 (5. Mai 1899), S. 341–343; OW 17, Nr. 21 (25. Mai 1900), S. 386–388; OW 18, Nr. 20 (17. Mai 1901), S. 337–340.
92 „Wahlprogramm der OIU, 1896", CAHJP, AW 48/3; OW 13, Nr. 42 (16. Oktober 1896), S. 826.
93 OW 13, Nr. 47 (20. November 1896), S. 926; MITOIU 10, Nr. 108 (November 1898), S. 1–2.
94 OW 24, Nr. 47 (20. November 1908), S. 813–814, 814–817; Wahrheit (20. November 1908).
95 OW 17, Nr. 50 (14. Dezember 1900), S. 890.
96 OW 27, Nr. 48 (2. Dezember 1910), S. 797–798.

97 „Vereinigte Wahlkomité, 1904", CAHJP, AW 52/4; OW 21, Nr. 48 (25. November 1904), S. 764–765; Wahrheit (25. November 1904), S. 3–5.

98 OW 25, Nr. 47 (20. November 1908), S. 816–817; Wahrheit (20. November 1908), S. 5; Flugblatt von 1908 in: „Kandidatenaufstellung, 1910", CAHJP, AW 55/2.

99 OW 17, Nr. 48 (30. November 1900), S. 853–854; OW 23, Nr. 50 (14. Dezember 1906), S. 856–857; OW 29, Nr. 46 (15. November 1912), S. 770; Wahrheit (15. November 1912), Titelseite.

100 *Dr. Oswald Byk,* „Glossen zum Kompromiß mit den Zionisten anläßlich der Kultuswahlen 1912", OW 29, Nr. 46 (15. November 1912), S. 770–771.

101 OW 29, Nr. 47 (22. November 1912), S. 796–797, 789–790.

Schlußbemerkung

1 *Leo Goldhammer,* Die Juden Wiens: Eine statistische Studie (Wien–Leipzig, 1927), S. 7.

2 Eine berührende Beschreibung des Antisemitismus der Zwischenkriegszeit in Österreich siehe bei *George Clare*, Last Waltz in Vienna: The Rise and Destruction of a Familiy, 1842–1942 (New York, 1982). Siehe auch *John Bunzl* und *Bernd Marin*, Antisemitismus in Österreich: sozialhistorische Studien (Innsbruck, 1983), S. 39–58.

Quellen- und Literaturverzeichnis

Primärquellen

1. Archivmaterial

Central Archives for the History of the Jewish People, Jerusalem
AW – Archiv der Israelitischen Kultusgemeinde, Wien
Central Zionist Archives, Jerusalem
Z1 – „Eretz-Israel", Bureau des Zionistischen-Congresses, Wien, 1897–1905
Z2 – Zionistisches Centralbureau, Köln, 1905–11
F1 – Austria, 1898–1915
Nachlässe:
A 30–Zevi Peretz Chajes
A 80–Wilhelm Stiassny
A 141–Adolf Böhm
A 196–Isidor Schalit
Israelitische Kultusgemeinde, Wien
Trauungsbücher, 1870, 1880, 1890, 1900, 1910
Geburtsbücher, 1870, 1880, 1890, 1900, 1910
Austrittsbücher, 1890, 1900, 1910
Proselytenbücher, 1870, 1880, 1890, 1900, 1910
Bundesgymnasium, I, Stubenbastei 6–8 (früher Franz-Joseph-Gymnasium, I, Hegelgasse 3), Wien
Hauptkataloge, 1890/91 und 1910/11
Bundesgymnasium, II, Wohlmutgasse 3 (früher Erzherzog-Rainer-Gymnasium, II, Kleine Sperlgasse), Wien
Hauptkataloge, 1890/91 und 1910/11
Bundesgymnasium, IX, Wasagasse 10 (früher Maximilian-Gymnasium), Wien
Hauptkataloge, 1890/91 und 1910/11
Stadtschulrat der Stadt Wien, Wien
Hauptkataloge des öff. ... Mädchen-Lyzeums Eugenie Schwarzwald, 1890/91 und 1910/11
Dompfarramt St. Stephan, I, Stephansplatz, Wien
Matrikeln, 1870, 1880, 1890, 1900, 1910
Kirche St. Michael, I, Habsburgergasse 12, Wien
Matrikeln, 1870, 1880, 1890, 1900, 1910
Kirche St. Peter, I, Petersplatz, Wien
Matrikeln, 1870, 1880, 1890, 1900, 1910
Pfarramt u.l. Frau zu den Schotten, I, Freyung 6, Wien
Matrikeln, 1870, 1880, 1890, 1900, 1910
Kirche St. Johann von Nepomuk, II, Nepomukgasse 1, Wien
Matrikeln, 1870, 1880, 1890, 1900, 1910
Kirche St. Josef, II, Karmelitergasse 10, Wien
Matrikeln, 1870, 1880, 1890, 1900, 1910

Kirche St. Leopold, II, Alexander-Poch-Platz, Wien
Matrikeln, 1870, 1880, 1890, 1900, 1910
Propsteipfarre zum göttl. Heiland (Votivkirche), IX, Rooseveltplatz, Wien
Matrikeln, 1870, 1880, 1890, 1900 und 1910
Kirche Rossau (Maria Verkündigung), IX, Servitengasse 9, Wien
Matrikeln, 1870, 1880, 1890, 1910

2. *Unveröffentlichte Memoiren*

Berliner, Gertrude. „From My Family, Fiction and Truth." New York, 1958.
Cassirer, Toni. „Aus meinem Leben mit Ernst Cassirer." New York, 1949–50.
Eisner, Bruno. „Gedenken und Gedanken aus dem Leben eines Musikers." New York, 1959.
Friedländer-Prechtl, Robert. „Oppeln aus einem Lebensrückblick." Starnberg, 1950.
Güdemann, Moritz, „Aus meinem Leben." S. l., s. d.
Hindls, Arnold. „Erinnerungen aus meinem Leben." Brünn, 1966.
Höllriegel, Arnold (Richard Arnold Bermann). „Die Fahrt auf dem Katarakt (Autobiographie ohne einen Helden)." S. l., s. d.
Müller, Ernst. „Wiener Universitätsjahre." S. l., s. d.
Müller, Ernst. „Geistige Spuren in Lebenserinnerungen." S. l., s. d.

3. *Zeitschriften*

Freies Blatt: Organ zur Abwehr des Antisemitismus (1892–1896).
Jerusalem: Zeitschrift für die Interessen des Judentums (Antizionistischer Tendenz) (1907).
Jüdisches Volksblatt (nach 1905: Nationalzeitung) (1902–1905).
Jüdische Volkszeitung (früher Selbstemancipation) (1894–1895) (weitergeführt als Zion [Berlin]).
Jüdische Zeitung: National-jüdisches Organ (1907–1913).
Kalendar für Israeliten (1892–1893).
Mittheilungen der Oesterreichisch-Israelitischen Union (1889–1900) (weitergeführt als Monatsschrift der OIU).
Monatsschrift der Oesterreichisch-Israelitischen Union (früher Mittheilungen der OIU) (1901 – 1914).
Nationalzeitung: Organ für die gesamten Interessen des jüdischen Volkes (früher Jüdisches Volksblatt) (1906–1907) (weitergeführt als Neue National-Zeitung).
Neue National-Zeitung: Jüdisch-politische Wochenschrift (früher Nationalzeitung) (1907–1914).
Die Neuzeit: Wochenschrift für politische, religiöse, und Cultur-Interessen (1867–1903).
Oesterreichische Wochenschrift (auch: Doktor Bloch's Wochenschrift; Blochs Oesterreichische Wochenschrift): Central Organ für die gesamten Interessen des Judentums (1884–1914).
Selbstemancipation: Organ der Jüdisch-Nationalen (1885–1893) (weitergeführt als Jüdische Volkszeitung).
Unsere Hoffnung: Monatsschrift für die reifere jüdische Jugend (1904).
Vierteljahres-Bericht für die Mitglieder der oesterreichisch-israelitischen Humanitätsvereine B'nai B'rith (später Zweimonatsbericht) (1897–1913).
Die Wahrheit: Unabhängige Zeitschrift für jüdische Interessen (1903–1914).
Die Welt: Zentralorgan der zionistischen Bewegung (1897–1905).
Wiener Israelit (1883–1897).
Zion: Mitteilungen des „Zion", des Verbandes oesterreichischer Vereine für Kolonisation Palästinas und Syriens (1903–1904).

4. *Veröffentlichtes statistisches Material*

K.-k. Statistische Central-Commission, Bevölkerung und Viehstand von Böhmen, Bukowina, Dalmatien, etc. nach der Zählung vom 31. Oktober 1857. Wien: k.-k. Hof- und Staatsdruckerei, 1859.
K.-k. Statistische Central-Commission. Bevölkerung und Viehstand von Böhmen etc. nach der Zählung vom 31. Dezember 1869. Wien: k.-k. Hof- und Staatsdruckerei, 1871.
K.-k.Statistische Central-Commission.Oesterreichisches Städtebuch; Statistische Berichte von größeren oesterreichischen Städten. 15 Bde. Wien: k.-k. Hof- und Staatsdruckerei, 1887–1918.

K.-k. Statistische Central-Commission. Oesterreichische Statistik. 93 Bde. Wien: k.-k. Hof- und Staatsdruckerei, 1882–1916.
K.-k. Statistische Central-Commission. Oesterreichische Statistik, Neue Folge. 18 Bde. Wien: k.-k. Hof- und Staatsdruckerei, 1916–1918.
K.-k. Statistische Central-Commission. Statistisches Handbuch für die im Reichsrathe vertretenen Königreiche und Länder. Wien: Alfred Hölder, 1883, 1884.
K.-k. Statistische Central-Commission. Statistisches Jahrbuch der oesterreichischen Monarchie. 19 Bde. Wien: k.-k. Hof- und Staatsdruckerei, 1864–1884.
K.-k. Statistische Central-Commission. Oesterreichisches Städtebuch. 2 Bde. Wien: Hollinek, 1868.
K.-k. Statistische Central-Commission. Bevölkerung der Gemeinden mit mehr als 2000 Einwohnern in den im Reichsrathe vertretenen Königreichen und Ländern nach der Zählung vom 31. December 1880. Wien: k.-k. Hof- und Staatsdruckerei, 1881.
K.-k. Statistische Central-Commission. Allgemeines Ortschaften-Verzeichniss der im Reichsrathe vertretenen Königreiche und Länder nach den Ergebnissen der Volkszählung vom 31. December 1900 nebst vollständigem alphabetischem Namensregister. Wien: Alfred Hölder, 1902.
K.-k. Statistische Central-Commission. Gemeinde-Lexikon der im Reichsrathe vertretenen Königreiche und Länder bearbeitet auf Grund der Ergebnisse der Volkszählung vom 31. December 1900. 14 Bde. A. Hölder, 1903–1908.
K.-k. Ministerium des Inneren. Statistische Übersichten über die Bevölkerung und den Viehstand von Oesterreich nach der Zählung vom 31. Oktober 1857. Wien: k.-k. Hof- und Staatsdruckerei, 1859.
K.-k. Finanzministerium. Beiträge zur Statistik der Personaleinkommensteuer in den Jahren 1898 bis 1902. Wien: k.-k. Hof- und Staatsdruckerei, 1903.
Magyar Kir Központi statisztikai hivatal. Publications statistiques hongroises, nouvelle série. Budapest: Athenaeum, 1902–1918.
Központi Statisztikai hivatal. Magyar statisztikai évkönyo = Ungarisches statistisches Jahrbuch. 20 Bde. Neue Folge, 22 Bde. Budapest: Athenaeum, 1873–1914.
Lehmann's Allgemeiner Wohnungs-Anzeiger nebst Handels- und Gewerbe-Adressbuch für die k.-k. Reichshaupt- und Residenzstadt Wien und Umgebung. Wien: Alfred Hölder, 1881–1914.
Statistisches Departement des Wiener Magistrates. Statistisches Jahrbuch der Stadt Wien. 32 Bde. Wien: Verlag des Wiener Magistrates, 1883–1914.
Praesidium des Gemeinderathes und Magistrates der k.-k. Reichshaupt- und Residenzstadt Wien. Statistik der Stadt Wien, 2. Wien: k.-k. Hof- und Staatsdruckerei, 1861.

5. *Veröffentlichte Memoiren*

Baum, Vicki: Es war alles ganz anders: Erinnerungen. Berlin, Frankfurt, Wien: Ullstein, 1962.
Benedikt, Moritz: Aus meinem Leben: Erinnerungen und Erörterungen. Wien: Verlagsbuchhandlung Carl Konegen, 1906.
Boch, Josef S.: Erinnerungen aus meinem Leben. Wien und Leipzig: R. Löwit, 1922.
Canetti, Elias: The Tongue Set Free: Remembrance of a European Childhood. Übersetzt von Joachim Neugroschel. New York: The Seabury Press, 1979.
Clare, George: Last Waltz in Wien: The Rise and Destruction of a Family. 1842 – 1942. New York: Holt, Rinehart and Winston, 1982.
Mahler, Alma: Gustav Mahler. Erinnerungen und Briefe. Amsterdam: Allert De Lange, 1940.
Mayer, Sigmund: Ein jüdischer Kaufmann 1831 bis 1911: Lebenserinnerungen. Leipzig: v. Duncker und Humblot, 1911.
Schnitzler, Arthur: Jugend in Wien: Eine Autobiographie. Wien/München/Zürich: Molden, 1968.
Schönberg, Arnold: Briefe. Ausgewählt und herausgegeben von Erwin Stein. Mainz: B. Schotts Söhne, 1958.
Szeps, Berta: My Life and History. New York: Alfred A. Knopf, 1939.
Wassermann, Jakob: Mein Weg als Deutscher und Jude. Berlin: S. Fischer, 1921.
Wechsberg, Joseph: The Wien I Knew: Memories of a European Childhood. Garden City, N. Y.: Doubleday, 1979.

Werfel, Alma Mahler: Gustav Mahler: Memories and Letters. 1946. Reprint. New York: Viking Press, 1968.
Zweig, Stefan: Die Welt von gestern: Erinnerungen eines Europäers. Stockholm: Bermann-Fischer Vlg., 1944.

6. Andere veröffentlichte Primärquellen

Ascher, Richard: Die Creditnoth des jüdischen Handwerkers und Kleingewerbetreibenden. Wien: Jüdisches Volksblatt, 1900.
Bauer, Otto: Die Nationalitätenfrage und die Sozialdemokratie. 2. Ausg. Wien: Verlag der Wiener Volksbuchhandlung, 1924.
Birnbaum, Nathan: Die nationale Wiedergeburt des jüdischen Volkes in seinem Lande als Mittel zur Lösung der Judenfrage. Wien, 1893.
Bloch, Josef S.: Gegen die Antisemiten. Wien: D. Löwy, 1882.
–, Der nationale Zwist und die Juden in Oesterreich. Wien: M. Gottlieb, 1886.
–, Talmud und Judenthum in der oesterreichischen Volksvertretung: Dr. Blochs Parlamentsreden. Wien, 1900.
Dubnow, Simon: Nationalism and History: Essays on Old and New Judaism. Philadelphia: Jewish Publication Society, 1958.
Festschrift anlässlich des fünfundzwanzigjährigen Bestandes des israelitischen Humanitätsvereines „Eintracht" (B'nai B'rith), Wien, 1903–1928. Wien: Selbstverlag, 1928.
Festschrift zur Feier des 50-jährigen Bestandes der Union Oesterreichischer Juden. Wien: Selbstverlag, 1937.
Festschrift zur Feier des 100. Semesters der akademischen Verbindung Kadimah (1883–1933). Ludwig Rosenhek, g. Wien/Mödling, 1933.
Güdemann, M.: Nationaljudentum. Leipzig und Wien: Breitenstein, 1897.
Herzl, Theodor: Diaries. Hg. und übersetzt von Marvin Lowenthal. New York: Dial Press, 1956.
–, Der Judenstaat. Leipzig und Wien: Breitenstein, 1896.
–, The Jewish State. Übersetzt von Harry Zohn. New York: Herzl Press, 1970.
Jahresbericht der Israelitischen Allianz zu Wien. Wien: Selbstverlag, 1904, 1908, 1911.
Jahresbericht der deutschen Lesehalle an der technischen Hochschule zu Wien, XIII. Vereinsjahr 1884–85. Wien: Selbstverlag, 1885.
Jahresbericht des Lesevereines der deutschen Studenten Wien's. Wien: Selbstverlag, 1872–1878.
Jahresbericht des Lese- und Redevereines der deutschen Hochschüler in Wien „Germania" über das Studienjahr 1908/09. Wien: Selbstverlag, 1909.
Jahresbericht der Lese- und Redehalle jüdischer Hochschüler in Wien, 1906/07. Wien: Selbstverlag, 1907.
Jahresbericht über das k.-k. Franz-Joseph-Gymnasium in Wien (I). Wien: Gistel, 1873–1919.
Jahresbericht des k.-k. Staatsgymnasiums im II. Bezirk von Wien. (Nach 1900 Sophiengymnasium). Wien: Selbstverlag, 1878–1918.
Jahresbericht der zweiten k.-k. Staatsrealschule im II. Wiener Gemeindebezirke. Wien: Selbstverlag, 1904–1933.
Jahresbericht des Leopoldstädter Communal-Realgymnasiums. (Nach 1898 k.-k. II. Staatsgymnasium im II. Bezirke; nach 1901 k.-k. Erzherzog-Rainer-Gymnasium.) Wien: Selbstverlag, 1865–1918.
Jahresbericht über die Wiener Kommunal-Oberrealschule in der Vorstadt Wieden (IV). Wien: Selbstverlag, 1859–1918.
Jahresbericht über das k.-k. Staatsgymnasium in Wien IV. (Nach 1901 Elisabeth-Gymnasium.) Wien: Selbstverlag, 1886–1919.
Jahresbericht des öffentlichen Unterrealgymnasiums in der Josefstadt in Wien. Wien: Selbstverlag, 1910–1915.
Jahresbericht der k.-k. Staatsrealschule im VIII. Wiener Gemeindebezirk. Wien: Gerold, 1906–1919.
Jahresbericht der Staats-Realschule und des Staats-Reformrealgymnasiums im VIII. Wiener Gemeindebezirke. Wien, 1913.

Jahresbericht der Haupt-, Unterreal-, und Oberrealschule in der Josefstadt (Wien VIII). Wien: Gerold, 1871–1919.
Jahresbericht der k.-k. Staats-Realschule und des k.-k. Staats-Reformrealgymnasiums im VIII. Wiener Gemeindebezirke. Wien, 1911.
Jahresbericht über die k.-k. Staatsrealschule im IX. Wiener Gemeindebezirke. Wien: Selbstverlag, 1905–1919.
Jahresbericht über die k.-k. Staatsrealschule im X. Bezirke in Wien. Wien: Selbstverlag, 1903–1919.
Jahresbericht des öffentlichen Communal-Gymnasiums in Unter-Meidling bei Wien (XII.) (Nach 1897 k.-k. Karl-Ludwig-Gymnasium.) Wien: Selbstverlag, 1883–1917.
Jahresbericht der Vereinsrealschule des Vereines zur Gründung einer Kaiser-Jubiläums Realschule im XII. Wiener Gemeindebezirke. Wien: Selbstverlag, 1911–1919.
Jahresbericht des k.-k. Staatsgymnasiums im XIII. Bezirke in Wien. Wien: Selbstverlag, 1901–1916.
Jahresbericht der k.-k. Staatsrealschule in Wien XIII. Wien: Selbstverlag, 1907–1917.
Jahresbericht der k.-k. Realschule im Bezirke Sechshaus bei Wien (XV). Wien: Seidel, 1873–1917.
Jahresbericht der Staats-Oberrealschule im XV. Bezirke von Wien (XV). Wien: Mössmer, 1900.
Jahresbericht des Vereins-Gymnasiums im XVI. Wiener Gemeinebezirke. Wien: Holzwarth, 1907–1918.
Jahresbericht der Vereinsrealschule Ottakring. Wien: Nekham, 1900–1905, N. F. 1906–1919.
Jahresbericht des k.-k. Staats-Realgymnasiums in Hernals (XVII). Wien: Selbstverlag, 1873–1914.
Jahresbericht des k.-k. Staatsgymnasiums im XVIII. Bezirke von Wien. Wien: Hofmann, 1908–1917.
Jahresbericht des Vereins-Realgymnasiums im XVIII. Bezirke von Wien. Wien: Selbstverlag, 1915–1920.
Jahresbericht des öffentlichen Communal-Gymnasiums in Ober-Döbling bei Wien (Wien XIX). (Später k.-k. Staatsgymnasium im XIX. Bezirke.) Wien: Selbstverlag, 1886–1919.
Jahresbericht der Vereins-Realschule im XIX. Wiener Gemeindebezirke. Wien: Schöler, 1908–1919.
Jahresbericht über das k.-k. Staatsgymnasium in Floridsdorf (Wien XXI). Floridsdorf: Selbstverlag, 1901–1921.
Jahresbericht über das Gymnasium an der k.-k. Theresianischen Akademie (Wien IV). Wien: Theresianische Akademie, 1851–1918.
Jahresbericht des Gymnasiums zu den Schotten in Wien (I). Wien: Selbstverlag, 1853–1921.
Jahresbericht des Privat-Mädchen-Lyzeums Luithlen (Wien I). Wien: Selbstverlag, 1902–1916.
Jahresbericht des Privat-Mädchen-Lyzeums der Frau Eugenie Schwarzwald (Wien I). Wien: Selbstverlag, 1902–1913.
Jahresbericht des Mädchen-Obergymnasiums des Vereines für erweiterte Frauenbildung (I). Wien: Selbstverlag, 1902–1919.
Jahresbericht des öffentlichen Mädchen-Lyzeums Hilda von Gunesch, Wien, I. Wien: Selbstverlag, 1912–1916.
Jahresbericht des öffentlichen Reform-Realgymnasiums für Mädchen (Öffentliches Mädchenlyzeum im II. Bezirke in Wien). Wien: Selbstverlag, 1915–1918.
Jahresbericht des öffentlichen Wiedener Mädchen-Lyzeums und der damit verbundenen reformrealgymnasialen Oberklassen des Christlichen Vereins zur Förderung der Frauenbildung, Wien, IV. Wien, 1914–1916.
Jahresbericht des „öffentlichen" Mädchen-Lyzeums auf der Wieden (Wien IV). Wien: Selbstverlag, 1909.
Jahresbericht des öffentlichen Mädchen-Lyzeums Liste, V. Wien: Selbstverlag, 1910–1918.
Jahresbericht der höheren Bildungsschule (Mittelschule) für Mädchen am Wiener Frauenerwerbsverein, Wien, VI. Wien: Wallishausser, 1881–1916.
Jahresbericht des Vereines für realgmynasialen Mädchenunterricht, Wien, VIII. Wien: Selbstverlag, 1913–1919.
Jahresbericht des öffentlichen Mädchen-Lyzeums im IX. Bezirke. Wien: Selbstverlag, 1915–1917.
Jahresbericht des öffentlichen Mädchen-Lyzeums . . . Wien, XIII. Wien: Selbstverlag, 1915.
Jahresbericht des Cottage-Lyzeums, XIX. Wien: Selbstverlag, 1913–1916.
Jüdische Toynbee-Halle, Wien. Eine jüdische Toynbee-Halle in Wien. Wien: Selbstverlag, 1901.
Jüdischer Almanach 5670; herausgegeben aus Anlaß des 25. semestrigen Jubliäums von der Vereinigung jüdischer Hochschüler aus Galizien, Bar Kochba, in Wien. Wien: Selbstverlag, 1910.

Kadisch, Hermann: Die Juden und die oesterreichische Verfassungsreform. Wien, 1918.
–, Jung-Juden und Jung-Oesterreich. Wien: Adria, 1912.
–, „Die Juden und die Nationalitätenfrage", Hickl's jüd. Volkskalendar für das Jahr 5687 (1926–27), S. 96–100.
Landau, Saul Raphael: Fort mit Hausjuden: Grundlinien jüdischer Volkspolitik. Wien, 1907.
–, Der Polenklub und seine Hausjuden. Wien: C. W. Stern, s. l.
–, Sturm und Drang im Zionismus; Rückblicke eines Zionisten vor, mit und um Theodor Herzl. Wien: Neue National-Zeitung, 1937.
–, Unter jüdischen Proletariern. Wien: L. Rosner, 1898.
Renner, Karl: Der Kampf der österreichischen Nationen um den Staat. Leipzig und Wien: F. Deutikke, 1902.
Rosenfeld, Max: Nationale Autonomie der Juden in Österreich. Czernowitz: Buchdruckerei Gutenberg, 1912.
–, Die polnische Judenfrage: Problem und Lösung. Wien, 1918.
Rosenmann, Moritz: Jüdische Realpolitik in Österreich. Wien: R. Löwit, 1900.
Schnitzler, Arthur: Professor Bernhardi. Komödie in 5 Akten. Berlin: S. Fischer, 1912.
–, Der Weg ins Freie. Berlin: S. Fischer, 1908.
Stricker, Robert: „Rede in der Leopoldstadt am 30. September 1910". In: Aufsätze und Reden. Wien und Leipzig, 1929.
U.O.B.B., Humanitätsverein „Wien". Festschrift zur Feier des fünfundzwanzigjährigen Bestandes, 1895–1920. Wien: Selbstverlag, 1920.

Literatur

Andree, Richard: Andrees allgemeiner Handatlas. 4. Ausg., Bielefeld und Leipzig: Verlag von Velhagen und Klasing, 1904.
Aron, Willy: „Notes on Sigmund Freud's Ancestry and Jewish Contacts". YIVO Annual for Jewish Social Science 11 (1956/57), S. 286–95.
Baer, Alwyn: „Occupational and Geographic Mobility in San Antonio, 1870–1900". Social Science Quaterly 51 (1970), S. 396–403.
Bakan, David: Sigmund Freud and the Jewish Mystical Tradition. Princeton, N. J.: Van Nostrand, 1958.
Baltzarek, Franz, Alfred Hoffmann und Hannes Stekl: Wirtschaft und Gesellschaft der Wiener Stadterweiterung. Bd. V. von Die Wiener Ringstrasse: Bild einer Epoche, hg. von Renate Wagner-Rieger. Wiesbaden: Franz Steiner, 1975.
Barany, George: „Magyar Jew or Jewish Magyar? (To the Question of Jewish Assimilation in Hungary". Canadian-American Slavic Studies 8 (1974), S. 1–44.
Baron, Salo W: The Jewish Community. 3 Bde., Philadelphia: Jewish Publication Society, 1942.
Barton, Josef J.: Peasants and Strangers: Italians, Rumanians, and Slovaks in an American City, 1890–1950. Cambridge, Mass.: Harvard University Press 1975.
Bato, Ludwig: Die Juden im alten Wien. Wien: Phaidon, 1928.
Bein, Alex: Theodore Herzl: Biographie. Wien: Fiba-Verlag, 1934.
Bendix, R., und S. M. Lipse, Hg.: Class, Status and Power: Social Stratification in Comparative Perspective. 2. Aufl. New York: Free Press, 1966.
Benedikt, Heinrich: Die wirtschaftliche Entwicklung in der Franz-Joseph-Zeit. Wien: Herold, 1958.
Berend, Iván T., und György Ránki: Economic Development in East-Central Europe in the Nineteenth and Twentieth Centuries. New York: Columbia University Press, 1974.
Berrol, Selma C.: „Education and Economic Mobility: The Jewish Experience in New York City, 1880–1920". American Jewish Historical Quarterly 65 (1975/76), S. 257–71.
Bihl, Wolfdieter: Bibliographie der Dissertationen über Judentum und jüdische Persönlichkeiten, die 1872–1962 an österreichischen Hochschulen (Wien, Graz, Innsbruck) approbiert wurden. Wien: Notring der wissenschaftlichen Verbände Österreichs, 1965.
–, „Die Juden in der Habsburgermonarchie 1848–1918". Studia Judaica Austriaca 8 (1980), S. 5–73.
Blau, Bruno: „Sociology and Statistics of the Jews". Historia Judaica 9 (1949), S. 145–62.

Blau, Peter M., und Otis D. Duncan: The American Occupational Structure. New York: Wiley, 1967.
Bobek, Hans, und Elisabeth Lichtenberger: Wien: Bauliche Gestalt und Entwicklung seit der Mitte des 19. Jahrhunderts. Graz: Verlag Hermann Böhlaus Nachf., 1966.
Böhm, Adolf: Die zionistische Bewegung. 2 Bde., 2. durchges. Aufl. Tel Aviv: Hozaah Ivrith, 1935–37.
Bogue, Donald J.: Population Growth in Standard Metropolitan Areas, 1900–1950. Washington, D. C.: Housing and Home Finance Agency, 1953.
–, Principles of Demography. New York: Wiley, 1969.
–, „Internal Migration". In: The Study of Population, hg. von P. M. Hauser und O. D. Duncan, S. 486–509. Chicago: University of Chicago Press, 1959.
Bolton, Frederich Elmer: The Secondary School System of Germany. International Education Series 47. S. l., s. d.
Boyer, John: Political Radicalism in Late Imperial Wien: Origins of the Christian Social Movement 1848–1897. Chicago und London: University of Chicago Press, 1981.
Braham, Randolph (Hg.): Hungarian-Jewish Studies. New York: World Federation of Hungarian Jews, 1966.
Braunthal, Julius: Victor und Friedrich Adler: Zwei Generationen Arbeiterbewegung. Wien: Verlag der Wiener Volksbuchhandlung, 1965.
Briggs, Asa: Victorian Cities. London: Odhams, 1963.
Broch, Hermann: Hofmannsthal und seine Zeit. Eine Studie. München: R. Piper, 1964.
Burgess, Ernest W.: „Residential Segregation in American Cities". Annals of the American Academy of Political and Social Science 140 (1928), S. 105–15.
Cahan, Abraham: The Rise of David Levinsky. New York und London: Harper and Bros., 1917.
Cahnmann, Werner J.: „Adolf Fischhof and His Jewish Followers". LBIYB 4 (1959), S. 111–39.
–, „The Fighting Kadimah". Chicago Jewish Forum 17, Nr. 1 (Herbst 1958), S. 24–27.
Cardona, Heinrich R.: Die Armenpflege der Israeliten mit besonderer Rücksicht auf die israelitischen Cultusgemeinden in Oesterreich und die israelitischen Vereine in Galizien. Graz, 189?
Chamberlain, Houston Stewart: Die Grundlagen des neunzehnten Jahrhunderts. 2. Aufl. München: F. Bruckman, 1900.
Charmatz, Richard: Deutsch-oesterreichische Politik; Studien über den Liberalismus und über die auswärtige Politik Österreichs. Leipzig: Duncker and Humblot, 1907.
–, Österreichs innere Geschichte von 1848 bis 1907. 2. Aufl. Leipzig: B. G. Teubner, 1911–12.
Chudacoff, Howard: Mobile Americans: Residential and Social Mobility in Omaha, 1880–1920. New York: Oxford University Press, 1972.
Cohen, Carl: „The Road to Conversion". LBIYB 6 (1961), S. 259–279.
Cohen, Gary B.: The Politics of Ethnic Survival: Germans in Prague, 1861–1914. Princeton, N. J.: Princeton University Press, 1981.
–, „Jews in German Society: Prague, 1860–1914". Central European History 10 (1977), S. 28–54.
Cohen, Steven Martin: „Patterns of Interethnic Marriage and Friendship in the United States". Ph. D. Dissertation, Columbia University, 1974.
–, „Socioeconomic Determinants of Interethnic Marriage and Friendship". Social Forces 55 (1977), S. 997–1010.
Cressey, Paul Frederick: „Population Succession in Chicago, 1898–1930". American Journal of Sociology 44 (1938), S. 59–69.
Crew, David F.: Town in the Ruhr: A Social History of Bochum, 1860–1914. New York: Columbia University Press, 1979.
Cuddihy, John Murray: The Ordeal of Civility: Freud, Marx, Levi-Strauss, and the Jewish Struggle with Modernity. New York: Basic Books, 1974.
Czeike, Felix, und Walter Lugsch: Studien zur Sozialgeschichte von Ottakring und Hernals. Wien: Verlag für Jugend und Volk, 1955.
Czoernig, Karl von Czernhausen: Ethnographie der oesterreichischen Monarchie. Wien: k.-k. Hof- und Staatsdruckerei, 1857.
Darroch, A. Gordon, und Wilfred G. Marston: „The Social Bases of Ethnic Residential Segregation: The Canadian Case". American Journal of Sociology 77 (1971), S. 491–510.
Davey, Ian, und Michael Dancet: „The Social Geography of a Commercial City ca. 1853". Appendix I in

The People of Hamilton, Canada West, von Michael B. Katz, S. 319–42. Cambridge, Mass.: Harvard University Press, 1975.

Davies, Allen F.: Spearheads for Reform: The Social Settlements and the Progressive Movement, 1890–1914. New York: Oxford University Press, 1967.

Dawidowicz, Lucy S.: „Arnold Schoenberg: A Search for Jewish Identity". In: The Jewish Presence: Essays on Identity and History, S. 32–45. New York: Holt, Rinehart and Winston, 1977.

–, The Golden Tradition: Jewish Life and Thought in Eastern Europe. New York: Holt, Rinehart and Winston, 1967.

Deák, István: Weimar Germany's Left-Wing Intellectuals: A Political History of the Weltbühne and Its Circel. Berkeley, Calif.: University of California Press, 1968.

De Young, Peter Y., Milton J. Brawer und Stanley S. Rubin: „Patterns of Female Inter-generational Occupational Mobility". American Sociological Review 36 (1971), S. 1033–1042.

Dollar, Charles M., und Richard J. Jensen: Historian's Guide to Statistics: Quantitative Analysis and Historical Research. New York: Holt, Rinehart and Winston, 1971.

Dohm, Christian Wilhelm von: Über die bürgerliche Verbesserung der Juden. Berlin und Stettin, 1781–83.

Drabek, Anna, Wolfgang Häusler, Kurt Schubert, Karl Stuhlpfarrer und Nikolaus Vielmetti: Das österreichische Judentum: Voraussetzungen und Geschichte. Wien und München: Jugend und Volk, 1974.

Drage, Geoffrey: Austria-Hungary. London: John Murray, 1909.

Dubnow, Simon: History of the Jews in Russia and Poland from the Earliest Times to the Present Day. 3 Bde. Übersetzt von I. Friedlaender. Philadelphia: Jewish Publication Society, 1916–20.

Duncan, Otis D., und Beverly Duncan: „A Methodological Analysis of Segregation Indexes". American Sociological Review 20 (1955). S. 210–17.

Duncan, Otis D., und Stanley Lieberson: „Ethnic Segregation and Assimilation". American Journal of Sociology 24 (1959), S. 364–74.

Edwards, Alba: „A Social-Economic Grouping of the Gainful Workers of the United States". Journal of the American Statistical Association 28 (1933). S. 377–87.

Elon, Amos: Herzl. New York: Holt, Rinehart and Winston, 1975.

Engelmann, R.: „Österreichs städtische Wohnplätze mit mehr als 25.000 Einwohnern Ende 1910, ihr Wachstum seit 1869 und die konfessionelle und sprachliche Zusammensetzung ihrer Bevölkerung 1880–1910". Statistische Monatsschrift (Wien) 40 (1914), S. 413–510.

Fall, Gustav Heinrich: Die rechtliche Stellung der Juden in Österreich. Wien: Verlag des Vereines zur Abwehr des Antisemitismus, 1892.

Feldbauer, Peter: Stadtwachstum und Wohnungsnot: Determinanten unzureichender Wohnungsversorgung in Wien 1848–1914. Wien: Verlag für Geschichte und Politik, 1977.

Field, Frank: The Last Days of Mankind: Karl Kraus and His Wien. New York: St. Martins, 1967.

Field, Geoffrey G.: Evangelist of Race: The Germanic Vision of Houston Stewart Chamberlain. New York: Columbia University Press, 1981.

Fleischer, Siegfried: „Enquête über die Lage der jüdischen Bevölkerung Galiziens". In Jüdische Statistik, hg. von Alfred Nossig. Berlin: Jüdischer Verlag, 1903.

Fraenkel, Josef (Hg.): The Jews of Austria: Essays on Their Life, History and Destruction. London: Vallentine, Mitchell, 1967.

–, Robert Stricker. London, s. l., 1950.

–, „Moritz Güdemann and Theodor Herzl". LBIYB 11 (1966), S. 67–82.

Frankenberger, Max: „Die Vitalität und die Morbidität der Wiener Juden". Ph. D. Dissertation, University Wien, 1943.

Frei, Bruno: Jüdisches Elend in Wien. Wien und Berlin: R. Löwit, 1920.

Freund, Arthur: „Um Gemeinde und Organisation: Zur Haltung der Juden in Österreich". Bulletin des Leo Baeck Instituts (1960) Nr. 10, S. 81–100.

Freud, Martin: Sigmund Freud: Man and Father. New York: Vanguard Press, 1958.

Freidenreich, Harriet Pass: The Jews of Yugoslavia: A Quest for Community. Philadelphia: Jewish Publication Society, 1979.

Friedländer, Otto: Letzter Glanz der Märchenstadt: Bilder aus dem Wiener Leben um die Jahrhundertwende, 1890–1914. Wien: Ring-Verlag, 1948.

Friedman, Isaiah: „The Austro-Hungarian Government and Zionism, 1897–1918". Jewish Social Studies 27 (1965), S. 147–167 und 236–249.
Friedmann, Philipp: „Die galizischen Juden in den Jahren 1848–1868". Ph. D. Dissertation, Universität Wien, 1925.
Fuchs, Albert: Geistige Strömungen in Österreich 1867–1918. Wien: Globus Verlag, 1949.
Gans, Herbert J.: The Urban Villagers: Group and Class in the Life of Italian Americans. New York: Free Press, 1962.
Gay, Peter: Freud, Jews and Other Germans: Masters and Victims in Modernist Culture. Oxford und New York: Oxford University Press, 1978.
Gelber, N. M.: „The Sephardic Community in Wien". Jewish Social Studies 10 (1948), S. 359–396.
Glass, David V.: Hg. Social Mobility in Britain. London: Routledge and Kegan Paul, 1954.
Glass, D. V., und D. E. C. Eversley (Hg.): Population in History: Essays in Historical Demography. London: E. Arnold, 1965.
Glazer, Nathan, und Daniel P. Moynihan: Beyond the Melting Pot: The Negroes, Puerto Ricans, Jews, Italians and Irish of New York City. Cambridge, Mass.: Massachusetts Institute of Technology Press, 1963.
Glettler, Monika: Die Wiener Tschechen um 1900: Strukturanalyse einer nationalen Minderheit in der Großstadt. München und Wien: R. Oldenbourg Verlag, 1972.
Gold, Hugo: Geschichte der Juden in Wien: Ein Gedenkbuch. Tel Aviv: Olamenu, 1966.
–, Die Juden und die Judengemeinde Bratislava in Vergangenheit und Gegenwart. Brünn: Jüdischer Buchverlag, 1932.
–, Die Juden und Judengemeinden Mährens in Vergangenheit und Gegenwart. Brünn: Jüdischer Buch- und Kunstverlag, 1929.
Goldemund, Heinrich: Die Wiener Wohnungs-Verhältnisse und Vorschläge zur Verbesserung derselben. Wien, 1910.
Goldhammer, Leo: Die Juden Wiens: Eine statistische Studie. Wien und Leipzig: R. Löwit, 1927.
Goldsmith, Emanuel S.: Architects of Yiddishism at the Beginning of the Twentieth Century. Rutherford, N. J.: Fairleigh Dickinson University Press und London: Associated University Presses, 1976.
Goldstein, Sidney: Patterns of Mobility, 1910–1950: The Norristown Study. Philadelphia: University of Pennsylvania Press, 1958.
Hickmann, Anton Leo: Historisch-statistische Tafeln aus den wichtigsten Gebieten der geistigen und materiellen Entwicklung der k.-k. Reichshaupt- und Residenzstadt Wien im neunzehnten Jahrhundert. Wien: Alfred Hölder, 1903.
Hopkins, Richard: „Occupational and Geographical Mobility in Atlanta, 1870–1890". Journal of Southern History 34 (1968), S. 200–213.
Howe, Irving: World of Our Fathers. New York und London: Harcourt, Brace, Jovanovitch, 1976.
Hubbard, William: „A Social History of Graz, Austria, 1861–1914". Ph. D. Dissertation, Columbia University, 1973.
–, „Der Wachstumsprozeß in den österreichischen Großstädten, 1869–1910; eine historisch-demographische Untersuchung". Kölner Zeitschrift für Soziologie und Sozialpsychologie 16 (1973), S. 386–418.
Hutchinson, E. P.: Immigrants and Their Children, 1850–1950. New York: Wiley, 1956.
Hyman, Paula: From Dreyfus to Vichy: The Remaking of French Jewry, 1906–1939. New York: Columbia University Press, 1979.
Ianni, Francis A. J.: „Residential and Occupational Mobility as Indices to the Acculturation of an Ethnic Group". Social Forces 36 (1957/58), S. 65–72.
Iggers, Wilma Abeles: Karl Kraus: A Viennese Critic of the Twentieth Century. Den Haag: Martinus Nijhoff, 1967.
Inama-Sternegg, K. Th. von: Die persönlichen Verhältnisse der Wiener Armen. Wien: Verein gegen Verarmung und Bettelei in Wien, 1892.
Janik, Allan, und Stephen Toulmin: Wittgenstein's Wien. New York: Simon and Schuster, 1973.
Jansen, C. J. (Hg.): Readings in the Sociology of Migration. Oxford und New York: Pergamon Press, 1970.

Jászi, Oscar: The Dissolution of the Habsburg Monarchy. 1929. Reprint. Chicago und London: University of Chicago Press, 1961.

Jeiteles, Israel: Die Kultusgemeinde der Israeliten in Wien mit Benützung des statistischen Volkszählungsoperatus vom Jahre 1869. Wien: L. Rosner, 1873.

Jenks, William A.: „The Jews in the Hapsburg Empire, 1879–1918". LBIYB16 (1971), S. 155–162.

–, Wien and the Young Hitler. New York: Columbia University Press, 1960.

„The Jewish Background of Victor and Friedrich Adler: Selected Biographical Notes". LBIYB 10 (1965), S. 266–276.

Johnston, William M.: The Austrian Mind: An Intellectual and Social History 1848–1938. Berkeley, Calif.: University of California Press, 1972. (Deutsch: Österreichische Kultur- und Geistesgeschichte. Gesellschaft und Ideen im Donauraum 1848–1938. 2. Aufl. Wien/Graz/Köln: Böhlau, 1980).

Jones, Ernest: The Life and Work of Sigmund Freud. Hg. und gekürzt von Lionel Trilling und Steven Marcus. Harmondsworth, Eng.: Penguin Books, 1961.

Joseph, Samuel: Jewish Immigration to the United States from 1881 to 1910. Columbia University Studies in History, Economics, and Public Law 59, Nr. 4 (New York, 1914).

Kaiser, Franz: „Siedlungs-, Bevölkerungs- und Industrieentwicklung der Brigittenau seit der Donauregulierung in historisch-topographischer Sicht". Ph. D. Dissertation, Universität Wien, 1966.

Kann, Robert A.: „German-Speaking Jewry during Austria-Hungary's Constitutional Era (1867–1918)". Jewish Social Studies 10 (1948), S. 239–256.

–, A History of the Habsburg Empire, 1526–1918. Berkeley, Calif.: University of California Presse, 1974. (Deutsch: Geschichte des Habsburgerreiches 1526–1918. 2. Aufl. Wien/Graz/Köln: Böhlau, 1982).

–, The Multinational Empire: Nationalism and National Reform in the Habsburg Monarchy 1848–1918. 2 Bde., 1950. Reprint. New York: Octagon Press, 1964.

Kantrowitz, Nathan: Ethnic and Racial Segregation in the New York Metropolis: Residential Patterns among White Ethnic Groups, Blacks, and Puerto Ricans. New York: Praeger, 1973.

Kaplun-Kogan, Wladimir W.: Die jüdische Wanderbewegung in der neuesten Zeit (1880–1914). Bonn: A. Marcus und E. Weber, 1919.

Karbach, Oscar: „The Founder of Political Antisemitism: Georg von Schönerer". Jewish Social Studies 7 (1945), S. 3–30.

Katz, Jacob: Out of the Ghetto: The Social Background of Jewish Emancipation, 1770–1870. Cambridge, Mass.: Harvard University Press, 1973.

Katz, Michael B.: „Occupational Classification in History„. Journal of Interdisciplinary History 3 (1972), S. 63–88.

–, The People of Hamilton, Canada West: Family and Class in a Mid-Nineteenth-Century City. Cambridge, Mass.: Harvard University Press, 1975.

Kellner, Leon: „Eine jüdische Toynbee-Halle in Wien". Ost und West I (1901). S. 291–298.

Kessner, Thomas: The Golden Door: Italian and Jewish Immigrant Mobility in New York City 1880–1915. New York: Oxford University Press, 1977.

Kestenberg-Gladstein, Ruth: „The Jews between Czechs and Germans in the Historic Lands, 1848–1918". In: The Jews of Czechoslovakia. 2 Bde. I, S. 21–71. Philadelphia: Jewish Publication Society, 1968.

Kisch, Guido: Judentaufen: Eine historisch-biographisch-psychologisch-soziologische Studie besonders für Berlin und Königsberg. Berlin: Colloquial Verlag, 1973.

Klaar, Adalbert: Die Siedlungsformen Wiens. Wien: Paul Zsolnay Verlag, 1971.

Klein, Dennis B.: Jewish Origins of the Psychoanalytic Movement. New York: Praeger, 1981.

Knights, Peter: „Population Turnover, Persistence and Residential Mobility in Boston". In: Nineteenth-Century Cities: Essays in the New Urban History, hg. von Stephan Thernstrom und Richard Sennett, S. 258–274. New Haven: Yale University Press, 1969.

–, The Plain People of Boston, 1830–1860: A Study in City Growth. New York: Oxford University Press, 1971.

Knodel, John: The Decline of Fertility in Germany, 1871–1939. Princeton, N. J.: Princeton University Press, 1974.

Knöpfmacher, Wilhelm: Entstehungsgeschichte und Chronik der Vereinigung „Wien", 1895–1935. Wien: s. l., 1935.

Kohn, Hans: „Before 1918 in the Historic Lands". In: The Jews of Czechoslovakia. 2 Bde. I, S. 12–20. Philadelphia: Jewish Publication Society, 1968.
–, „Eros and Sorrow (Notes on Arthur Schnitzler and Otto Weininger". LBIYB 6 (1961), S. 152–169.
–, Karl Kraus, Arthur Schnitzler, Otto Weininger: Aus dem jüdischen Wien der Jahrhundertwende. Tübingen: J. C. B. Mohr, 1962.
–, Martin Buber: Sein Werk und seine Zeit. Köln: Joseph Melzer, 1961.
Köllmann, Wolfgang: „The Population of Barmen before and during the Period of Industrialization". In: Population in History, hg. von D. V. Glass und E. D. Eversely. London: E. Arnold, 1965.
–, „The Process of Urbanization in Germany at the Height of the Industrialization Period". Journal of Contemporary History 4 (1969), S. 59–76.
–, Sozialgeschichte der Stadt Barmen im neunzehnten Jahrhundert. Tübingen: J. C. B. Mohr, 1960.
–, „Zur Bevölkerungsentwicklung ausgewählter deutscher Großstädte in der Hochindustrialisierungsperiode". Jahrbuch für Sozialwissenschaft 18 (1967), S. 129–144.
Korkis, A.: „Zur Bewegung der jüdischen Bevölkerung in Galizien". In: Jüdische Statistik, hg. von Alfred Nossig, S. 311–315. Berlin: Jüdischer Verlag, 1903.
Körösi, Josef: Die Hauptstadt Budapest im Jahre 1881. Resultate der Volksbeschreibung und Volkszählung vom 1. Januar 1881. 3 Bde. Berlin: Puttkammer und Mühlbrecht, 1881–1883.
Ders.und Gustav Thirring: Die Hauptstadt Budapest im Jahre 1891. Resultate der Volksbeschreibung und Volkszählung. 3 Bde. Berlin: Puttkammer und Mühlbrecht, 1894–1898.
Krauss, Samuel: Geschichte der Isr. Armenanstalt in Wien aus Anlass ihrer Jahrhundertfeier aus Archivalien zusammengestellt. Wien: Armenanstalt der Isr. Kultusgemeinde, 1922.
Laqueur, Walter: A History of Zionism. New York: Holt, Rinehart and Winston, 1972.
Leftwich, Josef: „Stefan Zweig and the World of Yesterday". LBIYB 3 (1958), S. 81–100.
Leser, Norbert: „Austro-Marxism: A Reappraisah". Journal of Contemporary History 11 (1976), S. 133–148.
Lestschinsky, Jacob: „Die jüdische Wanderung, ihre Ursachen und ihre Regelung". Archiv für Wanderungswesen 1 (1928/29), S. 127–131, 168–172; 2 (1929/30), S. 20–25.
–, Jewish Migration for the Past Hundred Years. New York: YIVO, 1944.
–, „The Jews in the Cities of the Republic of Poland". YIVO Annual of Jewish Social Science 1 (1946), S. 156–177.
Liang, Hsi-Huey: „Lower-Class Immigrants in Wilhelmine Berlin". Central European History 3 (1970), S. 94–111.
Lieberson, Stanley: Ethnic Patterns in American Cities. New York: The Free Press of Glencoe, 1963.
Lipset, S. M., und *Reinhard Bendix:* Social Mobility in Industrial Society. Berkeley, Calif.: University of California Press, 1959.
Liptzin, Solomon: Arthur Schnitzler. New York: Prentice Hall, 1932.
–, Germany's Stepchildren. Philadelphia: Jewish Publication Society, 1944.
–, Richard Beer-Hofmann. New York: Bloch Publishing Company, 1936.
Löw, Akos: „Die soziale Zusammensetzung der Wiener Juden nach den Trauungs- und Geburtsmatrikeln, 1784–1848". Ph. D. Dissertation, Universität Wien, 1952.
Löwy, Wilhelm: Das Unterrichtswesen in Wien. Bd. II, Mittel- und Hochschulen. Wien: k.-k. Hof- und Staatsdruckerei, 1891.
Macartney, C. A.: The Habsburg Empire 1790–1918. New York: The MacMillan Company, 1969.
McCagg, William O., Jr.: Jewish Nobles and Geniuses in Modern Hungary. Boulder, Colo.: East European Quarterly, 1972.
McGrath, William J.: Dionysian Art and Populist Politics in Austria. New Haven: Yale University Press, 1974.
–, „Student Radicalism in Wien". Journal of Contemporary History 2 (1967), S. 183–201.
Mahler, Raphael: „The Economic Background of Jewish Emigration from Galicia to the United States". YIVO Annual of Jewish Social Science 7 (1952), S. 255–267.
–, A History of Modern Jewry 1780–1815. New York: Schocken Books, 1971.
Marrus, Michael R.: The Politics of Assimilation: A Study of the French Jewish Community at the Time of the Dreyfus Affair. Oxford: Clarendon Press, 1971.

März, Eduard: Österreichische Industrie- und Bankpolitik in der Zeit Franz Josephs I. Wien: Europa Verlag, 1968.

Matis, Herbert: Österreichs Wirtschaft 1848–1913: Konjunkturelle Dynamik und gesellschaftlicher Wandel im Zeitalter Franz Josephs I. Berlin: Duncker und Humblot, 1972.

May, Arthur J.: Wien in the Age of Franz Joseph. Norman, Okla.: University of Oklahoma Press, 1966.

–, The Hapsburg Monarchy 1867–1914. 1951. Reprint. New York: W. W. Norton and Co., 1968.

Mayer, Arnold F.: „Über eine historische Ethnographie Wiens: Das Ziel und der Weg". Wiener städt. Jahrbuch (1889), S. 295–301.

Mayer, Hans (Hg.): Hundert Jahre österreichischer Wirtschaftsentwicklung, 1848–1948. Wien: Springer Verlag, 1949.

Mayer, Sigmund: Die Wiener Juden 1700–1900: Kommerz, Kultur, Politik. Wien und Berlin: R. Löwit Verlag, 1917.

Menes, A.: „The Conversion Movement in Prussia during the First Half of the 19th Century". YIVO Annual of Jewish Social Science 6 (1951), S. 187–205.

Messerklinger, Walter: „Die Fruchtbarkeit der Wiener jüdischen Ehen im Verlauf des letzten Jahrhunderts". Ph. D. Dissertation, Universität Wien (Medizin), 1942.

Meyer, Michael: The Origins of the Modern Jew: Jewish Identity and European Culture in Germany, 1749–1824. Detroit: Wayne State University Press, 1967.

Mitchell, Donald: Gustav Mahler: The Early Years. London: Rockliff, 1958.

Molisch, Paul: Geschichte der deutschnationalen Bewegung in Österreich von ihren Anfängen bis zum Zerfall der Monarchie. Jena: G. Fischer, 1926.

–, Die deutschen Hochschulen in Österreich und die politisch-nationale Entwicklung nach dem Jahre 1848. München: Drei Masken, 1922.

Moore, Deborah Dash: At Home in America: Second Generation New York Jews. New York: Columbia University Press, 1981.

Moser, Johnny: „Von der Emanzipation zur antisemitischen Bewegung". Ph. D. Dissertation, Universität Wien, 1962.

Moses, Leopold: Die Juden in Niederösterreich. Wien: Glanz, 1935.

Mosse, George L.: The Crisis of German Ideology: Intellectual Origins of the Third Reich. New York: Grosset and Dunlop, 1964.

–, Germans and Jews: The Right, the Left, and the Search for a „Third Force" in Pre-Nazi Germany. New York: H. Fertig, 1970.

–, Toward the Final Solution: A History of European Racism. New York: H. Fertig, 1978.

Mumford, Lewis: The City in History: Its Origins, Its Transformation, and Its Prospects. New York; Harcourt, Brace and World, 1961.

Nelli, Humbert S.: Italians in Chicago, 1880–1930: A Study in Ethnic Mobility. New York: Oxford University Press, 1970.

Newlin, Dika: Bruckner, Mahler, Schoenberg. Durchges. Aufl. New York: W. W. Norton, 1978.

Nie, Norman et al: Statistical Package for the Social Sciences. 2. Aufl. New York: McGraw-Hill, 1970, 1975.

Nossig, Alfred (Hg.): Jüdische Statistik. Berlin: Jüdischer Verlag, 1903.

–, Materialien zur Statistik des jüdischen Stammes. Wien: Carl Konegin, 1887.

Oehler, I.: „Geschichte des ‚Leopoldstädter Tempels' in Wien". Zeitschrift für Geschichte der Juden 1, Nr. 1 (1964), S. 22–27.

Österreichischer Ingenieur- und Architekten-Verein. Wien am Anfang des XX. Jahrhunderts. 2 Bde. Gerlach und Wiedling, 1905.

Padover, Saul K.: „The Baptism of Marx's Family". Midstream 24, Nr. 6 (Juni/Juli 1978), S. 36–44.

Park, Robert E.: „The Urban Community as a Spatial Pattern and a Moral Order". In: On Social Control and Collective Behavior. Chicago; University of Chicago Press, 1967.

Park, Robert E., Ernest W. Burgess und *Roderick McKenzie*: The City. Chicago: University of Chicago Press, 1935.

Pass, Harriet (Freidenreich): „Kadimah: Jewish Nationalism in Wien before Herzl". Columbia University Essays in International Affairs: The Dean's Papers (1969), S 119–136.

Paulsen, Friedrich: Geschichte des gelehrten Unterrichts auf den deutschen Schulen und Universitäten vom Ausgang des Mittelalters bis zur Gegenwart. 2. durchges. Aufl. Leipzig: Veit & Co., 1896–97.
Petermann, Reinhard E.: Wien im Zeitalter Kaiser Franz Josephs I. Wien: R. Lechner, 1908.
Philippovich von Philippsberg, Eugen von: Wiener Wohnungsverhältnisse. Berlin: Carl Heymann, 1894.
Poppel, Stephen M.: Zionism in Germany, 1897–1933: The Shaping of a Jewish Identity. Philadelphia: Jewish Publication Society, 1977.
Pulzer, P. G. J.: „The Austrian Liberals and the Jewish Question, 1867–1914". Journal of Central European Affairs 23 (1963), S. 131–142.
–, The Rise of Political Anti-Semitism in Germany and Austria. New York: John Wiley and Sons, 1964.
Pounds, Norman J. G.: „The Urbanization of East-Central and Southeast Europe: An Historical Perspective". In: Eastern Europe; Essays on Geographical Problems. George W. Hoffmann. New York: Praeger, 1971.
Rabinbach, Anson G.: „The Migration of Galician Jews to Wien, 1857–1880", hg. von Austrian History Yearbook 11 (1975), S. 44–54.
Rainey, Reuben M.: „Freud as Student of Religion: Perspectives on the Background and Development of His Thought". Ph. D. Dissertation, Columbia University, 1971.
Rauchberg, Heinrich: Die Bevölkerung Österreichs auf Grund der Ergebnisse der Volkszählung vom 31. December 1890. Wien: Alfred Hölder, 1895.
–, „Die Heimatverhältnisse der Bevölkerung Österreichs nach den Ergebnissen der Volkszählung vom 31. Dezember 1890". Statistische Monatsschrift (Wien) 18 (1892), S. 345–401.
–, „Der Zug nach der Stadt". Statistische Monatsschrift (Wien) 19 (1893), S. 125–200.
Ravenstein, E. G.: „The Laws of Migration". Journal of the Royal Statistical Society 48 (1885). S. 167–227; 52 (1889), S. 241–301.
Redford, Arthur: Labour Migration in England, 1800–1850. 2. Aufl. Manchester, Eng.: Manchester University Press, 1964.
Reinharz, Jehuda: Fatherland or Promised Land: The Dilemma of the German Jew, 1893–1914. Ann Arbor: University of Michigan Press, 1975.
Richarz, Monika: Der Eintritt der Juden in die akademischen Berufe: Jüdische Studenten und Akademiker in Deutschland. Tübingen: J. C. B. Mohr, 1974.
Rischin, Moses: The Promised City: New Yorks Jews 1870–1914. 1962. Reprint. New York: Harper Torchbooks, 1970.
Robert, Marthe: From Oedipus to Moses: Freud's Jewish Identity. Übersetzt von: Ralph Manheim. Garden City, N. Y.: Ancor Books, 1976.
Rogoff, Natalie S.: Recent Trends in Occupational Mobility. Glencoe, Ill.: Free Press, 1953.
Roof, Wade Clark, Thomas L. Van Valey und *Daphne Spain:* „Residential Segragation in Southern Cities: 1970". Social Forces 55, Nr. 1 (September 1976), S. 59–71).
Roof, W. Clark and *Thomas L. Van Valey:* „Residential Segregation and Social Differentiation in Urban Areas". Social Forces 51, Nr. 1 (September 1972), S. 87–91.
Rosen, Charles: Schoenberg. London: Marion Bayers, 1975.
Rosenberg, Terty J. and *Robert W. Lake:* „Toward a Revised Model of Residential Segregation and Succession: Puerto Ricans in New York, 1960–1970". American Journal of Sociology 81 (1976), S. 1142–1150.
Rodenfeld, Julius: Die Matrikelführung der Israeliten in Österreich nach den bestehenden staatlichen Vorschriften. Wien: R. Löwit, 1913.
Rosenfeld, M.: Der jüdische Religionsunterricht. Wien: R. Löwit, 1920.
Rosenmann, Moses: Dr. Adolf Jellinek; Sein Leben und Schaffen. Wien: J. Schlesinger, 1931.
Rothkirchen, Livia: „Slovakia: I. 1848–1918". In the Jews of Chechoslovakia. 2 Bde. S. 72–84. Philadelphia: Jewish Publication Society, 1968.
Rotter, Hans, und *Adolf Schmieger:* Das Ghetto in der Wiener Leopoldstadt. Wien: Burgverlag, 1926.
Rozenblit, Marsha L.: „The Assertion of Identity – Jewish Student Nationalism at the University of Wien before the First World War". LBIYB 27 (1982), S. 171–186.
Rudolph, Richard L.: Banking and Industrialization in Austria-Hungary: The Role of Banks in the Industrialization of the Czech Crownlands, 1873–1914. Cambridge und New York: Cambridge University Press, 1976.

Ruppin, Arthur: The Jewish Fate and Future. Übersetzt von E. W. Dickens. London: MacMillan and Co., 1940.

–, The Jews of Today. Übersetzt von Margery Bentwich. New York: Henry Holt & Co., 1913.

–, Soziologie der Juden. 2 Bde. Berlin: Jüdischer Verlag, 1930.

Russel, James E.: German Higher Schools: Their History, Organization and Methods of Secondary Education in Germany. New York: Longmans, Green, 1899.

Samter, N.: Judentaufen im 19. Jahrhundert mit besonderer Berücksichtigung Preußens. Berlin: Poppelauer, 1906.

Schimmer, Gustav Adolf: Die Bevölkerung von Wien und seinen Umgebungen nach dem Beruf und der Beschäftigung. Wien, 1874.

–, Die Juden in Österreich nach der Zählung vom 31. December 1880. Wien: Hölder, 1881.

–, Statistik des Judenthums in den im Reichsrathe vertretenen Königreichen und Ländern. Wien: k.-k. Hof- und Staatsdruckerei, 1873.

Schleischer, Mordche Schlome: „Geschichte der spaniolischen Juden in Wien". Ph. D. Dissertation, Universität Wien, 1934?

Schmidtbauer, Peter: „Zur sozialen Situation der Wiener Juden im Jahre 1857". Studia Judaica Austriaca 6 (1978), S. 57–89.

Schnitzler, Henry: „Gay Wien: Myth and Reality". Journal of the History of Ideas 15 (1954), S. 94–118.

Schoeps, Julius H.: „Modern Heirs of the Maccabees – The Beginnings of the Wien Kadimah, 1882–1897". LBIYB 27 (1982), S. 155–170.

Schorsch, Ismar: „Moritz Güdemann – Rabbi, Historian and Apologist". LBIYB 11 (1966), S. 42–66.

–, Jewish Reactions to German Anti-Semitism, 1870–1914. New York: Columbia University Press, 1972.

Schorske, Carl E.: Fin-de-Siècle Wien: Politics and Culture. New York: Alfred A. Knopf, 1980.

–, „Politics and the Psyche in fin-de-siècle Wien: Schnitzler and Hofmannsthal". American Historical Review 66, Nr. 4 (1961), S. 930–946.

–, „Politics and Patricide in Freud's Interpretation of Dreams". American Historical Review 78 (1973), S. 328–347.

–, „Politics in a New Key: An Austrian Triptych". Journal of Modern History 39 (1967), S. 343–386.

Sedlaczek, Stephan: Die definitiven Ergenbnisse der Volkszählung vom 31. December 1890 in der k.-k. Reichshaupt- und Residenzstadt Wien. Wien: Alfred Hölder, 1891.

–, Die k.-k. Reichshaupt- und Residenzstadt Wien: Ergebnisse der Volkszählung vom 31. December 1880. Wien: Verlag des Wiener Magistrates, 1887.

–, Die Wohnverhältnisse in Wien. Ergebnisse der Volkszählung vom 31. December 1890. Wien: Verlag des Wiener Magistrates, 1893.

Sherrow, Fred Solomom: „Patterns of Religious Intermarriage among American College Graduates". Ph. D. Dissertation, Columbia University, 1971.

Shorter, Edward: The Historian and the Computer: A Practical Guide. Englewood, N. J.: Prentice-Hall, 1971.

Silberner, Edmund: „Austrian Social Democracy and the Jewish Problem". Historia Judaica 8, Nr. 2 (Oktober 1951), S. 121–140.

Simon, Ernst: „Sigmund Freud, the Jew". LBIYB 2, (1957), S. 270–305.

Simon, Walter B.: „The Jewish Vote in Austria". LBIYB 16 (1971). S. 97–121.

Skalnik, Kurt: Karl Lueger: Der Mann zwischen den Zeiten. Wien und München: Herold, 1954.

Sklare, Marshall: American Jews. New York: Random House, 1971.

Sole, Aryeh: „Subcarpathian Ruthenia: 1918–1938". In The Jews of Czechoslovakia. 2 Bde., I, S. 125–154. Philadelphia: Jewish Publication Society, 1968.

Spiegel, L.: „Das Heimatrecht und die Gemeinden". Schriften des Vereines für Sozialpolitik 112 (1907), S. 7–49.

Spigl, Elisabeth: „Das Wiener Judentum der achtziger Jahre in Literatur und Presse". Ph. D. Dissertation, Universität Wien, 1943.

Springer, Ernst: „Das Mittelschulwesen". In: 100 Jahre Unterrichts-Ministerium 1848–1948; Festschrift des Bundesministeriums für Unterricht in Wien, S. 114–138. Wien: Österreichischer Bundesverlag, 1948.

Statistique concernant la Galacie et la Bukovine. Paris: Imp. Slave, s. d.
Stillschweig, Kurt: Die Juden Osteuropas in den Minderheitenverträgen. Berlin: J. Jastrow, 1936.
–, „Die nationalitätenrechtlicher Stellung der Juden im alten Österreich". Monatsschrift für Geschichte und Wissenschaft des Judentums 81 (1937), S. 321–340.
–, „Nationalism and Autonomy among Eastern European Jewry". Historia Judaica 6, Nr. 1 (April 1944), S. 27–68.
–, „Zur neueren Geschichte der jüdischen Autonomie". Monatsschrift für Geschichte und Wissenschaft des Judentums 83 (1939), S. 509–532.
Stouffer, Samuel A.: „Intervening Opportunities: A Theory Relating Mobility and Distance". American Sociological Review 5 (1940), S. 845–867.
Szaikowski, Zosa: „Conflicts in the Alliance israélite universelle and the Founding of the Anglo-Jewish Association, the Wien Allianz and the Hilfsverein". Jewish Social Studies 19 (1957), S. 29–50.
Taeuber, Karl E. and *Alma F. Taeuber:* Negroes in the Cities: Residential Segregation and Neighborhood Change. Chicago: Aldine Publishing, 1965.
–, „The Negro as an Immigrant Group: Recent Trends in Racial and Ethnic Segregation in Chicago". American Journal of Sociology 69 (1964), S. 347–382.
Tal, Uriel: Christians and Jews in Germany: Religion, Politics, and Ideology in the Second Reich, 1870–1914. Übersetzt von Noah Jonathan Jacobs. Ithaca, N. Y. und London: Cornell University Press, 1975.
Taylor, A. J. P.: The Habsburg Monarchy, 1809–1918: A History of the Austian Empire and Austria-Hungary. 1948. Reprint. Chicago und London: University of Chicago Press, 1976.
Thon, Jakob: Die Juden in Österreich. Berlin: Bureau für Statistik der Juden, 1908.
Thernstrom, Stephan: The Other Bostonians: Poverty and Progress in the American Metropolis, 1880–1970. Cambridge, Mass.: Harvard University Press 1973.
–, Poverty and Progress: Social Mobility in an Nineteenth Century City. Cambridge, Mass.: Harvard University Press, 1964.
–, „Reflections on the New Urban History". In Historical Studies Today, hg. von Felix Gilbert and Stephen Graubard, S. 320–336. New York, W. W. Norton, 1972.
–, „Urbanization, Migration, and Social Mobility in Late-Nineteenth-Century America". In: Towards a New Past: Dissenting Essays in American History, hg. von Barton J. Bernstein, S. 158–175. New York: Pantheon, 1968.
–, „Working Class Social Mobility in Industrial America". In: Essays in Theory and History: An Approach to the Social Sciences, hg. von Melvin Richter, S. 221–238. Cambridge, Mass.:Harvard University Press, 1970.
Thernstrom, Stephan, und *Peter Knights:* „Men in Motion: Some Data and Speculations about Urban Population Mobility in Nineteenth-Century America". Journal of Interdisciplinary History 1 (1970/71), S. 7–35.
Thernstrom, Stephan, und *Richard Senett* (Hg.): Nineteenth-Century Cities: Essays in the New Urban History. New Haven: Yale University Press, 1969.
Tietze, Hans: Die Juden Wiens: Geschichte–Wirtschaft–Kultur. Leipzig und Wien: E. P. Tal, 1933.
Till, Rudolf: „Geschichte der spanischen Juden in Wien". Jahrbuch Wien 6–7 (1946/47), S. 108–123.
–, „Zur Herkunft der Wiener Bevölkerung im 19. Jahrhundert". Vierteljahresschrift für Sozial- und Wirtschaftsgeschichte 34 (1941), S. 17–37.
van Arkel, Dirk: „Antisemitism in Austria". Ph. D. Dissertation, Universität Leiden, 1966.
Wagner-Rieger, Renate (Hg.): Die Wiener Ringstraße: Bild einer Epoche; Die Erweiterung der inneren Stadt unter Kaiser Franz Joseph. 5 Bde. Wien: H. Böhlaus Nachf., 1969–.
Walter, Bruno: Gustav Mahler. Übersetzt von James Galston, 1941. Reprint: New York: Wien House, 1973.
Wandruszka, Adam: Geschichte einer Zeitung: Das Schicksal der „Presse" und der „Neuen Freien Presse" von 1848 zur Zweiten Republik. Wien: Neue Wiener Presse, 1958.
Wandycz, Piotr S.: The Lands of Partitiones Poland, 1795–1918. Seattle und London: University of Washington Press, 1974.
Warner, Sam B. Jr.: Streetcar Suburbs: The Process of Growth in Boston, 1870–1900. Reprint. New York: Atheneum, 1973.

Weber, Adna Ferrin: The Growth of the Cities in the Nineteenth Century: A Study in Statistics. New York: MacMillan, 1899. Reprint. Ithaca, N. Y.: Cornell University Press, 1963.

Wechsberg, Josef: Sounds of Wien. London: Weidenfeld and Nicolson, 1968.

Weinzierl, Erika: „Die Stellung der Juden in Österreich seit dem Staatsgrundgesetz von 1867". Zeitschrift für die Geschichte der Juden 5, Nr. 2/3 (1968), S. 89–96.

Werner, Siegmund: „Die jüdischen Studentenverbindungen in Österreich". Ost und West 1, Nr. 6 (Juni 1901), S. 415–422.

Wertheimer, Jacj L.: „German Policy and Jewish Politics: The Absorption of East European Jews in Germany (1868–1914)". Ph. D. Dissertation, Columbia University, 1978.

Whiteside, Andrew G.: The Socialism of Fools: Georg Ritter von Schönerer and Austrian Pan-Germanism. Berkeley, Calif.: University of California Press, 1975.

Wien: Eine Auswahl von Stadtbildern. 5. überarbeitete Aufl. Wien: Gemeinde Wien, s. d.

Wien. Stadtbauamt. *Festschrift herausgegeben anläßlich der Hundertjahrfeier des Wiener Stadtbauamtes am 12. Mai 1935 von der Technikerschaft des Wiener Stadtbauamtes und der großen technischen Unternehmungen der Stadt Wien,* hg. von Rudolf Tillman. Wien: Deutscher Verlag für Jugend und Volk, 1935.

Wien. Verein für Geschichte der Stadt Wien. *Wien in der liberalen Ära.* Forschungen und Beiträge zur Wiener Stadt-Geschichte. Bd. 1. Wien: Verein für Geschichte der Stadt Wien, 1978.

Windt, B.: „Die Juden an den Mittel- und Hochschulen Österreichs seit 1850". Statistische Monatsschrift (Wien) 7 (1881), S. 442–457.

Wirth, Louis: The Ghetto. Chicago und London: University of Chicago Press, 1928, 1956.

Wischnitzer, Mark: To Dwell in Safety: The Story of Jewish Migration Since 1880. Philadelphia: Jewish Publication Society, 1948.

Wistrich, Robert S.: „Karl Kraus: Jewish Prophet or Renegade". European Judasism (Juni 1975), S. 32–38.

–, „Marxism and Jewish Nationalism: The Theoretical Roots of Confrontation". Jewish Journal of Sociology 17, Nr. 1 (Juni 1975), S. 43–54.

–, Socialism and the Jews: The Dilemmas of Assimilation in Germany and Austria-Hungary. Rutherford, N. J: Farleigh Dickinson University Press, und London und Brunswick, N. J.: Associated University Presses, 1982.

Wolf, Gerson: Geschichte der Juden in Wien (1156–1876). Reprint. Wien: Geyer-Edition, 1974.

–, Die Juden. Wien: Prohaska, 1883.

–, Judentaufen in Österreich. Wien: Herzfeld und Bauer, 1863.

–, Vom ersten bis zum zweiten Tempel: Geschichte der Israelitischen Cultusgemeinde in Wien (1820–1860). Wien: Wilhelm Braumüller, 1861.

Wrigley, E. A.: Population and History. New York: MacGraw-Hill, 1969.

Zehavi-Goldhammer, A.: „Vina". In: Arim v'Imahot b'Yisroel, I, S. 176–289 (Hebräisch). Jerusalem: Mosad ha-Rav Kook, 1946.

Zeitschrift für Demographie und Statistik der Juden. Berlin: Bureau für Statistik der Juden, 1905–1922?

Zemlinszky, Adolf von: Geschichte der türkisch-israelitischen Gemeinde zu Wien: Von ihrer Gründung bis heute nach historischen Daten. Wien: Knopfelmacher, 1888.

Zohn, Harry: Karl Kraus. New York: Twayne Publishers, 1971.

–, Wiener Juden in der deutschen Literatur. Tel Aviv: Olamenu, 1964.

–, Österreichische Juden in der Literatur: Ein bio-bibliographisches Lexikon. Tel Aviv: Olamenu, 1969.

–, „A Crown for Zion: Karl Kraus and the Jews". Wiener Library Bulletin 24, Nr. 2 (1970), S. 22–25.